CIUG | 城市治理理论与实践丛书·译著系列
总主编　姜斯宪

大都市区治理

Governing Metropolitan Areas

Growth
and Change
in a Networked Age

Second Edition

网络化时代的发展与变革

第二版

David K. Hamilton

[美] 大卫·K. 汉密尔顿

————著

潘浩之————译

上海交通大学出版社
SHANGHAI JIAO TONG UNIVERSITY PRESS

内容提要

　　本书全面探讨了大都市区的发展历史以及大都市区治理过程中存在的难点，并给出了区域治理的协作与合作解决方案。本书可作为政治学、社会学、城市研究领域的读者参考阅读。

Governing Metropolitan Areas: Growth and Change in a Networked Age /
David Hamilton. – Second edition./ISBN: 978-0-415-89935-2
Copyright© Taylor & Francis Group LLC
Authorized translation from English language edition published by Routledge, part of Taylor & Francis Group LLC; All Rights Reserved.
本书原版由 Taylor & Francis 出版集团旗下 Routledge 出版公司出版，并经其授权翻译出版。版权所有，侵权必究。
Copies of this book sold without a Taylor & Francis sticker on the cover are unauthorized and illegal.
本书贴有 Taylor & Francis 公司防伪标签，无标签者不得销售。
本书中文简体版专有出版权属于上海交通大学出版社版权所有，侵权必究.

上海市版权局著作权合同登记号：09-2018-077

图书在版编目（CIP）数据

　　大都市区治理：网络化时代的发展与变革：原书第二版/（美）大卫·K.汉密尔顿（David K. Hamilton）著；潘浩之译. –– 上海：上海交通大学出版社，2024.9
　　书名原文：Governing Metropolitan Areas: Growth and Change in a Networked Age
　　ISBN 978-7-313-30547-3

　　Ⅰ.①大… Ⅱ.①大… ②潘… Ⅲ.①城市管理–研究 Ⅳ.①F293

中国国家版本馆CIP数据核字（2024）第072172号

大都市区治理：网络化时代的发展与变革
DADUSHI QU ZHILI: WANGLUOHUA SHIDAI DE FAZHAN YU BIANGE

著　　者：［美］大卫·K.汉密尔顿
译　　者：潘浩之
出版发行：上海交通大学出版社　　　　　　地　　址：上海市番禺路951号
邮政编码：200030　　　　　　　　　　　　电　　话：021-64071208
印　　制：苏州市越洋印刷有限公司　　　　　经　　销：全国新华书店
开　　本：710mm×1000mm　1/16　　　　　印　　张：27
字　　数：395千字
版　　次：2024年9月第1版　　　　　　　　印　　次：2024年9月第1次印刷
书　　号：ISBN 978-7-313-30547-3
定　　价：89.00元

版权所有　侵权必究
告读者：如发现本书有印装质量问题请与印刷厂质量科联系
联系电话：0512-68180638

城市是人类最伟大的创造之一，是人类文明发展的重要结晶。人类迄今为止的文明史，也是一部城市发展和进步的历史。体现人类文明发展水平的各种要素，大多都是在城市中兴起的，也是在城市中不断延续和发展的。从古希腊的城邦和中国龙山文化时期的城堡，到当今遍布世界各地的现代化大都市，以及连绵成片的巨大城市群，城市已经成为人类文明的重要空间载体，也成为人类文明持续进步的主要引擎，承载着人们对于美好生活的向往。

21世纪是城市的世纪。联合国发布的《2018年版世界城镇化展望》报告显示，目前世界上有55%的人口居住在城市，到2050年，城市人口占比预计将达到68%。改革开放以来，中国的城镇化率持续稳步提升，2011年首次突破50%，2019年已经超过60%。越来越多的人享受到城市文明的红利。城市无可置疑地成为经济、政治、文化、社会等活动的中心，在国家和地区发展中具有举足轻重的地位，也成为国家治理的重要舞台。

城市，让生活更美好！美好的城市生活，离不开卓越的城市治理。城市化进程推动了人口和资源的聚集，形成了高度分工基础上的比较优势，发展出辉煌灿烂的物质文明和精神文明，但人口膨胀、环境污染、交通拥堵、资源紧张、安全缺失与贫富分化等问题也接踵而至，成为城市健康发展的瓶颈，困扰着广大的城市居民，考验着城市政府。无论是推进城市的可持续发展，还是化解迫在眉睫的"城市病"，都亟须全面提升城市治理能力，努力实现城市善治。

党的十八大以来，党和政府审时度势、高屋建瓴，先后召开了中央城镇化工作会议、中央城市工作会议等一系列重要会议，对城市工作做出了科学的安排和重大的部署。习近平总书记高度关注城市工作，多次就"城市治理"发表重要讲话，先后提出了"城市管理要像绣花一样精细""一流城市需要一流治理""人民城市人民建、人民城市为人民"等诸多重要论述，廓清了城市工作的思想迷雾，指出了城市管理的目标、方向和路径。

卓越的城市治理离不开必要的理论指导和智慧支持。2016年10月30日，在上海市人民政府的支持下，上海交通大学联合上海市人民政府发展研究中心创立了中国城市治理研究院，旨在建成国际一流新型智库、人才汇聚培养基地和国际交流合作平台。中国城市治理研究院自成立以来，依托上海交通大学文、理、医、工、农多学科优势，围绕城市工作中的重大理论和现实问题，积极开展有组织的系统研究，取得了丰硕的研究成果，形成了广泛的决策影响力和社会影响力。

系列研究著作是打造学术影响力的重要举措。上海交通大学中国城市治理研究院决定推出"城市治理理论与实践丛书"，旨在打造一套符合国际惯例，体现中国特色、中国风格、中国气派的书系。本套丛书将致力于全面梳理和总结城市治理的重要理论，以中国城镇化和城市治理的实践为基础，提出具有中国特色的本土性、原创性和指导性的理论体系；深度总结、积极推广上海和其他地区城市治理的先进经验，讲好城市治理的"中国故事"，唱响城市发展的"中国声音"，为全球城市治理贡献中国范本。

相信"城市治理理论与实践丛书"的推出，将有助于进一步推动城市治理的理论研究，打造中国特色的城市治理理论体系，也为深入解决城市治理中的难题和挑战、实现城市治理体系和治理能力现代化贡献更多的智慧！

上海交通大学党委书记

上海交通大学中国城市治理研究院院长

2018年1月

　　自 1999 年《大都市区治理：应对发展与变革》(*Governing Metropolitan Areas: Response to Growth and Change*) 一书出版以来，人们对区域治理日益关注，相关研究的数量明显增加。大学课堂、业界和社会各界越来越重视与区域治理相关的政策问题。在政治学、公共管理、城市研究和社会学的本科与研究生专业课程中，有关区域治理的课程不断增多。大都市区地方政府和社会组织越来越多地参与公共政策领域的协作与合作。大都市区居民要求解决区域治理问题的呼声日益高涨。

　　大都市区作为国家的经济引擎具有崭新的意义。以前相互竞争的大都市区地方政府，现在开始相互协作，并与公共和私有部门的领导人构建合作网络。这样的合作网络成为处理区域政策问题的载体。在全球尺度上，我们已经发展为网络化的社会。因此，我们对本书第二版的书名进行了细微改动，以反映网络化时代的实际情况。

　　本书第一版对大都市区及其政府的发展过程、地方政府的重组与联合，以及多中心城区内部的治理进行了全面而深入的描述和分析。本版沿用了与第一版相同的形式。自第一版发行后，笔者陆续更新了参考文献，并补充了重要素材，以反映新的治理方向。虽然在 20 世纪 90 年代，大都市区治理还是一个试验性的概念，与治理结构改革实践背道而驰，但在进入 21 世纪后，这些理念已被广泛接受。网络化社会中的治理是本书的重点，并在多个章节中有所体现。另外，本版还增加了一个章节，介绍其他国家特定大都市区的区域治理，以反映全球化背景下，大都市区为实现发展而展开的跨国竞争。

本版本全面探讨大都市区的发展历史以及大都市区治理过程中存在的难点问题，进一步阐述笔者在第一版中介绍的关于地方和区域集权与分权治理体系研究的框架。该框架对区域治理过程中由区域治理压力引发的各种政府应对进行分类研究。为深入地分析这些因压力而产生的政府应对，笔者将重点放在区域治理的协作与合作方法上。本版本不仅包含有关区域政府和区域治理的最新研究成果和思考，还通过案例研究来阐述这些概念。

集权和分权这两种相互对立的力量共同塑造了城市区域内的治理边界。在美国的不同历史时期，每一种力量都曾占据主导地位。在 19 世纪的大部分时间内，集权化政府应对占据主导地位。而在 20 世纪的很长一段时间内，分权化政府应对占据主导地位。21 世纪出现了一种新的范式，即基于分权模式的治理应对，但在某些情况下会产生集权的效果，而在另一些情况下继续保持分权化的政府应对。转变的关键是现在更注重如何解决区域性政策问题，而不是如何重组地方政府。现在的治理理念更加包容，它团结能解决区域性难题的政府领导人和非政府领导人。上述区域治理压力引发的不同政府应对在本书中得到了分析。

与第一版一样，本书服务多方面的需求。首先，可以作为政治学、社会学、城市研究以及相关的公共管理专业本科高年级和研究生的参考阅读书目。该书引入了一个针对区域治理体系研究的实用框架。它对从事区域性治理综合研究的专业人士及其他感兴趣人士也大有裨益。本书有助于理解大都市区当前的治理体系。本书通过深入阐述，涵盖了以往不成体系的研究主题。最后，本书汇集了关于区域政府和治理的诸多思考和总结。

我要由衷感谢我的妻子卡罗琳，感谢她在我进行研究与撰写本书的过程中，耐心陪伴我并给予我有力的支持。她提出了无数建议，使本书日臻完善。当然，下文中如有任何疏漏或不足，我将承担全部责任。

大卫·K.汉密尔顿

CONTENTS

|目 录|

| 第 1 章 |

美国城市的发展

从乡村到城市

虽然美国拥有广袤的农田和无人居住的区域，但是它仍然被归类为一个城市化国家（划分标准为 50% 以上的人口居住在城市地区），大城市、郊区、小城镇遍布全美。在其短暂的历史中，美国多数时间被划分为一个乡村国家。需要注意的是，分类取决于定义。在美国历史上，城市的定义发生了多次变化。每一次定义的变化都减少了"城市"归类的人口门槛。1870 年，城市中心指人口达到 8 000 人或以上的城镇。1880 年，这个数字减少到 4 000 人。1900 年，城市地区是指人口达到 2 500 人或以上的城镇。1950 年，采用了城市化地区的概念，以涵盖生活在非城镇社区的居民。1950 年的定义实际上保持不变，其中城市地区是指拥有 2 500 人或以上居民的地区，这些居民可以分布在城镇或非城镇地区，以及城市区域内外。[1]

美国城市历史虽短暂，但发展迅速，令人惊叹。在独立战争之前，美国只有 5 个社区的人口达到或者超过 8 000 人，只有 20 个有自治章程的社区在城镇内。[2] 1800 年，美国城市人口仅占总人口的 6%，人口达到或超过 2 500 人的城镇只有 33 个。从那时起，美国城市发展迅猛，到 1860 年，城市人口占总人口的 20%，人口达到或超过 2 500 人的城镇已有 392 个。从 1820 年到 1860 年，美国总人口增长了 226%，而城市人口几乎猛增了 800%。[3] 虽然在美国西进运动时期耕地非常廉价，但是城市地区仍是经济增长的主力军。当时，务农是一项艰苦且不稳定的职业，存在很多自然风险和经济不确定因素。相比之下，在城市里很容易找到更有保障的工作，而不必担心作物歉收等不确定因素。

在这一阶段的晚期，美国工业化的速度惊人，大部分非农就业岗位都集中在迅速发展成为大规模市中心的地区。1850 年，纽约的人口量突破了 50 万大关，成为当时世界第三大城市。[4] 1860 年，费城的人口规模超过了柏林。芝加哥在 1830 年时还是一个只有 50 人的不起眼的小村庄，到 1853 年一跃成为拥有 6 万人的大都市。[5] 纽约继续以惊人的速度发展，1850—1880 年，其人口翻了一番。当时美国还有其他 3 个城市的人口数量达到或超过 50 万人，但是居住在这些大城市的人口仅占其总人口的 6.2%。

1880—1920 年，机械化农业的发展取代了大量移民和农民的就业岗位，使他们被迫涌入城市地区。这是美国历史上城市人口比例增长最快的时期。到 1920 年，美国已经从一个"乡村国家"转变为一个"城市国家"，超过 50% 的人口居住在拥有 2 500 人或以上居民的城镇地区。在此期间，美国大城市的人口增长率也达到顶端。到 1920 年，美国有 3 个城市的人口数超过了 100 万，有 9 个城市的人口数介于 50 万～100 万之间；居住在人口数超过 50 万的城市中的人口比例达到 15.5%。[6]

1920 年之后，美国较大的几个城市人口增长速度仍然快于全国人口增长速度。移民和乡村居民不断涌入城市寻求工作。在乡村的黑人向城市迁移助推了这一大幅增长。1940—1970 年，有 500 万黑人离开美国南部，涌入北部和西部城市寻求工作。[7] 在非裔美国人源源不断涌入城市的推动下，美国城市化进程持续进行。到 1960 年，美国城市地区的常住人口比例增加到 70%。涌入城市的移民进入工厂工作，满足了数量众多的工厂的用工需求，同时也增加了城市居民对城市资源的需求。随着城市地区的发展，提供公共服务的复杂程度也随之上升。社会和公益服务给城市预算带来了越来越大的负担。住房和种族隔离问题成为主要问题，而中心城区与郊区之间的政治和社会分离变得更加明显。

从 20 世纪 60 年代开始，美国城市化进程有所放缓，但是仍在稳步前进。到 1990 年人口普查时，美国城市人口占总人口的比例略高于 75%；而在 2010 年人口普查中，这个比例将近 81%。[8] 自 1950 年以来，美国排名前三的城市化地区一直保持不变。不过需要注意的是，这里指的是城市化地区而非城市。表 1.1 显示了截至 2010 年人口普查时，城市化程度排名前十位的城市化地区。2000—2010 年间，人口增长最快的城市化地区分布在美国南部和西部。在人口数达到或超过 100 万的城市化地区中，北卡罗来纳州的夏洛特地区人口增长最快，增长率为 64.6%，其次是得克萨斯州奥斯汀地区（人口增长率为 51.1%）和内华达州拉斯维加斯的亨德森地区（人口增长率为 43.5%）；同期，夏洛特和奥斯汀地区土地面积的增长率也是最高的，分别为 70.5% 和 64.4%。

表 1.1 2010 年美国人口数量最多的城市化地区

城 市 化 地 区	人口数量	土地面积 / 平方英里	人口密度 / （人 / 平方英里）
纽约-纽瓦克（纽约州-新泽西州-康涅狄格州）	18 351 295	3 450.2	5 318.9
洛杉矶-长滩-阿纳海姆（加利福尼亚州）	12 150 996	1 736.0	6 999.3
芝加哥（伊利诺伊州-印第安纳州）	8 608 208	2 442.7	3 524.0
迈阿密（佛罗里达州）	5 502 379	1 238.6	4 442.4
费城（宾夕法尼亚州-新泽西州-特拉华州-马里兰州）	5 441 567	1 981.4	2 746.4
达拉斯-沃斯堡-阿灵顿（得克萨斯州）	5 121 892	1 779.1	2 878.9
休斯敦（得克萨斯州）	4 944 332	1 660.0	2 978.5
华盛顿哥伦比亚特区-弗吉尼亚州-马里兰州	4 586 770	1 321.7	3 470.3
亚特兰大（佐治亚州）	4 515 419	2 645.4	1 706.9
波士顿（马萨诸塞州-新罕布什尔州-罗德岛）	4 181 019	1 873.5	2 231.7

资料来源：2010 年人口普查：城市地区状况 http://www.census.gov/geo/www/ua/uafacts.html（2012 年 5 月 2 日访问）。

美国人口普查局 2010 年人口普查结果显示，在美国的四大人口普查区域中，美国西部出人意料地成为城市化率最高的地区，有 89.8% 的人口居住在城市地区，其次是东北部，比例为 85.0%。这个结果令人惊讶，因为人们往往认为西部地区空间开阔，农场众多，人口分散。美国中西部和南部的城市人口比例低于全国整体水平，分别为 75.9% 和 75.8%。在 50 个联邦州当中，加利福尼亚州是城市人口比例最高的州，近 95% 的人口居住在城市地区。新泽西州紧随其后，其城市地区常住人口比例为 94.7%；新泽西州 92.2% 的人口居住在人口数为 5 万或以上的城市化地区。美国城市人口数最多的州依次是加利福尼亚州（35 373 606 人）、得克萨斯州（21 298 039 人）和佛罗里达州（17 139 844 人）。缅因州和佛蒙特州是乡村人口最多的两个州，分别有 61.3% 和 61.1% 的人口居住在农村地区。美国农村人口最多的州依次是得克萨斯州（3 847 522 人）、北卡罗来纳州（3 233 727 人）和宾夕法尼亚州（2 711 092 人）。[9]

2000—2010 年，尽管美国城市化地区的人口继续以 12.1% 的速度增长，超过了 9.7% 的全国同期人口总增长率，但中心城区的人口增长速度要缓慢得多。2010 年美国人口最多的 10 个城市当中，有 9 个城市在过去的十年里实现了人口增长。芝加哥却在这一时期成为这些城市中唯一一个人口减少的城市。纽约、洛杉矶和芝加哥等 6 个城市 2010 年的城市人口数排名与 2000 年的结果持平。排名第四的休斯敦在这个十年内人口量突破 200 万大关；在排名第七位到第十位的城市当中，圣安东尼奥超过了圣迭戈和达拉斯；底特律跌出了前十名，被加利福尼亚州圣何塞取代。美国人口最多的 10 个城市如表 1.2 所示，且表 1.2 还列出了人口增长最快的城市。除了一个城市以外，其余城市均分布在美国南部和西部，而且主要分布在得克萨斯州、加利福尼亚州和亚利桑那州。有趣的是，人口数排名前十的城市大多位于得克萨斯州和加利福尼亚州。

居住在人口规模 50 万或以上城市的美国人口比例在 1950 年达到顶峰，为 17.6%。从那以后，尽管城市数量有所增加，但是这个比例在逐渐下降。到 1990 年，这一比例跌至 12.1% 的低点，但此后反弹到 12.9%。虽然在 1950 年

表 1.2 2000 年和 2010 年美国人口排名前十的城市变化情况

城　　市	2000 年人口数 / 人	2010 年人口数 / 人	变化率 /%
纽约州纽约市	8 008 278	8 175 133	2.1
加利福尼亚州洛杉矶	3 694 820	3 792 621	2.6
伊利诺伊州芝加哥	2 896 016	2 695 598	−6.9
得克萨斯州休斯敦	1 953 631	2 099 451	7.5
宾夕法尼亚州费城	1 517 550	1 526 006	0.6
亚利桑那州凤凰城	1 321 045	1 445 632	9.4
得克萨斯州圣安东尼奥	1 144 646	1 327 407	16.1
加利福尼亚州圣迭戈	1 223 400	1 307 402	6.9
得克萨斯州达拉斯	1 188 580	1 197 816	0.8
加利福尼亚州圣何塞	894 943	945 942	5.7

资料来源：美国人口普查局 2000 年人口普查和 2010 年人口普查结果。

至 1970 年间，生活在 500 万以上人口城市的人口比例有所下降，但这类城市却从 18 个增至 26 个。而在 1970 年至 1990 年间，这类城市的数量减少了 3 个。与此同时，人口超过 100 万人的城市从 5 个增加至 8 个。随着人口从老旧的大型中心城区迁到郊区，美国 19 世纪末到 20 世纪初的主要中心城区（例如丹佛、堪萨斯城、匹兹堡和圣路易斯）人口不断减少。到 1990 年，新奥尔良的人口数不足 50 万，克利夫兰的人口到 1994 年减少到 49.3 万人。区域人口的迁移反映了美国南部和西部就业机会的新变化。到 1980 年，加利福尼亚州的圣何塞市成为 "人口 50 万以上俱乐部" 的新成员。在 1990 年的人口普查中，西雅图和埃尔帕索均突破 50 万人口大关；1994 年，戴维森县的纳什维尔和奥斯汀市人口增至 50 多万人。[10]

然而，美国人口仍继续向城市化地区迁移，许多在 1990 年人口普查时不足 50 万人的城市，由于人口迁移和大规模的移民涌入实现了人口增长。从 1990 年至 2010 年间，美国大城市人口数量持续增长，美国南部和中西部地区尤其突出。2000 年和 2010 年，美国 50 万人以上的城市数量达到了历史新高，分别为 29 个和 33 个。[11]流入这些城市的大量外国移民也对人口的增长作出了贡献。一般而言，在工业化时期制造业的基础上发展起来的老城市，要么人口流失，要么人口增长十分缓慢；而经济发展依赖新技术的新城市，尤其是位于西部和南部的新城市，人口增长显著。这些数据反映了人口持续向城市地区集中。表 1.3 显示了 1950—2010 年间美国城市人口增长以及城市人口占全美人口比例的变化情况。

表 1.3　1950—2010 年美国 50 万人以上的城市的人口概况

指　　标	1950 年	1960 年	1970 年	1980 年	1990 年	2000 年	2010 年
人口 100 万以上的城市 / 个	5	5	6①	6	8②	9③	9
人口 50 万～100 万的城市 / 个	13	16	20	16	15	20	24
居住在人口 50 万或以上城市的人口比例 /%	17.6	15.9	15.6	12.5	12.1	12.7	12.9
居住在人口 100 万以上城市的人口比例 /%	11.5	9.8	9.2	7.7	8.0	8.1	7.6
居住在人口 50 万～100 万城市的人口比例 /%	6.1	6.1	6.4	4.8	4.1	4.6	5.2

注：① 休斯敦成为美国第六大城市。
　　② 达拉斯和圣迭戈成为美国第七大和第八大城市。
　　③ 菲尼克斯和圣安东尼奥的人口增加到 100 万人以上，但底特律的人口减少到 951 000 人。
资料来源：美国人口普查局，《美国历史统计：殖民地时期到 1970 年》1975 年，第 43-46 页；美国人口普查局，《美国统计摘要：1997 年和 2012 年》1997 年，第 43-46 页；http://www.usinfoplease.com/ipa（2012 年 5 月 11 日访问）。

大都市的定义

美国联邦政府的定义夸大了美国的城市化进程或状态，因为一个拥有 2 500 人的小镇与一个拥有 10 万人的城市几乎没什么共同之处。正如这样的巨大差异，一个拥有 10 万人口的单体城市，与一个有 10 万人口且属于某一由多个城镇组成的大型城市综合体之间也存在巨大差异。"大都市"指由至少一个大城市和若干个较小城市、市镇组成的城市群。这些城市和市镇因地理和经济因素联系在一起。虽然美国用了 100 多年才完成了从乡村向城市的迁移，但只用了几十年的时间从城市向大都市迁移，后者对美国的影响不亚于从乡村到城市的迁移。

1910 年的人口普查首次系统性地收集了大都市人口数据，并将拥有 20 万以上人口，满足一定相邻性和人口密度标准的且连续的小型民事分区定义为大都市区。1949 年，大都市区被重新定义为任何包含总人口至少为 5 万人的一个城市或双子城的县。如果毗邻县在社会和经济上与中心县融为一体，那么这些县也被纳入其中，它们被命名为"标准大都市区"。这一术语在 1959 年改为"标准大都市统计区"（standard metropolitan statistical area, SMSA），在 1983 年更名为"大都市统计区"（metropolitan statistical area, MSA）。1980 年和 1990 年的人口普查定义了两类地区：① 大都市统计区；② 由一个以上主要大都市统计区组成的联合大都市统计区。"联合大都市统计区"和"主要大都市统计区"这两个词现在已不再使用。按照 2000 年的标准，"大都市统计区"和"小都市统计区"都是基于县域区域的术语。另外，"大都市分区"是指核心人口至少为 250 万人的大都市统计区内部的一个或一些县的集合。虽然大都市分区是较大的大都市统计区的一个分区，但它通常作为较大区域内的一个独特的社会、经济和文化区。为了方便比较，一般认为"大都市分区"与旧称的"主要大都市统计区"类似。

美国行政管理和预算局（The Office of Management and Budget, OMB）负责界定和划定属于大都市区的城市化地区，并引入"核心统计区"（core-based statistical areas, CBSA）这一术语来界定和描述大都市和小都市统计区。核心统计区是一个地理实体，包含至少一个拥有 1 万或以上人口的核心区，以及因通勤而与之产生高度社会和经济融合的毗邻区域。该标准划定并描述了两类核心统计区：大都市统计区和小都市统计区。大都市统计区是指与一个人口不少于 5 万人的城市化地区相关的核心统计区。大都市统计区包含核心区所在的中心县，以及因通勤而与之产生高度社会和经济融合的毗邻区域。小都市统计区是指人口在 1 万人至 5 万人的一个城市集群的核心统计区。小都市统计区包含核心区所在的中心县，以及因通勤而与之产生高度社会和经济融合的毗邻区域。新英格兰地区采用城市和小城镇而不采用县。美国行政管理和预算局还引入了"联合统计区"这个词，用来识别毗邻的大都市和小都市统计区之间的联系，但这些联系不够显著，无法将其合并为一个核心统计区。[12]

对于"大都市区"的定义非常重要，因为它对这些区域进行了分类和定义，以便收集并分析统计数据、传播信息并分配联邦政府机构拨款。就揭示城市状态的真实程度而言，上述定义至少存在两个问题。

第一个问题是，这个定义包含了整个县。大都市指定区域中包含多个拥有大量乡村人口的大型县，尤其是在美国西部地区。为了解决这个问题，美国人口普查局还新增了其他发布数据的术语。城市集群是总人口至少为 2 500 人、居民稠密的人口普查小区和街区，以及居民稠密的毗邻区域组成的地理统计实体。描述核心统计区时只考虑 1 万人或以上的城市集群。城市化地区是由总人口至少为 5 万人、居民稠密的人口普查小区和街区，以及居民稠密的毗邻区域组成的地理统计实体。[13]

需要注意的是，这些术语并不包含城镇地区。都市区的定义可以用来区分高度发达的区域与乡村、低人口密度的区域。然而，即使依照这种限定，将一个拥有许多小城镇和数百万居民的全部或部分大都市统计区，与拥有一到两个小城镇和 20 万居民的大都市统计区进行比较，也是不切实际的。二者在处理治理问题和提供具有超越行政边界影响的公共服务的复杂性上存在巨大差异，因此这类比较毫无意义。

第二个问题是，大都市区定义的变化导致了不同时期的数据无法进行比较。例如，大都市分区与之前的基本大都市统计区（primary metropolitan statistical area, PMSA）并不相容，而且小都市也不同于任何先前的定义。这往往导致区分大小都市区得不偿失。伴随着这些变化，大都市区的数量会发生巨大的波动。这个定义的内涵也发生了变化，使现有数据和与先前普查不可比较的数据产生不确定性，由此无法通过现有的定义准确反映历史趋势。美国人口普查局采用一些基于旧定义的表格给出了可比数据，从而尝试在一定程度上对此进行调整，但是这种做法易使人混淆。考虑到巨大的波动性，人们会对各种名称的总体效用产生怀疑。因此，必须谨慎地对数据进行解释。尽管存在这些问题，但至少各联邦机构在收集和报告数据方面是一致的，从而获得了大量的信息，而且远远超过非大都市区的信息。最后，这也使大都市区的城市占据了有利地位，获得了比非大都市更多的社区发展资金。

从城市到大都市

虽然美国用了 130 年的时间才从一个"乡村国家"发展成一个"城市国家"，但从成为"城市国家"到 50% 以上人口居住在大都市统计区只用了 30 年。表 1.4 显示了美国从城市到大都市的发展过程。尽管美国居住在人口 50 万或以上城市的人口比例在 1950—1960 年间有所下降，之后略有回升（见表 1.3），但是居住在大都市区的人口比例持续上升，这表明人口从中心城区向郊区不断迁移，而且人口从农场和务农社区向城市地区不断迁移。如上所述，人口普查规定的大都市区是基于县的。大都市统计区域包含的部分县覆盖了大片地区，尤其是美国西部的县。例如，里弗赛德、圣贝纳迪诺和安大略大都市区覆盖了加利福尼亚州南部的大部分地区，几乎从海岸线一直到与内华达州的边界。

美国的大片区域被划分为大都市和小都市。随着区域人口的不断增长从而达到统计标准，整个具都被纳入指定统计范围。统计数字包含了居住在大都市区县内的乡村人口。实际上，被划分为乡村人口的大都市人口比例随着大都市地区数量的增加而增加。例如，1970 年，被划定为大都市的人口中，有 12% 实际上是乡村人口；而在 1990 年，这一比例增加至 13.7%。[14] 1970 年，有 30% 的美国乡村人口居住在大都市区，而到 1990 年，这一比例增加至 42.9%。[15] 表 1.4 显示了人口持续涌入大都市区的情形，表明大都市区是国家经济增长的引擎。尽管将乡村人口纳入大都市人口与以往的统计口径显然存在不一致之处，但是可以明显看出，83.7% 的美国人口居住在大都市区，而且很容易享受大都市区提供的城市便利。此外，在享受城市生活便利的同时，美国乡村人口同样也在大都市区经历着一些不便之处，例如犯罪、环境污染及人口稠密等所引发的问题。

表 1.4   美国人口从城市到大都市的发展过程

年　份	城市人口比例 /%	大都市人口比例 /%	大都市区数量 / 个
1940	56.5	47.8	140[①]
1950	64.0	56.1	168[②]
1960	69.9	62.9	212[②]
1970	73.6	68.6	243[②]
1980	73.7	74.8	318[②]
1990	75.2[④]	79.5	324[③]
2000	79.0	80.3	362
2010	80.7	83.7	366

注：① 1940 年美国人口普查局界定的大都市辖区。
　　② 1950 年、1960 年、1970 年和 1980 年美国人口普查局定义为"标准大都市统计区"的大都市区。
　　③ 美国人口普查局界定为"大都市统计区"和 PMSA 的大都市区。这个数字不包括波多黎各的大都市统计区和 PMSA。这个数字截至 1994 年 7 月 1 日。
　　④ 2000 年美国人口普查改变了城市的定义，无论是否居住在城镇地区都被纳入了城市总居住人口中。据此，1990 年的城市人口比例应当是 78%。
资料来源：美国人口普查局，《美国大都市辖区的发展：1900—1940 年》，1947 年，第 5-11 页；美国人口普查局，《美国历史统计：殖民地时期到 1970 年》1975 年，第 11 页；美国人口普查局，《美国统计摘要》，1995 年，第 20 页、第 43 页。http://factfinder2.census.gov/faces/tableservices/jsf/pages【2012 年 5 月 15 日访问】。

随着人口的增长，迁入美国南部和西部的人口越来越多。在过去的几十年里，美国大都市区的人口也实现了大幅增长。2010 年的人口普查结果表明，大都市区的人口增长速度几乎是小都市区人口增长速度的 2 倍，二者的增速分别为 10.8% 和 5.9%。许多大都市区和小都市区的人口增长速度至少是全国平均增长速度的 2 倍，例如加利福尼亚州、内华达州、亚利桑那州、得克萨斯州、佛罗里达州和南（北）卡罗来纳州的部分地区。2010 年美国人口数量排名前十的大都市区都在之前的 10 年内实现了人口增长，其中休斯敦、亚特兰大、达拉斯–沃斯堡的增长速度最快（分别为 26.1%、24.0% 和 23.4%）。2000—2010 年间，在全部（366 个）大都市区当中，佛罗里达州棕榈海岸的人口增长率最高（高达 92.0%），随后是犹他州的圣乔治（高达 52.9%），紧随其后的是人口增长率超过 40.0% 的其他 3 个地区：拉斯维加斯、罗利和佛罗里达州珊瑚角和迈尔斯堡。[16]

表 1.5 显示了 1950—2000 年间，中心城区与郊区之间的人口迁移比例。1950 年，中心城区显然主导了大都市区（metropolitan area, MA），超过一半的大都市人口居住在中心城区。到 2000 年，中心城区不再主导大都市区，中心城区人口占大都市区总人口的比例下滑到 1/3 左右。笔者在撰写本书时，还无法获得美国 2010 年的人口普查数据，但从 2000—2010 年中心城区的人口增长来看，这种下降可能正在趋于稳定。随着越来越多的地区被纳入大都市区的行列，它们往往会成为迁移人群最新定居的区域，而且其中心城区占据这些大都市统计区更大的人口份额，从而抵消了人口从老旧的大型中心城区向郊区迁移的趋势。

表 1.5　1950—2000 年美国大都市区的人口变化

年　份	美国大都市区中心城区人口占总人口的比例 /%
1950	58.5
1960	51.4
1970	45.8
1980	40.9
1990	39.5
2000	33.5

资料来源：美国人口普查局，《美国历史统计：殖民地时期到 1970 年》1975 年，第 39 页；美国人口普查局，《1990 年人口和住房普查补充报告》1993 年，表 1。http://factfinder2.census.gov/faces/tableservices（2012 年 5 月 20 日访问）。

典型大都市区的特征

所谓的典型美国大都市区并不存在。不同大都市区的区别在于政府单位的数量和人口数量。然而，随着专门政府数量的大幅增长，大多数大都市区都有大量且不断增加的政府机构。美国人口普查局报告称，1962—2007 年，美国一般职能政府的数量从 18 000 个增加至 19 492 个，增长率近 8.3%，[17]专门机关和行政区的数量从 18 323 个增加至 37 381 个（不计学区），增长速度比常规性城镇高得多，增长率近达 104%。很多市政府都设在大都市区内。已知的所有类型政府增加数据表明，大都市区内政府单位的增加幅度高于非大都市区。

表 1.6 显示了 1977—1992 年美国大都市区内外城镇和特区的增加幅度差异。部分差异可能由几个大都市区的增设所造成。然而，大都市区的增加并不能解释总体差异。在调查的三个时段中，大都市区内设立一般职能政府的数量和特区的增加比例大于大都市区外的增加比例。通过特区的合并以及边界和服务的调整，很容易在现有政府结构内部承载大都市人口的增长和服务供给的变化。这种说法似乎合乎逻辑，但数据表明情况并非如此；大都市区内政府体制仍存在碎片化问题，而且其增长速度快于非大都市区。

表 1.6 1977—1992 年美国大都市区内外城镇和特区的增加情况

地 区	1977—1982 年的变化率 /%	1987—1992 年的变化率 /%	1977—1992 年的变化率 /%
大都市区内增加的城镇	1.4	0.8	8.0
大都市区外增加的城镇	1.0	0.2	1.6
大都市区内增加的特区	10.2	7.8	38.0
大都市区外增加的特区	10.1	7.0	36.7

资料来源：笔者根据美国人口普查局和《政府普查（第一卷）》的数据整理。

表 1.7 反映了在这个高度碎片化的政府体制中进行治理的复杂性。超过 40% 的一般政府职能机构目前都在大都市区内。大都市区包含了略超 1/3 的县

和将近 50% 的城镇政府。地方政府设置过多，导致政府职能大幅重叠。许多特区都有各自的职能和单独的边界，而且与其他特区和一般职能政府职能重叠。在大都市区内的城镇之间旅行时，区分它们的唯一方法是辨认路牌。

表 1.7　美国大都市区一般政府职能机构的数量（按类型划分）

机构类型	全国的总量		大都市区内的数量		大都市区内的数量占总量的比例 /%	
	1992 年	2007 年	1992 年	2007 年	1992 年	2007 年
一般政府职能机构	38 975	39 044	33 004	16 151	38.8	41.7
城镇	19 279	19 492	7 590	9 279	39.4	47.6
乡镇	16 656	16 519	5 067	5 802	30.4	35.1
县	3 043	3 033	740	1 087	24.3	35.8

资料来源：美国人口普查局，《政府机构（第一卷）》1994 年，第 39 页；2007 年政府普查，《人口普查局关于大都市人口报告》，http://www.census.gov/govs/cog/govorgtabl355.html（2012 年 5 月 23 日访问）。

　　大都市区地方政府的碎片化程度各不相同。大都市区平均有 100 多个地方政府，其中包括 40 个特区、24 个城镇、19 个独立学区、16 个乡镇和 2 个县。芝加哥是碎片化程度最高的大都市区，拥有将近 1 200 个设立税务机关的政府、574 个一般政府职能机构和 623 个包括独立学区的特区（如果排除独立学区后，则为 362 个）。这一点与安克雷奇和檀香山的大都市统计区形成鲜明对比，两者分别只有一个税务机关，共有 19 个不设特区的大都市区（排除独立学区后，则为 18 个）。虽然芝加哥大都市区拥有最多的地方政府，但就单位人口政府的数量而言，匹兹堡大都市统计区的中心县阿勒格尼县才是单位人口政府数量最多的地方，每万人就有 2.23 个政府机构。相比之下，密苏里州圣路易斯县每万人只有 1.55 个政府机构，芝加哥大都市区库克县每万人仅有 0.98 个政府机构。[18]

　　表 1.8 只就一般政府职能机构进行比较，显示了 10 个碎片化程度较高的大都市统计区。纽约以 590 个政府机构居于榜首，其中包括 23 个县、188 个

乡镇和 379 个城镇，芝加哥紧随其后。表 1.8 还显示了人口排名。需要注意的是，大都市区设置多少政府机构并没有规律或原因可寻。地理面积的大小或人口数都没有必然影响。大都市区有效运转所需要的政府机构数量并没有最佳数字。它完全取决于当地人的偏好和历史发展需要。芝加哥大都市区内散布的城镇政府机构数量多于檀香山和安克雷奇，但这并不能证明芝加哥大都市区内居民对地方政府的需求得到了更好地满足。同样，特区数量的变化表明，提供整个大都市区所需的服务，只需要少数甚至不需要特区。

表 1.8　2000 年美国一般政府职能机构数量最多的大都市统计区

大都市区	人口 排名	总人口/ 千人	政府 单 位				
			排名	总数	县	乡镇	城镇
纽约	1	18 323	1	590	23	188	379
芝加哥	3	9 099	2	574	14	212	348
匹兹堡	20	2 431	3	466	7	202	257
圣路易斯	18	2 699	4	401	16	107	278
费城	4	5 687	5	388	11	210	167
明尼阿波利斯	16	2 969	6	345	13	137	195
堪萨斯城	26	1 836	7	282	15	93	174
辛辛那提	24	2 010	8	259	15	97	147
哥伦布	31	1 613	9	231	8	135	88
底特律	9	4 453	10	217	6	100	111

资料来源：美国人口普查局，http://www.census.gov/population/www/cen2000/briefs/phc-t29/index.html（2012 年 1 月 27 日访问）。

大部分城市地区不仅有众多政府机构，城市全域的繁荣程度上也表现出较大的不平衡性，既有富裕和经济增长的区域，也有贫穷和经济衰退的区域。贫富区域之间的差距有越来越大的趋势。政府的碎片化通过行政边界将资源丰富的区域与有需求的区域分隔，从而加剧了这些差距。一般而言，郊区比中心城区更加富裕，但是无论是在中心城区还是郊区，都明显地存在极度贫困区域。城市里的贫民居住在集中贫困区域的可能性是郊区贫民的 4 倍（人口普查的小区中 40% 或以上居民的收入低于官方贫困县的标准）。[19] 少数族裔群体的居住隔离现象在大都市区非常明显，而且近年来中心城区少数族裔聚居程度有所提高。中心城区的失业率明显高于郊区，越来越多的就业机会从中心城区向郊区转移。政治碎片化与工作分散化程度之间存在着显著联系。与政治机构聚集的大都市区相比，企业更倾向于在远离城市中心的地方落户。[20]

美国地方政府机构

18 世纪末和 19 世纪初，美国建立的地方政府基本体制包括县、城镇，以及某些州的乡镇，另外也设立特殊功能区，其中比较具有代表性的是学区。每一类地方政府均具有特有的基本职能，而且这些职能与地方政府的其他机构几乎没有重叠。在新英格兰地区没有设立县，因此乡镇和城镇成为一般职能政府的基本职能执行单位。

县政府提供了某些州政府的行政职能，例如选举、记录和保存法律文件以及提供本州的司法服务。它们还为城镇和乡村地区提供少量的市政服务，例如道路修建和维护以及社会治安维持。一些州设立的乡镇是由州政府分配最小职责的人为分区。这些职责本应由县一级履行，例如房地产税的评估、道路维护职能以及对贫民的各类援助。

城镇为基本自主治理单位。当较多民众共同生活在相邻区域内，形成独立发展的自治社区时，当地政府可以向州政府申请设立城镇。城镇提供本地服务，以满足社区需求，例如消防、执法、公共工程和卫生设施。每个城镇可以基本上实现经济、社会和政府活动等方面的自给自足。城镇周围通常是未被开发的乡村土地。

学区通常是叠加于城镇之上的唯一特区。这类特区的设立旨在充分关注某个重要的地方公共职能并提供收入来源。人们认为，将它们从其他地方政府的政治关系中脱离出来至关重要。学区一般规模较小，因为当时的交通工具多是马车或步行，所以限制了出行范围。偶尔有些社区也会设立其他与学校无关的特区。例如，1790 年，费城设立了一个与学校无关的特区，但这类特区寥寥无几。[21]

每个州形成了自身的地方政府传统。通常，最初的殖民地往往成为其他各州发展过程中的典范。伊利诺伊州就是地方政府发展的范例。从 1818 年被批准设立为州到 1850 年，伊利诺伊州一直遵循着弗吉尼亚州的模式。整个州被划分为若干县。这些县提供相关服务并作为州政府的行政部门履行州的职能。1850 年，在大量熟悉乡镇政府体制的东北部移民的坚持下，州政府增加了乡镇这一行政区划作为备选。这些治理机构确立了各种职责，如执行税务、执法、修建道路、运营学校、举行选举等基本职能，几乎互不重叠。例如，乡镇政府或城镇政府负责管理学校，县一级政府负责统筹选举，各级政府均有承担相应的道路建设和管理税务的职责。

截至 1870 年，伊利诺伊州的每个城镇辖区，均是根据寻求划为城镇辖区的地理区域内居民的申请，通过立法机关的特别法令设立的。被划为城镇辖区后，在州法律的范围内被授予了自治的权力，允许居民提出和确定地方政府服务的类型和等级。1870 年宪法会议后，根据普通的城镇设立法案批准城镇的设立，地方立法机关无须回应每项设立申请。普通的城镇设立法案允许伊利诺伊州存在 3 种形式的政府：城市、村庄和乡镇。其中，城市是城市人口居住区，村庄是农村人口居住区，而乡镇则是乡村与城市的接合部。乡镇设立后，总体效果不太理想，截至 1900 年，3 个乡镇经由乡镇居民投票并入芝加哥。[22]

美国体制与其他国家的比较

尽管美国的文化和政治传统源于英格兰，但两国的发展迥异。社会学家罗兰·利伯特（Roland Liebert）认为，殖民地时期，美国城市的自主治理权力及相对自主性和独立性与当时英格兰的城市没有本质区别。[23] 在美国赢得独立后，随着国家的发展，仍继续大量借鉴英格兰的思想。此外，美国还大量汲取其他国家的经验，尤其是来自法国的政治哲学经验。然而，在借鉴的同时，美国对欧洲的思想和文化传统进行了调整，使其不断发展的政治体制和传统的演变均呈现出美国的独特形态。美国地方政府在一个分权的联邦体制中发展起来，该体制强调了个人的权利和拥有实质性权力的小规模政府的价值。因此，美国地方政府比其他欧美国家的地方政府拥有更多的独立性和自主性。

美国的政治结构和文化传统产生了与加拿大或英国截然不同的政府体制。在英国的单一体制中，地方政府的权力集中于中央政府。效率是主导英国地方政府设置的主要考虑因素。这些观点在 20 世纪 60 年代伦敦政府改革以及 20 世纪 70 年代英国其他地区地方政府改革中发挥了重要作用。改革的结果是政府的数量越来越少、规模越来越大。虽然美国地方政府的数量仍在不断增加，但英国地方政府的数量在不断减少。例如，1972—1987 年，美国地方政府的数量增加了 33%，而英国地方政府的数量则减少了 71%。[24] 在加拿大，效率也是地方政府设立的主要考虑因素。加拿大的一些体制改革也是为了提高政府效率。

在欧洲各国卷入效率运动的同时，美国是主要工业化国家的例外。瑞典、丹麦和德国等国家对地方政府进行了大幅度的重组。在这些国家中，重组都是由中央或省级政府推行的，而且涉及城镇的合并。在 1950—1980 年间，瑞典的城镇数量从 2 500 个左右减少至不足 300 个。[25] 1965—1982 年，德国地方政府的数量从 24 444 个减至 3 417 个。通过一系列的法定和自愿行动，德国一个州的地方政府的数量从 1967 年的 2 690 个减少至 1980 年的 426 个。70% 以上的德国城镇在市政改革前只有不到 1 000 位居民，而现在大多数市级行政区划的人口数量都超过了 1 万人。[26]

相比之下，20 世纪 60 年代有关政府效率的观点和最佳政府规模的争论几乎没有对美国一般职能地方政府的重组产生影响。因此，美国的文化和政治传统形成了每个地方政府平均管辖 1.2 万人的地方政府体制；而英国，这一对美国文化和政府传统有重要影响的国度，其每个地方政府平均管辖 12 万人。[27]

英国和加拿大都在继续调整地方政府结构，以提高其行政效率。20 世纪 60 年代和 70 年代，它们在较大的城市地区引入了双层式政府结构。20 世纪 90 年代，两国用单一结构取代了大部分双层结构。英国仍在继续撤销上层政府，但是加拿大似乎已停止了此类做法。英国于 2009 年撤销了 7 个地区的上层政府，并在此过程中撤销了 35 个地方政府。[28]

地方政府体制发展中的影响因素

管控与自治理因素

分析设立各种地方政府的动机，有助于更好地了解政府对城市地区增长的应对。美国现有地方政府结构的前身可以追溯到殖民地时期。设立殖民地地方政府的目的主要是对城镇范围内的事务进行管理。社会学家罗兰·利伯特（Roland Liebert）坚持认为，殖民地城镇是"内部自治、包容和自主管理的城市中心"。[29]他们运用广泛的权力来监管商业和城市的发展。这类权力包括建立市场与推动市场发展、颁发手工艺从业许可、要求民众在城市中心开展贸易、管理港口等。英国当局希望实现最大限度的城镇自治，并运用权力来协调和促进商业活动，从而服务于英国的商业利益。

通过自治管控社区事务在殖民地时期至关重要，且随着郊区运动的进行变得更为重要。为此，政府将许多郊区并入自治社区，用以维系其管理特性。19 世纪末期，多个郊区城镇被并入，以严格禁止民众开设酒馆或出售烈酒。例如，1887 年，伊利诺伊州阿灵顿高地被设为城镇，以防水灾；埃文斯顿抵制并入芝加哥，至少一部分归因于当地市民不希望在社区内开设售卖酒精的设施。[30]到了 20 世纪，许多社区建立或并入城镇以设置屏障排斥少数群体。

服务供给因素

设立地方政府的另一个主要目的是提供服务。直到 19 世纪中叶前后，大部分城市地区的规模都很小，而且提供集中服务的压力不是很大。在殖民地和边境社区中，诸如供水、废弃物处理和消防等职能由各个家庭或私营公司履行，只有很少的街道铺设硬化路面。警察队伍通常由守夜人和一群随时待命的民兵组成，他们负责处理严重威胁公共秩序的事件。社区对贫民、残疾人、孤儿和独居者承担了一定的责任，但对其照顾通常很少，而且未能构建正式的组织部门来负责这项工作。一般而言，公众所关注的上述问题是通过个人或集体的自发行为来解决的。政府为私人行为制定了法律框架，但提供的服务却很少。[31]

然而，地方政府成为公共部门后，既有权力也有责任履行公共职能。实际上，利伯特认为，早期的城市在自主治理权力方面类似于城邦。它们基本上在边界范围内履行所有政府职能，因为当时并没有提供本地服务的其他政府机构。他认为，美国城市的历史并不是将权力和职能下放给地方政府的历史，而是恰恰相反的历史。城镇最初为实行自治而建立，但现在这种控制权转移到了区域或州级机构。随着社会的城市化和复杂化，相关职能逐渐集中起来。

本地政府的管控和保护已不能满足商业的发展和扩张，因为一个地方的契约在另一个地方常常不被认可。州政府必须制定统一的法规，因此县成为行政管理的核心。到独立战争的时候，大部分司法职能（包括保存法律记录和进行选举）成为州级职能，而各县政府成为州政府的行政机构。在某些情形下，狭义上的治安法院和专门审判法院均由城市管辖。[32] 在地方政府传统悠久的地区，上述职能以往归属于地方，在城市规模足以产生政治影响力的地区，地方政府通常保留了对本应转移到州级或县级职能的控制权。例如，南部殖民地没有本地自主治理的深厚传统，因此县扮演的地方政府角色强于北方殖民地。同样，殖民地以外对商业和贸易模式进行广泛控制的大城市，往往成功地抵制了县级控制及其行政覆盖。其结果通常是城市与县合并，如新奥尔良和旧金山地区，或者是城市与县分离，如圣路易斯。

在大多数情形下，当人口增长和技术进步使得某项公共服务变得必要且可行时，居民首先通过地方政府寻求该公共服务的提供。社会、健康和安全问题的出现，显著扩大了地方政府的服务范围。密集的城市人口和工业活动要求政府建设更为广泛的实体基础设施。地方政府能够更有效地建设和维护已铺设的街道与桥梁。由于附近地下水源受污染或枯竭，政府需要修建水坝、水渠和输水管道，而出于成本、规划和公共卫生等方面的考虑，民众期望政府运营或监管这些项目。随着生活和工业废弃物总量的增加，需要修建下水道、制定卫生和公共健康规范，并对管道系统进行管控。灭火逐渐成为一项政府职能，因为如果不能给着火的建筑成功灭火，会威胁整个街区甚至整个城市的安全。警察队伍不断扩大，以应对交通堵塞以及阶层矛盾、经济波动和种族差异造成的社会动荡。州政府和地方政府有时发起或支持运河、铁路、公路和港口机场设施等经济风险投资计划，因为私营公司或私人财团不愿意或没有能力自行承担以上投资计划。[33]

随着技术的进步以及城市化带来的压力，政府越来越多地承担新职能或原本由私有部门承担的职能。例如，市政供水系统，以及市政照明和铁路系统。[34]一旦这些服务成为公共责任，则不一定始终由市政府提供了。通常会设立一个特区来提供这类服务，例如公共教育就是一个例子。最初，教育服务是由私人提供或通过社区义务学校体系来提供。到19世纪中叶，各地民众普遍接受政府主导的义务教育概念。专业教育工作者还提倡设立非政治区作为提供这类服务的最佳体制。这成为公认的服务提供方式，除了那些已经建立城市管辖下的社区义务学校体系的东北部城市，这种体制在其他城市得到广泛应用。[35]教育是充分利用特区制度的第一项政府职能，为履行可行的新职能树立了典范。已建立服务提供模式的现有职能一般不需要为此而设立特区。例如，基本管理和警察职能都是无须设立特区的现有职能。

在非城镇区域，类似城镇的服务功能或无法提供，或只能由州通过县和乡镇行政区提供最低限度的服务功能。因此，非城镇区域有服务需求的居民寻求设立城镇辖区或试图并入附近城镇的做法并不少见。开发商也鼓励和支持设立城镇辖区、兼并或设立特区，为其房地产项目提供服务。市政服务提高了相应地区房地产项目的发展价值，吸引了已经习惯于或者正在寻求一定水平的市政服务的城市购房者。非城镇区域的开发商提供了多种不同的可选方案。一些开发商只是规划了街道，而另一些开发商则在建造房屋时，预留了室内照明和管道系统的必要接口。显然，让居民能够通过乘坐列车前往城市或本地区的商业中心，从而为居民提供工作机会，提高了城镇地区的发展价值。

实际上，在 19 世纪末期，服务提供已成为设立城镇辖区的主要因素。开发商需要通过一个有序的城镇来提供服务，从而让他们所在的分区更有吸引力。他们会在分区内安装基础设施，但仍需要接入供水和排水系统，需要通过有组织的政府来维护开发商修建的道路并提供教育服务。县和乡镇没有提供全套市政服务的权力。郊区居民需要的服务不仅是为了舒适，也是出于健康和安全的需要。随着外围区域人口的增加，城郊行政分区中也出现了中心城区的类似问题，例如犯罪和民事骚乱、供水或排水系统不完善而引起的疾病威胁成倍增加，以及在雨天或雪天，街道和人行道会变得无法通行。在这种情形下，为了获得必要的服务，居民们会向政府求助。

非城镇区域的居民一般愿意设立城镇或者被城市兼并，而且愿意支付基本市政服务产生的额外税金。实际上，他们往往寻求并入大城市以获取服务或者降低服务费用，因为规模效应的存在，决定了小社区提供这些服务的成本较高。然而，当受益于规模效应的基本服务通过地方行政区和主管机关提供时，非城镇区域并入大城市的动力就会减弱。实际上，城市中的高税率往往成为一种抑制因素。较小的城镇可以通过地方政府与行政区或主管机关的组合向居民提供基本服务，并保持相对较低的税率。最近开始采用外包给其他地方政府或私营部门的做法来实现规模经济效益。

城市税收因素

税收以及城市的社会和政治问题促使许多社区设立城镇，以避免被兼并。许多居民迁出城市，以避免支付他们无法承受的城市服务费用。基廷（Keating）在其书中针对芝加哥郊外的早期定居点写道，迁入郊区住宅区的许多居民自愿放弃城市的奢华和舒适，以换取较低的生活成本。一位居住在郊区住宅区的瑞典移民说道："当我来到这里的时候，我不指望会有城市设施。但被兼并后，确实慢慢地有了一些城市设施，看似是顺理成章的。"[36]

城市税收较高往往是由于中心城区贫困人口越来越集中导致的支出增加。随着地方政府参与 20 世纪 60 年代的"伟大社会"计划，这一特点越来越明显。这些由联邦资助的再分配计划极大地增加了地方政府提供的社会和福利服务。由于大部分联邦拨款资助计划都需要一定的地方财政支持，从而导致州和地方税赋增加。这种增加在整个大都市区的分布并不均匀。由于居民生活成本高的城市实施了更多的社会项目，因此，城市预算投入此类社会项目中的比例也更高。随着服务业的发展，税收因素成为区域寻求合并以避免被中心城区兼并的一个更重要的诱因。[37]

哲学和社会思想因素

美国地方政府体制的哲学倡导者是托马斯·杰斐逊（Thomas Jefferson）。他对直接民主制和个人参与的关注为美国早期市政府的建立提供了理论依据。他提倡一种小型的地方政府体制，在这种体制下，每个公民都能出席市政会议，积极参与城市治理。杰斐逊认为新英格兰镇体制是个人主权的完美体现。美国地方政府职能的分配也遵循了杰斐逊的构想。他认为每个地方政府都应当是独立而自主的。地方政府将履行大部分政府职能，而距离较远的政府部门则逐渐减少参与。[38]

除了对小城镇的哲学支持外，美国知识分子的反城市思想一直十分强烈。美国的反城市化甚至早于大城市的发展。考察过欧洲大城市的杰斐逊写道："大城市对于人类的道德规范、健康和自由都是有害的。"亨利·戴维·梭罗（Henry David Thoreau）、亨利·詹姆斯（Henry James）及其他 19 世纪的作家也在其作品中提及城市的罪恶横行、健康堪忧、污染严重和面貌丑陋等问题。他们颂扬乡村生活的美好。[39]一位城市学者这样评论道：

"反城市化最重要的根源在于 18 世纪的大型商业城市——纽约、费城、波士顿——这些城市把它们自己、不断扩张的农村与其他国家联系在一起。反城市偏见源于这些城市引入了与乡村居民奉行的价值观和准则相对立的做法与价值观。商业世界用陌生人之间的现金交易取代熟人关系，从而形成复杂的劳动和商业分工，以促进基于农业和乡村自然资源的贸易的发展。乡村的价值观则完全相反：以物易物、相互尊重和自给自足占据主导地位。毫不意外的是，乡村居民随后会觉得与城市疏离且受城市剥削，而这种感觉产生之后不久就会演变成更广泛的谴责。"[40]

始于 18 世纪早期的英格兰福音运动强调个人救赎，在 18 世纪后期则表现为反城市偏见，强调家庭和妇女的重要性。在这场运动中，对民众具有诱惑力的城市成为家庭的主要敌人。因此，福音运动号召人们将工作和生活空间分开，并将家庭迁出城市以形成新的郊区生活方式。[41] 社会和传统价值观还鼓励建立一个小型、自治的地方政府系统。德国社会学家马克斯·韦伯（Max Weber）认为，当公民能够实现自治并对政府事务行使权力时，就会产生一种特殊的关系和社区意识。如果剥夺了他们对社区内政府权力的自主权，那么社区的集体性和认同感就会逐渐消失。[42] 德国社会学家斐迪南·滕尼斯（Ferdinand Tönnies）用"社会共同体"这个词来表达社区内的认同感。共同体式的关系基于自然愿望，其中包括作为治理力量的情感、传统和共同纽带。这些类型的关系通常表现在小型而独立的单位中，例如大家族或者乡村。滕尼斯将大城市描述为共同体的对立面，认为大城市是由经济关系或法理社会关系主导的地方。这些关系建立在城市工业资本主义的基础上，以理性、非个人化、金融为主导。共同体的特征是：社区成员对社区缺乏情感认同，情感中立，信奉律法，对社区其他成员有着片面化的认识。[43]

根据共同体的概念，人类会被吸引到一个与他们有共同点的社区中。他们希望融入有相似价值观和特征的紧密群体之中，并且与其中的群体成员建立情感纽带和密切的面对面关系。这个群体，或者所谓的"共同休"，同时拥有空间维度和社会维度。大家庭的成员或者具有相似民族、社会经济或种族认同的群体成员往往生活在彼此邻近的地方。这种空间维度在城市背景中表现为小街区或者有着共同利益的独立且排他的群体。这些群体试图控制和永远保卫自己的社区，而且抗拒可能损害其共同体排他性的任何变化。[44]

大都市区发展中的经济因素

尽管社会力量推动了小型、分散、独立社区的发展，但经济驱动因素却将持续增加的人口引向城市区域。工业化催生了工厂制度，取代了先前存在的小型工业。工业化前的生产资料不需要大量工人来操作，因为当时的生产场所较小，而且多以家庭作坊的形式设在家庭住宅内，或者设在紧邻湍急河流的小型工厂内。产品通常在本地自产自销。随着贸易量的增加，商人们将工作承包给同一个区域内的几个家庭来完成。虽然城市是商业、贸易、政治和金融中心，但实际的生产作业分散在乡村中。历史学家罗伯特·菲什曼（Robert Fishman）举了一个英格兰曼彻斯特棉织工业的案例：

> "曼彻斯特历来是纺织品商人的聚集地，他们向兰开夏郡农业区的家庭工人供应纺纱和织布原料，然后收集纱线或布匹，制成成品后再出售。18 世纪中叶，新流行的棉织品极大地增加了这些商人的业务量；纺织生产的机械化使曼彻斯特成为世界上第一个工业化地区的中心。然而，直到18 世纪90 年代，工厂系统才进入曼彻斯特，蒸汽机取代湍急的流水成为新的动力来源，并使工厂从乡村转移到城市成为可能。"[45]

伴随着工业化的发展，大机器取代了过去的手工作坊和小型工厂。凭借蒸汽动力，人们可以在已有配套设施的城市里建立工厂。工厂与配套设施的结合使经济机会集中在城市，从而吸引越来越多人进入城市寻找工作机会，更多工作机会也被创造出来以满足不断增长的人口的需求。由此，工业化带动了大规模城市化。在工业化之前的 1800 年，英国伦敦是世界上最大的城市，拥有近

100 万人口；到 1850 年，法国巴黎的人口达到 100 万人。[46]

在 1840 年的美国，只有纽约和费城拥有 12.5 万以上的居民。典型的城市工人一般在 10 人左右的小工厂里工作。然而，到 1890 年，美国已经成为世界头号工业化国家，工厂的工人数量猛增至几百人到几千人不等。拥有 250 万居民的纽约即将取代伦敦，摘得世界最大城市的桂冠。芝加哥和费城的人口均为 100 万人左右。明尼阿波利斯、丹佛、西雅图、旧金山和亚特兰大这几个城市在 1840 年几乎不存在，而到 1890 年已经成为重要的区域性大都市。[47]

工业化带来技术进步，使得工厂扩大、摩天大楼拔地而起，新产业发展成为可能。这些进步吸引了更多人群涌入城市。新技术使得大都市区内部的分散化成为可能。有轨电车和后来的汽车的问世使工人可以居住在远离工作场所的地方。通信技术的进步使企业能够将不同的职能部门设置在不同的区域。企业的各个组成部分可以通过选址获得竞争优势或金融优势。如企业总部有可能设在市中心以便就近获得资金来源；生产设施可能会设在美国南部，以便利用当地的廉价劳动力，或者设在郊区，以便获取低价土地，从而为先进的生产技术提供更多的发挥空间。

同时，曾经有利于高密度中心城区发展的经济条件不再重要。许多较老的城市的经济活动往往需要靠近某种自然资源，从而使选址获得相对于其他地点的比较优势。这种自然资源往往是河流或某个水域，以利于商品运输并形成能聚集劳动力的其他经济优势。如今，经济活动往往更加依赖资金和人员技能的集中，而不是自然资源禀赋。资金和劳动力的流动性都比自然资源高得多。经济活动不再需要集中在某个中心地点。相反，发展模式变得多元化，其中只有一部分经济活动位于大都市区内。由此形成了彼此邻近但遍布于更大的地理区域的专业经济中心。[48] 随着人口和经济活动的分散化，城市和城郊社区不断发展，直到它们最终打破边界限制。而郊区城镇数量成倍增长，最后以两层、三层或四层的规模环绕中心城区分层扩张。在最初建立的地方政府体制中，社区的边界包含了该区域的大部分住宅区和经济区，但随着发展模式的转变，这种体制已不再是常态。

大都市区发展中的政治因素

安东尼·奥鲁姆（Anthony Orum）教授认为，美国政治制度最初对城市快速发展的回应和适应非常迟缓。实际上，城市进入增长阶段之前，政府通常大量依赖志愿者和兼职人员来提供市政服务。城市进入增长阶段时，政治制度也开始发展，但落后于该地区经济发展的步伐。随着企业家吸引新的经济发展机会和人口来填补职位空缺，政治制度在城市治理方面发挥着更加重要的作用。不断增长的课税基础和服务需求促使城市实现劳动力的专业化发展并扩大其官僚体制，以满足不断增长的城市需求。随着城市的成熟，政府会更加积极地管理城市事务。它承担了推动城市增长和保障经济健康发展的重要功能，并尝试通过兼并郊区来扩张其主导力量。城市的服务职能超越了基本政府服务，这是为了满足人口多样化的社会需求。正是在这一时期，城市与郊区之间的社会经济差异变得更加显著，城市与郊区之间形成了壁垒。郊区抵制一切兼并的企图或者将其卷入城市治理的其他企图。中心城区正是在这个阶段进入衰退期的，而郊区则继续繁荣兴旺。

奥鲁姆教授以密尔沃基（Milwaukee）这个工业城市为例描述了大城市衰退的概况：

"非本地和本地因素的共同作用导致了衰退。第一阶段……始于大萧条期间……罢工使城市变得支离破碎，雇主和工人相互对抗。各企业纷纷远离城市，试图在既没有工会也没有高额地税的地方继续获取高额利润。此外，市政府在重要的方面进行了重组改造。某些需求……例如，医疗保健及其他类似的福利，现在被转移至县政府和联邦政府。最终的结果是地方政府主要负责维持城市秩序，而无须同时保障本地居民的福利提供。到了1950年，城市的衰退在外在物质的层面和自身制度上初见端倪，市中心的产业开始凋零，市政府的收入也随之萎缩，从此开启了一段很长的资源缩减时期。越来越多的本地企业也开始离开城市，到其他地方试图更轻松地获取利润。"[49]

奥鲁姆认为，后工业化城市不一定会遭受工业城市那样的衰退。除了拥有更容易适应经济条件变化的高科技企业和服务企业这个经济基础之外，一般后工业化城市的地理范围更大，而且不被非城镇郊区所环绕。因此，与空间受更多限制的老城市相比，它们的主导地位更强，而且更能适应人口和经济的增长。总之，与老工业城市相比，新兴城市的中心城区与郊区之间的政治纽带关系总体上并非那么支离破碎。[50]

区域主义的研究框架

从前文的论述可以看出，地方政府制度是在前工业时代为了满足乡村环境的需求而建立的。随着城市化的推进和新技术的诞生，地方政府制度一直面临着挑战，必须应对更为复杂的城市环境产生的需求，并利用技术进步带来的机会。本研究主要想探讨以下几个问题：城市地区的不断发展及对城市环境变化的应对，对其治理体系有什么影响？对城市发展的两种基本政治应对已对城市地区的政府组织产生了影响：一种应对是为追求效率而促进了集权的治理体制的建立；另一种则是政治应对，即尝试维持工业化前的乡村环境下建立的分权体制，并进行边界微调，以满足技术更先进的城市环境的需求。

分权化应对是指在大都市区创设或者培育小型、独立的多中心地方政府和多个区域特区。集权化应对鼓励一个或极少数几个地方政府机构的合并。集权化应对的另一个变体是对区域性职能进行实质性的集中控制与协调，或者政府之间开展广泛协作，并与非政府部门合作来解决区域治理问题。

集权化和分权化的应对在美国早期发展阶段基本上是互补的。城镇刚建立的时候规模较小，而且主要分布在发展比较成熟的区域。附近可能有一些社区，但由于交通不便和国家的乡村属性，这些社区是独立的，甚至有些孤立。随着国家人口的增加，小型城镇的人口密度不断增加，而且城市的地理边界不断扩大，最终发展成为大城市。在 19 世纪的很长一段时间里，尽管美国的政治和社会体系将分权的乡村价值观根植于美国人心中，但是集权仍然处于主导地位。从美国南北战争时起，政府对城市发展的这两种应对方式越来越呈现相互竞争而非相互补充的状态。从 19 世纪末开始，分权的价值观达到顶峰，表现为城市地区的政府数量不断增加，而且成功地抵制了区域性的政府改革。

一些研究者提出了各种框架和分类方法以便理解为什么一些大都市区比其他地区表现出更强的区域主义。萨维奇（Savitch）教授和罗纳德·沃格尔（Ronald Vogel）教授根据结构性整合及其与区域性关系的程度，将大都市区放在连续体中进行考查。在这个连续体的一端是综合性调整，其特征是单层市县合并或双层大都市政府。在其中间是地方间协议和公私合作这类相互调整的手段。这些安排依赖现有的机构或参与者的"朋友圈"来实现区域内的协调一致。而在连续体的另一端，是对区域性压力的消极应对，其特征是不合作、逃避和冲突。萨维奇和沃格尔将杰克逊维尔的杜瓦尔县的合并确定为单层政府的案例，将双子城波特兰和迈阿密确定为双层政府的案例，将华盛顿哥伦比亚特区和匹兹堡确定为相互调整的案例，将纽约、洛杉矶和圣路易斯确定为维持和永远保持分权现状的案例。[51]

这个分类体系的问题是类别过于宽泛。它将结构性整合与区域关系治理集中在同一个连续体中。体制与治理之间没有进行区分。部分整合或联合的地区可能表现出很多与分权地区相同的区域治理问题。萨维奇和沃格尔在探索怎样对双层政府进行分类时承认确实存在这类问题，因为随着政治活动和人口的激增，这种政府已经变得越来越像冲突频繁的多中心政府结构。[52]例如，有人可能会认为尽管迈阿密属于连续体一端的区域性双层联盟，而洛杉矶属于连续体另一端的非协作性多中心体系，但迈阿密地区的区域关系与洛杉矶地区的区域关系没有太大的区别。圣路易斯作为这个分类体系中矛盾最大的体系被其他人确定为广泛区域间协作的典范，因此也存在认知上的差异。[53]

由此，有研究者提出一个超越简单的集权与分权结构性划分的框架，以对区域主义和自主权进行考察，该框架不但涉及政府结构，而且涉及职能或治理体系。这是一个流程框架，其中包含了过去的影响因素与政府应对，试图了解现在的区域主义并预测未来方向。有人认为，过去的影响因素与应对方式确定了一个总体方向，从而影响和决定目前对区域性计划的应对。虽然过去特定的影响因素或多或少地影响了目前的应对，但是仍然应当考虑这些因素。此外，从 20 世纪初开始，地方政府的基本体制几乎没有经历过重大变化，体制上的任何改变都是在边缘进行的，而且本质上是逐渐演变的。了解各种影响因素的本质以及过去应对区域主义压力的性质和程度，对于研究目前的政府应对非常重要。

流程模型如图 1.1 所示，启动这一流程的条件是某种变化的出现，例如人口增长或影响较大的经济变化。这种变化造成或加剧了一个或多个问题，例如城市蔓延、中心城区衰退、交通堵塞、环境污染、贫困集中、向发展中区域提供市政服务等造成的影响。各种影响因素的相互作用决定了上述问题的应对。这些影响因素要么促进区域主义及协作，要么促进独立性和自主性。应对的范围也随着州政府确定的法律而变。根据应对的结果，治理体系可能会进一步集中化或分散化。由此形成的格局决定了大都市的状况，从而有可能推动另一个区域发展周期。这随后成为一个动态过程，其中区域性影响因素与反区域性影响因素相互竞争，从而在某个时刻可能形成另一种应对和效应以及另一个周期。在不同的大都市区，这个过程可能是持续的，也可能少有发生。

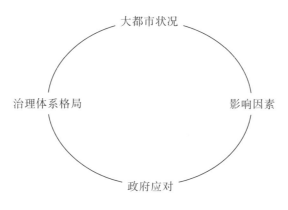

图 1.1　治理体系的变化过程

这里的应对包括一种推动区域性、协作性的治理体系，也包括一种推动独立性、自主性的治理体系。独立性、自主性的应对是在大都市区建立或推动由小型独立地方政府组成的多中心体制或众多区域性特区。区域性应对的一个变种形式是推动一个或少数政治结构的建立。另一种形式是对区域性职能进行实质性的集权控制与协调，或者政府之间开展广泛协作（cooperation），并与非政府部门合作（collaboration）以解决区域治理问题。

对区域性应对效果的影响

大都市区对人口和经济变化的应对方式受多个因素的影响。这些影响因素或可以促进区域性治理体系的发展，或可以推动自主性、独立性治理体系的发展，或者同时促进这两个方面。由于任何特定时间都有许多个相互矛盾的影响因素在起作用，因此，对变化所带来的影响的感知或实际影响的严重程度，以及各种影响因素的类型、相互作用和相对强度决定了政府应对方式。不同的大都市区对影响因素有不同的回应。有许多变量会对政府应对方向产生潜在或显性的影响。影响因素有时会促进区域主义，有时会促进独立性。例如，联邦政府和许多州政府目前鼓励在大都市区运用区域性方式，而在以前，联邦政策和大部分州级政策鼓励以多中心方式来组建政府。一些影响因素有可能同时推动区域主义和自主性。一个实例就是服务提供，其中一些服务可以在区域层面更高效地提供，而有些服务则以分权的方式更高效地提供。

每个大都市区都受制于多个影响因素。福斯特确定了多个影响因素并称之为"推动力"。她假设这些推动力会对区域性应对产生消极或积极的影响。也就是说，这些影响因素会推动区域主义或者独立性和自主性。在她的开创性工作的基础上，再结合笔者自己的研究以及对区域主义文献资料的补充研究，笔者确定了推动区域主义或自主性的十大主要影响因素。表 1.9 列出了这些主要影响因素，以及它们是否推动了区域主义或自主性的发展，或同时推动了两者。[54]

表 1.9　区域性影响因素

影 响 因 素	集 权	分 权
州级和联邦政策	×	×
活跃的公共部门	×	
商业界领导人和媒体	×	
哲学和社会思想		×
自决权		×
开发商		×
服务提供	×	×
税收		×
改革运动	×	
经济发展	×	×

政府应对影响因素

　　为便于分类，政府结构在狭义上定义为一般职能地方政府，包括向居民提供地方政府服务的城市与城镇。"治理"这个词本身与政府体制无关，但涉及政府流程和职能。"治理"是解决区域性问题的一种职能性、问题导向型方法。它包含了提供服务的职能安排、区域性政策问题的解决方式以及区域协作的范围与流程。治理维度用于区分面对增长压力的应对在流程、服务提供和区域性问题解决方面是推动集权还是分权。结构维度用于区分面对增长压力的应对是促进了大都市区多中心政府体制的建立还是促进了集权化政府体制的建立。只要区分治理和政府结构，就能研究大都市区政府结构碎片化程度与区域治理程度之间的相互关系。它可以作为一种机制对政府应对进行分类、研究，从而有助于分析和了解区域主义运动。适应大都市区发展和变化的所有工作都能在这个框架下进行研究。

　　这个框架由两类集权应对和两类分权应对组成。集权应对减少了重叠并推动了解决区域性难题的流程的建立，从而简化了政府结构和治理。这些应对包括以下行动：① 将毗邻的、发达的非城镇区域合并到已有的城镇政府中；② 减少政府数量；③ 将多种职能整合到少数政府；④ 通过多种机制或流程推动大规模的区域协作，从而解决区域性问题。

　　分权结构性应对可以推动多中心政府体制的建立。该体制将大都市区的政治控制权分配给多个小型的一般职能政府。分权的治理应对是一种有限调整，以保护和允许小型的一般职能政府的多中心体制保持其独立性和自主性。分权化应对包括根据需要将区域性单一功能区的特定职能集中起来，从而实现规模经济效益，前提是不损害地方政府的基本自主性。各城镇将保留区分社区的生活方式职能，而将基本服务集中起来管理。因此，分权化应对试图维持现状，而且只需要在区域层面提供服务时才进行调整。

　　大都市区应对增长压力的类别和特定方式如表 1.10 所示。

表 1.10　对大都市发展和变化的政府应对

应对方式	政 府 结 构	治　　　理
集权应对	兼并及合并 市县联盟 多层大都市政府	城市县 功能整合 区域治理流程 区域内税基分享 多功能大都市辖区 区域性协调机构 鼓励区域主义的联邦、州拨款及政策
分权应对	郊区新形态的一般职能地方政府 简易的设立城镇法规 本地居民表决要求	单一功能区 本地间协议 职能私有化 鼓励碎片化治理的联邦、州拨款和政策 无实权的区域委员会 与非政府组织合作并与其他政府协作 中心城区的邻里政府

（1）分权化政府体制应对。它对增长压力的最初应对着眼于郊区发展。随着郊区的发展，州政府迫于压力，需要建立特定的机制，使社区通过这些机制能够实现自主治理。一种分权化应对是对不同形态的一般职能地方政府进行授权。通过这种政府应对，小型社区可以获得与大城市基本相似的自主治理权力，而且无须成为城市的一部分就能获得市政服务。结构性分权应对也可能需要采纳普通设立法，这种法律为社区规定了相对简单的设立要求，将设立城镇辖区的权限从州级立法机关的政治活动中分离。

（2）集权化政府体制应对。它主要的应对是城市的合并，因为其发展超越了自身边界。当兼并不再可行时，改革者建议采取的结构性应对是市县合并或者双层大都市政府形态。

市县联盟或大都市政府是从 20 世纪初到 20 世纪 60 年代工业时代成长型城市提倡的主要应对方式。也是 20 世纪 90 年代针对少数后工业发展区域的应对方式，即便合并仍然是当时主要的结构性应对方式。

（1）分权化治理应对。这类应对主要关注服务提供，具体应对根据州级和联邦的政策而有差异。州级和联邦级鼓励分权的拨款和政策促进了分权化治理应对。这类应对的目的通常是将相关职能转移给区域性实体，从而降低了各城镇提供基本服务的成本，如道路、下水道、供水等。其中可能包括地方政府间服务提供协议、服务私有化、政府间协作或者设立区域性单一功能区。建立无实权的区域委员会以执行区域性解决方案是这类应对的另一种表现。分权化治理应对在第二次世界大战后成为主导性的政府应对形式。

（2）集权化治理应对。集权化治理应对涉及服务提供和大都市区治理方面的重大变化，但是不影响政治边界。这类问题的应对包括区域性多功能大都市区、协调区域性服务的机构、区域税收分享以及城市县的发展。本地间协作以及公私合作可以同时体现在分权化和集权化的治理应对中，具体取决于协作与合作的程度。如果它在解决政策问题和提供广泛服务的过程中可以实现广泛、制度化的协作与合作，那么它将被描述为集权化治理应对；否则，将被描述为分权化应对。鼓励区域主义的州级和联邦政策对这类应对产生了重大影响。相对而言，只有少数大都市区尝试过集权化治理应对。然而，这类应对在区域主义者当中获得了越来越多的支持，尤其是自 20 世纪 90 年代以来，成为解决大都市区治理问题的常规方案。[55]

除本章前述的影响因素外，上面四个类别中体现的增长应对也深受政治家、学界和社区活动家的影响。希望进行体制改革的人士提倡集权化应对，而另一些人士则支持分权化体制，其中许多独立的市政府自愿相互联络，并进行必要的调整以提供区域性服务。在大多数大都市区中，分权治理方式占据主导地位，尽管分权和集权的程度差别很大。对人口和经济压力的政府应对决定了该区域的治理格局。在考虑到特定的问题时，所选取的应对，有的会促进集权的政府系统，有的有利于维持独立、分权化的政府系统。

对人口和经济变化的应对，因大都市区和主要增长时期而异。工业化时期的政府应对往往不同于后工业化时期的政府应对。后工业化时期的增长区域是在不同的联邦和州级政策以及不同的技术条件下发展起来的。这些不断发展的区域能够同时实行 19 世纪的城市地区无法实行的多种可选方案。应对人口增长与变化需要考虑的因素（即变量和条件）包括：① 该区域一般职能政府的数量；② 城市中心区的主导地位；③ 州级和联邦鼓励集权和分权的政策；④ 随着区域的发展，参与社区私有和市政基础设施事务的情况。此外，既有大都市区的过往经验提供了可参考的应对实例。大多数城市区域在发展过程中，都拥有每个类别的多种政府应对的经验。例如，大多数大都市区都有参与了兼并计划的城市中心区；许多大都市区尝试进行重大体制改革，如市县合并或某种形式的大都市政府；设立了特区和区域委员会以提供特定的区域性服务，并遵守关于资金分配的联邦法规；越来越多地开展本地间的协作，并与非政府部门合作，以解决区域性问题。

本书的区域治理体系研究方法

本书将区域关系变化称作改革。这是为了与地方政府文献资料中这个词的一般用法保持一致。改革一般具有改善某种状况的含义。在本书的背景下，"改革"是一个价值中立的术语。也就是说，当它运用于本书时，并不意味着某种变革或尝试变革比以前更好，而只是确定某种变革努力的简便方式。"区域""大都市""区域性"这三个词可以互换使用，它们三者是指一个城市化地理区域，其中一个或多个中心城区与郊区通过经济联合为一体。在本研究的背景下，区域主义是大都市区应对发展、设置地方政府结构和解决区域治理问题的具体方式。

本书第 2 章以最新视角考查了产生区域性压力的诸多政策问题。随后的章节分析了大都市区地方治理的各种政府应对方式。第 3 章分析了郊区化运动，它是对增长的分权化结构性应对，以及对郊区化的初始结构性应对，即兼并。第 4 章考查了通过市县的合并及大都市政府运动进行的集权化政府体制改革。第 5 章阐述了影响大都市区区域格局的州和联邦政策。这一章还分析了州和联邦政策过去和现在如何影响大都市区内的结构形态和对增长的应对。

实现多中心大都市区治理的制度调整是第 6 章和第 7 章的主题。第 6 章的主题是在分权区域提供服务的制度安排。提供区域性服务的主要调整手段是设立特区。这一章还分析了围绕分权制的学术争论，尤其是公共选择理论。这也是分权化政府的主要依托。此外，这一章还分析了邻里运动，即一次更加分权的治理运动。第 7 章继续论述分权化的大都市区的服务提供。其中分析了政府间协作及服务外包。这一章阐述了地方政府间协议、莱克伍德方案和区域委员会。

第 8 章论述了长期以来提倡集权化政府的人士所拥护的县。是否开展县自治运动是这一章的重点。尽管县一直不是区域治理运动的重点，但它被认为是区域主义的潜在力量。仅有极少数县能够提供市政类服务，在这个意义上，这更加类似于分权化治理，而不是集权化应对。

第 9 章阐述了一些独特的区域治理方式。这些方式类似于第 6 章所探讨的区域性特区机构实体，但是能产生更大的区域治理影响。只有少数地区拥有这类混合型实体。这一章分析了包含这类混合型实体地区的 3 个案例。其中每个案例都是独特的，均能产生比标准区域性特区更大的区域治理影响。这一章所阐述的另一个独特的区域主义类型是财政型区域主义。这是在少数几个大都市区采取的类型，可以在该地区各政府之间进行收入分成，以达到缩小各城镇之间的财政差距、促进经济发展、支持区域融资等目的。

第 10 章分析了合作式区域治理。合作式治理超出了协作治理的范畴，纳入了非政府实体。这一章阐述了私有和非营利部门在区域治理中的参与。这个区域主义类型基于以下假设：政治领导人和公共管理者以外的主要力量是影响政府公共政策及其实施的主要因素。城市政权分析是支持这种区域治理类型的主要理论。这种合作式治理概念被称作"新区域主义"。这一章论述了推动有效合作式区域治理的要素，而且提供并分析了特定大都市区的合作案例。

第 11 章简要考察了美国以外特定地区的区域治理情况。区域治理并不为美国所独有。对区域主义进行研究的主要国家还包括一些欧洲国家和加拿大。对欧洲国家的关注是因为这些国家在殖民地时期对其他国家的政府结构产生了重大影响。尽管这种影响力在不同程度上已被地方习俗化解，但是仍然在很大程度上延续至今。在经济全球化的趋势背景下，必须了解其他国家在与其他地区展开经济竞争的过程中，应对区域治理压力的具体方式。

第 12 章对未来进行了展望与思考，在全球社会的背景下分析了区域主义的前景。在全球化的今天，传统的治理正在退出历史舞台，而新的形式和方法正在兴起。区域治理将一直延续下去。但根据该章论述的多个影响因素，区域主义采取的形式将发生改变。

注释

[1] George Thomas Kurian, *Dataphedia of the United States 1790-2000* (Lanham, MD: Bernan Press, 1994), p. 3.

[2] Alexander B. Callow Jr., (ed.), *American Urban History: An Interpretative Reader with Commentaries* (New York: Oxford University Press, 1982), p. 65.

[3] Samuel Humes IV, *Local Governance and National Power: A Worldwide Comparison of*

Tradition and Change in Local Government (London: Harvester Wheatsheaf, 1991), p. 123.

[4] U.S. Bureau of the Census, *Historical Statistics of the United States: Colonial Times to 1970*, Part 1 (Washington, DC: U.S. Government Printing Office, 1975), p. 11; Callow, *American Urban History*, p. 65.

[5] Callow, *American Urban History*, p. 65.

[6] U.S. Bureau of the Census, *Historical Statistics of the United States: Colonial Times to 1970*, p. 11.

[7] Jan Crawford Greenburg, "A New South Lures Blacks from North," *Chicago Tribune*, Aug. 1, 1996, sec. 1, p. 1.

[8] 2010 *Census Urban Area Facts*. http://www.census.gov/geo/www/ua/uafacts.html [Accessed May 2, 2012].

[9] Ibid.

[10] U.S. Bureau of the Census, *Statistical Abstract of the United States: 1981*, 101st ed. (Washington, DC: U.S. Government Printing Office, 1981), pp. 21–23; U.S. Bureau of the Census, *Statistical Abstract of the United States: 1991*, 111th ed. (Washington, DC: U.S. Government Printing Office, 1991), pp. 34–36.

[11] *The 2012 Statistical Abstract Population* http://www.census.gov/compendia/statab/cats/population.html [Accessed May 3, 2012].

[12] *Federal Register*, Monday, June 28, 2010, Part IV Office of Management and Budget 2010 Standards for Delineating Metropolitan and Micropolitan Statistical Areas. http://www.whitehouse.gov/sitestwo/default/files/omb/assets/fedreg_2010/06282010_metro_standards-Complete.pdf [Accessed May 10, 2012].

[13] Ibid.

[14] U.S. Bureau of the Census, *Historical Statistics of the United States: Colonial Times to 1970*, p. 6.

[15] U.S. Bureau of the Census, *1990 Census of Population,* Metropolitan Areas, sec. 1 (Washington, DC: U.S. Government Printing Office, 1990), table 1.

[16] Paul Mackun and Steven Wilson, *Population Distribution and Change: 2000 to 2010 Census Briefs* (Washington, DC: U.S. Bureau of the Census, March 2011).

[17] U.S. Bureau of the Census, *Census of Governments*, vol. 1 (Washington, DC: U.S. Government Printing Office, 1987, 1992), pp. vi, 109.

[18] Michael A. Nelson, "Decentralization of the Subnational Public Sector: An Empirical Analysis of the Determinants of Local Government Structure in Metropolitan Areas in

the U.S.," *Southern Economic Journal*, 57 (October) (1990) 445; Advisory Commission on Intergovernmental Relations, *Metropolitan Organization: The Allegheny County Case* (Washington, DC: U.S. Government Printing Office, 1992), p. 5.

[19] *The Re-Emergence of Concentrated Poverty: Metropolitan Trends in the 2000s*, Brookings Institution, Nov. 3, 2011, http://www.brookings.edu/research/papers/2011/11/03-poverty-kneebone-nadeau-berube [Accessed May 30, 2012].

[20] Edward L. Glaeser, Matthew Kahn, and Chenghuan Chu, *Job Sprawl: Employment Location in U.S. Metropolitan Areas* (Washington, DC: The Brookings Institution, Center on Urban & Metropolitan Policy, July 2001), http://www.brookings.edu/es/urban/publications/glaeserjobsprawl.pdf [Accessed May 30, 2012].

[21] John C. Bollens and Henry J. Schmandt, *The Metropolis: Its People, Politics, and Economic Life*, 3rd ed. (New York: Harper and Row, 1975), p. 49.

[22] Chicago was incorporated in 1833, reincorporated in 1837 as a city, overlaid with three townships in 1850, reincorporated in 1875 under the general incorporation law, and it abolished its townships in 1905. Ann Durkin Keating, *Building Chicago: Suburban Developers and the Creation of a Divided Metropolis* (Columbus, OH: Ohio State University Press, 1988), pp. 199–203.

[23] Roland J. Liebert, *Disintegration and Political Action: The Changing Functions of City Governments in America* (New York: Academic Press, 1976), p. 39.

[24] L. J. Sharpe, "The Future of Metropolitan Government," in L. J. Sharpe, (ed.), *The Government of World Cities: The Future of the Metro Model* (Chichester, England: John Wiley and Sons, 1995), p. 12.

[25] Nelson, "Decentralization of the Subnational Public Sector," p. 443.

[26] Humes, *Local Governance and National Power*, p. 59.

[27] H. Wolman and M. Goldsmith, *Urban Politics and Policy* (Cambridge, MA: Blackwell, 1992), pp. 9–10.

[28] *Local government structure.* http://www.direct.gov.uk/en/governmentcitizensandrights/ukgovernment/localgovernment/dg_073310 [Accessed May 30, 2012].

[29] Liebert, *Disintegration and Political Action*, p. 38.

[30] Keating, *Building Chicago,* p. 90. Also see Louis P. Cain, "To Annex or Not? A Tale of Two Towns," *Explorations in Economic History*, 20 (January) (1983): 69–70.

[31] R. Scott Fosler and Renee A. Berger, "Public-Private Partnership: An Overview," in R. Scott Fosler and Renee A. Berger, (eds.), *Public-Private Partnership in American Cities: Seven*

Case Studies (Lexington, MA: D. C. Heath, 1982), p. 2.

[32] Liebert, *Disintegration and Political Action*, pp. 41−44.

[33] Fosler and Berger, "Public-Private Partnership," p. 2.

[34] Nancy Burns, *The Formation of American Local Governments: Private Values in Public Institutions* (New York: Oxford University Press, 1994), pp. 47−48.

[35] Liebert, *Disintegration and Political Action*, pp. 45−46.

[36] Keating, *Building Chicago*, p. 61.

[37] Burns, *The Formation of American Local Governments*, p. 62.

[38] Gregory Weiher, *The Fractured Metropolis: Political Fragmentation and Metropolitan Segregation* (Albany: State University of New York Press, 1991), p. 2; Harold Wolman, "Local Government Institutions and Democratic Governance," in David Judge, Gerry Stoker, and Harold Wolman, (eds.), *Theories of Urban Politics* (Thousand Oaks, CA: Sage Publications, 1995), p. 136.

[39] Kenneth T. Jackson, *Crabgrass Frontier: The Suburbanization of the United States* (New York: Oxford University Press, 1985), pp. 68−69.

[40] Beauregard, *Voices of Decline*, p. 14.

[41] Robert Fishman, *Bourgeois Utopias: The Rise and Fall of Suburbia* (New York: Basic Books, 1987), pp. 32−53.

[42] Max Weber, *The City* (Glance, IL: Free Press, 1958), pp. 87−96.

[43] Larry Lyon, *The Community in Urban Society* (Chicago, IL: Dorsey Press, 1987), p. 7.

[44] Philip Kasinitz, (ed.), *Metropolis: Center and Symbol of Our Times* (New York: New York University Press, 1995), pp. 163−167.

[45] Fishman, *Bourgeois Utopias*, p. 78.

[46] Ibid., pp. 18, 107.

[47] Jackson, *Crabgrass Frontier*, p. 47.

[48] Richard Matoon, "Issues in Governance Structure for Metropolitan Areas," Paper presented at Midwestern Metropolitan Areas: Performance and Policy workshop sponsored by the Federal Reserve Bank of Chicago, Nov. 28, 1995, p. 3.

[49] Anthony M. Orum, *City-Building in America* (Boulder, CO: Westview Press, 1995), pp. 195−196.

[50] Ibid., p. 198.

[51] H. V. Savitch and Ronald K. Vogel, "Introduction: Regional Patterns in a Post-City Age," in H. V. Savitch and Ronald K. Vogel, (eds.), *Regional Politics: America in a Post-City Age,*

Urban Affairs Annual Reviews (Thousand Oaks, CA: Sage Publications, 1996), p. 13.

[52] Ibid.

[53] R. Parks and R. Oakerson, "Comparative Metropolitan Organization: Service Production and Governance Structures in St. Louis, MO, and Allegheny County, PA," *Publius*, 23 (Winter) (1993), 19–30.

[54] Foster, Kathryn A., "Regional Impulses," *Journal of Urban Affairs*, 19(4) (1997), pp. 375–403.

[55] See, for example, Anthony Downs, *New Visions for Metropolitan America* (Washington, DC: Brookings Institution, 1994); Neal Peirce, *Citistates* (Washington, DC: Seven Locks Press, 1993); David Rusk, *Cities Without Suburbs* (Baltimore, MO: Johns Hopkins University Press, 1993); Allan D. Wallis, "Governance and the Civic Infrastructure of Metropolitan Regions," *National Civic Review*, 82 (Spring) (1993): 125–137; and Allan D. Wallis, "The Third Wave: Current Trends in Regional Governance," *National Civic Review*, 83 (Summer/Fall) (1994): 290–310.

第 2 章

公共政策问题和区域治理

区域治理问题

大多数国家的传统地方治理架构都没有考虑到建设大都市规模的政府。如第 1 章所述，建立地方政府体制是为了满足更多乡村和偏远社区的需求。社区所提供的服务非常有限，而且具有较强的自主性和独立性。随着国家工业化的发展，城市化也在不断推进，人们对社区服务的需求随之增加。技术变革也给新的和更好的地方政府服务提供了更多的机会和需求。随着国家城市化以及发展范围超越了地方政府的传统边界，大都市区产生了新的治理挑战和问题。大多数传统治理体系都无法很好地处理区域治理问题。

无论治理体系的架构如何，区域层面的治理都已成为重中之重。随着全球化的推进，大都市区作为经济增长引擎的作用越来越显著，为了应对区域经济和超越地方政治边界的公共政策问题所带来的挑战，地方治理体系面临的压力越来越大。其他区域性的压力包括越来越多的城市人口对优质服务日益高涨的需求，技术进步以及不断增加的服务复杂度，这些都对地方政府提供的优质服务提出了越来越高的要求。这些因素往往在区域范围内聚焦于地方治理问题。一个城镇做出的公共政策决策同时会影响邻近的城镇，并且各城镇很难独自在各自的边界内妥善解决治理问题。诸如交通运输、土地利用、就业、经济适用房、犯罪和种族隔离等一系列问题，决定了区域在治理体系中的位置。

大都市区是一个没有固定边界、面临独特治理挑战的区域。它并非静态的，而是在不断变化。生活在大都市区的居民，无论他们身处哪个社区，都希望在大都市区内旅行、工作、购物和娱乐时能享受无缝式的服务。无论大都市圈的界定和概念有多么模糊，我们都需要关注它，因为在大都市区内部的各个地方政府不能，而且无法控制或解决一些政策问题。人们越来越多地认识到，曾经一度被认为在中心城区内得到控制的问题正在向郊区转移。这些问题正越来越严重，而且越来越威胁到整个大都市区居民的福利。人们更多地参与志愿活动，试图改变他人的命运。来自中心城区和郊区的人们正通过非营利组织和其他组织为改善中心城区社区的条件而默默地奉献着。他们从事的活动范围包括：打扫街区卫生、建造住房和修缮公寓大楼，向有需要的人提供食物和衣物。大都市问题也得到媒体的广泛报道。此外，与城市问题相关的书籍也陆续面世，其中很多书籍纷纷要求通过区域性方式来解决大都市区所面临的问题。[1]

经济活动分散在大都市区，以至于中心城区不再是就业的焦点，由此形成了推动分权和自治的离心力。许多郊区都已发展成为"边缘城市"，在经济方面与中心城区及区域内的其他地区形成竞争。郊区变得自给自足，而且不再依赖中心城区。无论中心城区发生什么状况，郊区都能发展和繁荣。[2]在郊区生活和工作的人们不再与中心城区形成紧密的联系。一位作家对一个典型的纽约市郊区家庭进行了描述：丈夫和妻子都在郊区工作，他们不用去市区就可以买到一切生活用品，上大学，享受最先进的医疗服务，获得法律咨询，他们还有一些朋友已有整整十年没有去过市区了。[3]

更强的区域性定位也是生活方式改变的结果。在郊区，居民与邻里或居住区的联系较少。交通便利带来的移动性促进了大都市区居民的发展，他们与任何单一社区都没有密切联系。父母双方（或单亲）经常在他们的居住社区以外工作。

在邻里、社区教会和街区委员会中，主要社会组织不再以社区为基础。这类社会组织在大多数情况下被专业协会或与同事的关系所取代。去教堂做礼拜的人越来越少，或者人们去的教堂与居住区没有关联。此外，在许多情况下，对社区犯罪的恐惧让人们不愿与别人打交道。由于父母通常在社区之外工作及参与子女的活动，因而对本地社区的认同或参与本地社区的活动较少。此外，人们在社区之外购物，经常在大都市区内活动，通常很少或根本没有表现出对他们的社区的忠诚或对其治理感兴趣（当他们意识到自己的财产价值受到威胁时，就会出现明显的例外，在这种情况下，那些拥有财产的人往往会非常热衷参与社区事务）。这种更大范围的交通移动性创造了对地方基本服务均等性的期望：不管人们在大都市区的任何地方旅行，都能享受基本的、统一的地方服务，这也打破了对社区的传统忠诚，因为人们参与的活动和关注的问题已经与当地社区无关。[4]

然而，也可以认为，由大量一般职能政府和特区组成的分权化体制具有碎片性，导致人们对某一特定社区几乎没有依赖或认同。相反，即使他们的居住地可能只是大都市的一个小郊区，人们普遍认同较大的城市，如芝加哥。在大都市中，社区认同的对象通常与居住地无关，而是随着个人兴趣或特定活动而变化。由于分散化的大都市区内的居民并不固定在一个城镇的边界内居住、工作、购物、上学等，因此对特定城镇没有强烈的归属感。虽然日常活动有助于促进市民的社区参与，但在大都市区，人们的日常活动则分散在许多邻近的城镇和行政区内。

事实上，支持集权化的、更具地理包容性的地方政府的人认为，集权化的治理体系涵盖了大部分日常活动，因此能使人们产生更强的社区意识。碎片化的地方治理体系不仅会使人们的社区意识碎片化，而且会造成混乱和问责问题。如果缺乏强烈的社区感，市民可能会认为他们的地方政府更像是市政服务的提供者，而不是社区活动的中心。

不断上涨的税收面临的阻力越来越大，导致了区域导向的强化。除了抵制税收增加外，选民同时要求地方政府加强问责制并提高工作效率。这迫使城镇政府考虑服务提供的替代方案，而不是延续独立提供服务的传统做法。重塑政府运动方案由两位地方政府官员——戴维·奥斯本（David Osborne）和特德·盖布勒（Ted Gaebler）按时间顺序编撰并推广。这项运动随之扩展到国家政府，旨在努力改善其服务提供方式。联邦政府、部分地方政府和州政府继续努力改善其行政效率、行政效力和问责制。[5] 重塑政府运动所传递的信息是（曾经是，现在仍然是）政府可以通过完全重新思考其运营方式来改善服务提供。这项运动的一个主要议程是，地方政府可以通过区域性协作及外包服务更有效率和更经济地提供优质服务。

大都市区的居民越来越意识到，城市地区面临的许多问题确实跨越了行政边界，需要区域性解决办法。郊区出现的诸如环境污染、交通拥堵、社区衰退、休憩用地的退化以及郊区城市内部衰退等问题，使得人们不得不重新关注区域主义。郊区居民中的很多人逃离中心城区，以逃避中心城区的问题，逃离后又开始面临着许多他们认为已经逃避了的同样的问题。对芝加哥西北部郊区的 220 位市民开展的一项调查证明了这一点。他们将交通拥堵和黑帮列为主要问题，其他主要问题包括药物滥用、不健全的家庭和房地产税。在 9 年前进行的一项类似调查中，这 3 个问题甚至没有上榜。[6] 表 2.1 列出了被调查的对象在这项调查中的应对。有趣的是，在他们看来，过去 5 年恶化的问题之前通常存在于中心城区。郊区领导者也逐渐认识到，这些问题跨越了城市边界，需要采取区域性方法来有效地解决。

表 2.1　就过去 5 年内芝加哥西北郊区主要问题是否改善的调查结果①

问　　题	非常严重 /%	不太严重 /%	恶化 /%	改善 /%
交通拥堵	69	2	86	1
黑帮	54	6	86	3
药物滥用	48	2	58	2
不健全的家庭	46	3	56	0
房地产税	44	12	60	9

续　表

问　　题	非常严重 /%	不太严重 /%	恶化 /%	改善 /%
公共交通	40	12	34	13
犯罪	38	11	71	3
政治影响	37	18	21	35
经济适用房	34	12	48	5
企业劳动力需求	33	11	42	6

注：① 这项调查并非科学调查，而是代表了芝加哥西北郊区 220 位社区领导人的意见。
资料来源：根据《阿灵顿高地（伊利诺伊州）每日先驱报》内容整理，1995 年 11 月 29 日，第 1 节，第 1 页、第 5 页。

　　尽管居民关心他们认为超越社区边界的问题，但是调查显示，他们并不一定赞成通过区域性机制来处理这些问题。在加利福尼亚州洛杉矶郊区橙县进行的一项调查中，不到 1/3 的受访者支持区域政府。虽然在过去 3 年中，民众对交通和发展问题的关注比例从 33% 上升到 48%，对增长问题的关注从 13% 上升到 20%，但是他们不愿意支持区域主管机关来处理这些问题。尽管近 70% 的受访者认为这些问题是区域性问题，但只有 15% 的受访者愿意支持通过区域性主管机构来履行这些职能。此外，仅略超过 1/3 的受访者愿意给予县政府更多的权力来解决这些问题。居民们以 2 : 1 的优势比例，希望维持现有的市、县政府体制。[7]

　　尽管橙县的居民还没有准备好接受区域政府，但加利福尼亚州圣何塞地区的居民表示强烈支持通过区域性方法来解决问题。最近的一项调查表明，超过 90% 的受访者支持通过区域协作来解决空气污染、交通拥堵和经济适用房的问题。超过 65% 的受访者表示，他们愿意推选支持区域政府的政治候选人，而超过 56% 的受访者愿意牺牲一定的政治独立性来换取区域协作，并赋予区域性机构对发展的否决权。[8]这两项调查之间的不同之处可能在于，人们对圣何塞问题的看法非常糟糕，以至于当地居民愿意放弃一些地方独立性来解决问题。在调查之前的 10 年里，圣何塞地区的人口增长了 25%，对住房、交通和公共服务产生了巨大的需求。该地区的总体生活质量明显恶化，主要表现为供水不足、交通拥堵日益严重和环境质量恶化。地区政府无法妥善地解决这些日益严重的问题。[9]

尽管大多数地方政府继续欢迎并鼓励发展，但许多地方政府变得更加挑剔。他们希望控制发展速度，使其与社区兼容，并保证社区能够提供与之匹配的公共服务。虽然增长措施在地方政府的管辖范围内可能有效，但是至少有两方面的原因表明，这些措施在对减少该地区的住宅或非住宅建设方面没有累积效应。一方面，地方政府尝试通过增长控制措施来监管的大多数问题都是区域性的。然而，地方增长控制措施在社区边界之外没有任何权威性。因此，生活在增长控制社区的居民将继续经历交通拥堵、环境恶化以及社区外城市蔓延的其他影响。另一方面，尽管政府采取了增长控制措施，但是该区域内仍然存在城市蔓延和密度增加的土地利用问题，因为开发商只是搬移到邻近的社区。[10]经济学家安东尼·唐斯（Anthony Downs）认为，如果大都市区希望解决这些问题，就必须在区域层面的基础上解决与增长相关的问题。[11]

接下来的内容描述了日益困扰大都市居民的诸多问题。随着流动性的提高，人们往返于大都市区，在该区域的不同地区休闲娱乐、工作和购物，他们所遇到的问题只能在区域层面解决，因此也给区域性解决办法带来了压力。这些问题多年来一直很棘手，但是并未得到解决，居民和社区领导人认为，这些问题变得更加糟糕了，大都市区居民要求解决这些问题。这些问题大部分是相互关联的，但是在本章中分不同小节加以阐述，以便进行深入分析。

城市蔓延

城市蔓延的特征包括人口低密度（通常每平方英里①不足 7 000 人）、蛙跳式发展、依赖小汽车作为主要的交通工具以及互不兼容的土地区划。[12] 城市

① 1平方英里≈2.590平方千米。——编者注

蔓延被认为是造成大多数大都市问题的罪魁祸首，这些问题包括交通拥堵、社会衰败、污染、不可逆的公共空间的丧失以及额外税收。城市蔓延不仅仅是私人市场力量作用的结果，还有很多促成因素。这是开发商、个人买家、企业和政府共同行动的结果。在目前存在于全国大部分区域的分权化土地利用监管体制下，每个社区都建立了区划和建筑规范，独立地颁发建筑和分区许可证，而且不考虑其决策对邻近社区或整个区域的影响。事实上，由于发展增加了社区的税基，大部分地方政府都鼓励在大都市区的边缘发展。城镇政府当局希望通过扩大税基来寻求发展，通常在发放许可证时会做出草率的决定，这些许可证导致了劣质住宅、交通拥堵、污染以及供排水设施不足带来的健康风险。政府经常被迫升级基础设施，或者花很大代价对环境污染进行治理，而这些都是片面鼓励快速发展而考虑不周的决策所造成的后果。

购房者将承担部分城市蔓延的成本，以至于地方政府要求开发商提供基础设施，或向地方政府付款，以帮助支付与开发相关的成本。这些费用可能包括对人行道、学校和下水道影响的补偿费。影响补偿费通常不能完全覆盖城市蔓延的全部成本。很难准确地衡量增加一栋住宅而需要拓宽的道路，增建更多的校舍、消防和警察设施等给社区带来的真正成本。

大多数影响补偿费都是基于服务的平均成本定价的，意味着所有用户都需支付同样的影响补偿费。然而，住宅离现有服务或设施越近，那么新开发项目承担的服务边际成本就越低。其结果是，那些生活在较远地区的居民，通常是比较富裕的人群，会获得那些生活在离服务来源较近地区居民所提供的补贴。距离污水处理厂 10 英里^① 的新住宅的影响补偿费，往往与距离 2 英里的住宅的影响补偿费相同，尽管为距离更远的住宅提供服务的实际成本可能要高得多。目前有一种趋势是采用边际成本定价，根据地理位置收取不同的影响补偿费，但是收取不同的费用无论在政治上还是司法上都更难通过。社区即使收取了影响补偿费，通常仍然必须补贴城市蔓延带来的基础设施成本。[13]

---

① 1 英里≈1.609 千米。——编者注

城市蔓延会造成拥堵税和基础设施建设的问题。正在发生城市蔓延的社区必须建设基础设施，为新企业和居民提供服务。人口与企业流失导致社区基础设施的利用率较低。不断衰退的社区仍然必须维持大部分现有的基础设施和服务，而在不断扩张的社区中必须增加基础设施和服务，人均成本的增加导致通常需要提高这两种社区的税率。随着较成熟的老社区税收的增加，居民和企业继续向税收较低的社区迁移。低税收社区极有可能必须提高税收，从而为新来的居民提供所需的服务。对老社区的影响通常呈螺旋式下降，导致贫困人口集中、社区衰败和税基减少。[14]

城市蔓延可能会给内城区带来严重的后果。城市蔓延已经加剧了许多核心城市的财政问题。随着很大一部分富裕的市民向郊区迅速迁移，以及大都市区经济的分散化和"边缘城市"的发展，核心城市经常难以为其运营提供足够的资金。由于城市蔓延不断推进，核心城市特别容易受到投资减少甚至撤资的影响，这已导致许多商业实体离开市中心商业区。一项研究显示，2002 年，在美国的核心城市中共有近 4 000 座废弃的购物中心。[15]

戴维·拉斯克（David Rusk）[16]指出，当城市居民的人均收入低于郊区居民人均收入的 70% 时，说明该区域的核心城市与郊区之间的经济差距变得过大，以至于这座城市在广义上，不再是一个具有投资价值或能够创造就业机会的地方。经历人口减少和投资减少的核心城市面临着越来越严重的社会问题、经济衰退和财政压力。在明尼阿波利斯，以圣保罗地区为例，居民从内城区和更老的近郊内城区向大都市区边缘社区迁移，导致需要关闭内城区和近郊内城区的 132 所学校，需在发展中的社区新建 41 所学校，这样显然是对基础设施的低效使用。[17]随着居民向郊区迁移，城市蔓延也常常导致房屋和其他固定资产的废弃。废弃的房屋和土地加剧了社区的衰退。据估计，堪萨斯城由于城市蔓延导致整个城市存在 4 000～5 000 块废弃的土地，其中一些集中在城市较贫困的区域。[18]

因为经济增长区域的新基础设施不断扩张，这些基础设施的建设资金往往来自整个地区的税收。如果基础设施是由一个区域范围的特区构建的，情况尤其如此。在双子城地区，有 10 亿美元用于新下水道扩容，尽管大部分资金都用在西南郊区的下水道扩容上，但这笔资金是由整个区域统一的补偿费用来提供的。一项研究表明，双子城地区的内城区居民按每户 10～19 美元的费率标准补贴下水道扩建工程，而西南郊区的居民则获得每户 10～136 美元的费率补贴。[19]

城市蔓延导致了大都市区的不断扩张，并伴生交通和环境问题。大都市区人口的增长与土地利用的关系不大。1960—1990 年，大都市区的人口从 9 500 万增加到 1.4 亿，其增长率约为 47%，而土地面积从 25 000 平方英里增加到 51 000 平方英里，其增长率为 104%。这种趋势在 20 世纪 90 年代的繁荣时期继续维持，城市地区的面积扩张速度大约是人口增长速度的 2 倍。在 2007—2009 年美国经济大萧条期间，城市蔓延的发展模式明显受阻。城市经历了士绅化的复兴、较高的公共交通利用和住宅的小型化发展。对公共交通和小型住宅的偏好，不仅是大萧条导致的结果，其中一些趋势兴起于经济衰退之前。相较于 20 世纪 90 年代繁荣时期的耕地流失而言，2002—2007 年，每年因过度的城市蔓延而导致的耕地流失下降了近 1/3。[20]

公共卫生官员将美国日益增长的肥胖率归咎于城市蔓延这一发展模式。城市蔓延不是为骑行者或步行者而设计的，而是为鼓励人们以小汽车为交通工具而设计的。并非所有的道路都修建了人行道，即使修建了人行道，它们通常不知在什么地方就到头了。因此，步行横穿繁忙的道路或多车道高速公路可能非常危险。郊区的居民倾向于开车去任何地方，如公园、学校、购物场所、工作场所、健身俱乐部等。公共卫生官员认为城市蔓延的发展模式建立了助长肥胖的环境。[21]

那些为城市蔓延辩护的人指出，这源于大部分美国人偏好的生活方式。美国人的梦想是在大片的土地上建造一栋独立式住宅，拥有一辆汽车，在一个底层的工作场所找到一份有充足且免费停车位的工作。一个没有贫困迹象的环境以及社区对土地利用的控制，推动了城市蔓延的发展。[22]虽然承认城市蔓延确实会带来一些不便和更高的家庭交通成本，但是一些人士认为，城市蔓延通过市场提高了许多大都市居民的整体生活质量。例如，尼尔森·威克斯特罗姆（Nelson Wikstrom）认为，总体而言，城市蔓延已被证明对大多数城市居民有益，为居民提供了更洁净、更环保和更安全的社区居住环境，创造出富裕的生活，使居民更注重隐私和流动性，增加了居民的选择。[23] 许多业主、建造商和开发商认为政府干预土地利用决策不符合美国的传统精神。相关人士在一次关于发展管理建议的公开听证会上表达的观点也体现了这个理念：① 人们拥有追求生活品质、自由和产权的权利；② 事实证明，集权化的规划很难奏效；③ 我们是不是要强制规定他们应当在哪里生活；④ 我们的宪法规定私有财产权不容侵犯；⑤ 土地应当由花钱购买土地并支付土地税赋的个人控制，土地所有人有权任意支配自己的地产。[24]

除了居住在郊区的明显公众偏好之外，还有其他社会效益抵消了城市蔓延带来的额外经济成本。一项研究表明，与城市蔓延程度最低区域的居民相比，城市蔓延社区居民的通勤时间平均减少了 30%；与较为紧凑的大都市区（57%）相比，城市蔓延的大都市区（70%）内住房拥有率更高。另外，由于大型杂货店和"仓储式"零售店的商品价格较低，与较为紧凑的大都市区居民相比，城市蔓延的大都市区居民的食物支出较少。[25] 尽管在城市蔓延的发展模式下，居民的交通成本较高，但是其他因素则表明其生活质量较高。

反对政府通过干预手段控制或指导发展并限制城市蔓延的评论家认为，市场在其中发挥了作用，而且各企业和家庭做出的搬迁决定实现了平衡，使通勤时间保持在可以接受的范围内，而不受花费巨大的规划的干预。南加利福尼亚大学的城市规划师彼得·戈登（Peter Gordon）、哈里·理查森（Harry Richardson）和明靳军（Myung-Jin Jun）建议，规划机构和地方主管机关最恰当的作用应该是放宽对居住区内商业用地的区划限制，从而推动就业机会的分散化。他们还建议，政府"应当协助进行土地整合来提供经济基础设施，并阻止增长管控规划"。[26]

不太可能通过消除城市蔓延来恢复中心城区，因为中心城区的衰退还牵涉很多其他因素。除非以公共交通作为可行的、可接受的替代方案，否则消除城市蔓延并不能消除空气污染或交通拥堵。虽然宝贵农业用地的减少被归咎于城市蔓延，但是只有极少量的土地用于城市发展。除了阿拉斯加州以外，整个美国人口只消费了这个国家不到 3.5% 的土地。[27] 然而，县的大量土地并不适合发展农业。一项研究表明，最肥沃多产的农业用地靠近城市地区。根据这项研究，全国水果和蔬菜产量的 85% 以及乳制品产量的近 80% 都来自承受城市增长压力的县。[28]

虽然评论家对此仍然有争论，但是越来越多的人支持削弱城市蔓延的不利影响。由美国银行联合赞助编制的一份城市蔓延报告称，加利福尼亚州 "再也负担不起城市蔓延的奢侈代价"，"……它已经从一个增长引擎转变为有可能阻止发展并降低我们生活质量的一股力量"。全国历史遗址保护信托基金会会长理查德·莫伊（Richard Moe）表示，城市蔓延 "正在侵蚀将我们团结成一个民族和一个国家的社区感"。他断言，城市蔓延让内城区居民 "受累于经济隔离、财产价值降低和公共服务衰退"。同时，他指出，在城市蔓延的社区里长大的儿童 "往往缺乏对未来的信念，而且社区感淡薄"。[29]

交通

越来越多的人认为，交通问题需要采取区域性解决方案。任何在同一条大都市区的道路上驾驶多年的人都可以证明交通日益拥堵。1992 年，安东尼·唐斯（Anthony Downs）在他的著作《遭遇堵车》（*Stuck in Traffic*）中描述了大多数大都市通勤族内心的挫败感。[30] 12 年后，他重新审视了这个主题，发现情况几乎没有什么改观，美国人 "仍然遭遇堵车"。[31] 大都市道路建设速度不够快，无法跟上汽车数量增长的速度。[32]

由于城市蔓延的发展模式，美国特别地依赖汽车作为主要交通方式。城市蔓延的主要社会代价是交通拥堵，人们开车出行需要花费更多的时间；而另一个代价则是无法驾车或获取替代交通方式的群体被日益孤立化。在美国，人们出行总量的 84% 是依赖汽车，而加拿大和西欧的这一比例分别为 74% 和

40%。在美国城市出行总量中只有 3% 是依赖公共交通，而加拿大和西欧的这一比例是美国的 4～5 倍。[33] 随着大都市区继续分散化，对汽车的依赖程度越来越高，而且活动区域之间的距离越来越大。1983—1990 年，美国家庭平均汽车行驶里程从 7.9 英里增加到 9 英里，而平均通勤里程从 8.6 英里增加到 10.9 英里；小汽车平均行驶里程上升了 29%。[34]

城市蔓延和交通拥堵状况似乎每年都在恶化，平均（每次）通勤时间也在不断攀升。2010 年，美国民众的平均每次通勤时间为 25.3 分钟。超过 35% 的人平均通勤时间超过 30 分钟，与 2009 年相比增加了 33%，这一数据表明，美国民众的通勤时间正在迅速增加。纽约大都市区的通勤时间最长，平均为 34.6 分钟。平均通勤时间较长的区域都集中在大都市区。例如，华盛顿哥伦比亚特区的平均通勤时间为 33.4 分钟，芝加哥的平均通勤时间为 30.8 分钟。大约 5% 的上班族上下班依赖公共交通；77% 的上班族则独自驾车上下班；而 81.5% 的郊区上班族独自驾车上下班。1960—2009 年，开车上下班的上班族人数增加了近 2 倍，从 4 100 万人增加到 1.2 亿人；只有 5 个大都市区的公共交通利用率超过 10%。[35]

缓解交通拥堵的举措包括修建更多高速公路和改善现有道路。一些企业已经采取了弹性工作制，允许员工在正常高峰以外的时间段通勤，而且允许员工有时在家工作或者在离家较近的场所工作。虽然在市中心就业曾经占据主导地位，但现在超过 40% 的通勤路程是来往于郊区之间，结果导致来往于郊区之间的主要公路经常拥堵。在旧金山湾区，总长 812 英里的郊区高速公路网络中有 212 英里在高峰时段经常发生拥堵。[36] 除了郊区间的工作通勤模式外，还有其他目的的家庭出行，例如购物、休闲娱乐、接送孩子上学和参加活动。实际上，美国民众 3/4 的小汽车出行都与工作目的无关。[37] 其他目的的家庭出行加剧了郊区的交通拥堵以及空气和噪声污染。

政府修建道路的速度赶不上汽车使用量的增长速度。在工作场所和住宅都较为分散的低密度环境中，公共交通并不是一个可行的选择方案。芝加哥地区就是一个很好的案例。1980—1990 年，该地区的汽车行驶里程是新建道路长度的 6 倍；新建公路里程增长了 5%，而汽车行驶里程增长了 33%；与此同时，公共交通客运量却减少了近 1/3。尽管该地区的劳动力人数大幅增加，拥有全国最好的公共交通系统之一，但是客运量仍然在持续下跌。例如，芝加哥地区 2009 年使用公共交通系统的上班族人数比 2008 年的人数要少。这种下跌的原因之一是，该公共交通系统的主要定位目标是送上班族去市中心，而就业岗位却有散布于整个郊区的趋势。西尔斯公司的总部从芝加哥中心商业区的西尔斯大厦搬迁到郊区的霍夫曼伊斯塔特便是一个很好的案例。在搬迁之前，西尔斯公司 92% 的员工选择公共交通通勤，但是外迁之后，只有 5% 的职工选择公共交通通勤。[38]

公共交通的主要用途是以通勤者和政府都能负担的成本，让在城市周边居住的人们在住宅区与工作地之间高效而快速地移动，从而减少交通堵塞现象。随着就业岗位的分散和城市发展导致的城市蔓延，这些目标却无法实现。公共交通的扩容和改善未能成功地减少交通拥堵现象。实际上，依靠公共交通通勤的职工人数在减少。2009 年，690 万人依靠公共交通通勤；而在 2008 年，这个数字为 720 万人。在洛杉矶，大约 6% 的职工依靠公共交通通勤，纽约大都市区超过 30% 的职工依靠公共交通通勤，而排名第二的旧金山大都市区远远落后，这个比例只有 14.6%。[39]

许多公共交通系统均已建造或扩容了轻轨系统，虽然成本很高，但是在让人们放弃小汽车而选择公共交通方面收效甚微。其结果是，公共交通成本飙升，却未能显著缓解交通拥堵情况。随着新的公共交通扩展服务投入运行，即使通勤的人数有所下降，但是公共交通的总客运量却达到了最高水平。尽管已经建成或扩建了轻轨系统的一些地区达到或超出了其客运量的预测，但是选择公共交通的居民仍是少数。然而，也出现了一些积极的征兆。从 2004 年开始，美国公共交通的客运量显著增加，其增幅是人口增长幅度的 2 倍。而同一时期，汽车驾驶里程毫无增长。从 1995 年起，美国公共交通客运量增加了近 30 亿人次，其增长的原因包括服务改善、许多城市新设施的建设、对公共交通的持续稳定投资以及对中心城区生活的重新关注。[40]

许多城市利用丰厚的联邦补贴新建或扩建了轻轨系统。像洛杉矶和丹佛等城市在原有轻轨网络中开通了新线路，向更多人提供优质的公共交通服务。其他城市则从零开始建设了新的轻轨系统，因此公共交通客运量显著增加。与2000年相比，盐湖城的公共交通客运量增长了55%；在凤凰城，公共交通客运量增长了71%；在夏洛特，公共交通客运量增长了80%。目前共有35个运营中的轻轨系统。联邦政府为轻轨系统的建设提供了大量的补贴。例如，1993年开始投入运营的圣路易斯轻轨系统造价耗资3.51亿美元，其中3.456亿美元来自联邦政府。获取联邦补贴拨款所需的地方配套资金并不是以现金形式提供的，而是折算为投入的铁路用地权和设施的资产价值。联邦政府提供了美国2010年所有基本建设资金的41%。除高额基本建设成本外，如果以汽车每行驶一英里的成本来衡量，那么轻轨系统的运营成本远远高于公共汽车系统。2010年，公共汽车系统每英里行驶里程的运营成本为9.00美元，而轻轨系统每英里的运营成本为16.35美元。但如果以每人每英里行驶里程成本来衡量，那么轻轨系统比公共汽车系统更加受欢迎，因为乘客乘坐轻轨的出行距离大于乘坐公交车的出行距离。如果以每人每英里行驶里程成本来衡量，2010年轻轨系统的运营成本花费为每位乘客每英里0.69美元，而公共汽车的花费为每位乘客每英里0.90美元。[41]

评论家认为，为了使公共交通尤其是轻轨系统切实可行，有必要采取全面的区域性方法。公共交通系统必须与土地利用总体开发计划相契合。如果没有一项计划来提高设施密度并减少小汽车的使用，那么公共交通客运量将继续流失，而且需要政府提供巨额补贴才能维持正常运营。评论家指出，波特兰的公共交通系统运营良好的原因是，它是区域性综合发展计划的组成部分。对于由3个县组成的波特兰地区而言，其目标是让大部分新工作场所和住宅距离公共交通线路在5分钟步行路程内。市中心以公共交通为主，而非小汽车。波特兰在轻轨发展方面的战略是，公共交通不能仅仅作为一种移动人口的手段，而要作为加强市中心建设的一种方式，并成为区域增长战略的一部分。[42]

交通拥堵可能是美国人为生活质量付出的代价。然而，交通拥堵也会破坏生活质量。交通可达性为美国人提供了理想居住地的更多选择，并增加了他们就业机会。如果生活质量的一个衡量要素是在一个公园般的郊区环境中拥有一套住宅，不仅能与邻居保持一定的距离以保护个人隐私，而且能避开城市的噪声和其他污染，那么需要一辆汽车让人们在享受这种生活方式的同时，方便地前往工作场所。其结果是交通拥堵和城市蔓延。由汽车引起的污染加剧了人们的健康问题。另外，通勤和交通拥堵所消耗的时间增加了人们的压力，并带来健康问题，例如高血压、心脏病、背部疾病，更不用说那些滋生"路怒症"的交通参与者所表现出来的古怪、反社会行为了。[43]

经济发展竞争带来的问题

已有一些研究表明，与政治分裂的地区相比，政治上统一的大都市区更能够有效地参与经济发展竞争，而且郊区繁荣（以收入衡量）在很大程度上依赖于中心城区的经济活力。[44]技术、贸易和货币政策推动了经济全球化，使得商品生产和服务的提供地点几乎可以分布在世界任何地方。实际上，我们生活在一个日益全球化的经济世界，由跨国公司开展全球性业务。各公司不再像以前那样与某一个国家或其中的某个特定地点联系在一起。经济生产也以大都市区为中心进行，而不是在个别单位内进行。大都市区已经成为国家经济的引擎，越来越多地在国家内部并跨越国界直接相互竞争以实现发展，因此，国家在经济领域中的重要性有所下降。

大都市区的政治碎片化以及对房地产税的严重依赖形成了一种竞争而非协作的氛围。各城镇为了实现经济发展而相互竞争。一个社区经济发展起来，邻近的社区并没有分享其税收，反而受到其发展的负面影响，例如交通拥堵，污染和犯罪的增加。其中一个是芝加哥地区的三个郊区城镇之间关于争夺主要的非城镇土地使用权的案例。这片土地被两条州际公路分成两等份，而且上面有两座大型互通式立交桥。这场争夺战引发了法庭诉讼以及对种族主义和贪婪的指控，且在争夺土地的城镇之间播下了仇恨的种子。在另一个案例中，芝加哥郊区城镇奥克布鲁克（Oakbrook）拒绝建造一座31层塔楼的开发项目，因为它不符合该市的建筑法规。然而邻近的奥克布鲁克特勒斯（Oakbrook Terrace）批准了这个开发项目。该项目建造在两个城镇边界的土地上。尽管开发商愿意为此承担所有费用，但是奥克布鲁克仍然拒绝拓宽位于大楼一侧的道路。奥克布鲁克给出的理由是，该地区无法获得税收好处，却会受累于更严重的交通拥堵。[45]

城镇希望吸引新开发项目以强化税基，或将新项目拒之门外来维持本社区的特色。更多的城镇有意吸引新项目，而不是加以排斥。为企业提供税收优惠是城镇政府鼓励企业落户的一种常见手段。各社区通过相互竞价来吸引开发项目，由此造成了大都市区内的新企业课税不足或过度补贴的问题，而这种情况在此之前基本不会出现。它将资源浪费在本区域无论如何都会开展的项目上，从而可能削弱整个都市圈在国家和全球范围内的竞争力。

地方政府的经济发展政策很少把新的就业机会吸引到城市地区。这些政策可以有效促进已决定落户该区域的各企业做出具体选址决策，或者有效吸引各企业从城市地区的一个地点转移到同一个城市地区的另一个地点。[46]因此，城市地区内各城镇之间的发展竞争导致了以邻为壑的效应。这样，如果某政府能从另一个城镇地区吸引某企业在自己的管辖范围内落户，那么它自身的房地产价值就会有所提升，而且另一个城镇则有可能遭受房地产价值的损失。如果价值流失的城镇无法吸引其他的开发项目来填补流失的价值，那么其价值将发生螺旋式下降，导致城市萎缩和衰败。

在为增加税基而进行发展竞争的环境中，吸引企业从大都市区内的一个城镇迁到另一个城镇的情况并不少见。然而，提供的激励措施有可能导致吸引企业的社区在数年内无法获得额外收入。例如，为了吸引一家百货公司从5英里外的爱荷华城迁来，艾奥瓦州科拉维尔（Coralville）为该公司制订了一项奖励方案，其中包括建造一栋更大的楼宇、减免房地产税以及补贴65万美元来补偿该公司从爱荷华城迁出而缴纳的罚款。据估计，这些激励措施的价值相当于1 800万美元。科拉维尔城市官员称，只有采取这些激励措施，才能吸引一家主流百货公司落户新零售开发区，从而吸引商店和餐馆入驻。当然，爱荷华城的市政官员们对此愤愤不平，担心该百货公司的撤离会对其购物中心造成影响。[47]

研究表明，中心城区和郊区在经济发展方面相互依赖、共同进退，区域内经济发展的竞争实际上可能更多的是一场赢家和输家都输的负和博弈，而不是零和博弈。各城镇在进行发展竞争时，唯一的赢家是在不同城镇之间左右逢源、寻求最佳交易的企业。此外，如果人们希望搬迁到离工作地点近一点的地方，那么他们可能会搬迁到邻近的社区，而不是公司所在的社区。住宅开发可以增加服务需求，从而增加城镇的税收负担。因此，一个社区的经济发展可以为邻近社区创造更高的税率。由于竞争产生了负面影响，一些社区已开始努力相互协作。[48]

由于经济流量不受城镇边界的限制，一个区域内的城镇可以更好地利用各自的资源和专长共同努力吸引和留住开发项目，而非相互竞争。区域性的合作方式可以在发展竞争中使地方的资产产生最大效益，而且所有城镇都能从该地区任一部分的发展中获益。莱特博迪（Lightbody）[49]断言，在全球化时代，能够在经济发展中抢占最有利竞争地位的地区是那些最团结的地区。那些能够将治理、商业、市民、劳工及其他非政府组织（non-governmental organizations，NGOs）纳入统一组织的领导下，从而将各种不同的力量整合起来解决区域治理问题，并共同提出统一经济发展计划的地区，将会取得最大的成功。

随着经济活动越来越脱离地域限制，各企业的落户地点是由诸多因素决定的。理查德·弗罗里达（Richard Florida）认为，配备便利设施的社区能够吸引推动经济发展、"有创造力"的人才。根据弗罗里达的说法，对于能够实现或推动经济发展的这些"有创造力"的人而言，生活质量是他们选择生活地点的一个主要考虑因素。[50]虽然一些便利设施受到地方政府政策的影响，但是许多便利设施超出了地方政府的影响范围。然而，一个地方政府的政策有可能对其所在区域的经济发展产生影响。研究表明，当一家制造企业选择落户于一个地区后，它在该地区的选址会受到各项地方政府政策的影响。[51]

环境问题

直到 20 世纪 70 年代之前，美国民众还不怎么关心污染和环境问题。他们认为，环境保护主要是州政府和地方政府的责任。美国民众普遍认为，土地、空气和水是各州和各城镇可以利用的经济资源。在大多数情形下，州政府和地方政府极少重视环境保护和污染治理。从 20 世纪 70 年代开始，公众对环境问题的日益关注，迫使政府承担更大的保护责任。早期环保主义者的关注焦点是联邦政府应承担主要的政策领导作用。许多环保组织认为，不能单纯依靠州政府和地方政府保护自身的环境资源，因为州政府和地方政府的工作重心是推动地方发展。

大都市区不断扩张并占用更多的土地资源，使公众越来越多地关注起环境问题。随着城市地区生活质量的恶化，政府面临的保护环境的舆论压力不断加大。全国范围内对环境问题的高度关注在对芝加哥地区政府的调查中可见一斑。它们将环境问题列在大都市地区面临的主要问题的前列。[52]由于大部分环境问题跨越了城市边界，因此，人们越来越多地认识到保护环境需要整个地区共同努力。要想在与污染的斗争中取得真正的胜利，就必须在区域层面进行协调与协作。然而，大多数城市政府对于管辖区内的所有水资源或空气污染设施没有法定管辖权。应对环境问题成为大都市区的一大难题。此外，公共空间保护也已成为大都市区一个更加严重的问题。大片公共空间只能通过全区域范围内的共同努力才能得到保护。

城市蔓延的发展模式的主要问题是加重了空气污染。实际上，大都市的大多数环境问题都被归咎于城市蔓延。例如，交通造成的污染和不可替代的公共开放空间的丧失。[53]只有采取区域性的增长控制措施，才能缓解城市蔓延发展模式造成的污染。此外，个别城镇通常无法监管非点源污染（例如汽车尾气），因为这种监管通常属于州政府或县政府的职权范围。地方政府采取土地利用控制手段只是出于地方利益考虑。[54]这种利益的碎片化会经常阻碍综合性区域规划的落实，导致大都市区发展不均衡。这种城市蔓延的发展模式反映了政府间系统中授予城镇的高度自主权。[55] 改善和保护城市环境需要加强大都市区的治理。为此，不仅需要地方政府展开协作，还需要公共部门和私营部门的许多其他行动者的参与。

大都市区间的不平等现象

在 20 世纪下半叶，城市规划师认识到了美国中心城区存在的诸多社会经济问题和基础设施问题。其中一些问题属于生活方式的问题，涉及种族关系、犯罪、贫困、健康和教育。除了这些公认的社会问题之外，中心城区面临的其他挑战还涉及基础设施等相关难题，包括供排水系统、道路、公共交通、公园和休闲区。美国民众普遍认为，中心城区的这些问题在不同程度上损害了大都市区其他居民的生活质量，而不仅限于中心城区居民。[56] 多年来，有许多出版物描述了中心城区的危机，并提出了相应的解决办法，其中大多都需要联邦政府和州政府投入资金来帮助处理。

自从半个世纪前对城市问题的严重性进行学术讨论以来，美国已发展成为一个实实在在的大都市社会。过去似乎只存在于中心城区的问题已经转移到郊区。与中心城区毗邻的郊区，正经历着中心城区经历过的大部分问题。事实上，这些郊区的情况也许更加糟糕，因为中心城区有更大的政治影响力，而且有更多资源来解决问题。许多郊区甚至很难获得足够的税收来提供基本服务。例如，芝加哥郊区的 59 个城镇的户均税基低于芝加哥市区。郊区的衰退限制了公共空间、大学、文化机构、夜生活和中心区域的发展，而且中心城区虽然存在诸多问题，仍然有其吸引力。[57]

在 20 世纪 90 年代和 21 世纪初，随着新住宅的建设和经济的发展，许多中心城区得到了振兴。许多城市出现了再次绅士化的现象，许多市中心得到了重新开发，历史建筑和行政区焕发新生。中心城区似乎从 20 世纪 50 年代、60 年代和 70 年代学者所描述的"危机"之下的阴暗和绝望的阴霾中恢复过来。虽然情况有所好转，但中心城区仍然存在诸多与区域性影响相关的问题。实际上，中心城区总体上仍然在地区中扮演主要角色。下面几节将简要说明中心城区发挥主要作用的一些区域政策问题。

中心城区对区域经济发展的影响

扭转中心城区的经济萎靡是应对大都市区经济分散的重点。其意义在于，改善中心城区的区域治理政策有利于整个大都市区的发展。需要对这个假设进行深入的考查。区域主义的评论家认为，政府政策不应阻碍而应支持基于市场化的决策。例如，他们认为，如果政府的政策鼓励某些类型的制造业回归中心城区，那么由于存在交通限制，而劳动力缺乏适当的技能，此举会造成政府资源的不恰当利用。这些评论家提出，分权实际上可以更高效，而且中心城区可能已经失去了传统的经济优势。如果企业迁出中心城区并通过降低生产或交通运输成本提高效率，那么阻止或扭转这种情况的政府政策实际上会造成企业效率的降低，而且该地区会因为无法在日益全球化的市场中参与竞争而最终衰落。然而，如果分权是由感知的不利外部性因素（如中心城区的社会问题）引起的，则可能反映出资源的低效配置。在此情况下，分权无法实现区域资源的重新优化配置，而是导致了某种程度的重新洗牌，其中人员和企业将会迁移到能够满足各自需求，但是不一定能增长地方利益的区域。非官方证据表明，分权更多的是由摆脱困境的过程推动的，而非由对资源进行重新优化配置来提高区域经济效率的过程推动的。[58]

中心城区为商业区位选址带来的主要经济优势是集聚经济效应。集聚经济效应的基本原理是各公司聚集在彼此相邻的地方以达到相互促进的目的，包括通过面对面的沟通交流，以促进业务发展，更方便地获取商业支持服务；通过聚集实现空间效益，以不同业务支持服务，如专业律师事务所、营销支持机构、金融服务机构和计算机服务机构等商业支持服务机构在某地落户，以便为公司提供各项专业服务。这类机构的高密度聚集，通过面对面沟通促进了信息交换，这对于发展日新月异的业务领域来说非常重要，能促进不同公司之间的相互信任与了解，从而推动各公司业务的发展。

批评者指出，中心城区的集聚经济效应不再占据主导地位，甚至没有存在的必要。他们认为技术已经取代了面对面互动的需求。即使频繁的面对面互动交流在现代经济中仍然十分重要，但是郊区也形成了自己的就业中心和集聚经济效应，可以与中心城区相媲美。办公空间从中心城区分散到郊区的边缘城市，[59]最近还分散到更广阔的"无边界城市"。[60]办公空间分散化的证据是，在大多数大都市区中，位于中心城区以外的办公空间比中心城区多。芝加哥和纽约有超过 50% 的办公空间仍然分布在市中心的少数主要大都市区，亚特兰大和底特律的办公空间分布在市中心之外的比例分别是 66% 和 79%。[61]

大量的学术和实证证据仍然支持中心城区的价值。诸多学者的研究表明，郊区仍然依赖中心城区，而且中心城区的集聚经济效应对该地区的经济活力仍然至关重要。两项研究对比了迁出与留在纽约市的企业，得出的结论是，留在纽约市的企业的表现优于迁出的企业。一项研究追踪了 22 家将总部从纽约市搬迁到郊区的企业的股票估值，并与留在纽约的 36 家公司的股票估值进行了比较。这两组公司都是《财富》世界 500 强排行榜中名列前茅的大公司。尽管样本选择并不科学，但是这项研究表明，11 年间留在纽约的企业的平均股票估值是迁出企业的平均股票估值的 2.5 倍以上。另一项研究对从纽约搬迁到郊区的企业与同行业的其他企业进行了为期 3 年的盈利能力比较。研究表明，大部分迁出企业的盈利能力低于同行业的其他企业的平均水平。[62]

一家企业的业绩受诸多因素的影响，因此，无法将某公司业绩不佳归因于它的郊区区位。然而，研究表明，中心城区仍具有大都市区其他地方还未形成的集聚经济效应。尽管这些研究和评论家都认为郊区区位不如市中心区位，但是各企业仍然在继续向郊区迁移，并在郊区蓬勃发展。向大型企业提供服务的机构发现，他们不需要在曼哈顿设点也能保持良好的发展势头。[63]

虽然中心城区的就业机会继续呈分散化态势，但是中心城区仍然提供了大量的就业机会。中心城区的中心商业区（central busiess district, CBD）仍然是大都市区的主要就业中心。对散布于全国 10 万人以上的 40 个大都市区进行的一项抽样调查研究显示，2002 年，中心城区仍占有 39% 的大都市区就业岗位，并贡献了大都市区年度工资总额的 41%。这项研究还考察了一直被标榜为对经济活力和发展至关重要的所谓"创意产业"在大都市区的分布。该研究涉及的创意产业包括信息服务、专业服务、科学服务和技术服务以及艺术、娱乐和休闲产业。研究发现，这些产业中将近 44% 的就业人数和将近 49% 的工资总额分布在中心城区。[64]

研究人员对经济发展的研究表明，中心城区与郊区人均收入差距与大都市区就业岗位的增长之间存在密切的关系。60 年前，所有中心城区家庭收入中位数都与大都市区大致相同。随后的几年里，除了少数几个没有被郊区包围的中心城区外，其他所有中心城区的收入中位数与郊区相比均大幅下跌，其中老中心城区的下跌幅度最大。到 2010 年，底特律、密尔沃基和克利夫兰等工业化时代的旧中心城区，其人均收入分别下跌到对应大都市区的 52%、56% 和 58% 以下。而那些未被列入工业化时代中心城区的其他城市，如果未能抓住郊区的发展机遇，那么将无法保持与郊区平等的地位。在这些城市中，休斯敦的家庭收入中位数仅相当于 1950 年郊区家庭收入中位数的 97%，相当于 2010 年郊区家庭收入中位数的 75%。锡拉丘兹的家庭收入中位数从占郊区家庭收入中位数的 100% 下降到 60%，宾夕法尼亚州哈里斯堡的家庭收入中位数从占郊区的 101% 下降到 52%，弗吉尼亚州里士满家庭收入中位数从占郊区的 97% 下降到 69%。[65]

然而，并非所有中心城区的情况都像上面所列举的那样糟糕。21 世纪的头十年，老中心城区实现了反弹，中心城区与郊区之间的收入差距缩小了。例如，哥伦比亚特区的城市家庭收入从 2000 年占地区家庭收入的 75% 上升到 2009 年的 82%。北部各地区也普遍如此。例如，波士顿（2000 年的比例为 74%，2009 年的比例为 83%）、纽约（从 76% 上升到 78%），甚至包括一些人口流失的城市，如芝加哥（从 77% 上升到 81%）和匹兹堡（从 77% 上升到 80%）。[66]

一项对 56 个大都市区的研究发现，随着中心城区与郊区之间收入差距的减小，就业增长率将得到提升。研究者发现，中心城区人均收入不足郊区人均收入 50% 的大都市区就业机会在不断流失。然而，在中心城区人均收入介于郊区人均收入 55.3% 到 66.7% 之间的地区，其就业增长率为 2%；而在中心城区人均收入介于郊区人均收入 78.4% 到 90% 之间的地区，其就业增长率接近 6%。这些总体研究结果也有一些例外，人均收入差距较大的少数大都市区就业增长率为正值。此外，这项研究并未表明因果关系，因为除中心城区与郊区的人均收入差距之外，还有其他因素影响就业增长或减少。虽然就业机会不断增长，人口的郊区化程度不断提高，但是有迹象表明，在就业机会增长方面做得更好的大都市区，其中心城区与郊区之间的收入差距较小。[67]

中心城区与郊区相互依赖的另一个表现是，郊区居民在中心城区工作的收入，往往高于在郊区工作的收入。在一项研究中，研究人员发现，在华盛顿哥伦比亚特区，郊区居民的工作收入占其中心城区工作收入的 70% 以上。在巴尔的摩，郊区职工收入占中心城区工作收入总额的近 60%。在丹佛、费城、圣路易斯、旧金山和新奥尔良，郊区职工收入占中心城区工作收入总额的比例均超过 45%。[68]有证据表明，城市及其郊区并非两个不同的经济体，而是一个区域经济体。城市和郊区的命运紧密相关：区域经济的命运决定了两者的命运。此外，一个大都市区内部的各种力量共同作用，产生了一种独特的协同效应，这是各个组成部分无法单独实现的。中心城区的衰落会影响整个地区的吸引力。

中心城区的少数族裔聚居

虽然从 20 世纪 30 年代经济大萧条开始，一直有不少非裔美国人向北方和南方城市迁移，但是在 20 世纪 50 年代，1 500 万非裔美国人基本上分布在乡村和南部地区。同样地，大部分拉丁裔美国人分散在乡村和小城市，而且大多位于西南部地区；亚裔美国人主要集中在美国西海岸城市。1950 年，在美国人口中，白人占 86% 左右，而少数族裔占 13% 左右。60 年后，美国人口中少数族裔占 27.6%，所有少数族裔的 80% 以上居住在大都市区。少数族裔的居住隔离现象在大都市区非常明显，而且这些年来中心城区的少数族裔聚居的程度有所提高。

针对人口 10 万以上所有主要大都市统计区（大致相当于大都市分区）的一项研究（采用了 2000 年人口普查的数据）发现，半数以上地区中黑人与白人相异指数分值超过 60，分值为 100 时表示完全隔离。大约 20% 的地区相异指数分值超过 70。平均相异指数分值小于 40 的地区的拉丁裔美国人融合程度较高。例如，1950—1970 年，芝加哥的非裔美国人的比例从 14% 上升到 36%。到 2010 年，芝加哥人口中的 55% 为非裔美国人。1980—1990 年，洛杉矶少数族裔人口的集中度从 39% 显著增加到 63%，而 2010 年其少数族裔人口的比例保持在 71%。这种增加的主要原因是拉丁裔大量流入，而白人大批外迁。[69]

分布在中心城区的大都市少数族裔人口不成比例，其中超过 52% 的黑人和 21% 的白人居住在中心城区。郊区的白人比例高达 57%，而黑人比例只有 36%。隔离程度维持在较高水平，尤其是黑人与白人之间，而近年来拉丁裔与白人的隔离程度有所上升。大都市区典型的白人居民居住在一个由 80% 的白人、7% 的黑人、8% 的拉丁裔和 4% 的亚裔构成的社区，典型的黑人居民居住在由 33% 的白人、51% 的黑人、11% 的拉丁裔和 3% 的亚裔构成的社区，而典型的拉丁裔居民居住在由 36% 的白人、11% 的黑人、45% 的拉丁裔和 6% 的亚裔构成的社区。[70]

多年来，郊区通过排他性分区规划有效地将非裔美国人拒之门外。具体措施包括要求大片土地、不充分保证多户区划以及颁布其他政策。政治学家南希·伯恩斯（Nancy Burns）提出令人信服的研究成果，20 世纪 50—60 年代，郊区居民设立城镇的部分目的是排斥非裔美国人。她指出："证据表明，这种操作顾虑的是种族问题，而不仅仅是低收入人口的存在。设立者的目标似乎是排斥非裔美国人。"[71]对堪萨斯城大都市区隔离状况的另一项研究发现，以职业状况、教育水平或收入水平衡量的阶层差别无法解释种族隔离。这项研究的结论是，"在解释黑人与白人居住区的高度隔离时，种族是比阶层更重要的影响因素"。[72]

表 2.2 显示了中心城区黑人聚居度最高的大都市区。如果黑人均匀分布，那么黑人占城市人口的比例应当与占大都市人口的比例相当。表 2.2 的数据显示，底特律、费城和芝加哥大都市区的黑人主要集中在中心城区内。此外，在非裔美国人迁出城市的大都市区内，黑人往往集中在少数几个郊区。例如，在芝加哥郊区，2/3 的非裔美国人仅居住在该地区 348 个郊区城镇当中的 18 个。在这 18 个城镇当中的 13 个城镇内，50% 以上的人口为非裔美国人。[73]

表 2.2　2010 年美国中心城区黑人人口比例最高的大都市区①

大都市区	占城市人口的比例 /%	占大都市区总城市人口的比例 /%	占郊区人口的比例 /%
纽约	61	43	39
底特律	60	17	40
圣迭戈	56	42	44
芝加哥	54	28	46
费城	53	25	47

注：① 这些数据仅限于纯黑人人口，不包括与其他种族结合的黑人。
资料来源：索尼娅·拉斯托吉（Sonya Rastogi）、D. 塔利斯·约翰逊（D. Tallese Johnson）、伊丽莎白·M. 霍费尔（Elizabeth M. Hoeffel）和小马尔科姆·P. 德鲁里（Malcolm P. Drewery, Jr.）所著的《2011 年人口普查简报》以及《2012 年统计摘要》。

中心城区少数族裔的聚居本身并不是问题。问题是它将少数族裔与大都市区其他部分存在的经济机会隔离了。隔离还形成了种族之间的障碍，从而难以建立种族之间的沟通渠道，使少数族裔难以融入更大的大都市社区中，而且形成了犯罪、病态和绝望大行其道的极端贫困区域。在这些区域内长大的年轻人没有行为榜样，且对美好生活几乎不抱任何希望，他们认为由于偏见的存在，导致他们无法分享大都市区的经济发展成果。由此发生了针对实际存在的和感知到的不公正现象的反抗和暴乱，并以生命和财产损失作为代价，除非采取措施消除障碍，使少数族裔能够享受与他人同等的机会，否则这类事件还会再次发生。所有种族都应当有平等的机会追求《独立宣言》所述的理想，拥有"生存、自由和追求幸福的权利"。下面几节进一步阐述了隔离与中心城区问题之间的关联性。

失业与中心城区衰退

1998—2006 年，就业状况稳步分散化：98 个大都市区中的 95 个，其距离市中心 3 英里范围内的就业岗位数量减少了。尽管在这个阶段，排名前 98 位的大都市区总体上增加了就业岗位，但是这些大都市区最外围地区的就业岗位只增加了 17%，而核心城区的就业岗位只增加了不到 1%。如果再结合现有的居住隔离模式，那么就业分散化会导致不同人群获取就业机会的地理便利程度不同。就业分散化程度较高的大都市区，其就业岗位与黑人居民相对位置之间的"空间错位"程度较高。在一项对特定大型大都市区的研究中，研究人员发现，即使低收入和少数族裔人口都在郊区化，但是收入高的郊区就业岗位增长速度最快，从而固化了郊区的空间错位模式。因此，高度的就业分散化可能会阻碍以往未充分就业的职工与就业机会之间的联系。[74]

随着就业分散化和郊区化的推进，制造业就业岗位减少，对劳动力教育程度要求较低的就业岗位也不断减少，这对中心城区的冲击尤其大。1969 年，制造业就业岗位占大都市区所有就业岗位的 23%。1969—2000 年，制造业就业岗位的数量减少了 12%。在 2001—2009 年的经济大衰退时期，制造业就业岗位数量降幅更大，为 27%。2009 年，制造业就业岗位占大都市区所有就业岗位的比例仅为 7%。[75] 超过 50% 的零售业、建筑业和制造业就业岗位，以及超过 40% 的运输业和仓储业就业岗位，位于距离中心商业区 10 英里以外的地方。专业从事制造业的大都市区就业岗位分散化程度高于平均水平。在这个类别的大型大都市区中，例如，底特律或芝加哥这样的大城市，平均只有不到 16% 的就业岗位位于城市核心区，有 56% 的就业岗位位于距离市中心 10 英里以外的地方。在从事制造业的小型大都市区，包括扬斯敦和波基普西，近 30% 的就业岗位位于大都市外圈。[76]

就业机会的蔓延在某些方面加剧了种族不平等。就业机会的蔓延和黑人与就业机会的空间不匹配相关。这些举措之间的关系也适用于拉丁裔美洲人，但程度较轻。总体而言，大都市就业机会的蔓延作为空间错位的影响因素，对黑人的重要性几乎相当于对拉丁裔重要性的双倍。例如，底特律就业机会的蔓延程度是102 个较大的大都市区当中较高的地区之一，其中黑人与就业岗位的实体隔离程度较高。在就业机会蔓延程度越高的大都市区，黑人与白人之间的种族隔离程度也越严重。同时存在不匹配程度高和就业机会蔓延的大都市区，包括底特律、芝加哥、洛杉矶、费城、亚特兰大和纽瓦克等。在就业机会蔓延程度较高的地区，约 67% 的黑人必须通过迁移，以达到与白人居住同等的地理分布程度。[77]

由于就业继续从中心城区分散，城市地区内的居民面临着越来越大的就业可达性问题；由于种族或收入的原因，城市地区内的居民被排除在郊区住宅市场之外。中心城区居民的失业率较高，尤其是在非裔美国人社区。对匹兹堡地区通勤模式的一项研究发现，90% 以上的职工居住在距离工作场所 5 英里以内的地方。研究人员发现，低收入职工（劳工、家政工人和服务工人）的通勤距离一般短于职位较高的职工。研究发现，近 60% 的低收入职工居住在距离其工作场所 1 英里以内的地方，有近 90% 的低收入职工居住在距离工作场所3 英里以内的地方。[78]郊区对于城市地区内的职工而言过于偏远。对于积极肯干的中心城区低收入职工而言，距离似乎成为他们进入提供低技能工作的郊区企业工作的主要障碍。实际上，越来越多的坊间证据表明，许多大型大都市区的郊区雇主都遇到了低技能职工短缺的情况。[79]

考虑到通勤距离和地域歧视，居住在中心城区的职工不太容易获得郊区的就业机会。对于那些严重依赖公共交通的中心城区职工而言，去郊区上班的旅途十分艰难。公共交通在传统上是为了便于郊区通勤者去中心城区工作。由于许多郊区工作场所要么公共交通无法覆盖，要么公共交通到达的频次不高，因此，对于没有汽车的职工而言，即使是去郊区从事低薪工作也可能需要花费很多时间换乘公共交通工具。从芝加哥去近郊工作场所需要花费 2 个小时，并且需要换乘 4 次公共汽车或其他交通工具。[80]

消除工作场所的空间阻隔不一定会增加中心城区少数族裔的失业率。有证据表明，黑人在郊区工作场所面临越来越严重的就业歧视。一项研究发现，与城市雇主相比，郊区雇主面试的黑人求职者与实际录用的黑人雇员的比例要高得多。白人拥有的企业做出落户郊区的决定可能不仅仅出于纯粹的经济原因，也可能是希望落户在劳动力以白人为主的地区。底特律郊区的企业拒绝提供接送低薪城市职工前往郊区工作的面包车服务，其中的种族憎恶显而易见。大多数拒绝提供服务的雇主表示，他们必须搬到郊区以避免雇用非裔美国人。[81]通勤路程长、惧怕充满敌意的工作环境和低薪使得很多中心城区的职工不愿意去郊区找工作。

底特律地区是企业搬迁对中心城区造成负面影响的一个有说服力的案例。海兰帕克是被底特律完全包围的一个城市。亨利·福特曾在这里建造水晶宫，这里曾是全世界大规模生产的展示窗口，它被称为"树之都"，拥有整洁美观的社区和充满活力的各类机构。社区学校闻名遐迩，郊区的学生蜂拥而至。但近些年来，随着企业的陆续迁出，社区开始衰退。长期将总部设在海兰帕克的克莱斯勒公司搬迁到了奥本希尔斯。海兰帕克的财政状况不断恶化，人口不断减少，其城市居民已经缩减到不到 12 000 人，仅是繁荣时期人口数量的一半。而奥本希尔斯郊区现已成为早年的海兰帕克。这里的就业机会一直在稳步增长，有时增长速度惊人。奥本希尔斯是大公司和企业的总部所在地，包括克莱斯勒公司、大众／奥迪北美洲总部、奥克兰大学、博格华纳公司、加迪安工业公司、RGIS 公司、Great Lakes Crossing 购物中心，还是美国国家篮球协会旗下底特律活塞队的主场。海兰帕克与奥本希尔斯之间的反差表明，经济结构调整是怎样改变资金流动方向的，即从底特律中心城区流向奥克兰县西北郊区。[82]

1960 年，底特律占该地区估定价值的 50%；奥克兰县的占比为 14%。到 1980 年，底特律占有的估定价值已暴跌至 18%，而奥克兰县的所占比例已上升到 38%。[83] 撰写本书时，底特律正在执行破产程序。20 世纪 50 年代，底特律的人口为 180 万。从 20 世纪 60 年代居民迁往郊区开始，底特律开始缓慢衰退，而后随着汽车制造商迁到郊区，这个进程逐渐加快。底特律目前的人口为 713 777 人，相比峰值水平下降了近 60%。该城市的税基已经缩减到了治安警力和消防服务等基本的城市服务也难以提供的程度。2013 年 3 月，州政府委任了一位紧急财政管理人；2013 年 7 月 18 日，底特律市提出了美国历史上规模最大的城镇破产申请。[84]

就业向郊区的扩散以及中心城区居民获取郊区就业机会的阻隔导致了中心城区的高失业率。中心城区的失业率明显高于郊区。20 世纪 80 年代，底特律、巴尔的摩和圣路易斯等中心城区的失业率接近对应郊区平均失业率的 2 倍。2012 年 4 月的统计数据显示，随着美国从大衰退中缓慢复苏，美国 50 个较大城市的失业率中位数为 9.2%；其中底特律最高，为 19.9%；内布拉斯加州的奥马哈最低，为 5.1%。底特律大都市区的失业率为 8.7%，不到该市整体失业率的一半。[85] 表 2.3 显示了 2010 年 16 个城市地区失业率的变化情况。除了圣安东尼奥、旧金山和凤凰城外的所有中心城区的失业率都高于郊区。底特律中心城区的失业率几乎是其他郊区失业率的 2 倍。值得注意的是，大都市区的失业率始终低于全国失业率，而较老的工业城市的失业率均高于全国失业率。

表 2.3　2010 年美国特定城市地区的失业率①

地　　区	大都市区 /%	中心城区 /%
纽约	8.2	8.5
费城	8.8	13.5
旧金山	10.1	7.5
巴尔的摩	8.0	15.2
圣路易斯	9.9	17.7
芝加哥	9.5	11.0
底特律	12.4	24.1
休斯敦	8.7	9.8

续　表

地　　区	大都市区 /%	中心城区 /%
克利夫兰	8.2	13.6
达拉斯	7.1	9.7
印第安纳波利斯	7.3	10.5
洛杉矶	11.1	12.9
密尔沃基	9.5	12.0
凤凰城	8.6	7.9
圣安东尼奥	6.4	6.1
圣迭戈	7.7	7.9

注：① 2010 年美国总失业率为 9.6%。
资料来源：劳工统计局，《2010 年就业和失业的地理特征》，表 31，www.bls.glov/gps（2012 年 6 月 11 日访问）。

　　大都市区大量的新兴增长区域和城市的失业率较低，大致与郊区失业率相近。在中心城区内，失业率集中在少数族裔人口中。例如，芝加哥黑人人口的失业率为 20.3%，拉美裔人口的失业率为 12.9%，而白人人口的失业率仅为 9.5%。社会学家威廉·威尔逊（William Wilson）认为，就业机会从中心城区流失以及种族歧视（这个因素可能更重要），是中心城区衰败、城市底层人口增长的主要因素。威尔逊将社会底层定义为：由缺乏培训和技能，或者经历了长期失业或无劳动能力的家庭和个人，从事街头犯罪活动及其他异常行为的个人，长期遭受贫困和依赖社会救济的家庭组成的异质群体。[86]

贫困

　　贫困在中心城区不断集中。2011 年，在大都市区，中心城区的贫困发生率明显高于郊区，前者和后者的贫困发生率分别为 20.0% 和 11.3%。贫困率在中心城区最高，在郊区有所下降，然后随着与城市核心区的距离越来越远而不断升高。2010—2011，郊区的贫困率从 11.9% 下降至 11.3%，但是中心城区和非大都市区的贫困率在统计意义上保持不变。[87]

布法罗州立大学的文德·米克斯（Wende Mix）利用 2008 年人口普查的估计数进行了一项研究，她发现，在美国贫困率排名前十的城市中，除了一个城市之外，其他城市的贫困率都明显高于周边城区和大都市区的贫困率。埃尔帕索城市地区和大都市区的贫困率之间没有统计学上的差异，因为这个城市包含了很大一部分的大都市区。埃尔帕索大都市区的贫困率是 10 个城市最高的。这反映了城市与郊区之间的贫困率差异。表 2.4 显示了贫困率排名前十的城市及其对应大都市区的贫困率估计值。[88]

表 2.4　2007 年贫困率排名前十的城市与对应大都市区的比较

城　　市	城市贫困率 /%	大都市区贫困率 /%
底特律	33.8	13.9
克利夫兰	29.5	12.7
布法罗	28.7	13.5
埃尔帕索	27.4	28.7
孟菲斯	26.2	18.8
迈阿密	25.5	12.8
密尔沃基	24.4	12.7
纽瓦克	23.9	12.2
费城	23.8	11.5
辛辛那提	23.5	11.1

资料来源：《城市贫困的地理分布》，www.buffalostate.edu/geography/documents/paper.pdf（2012 年 5 月 30 日访问）。

1990 年，居住在极端贫困区域（人口普查区 40% 以上居民的收入低于官方贫困水平）的所有居民当中有 3/4 居住在中心城区。[89] 然而，2000—2009 年，郊区极端贫困社区人口的增长率是城市极端贫困街区人口增长率的 2 倍以上。这些郊区极端贫困人口增长了 41%，而城市极端贫困人口增长了 17%。然而，城市里的贫困人口居住在集中贫困区域的比例是郊区的 4 倍以上。贫困集中化现象日益显著。在经历了 20 世纪 90 年代的衰退之后，2000—2009 年，极端贫困社区的人口增长了 1/3，其占比达到 10.5%，但是仍然远低于 1990 年的 14.1%。[90]

尽管中心城区的贫困比例高于合理水平，但是贫困不仅仅集中在中心城区。郊区的贫困和郊区之间的不平等现象有所抬头。查尔斯·斯托克代尔（Charles Stockdale）和道格拉斯·麦金太尔（Douglas A. McIntyre）[91]研究了 2008 年贫困率排名前十的郊区，并将它们与对应的中心城区进行了比较。在一半的样本城市中，郊区贫困率仍然低于中心城区的贫困率。此外，郊区贫困率较高的大部分地区，中心城区在大都市区中的面积占比比较大。换言之，这些大都市区内只有少数独立的城镇。表 2.5 给出了研究结果。

表 2.5　2008 年美国 10 个最贫困郊区的贫困率与对应中心城区的比较

大都市区	郊区贫困率 /%	中心城区贫困率 /%
得克萨斯州麦卡伦	36.7	28.3
得克萨斯州埃尔帕索	31	24.3
加利福尼亚州贝克斯菲尔德	24.2	16.7
加利福尼亚州弗雷斯诺	18.8	25.5
佛罗里达州雷克兰	15.8	13.3
加利福尼亚州莫德斯托	14.6	13.5
阿肯色州小岩城	14.2	18.6
密西西比州杰克逊	14	26.9
佐治亚州奥古斯塔-里士满	14	24.1
新墨西哥州阿尔伯克基	13.6	15

资料来源：查尔斯·斯托克代尔（Charles Stockdale）和道格拉斯·麦金太尔（Douglas A. McIntyre），"贫困不仅限于城市：美国 10 个最贫困的郊区"，《华尔街日报》，http://www.dailyfinance.com/2011/08/16/povertys-not-just-for-cities-americas-10-poorest-suburbs（2012 年 5 月 30 日访问）。

中心城区与郊区之间的差距表明，城市贫困人口的比例高于合理水平。刘易斯（Lewis）和汉密尔顿（Hamilton）利用 2000 年人口普查数据计算了城市与郊区之间的贫困比率，报告称城市居民贫困的比率是郊区居民的近 2 倍。最极端的情形出现在威斯康星州密尔沃基市、宾夕法尼亚州雷丁市和约克市以及堪萨斯州托皮卡市。上述城市的中心城区居民陷入贫困的比率比郊区居民大约高出 5 倍。[92]实际上，生活在大都市区郊区的贫困人口的实际比例比中心城区高出 53%。当然，这些大都市区的居民居住在郊区的比例也更高。[93]1980—2000 年，很多内圈郊区或近郊的贫困现象明显增加。在一项对 3 428 个郊区样本的研究中，有 217 个内圈郊区被划分为有危机的郊区。南部和西部 12% 以上的内圈郊区被划分为高贫困郊区（20% 以上人口处于贫困状态）。从 1980 年开始，南部的贫困率增长了 2 倍。芝加哥郊区的黑茨堡的贫困率为 49%。2000 年，迈阿密郊区格拉德维尤的贫困率超过了 50%。[94]

贫困与少数族裔人口之间也有密切的关联。例如，2000 年，芝加哥大都市区低于贫困线的 1 267 149 人当中，只有 344 973 人为非少数族裔。在全部贫困人口当中，36% 为黑人，30% 为拉丁裔。芝加哥大都市区黑人居民的贫困率为 29%，相比之下，拉丁裔美国人的贫困率为 20%，白人的贫困率为 6.7%。黑人或拉丁裔的贫困率较高，这表明中心城区的贫困集中度较高。33.6% 的芝加哥黑人人口生活在贫困线以下，而拉美裔人口的这一比例为 23.2%。[95]

贫困的集中需要额外的政府支出以改善福利、治安及其他服务。如果这些费用并非来自联邦和州政府的专项补贴，那么它们必须由城市税收来承担。相对于大都市区其余地方的纳税人而言，中心城区的纳税人会因不公平而心生不满。此外，贫困的高度集中会导致房地产业的不景气，从而减少房地产税。因此，中心城区支持贫困人口的相关服务以及与破旧社区、不健全家庭、毒品和犯罪有关的支出所需的额外赋税，必须越来越多地由不断缩减的房地产税基来承担。其结果是税收增加或服务缩减，从而促使中产阶层纳税人外流到郊区以避免高额赋税。而人口外流导致了社区的进一步衰退。

中心城区的暴力犯罪

暴力犯罪与功能失调的贫困社区之间存在一定的关联。[96]加尔斯特（Galster）和圣地亚哥（Santiago）在文献综述的基础上得出的结论是，贫困的高度集中会导致社会凝聚力弱化、非正式社会秩序和规范的缺失、正面行为榜样的缺失、犯罪率增加、单亲和不健全家庭的增加、制度资源和公共服务的匮乏、就业机会的空间错位、种族和阶层差异加剧。[97]

费城的一项研究表明，社区贫困率每上升1个百分点，主要类型的犯罪率就会增加0.8%。俄亥俄州哥伦布的一项研究表明，在贫困率低于20%的社区内，暴力犯罪率约为7‰，而在贫困率高于40%的社区内，犯罪率为23‰。[98]由于中心城区的贫困集中度最高，因此，中心城区的犯罪率仍然远高于郊区。尽管贫困非裔美国人或移民越来越集中的郊区的犯罪率确实有所升高，但是在2004年，每千人当中暴力犯罪的近62%和每1 000户当中财产犯罪的近60%发生在中心城区。与1996年中心城区占暴力犯罪的59%和财产犯罪的57%相比，这一比例有所升高。[99]

安东尼·唐斯（Anthony Downs）对中心城区的犯罪描述如下：市中心的居民不敢冒险在街道和人行道上行走，许多家庭不允许孩子在无人陪伴的情况下独自步行上学，住宅和商店经常被盗窃或持械抢劫。在许多城市，枪伤是14～24岁的男性黑人死亡的主要原因。在一些城市社区，一半以上的年轻男性处于监禁、假释或候审状态，这些情形是对民主社会本应保证的个人自由的荒诞嘲讽。如果人们每次走出家门时，都要担心被抢劫、被攻击或受伤，那么说明他们没有获得自由。中心城区的这种极度不安全状态在很大程度上是由低收入家庭的聚集造成的。[100]

美国1990年的暴力犯罪率是1970年的2倍，也是20世纪的最高纪录。[101]然而，从那时起犯罪率有所下降。例如，1994—1995年，美国的暴力犯罪率下降了 12%，是 20 多年来年下降幅度最大的一次。中心城区与郊区的犯罪率差异仍然巨大。例如，根据最新城市与郊区犯罪统计数据，2006 年，中心城区 12 岁以上的暴力犯罪率为每千人 29.7 人，与 2005 年相比小幅增加；而郊区犯罪率为每千人 18.9 人，略有上升。但是郊区犯罪率与 2005 年相比增长了 1 个百分点。[102]

对犯罪的感知通常比实际发生的情况更严重。媒体通过对犯罪行为的广泛报道加深了这些感知。在双子城进行的一项研究发现，在很多情况下，中心城区居民对成为犯罪受害者的担心程度是实际受害概率的 6 倍以上。媒体强化了郊区居民对中心城区犯罪行为的负面感知。郊区居民在城郊社区感到安全时，区域流动障碍就会显著增加。[103] 但是，如果郊区居民担心中心城区的犯罪行为会蔓延到郊区，则可能会给区域协作带来压力，至少在治安服务领域是这样。

拯救我们的中心城区

虽然有证据表明，部分核心城区的经济正在逐渐复苏，但是很多中心城区仍然受到严重的经济、财政和社会问题的困扰。为了保证并增强核心城市的活力，必须"全力以赴，管好自己的分内之事"。中心城区的作用是确定一个大都市区的形象窗口，形成一整套更系统的心理关联。就此而言，中心城区作为地方的"旗舰"，充当着一个更大区域的形象或符号，能够方便外来者识别。确保核心城市活力的另一个原因在于，这些核心城市是重要的业务活动和商业中心。如上所述，中心城区的经济活力对整个地区的经济活力有着很大的影响。在全球经济中，中心城区为整个区域创造的集聚经济效应仍能有效降低交通运输成本、提供熟练劳动力并推动创新。针对 5 000 家大型企业进行的一项调查发现，整个地区的专业服务有 92% 是由中心城区的企业提供的。郊区仍未构成经济上自治的"外围城市"或"边缘城市"。最后，增强核心城市的总体经济活力，将为最无就业优势的城市居民创造就业机会。[104] 纽约市前市长戴维・N. 丁金斯（David N. Dinkins）指出了拯救和复兴中心城区的必要性：

> 城市……是我们商业和智慧的市场，这里的经济和哲学、娱乐和艺术、科学和技术、观念和情绪丰富了美国人的体验。美国城市就像一台强大的发动机一样，将整个美国引入未来，随着城市的进步，美国及其独特的文明也在进步。[105]

美国住房及城市发展部前部长亨利・西斯内罗斯（Henry Cisneros）在一次电视访谈中就这个主题阐述了自己的观点：

> 我认为，美国必须非常直接地解决的问题之一，是我们能否容忍聚居在中心城区公共住宅中的最贫困人口继续面对巨大的空间隔离，以及跨越城市空间，与主要由白人构成的郊区之间的巨大差异。我们需要做的是在与偏远社区协调的基础上，让人们能居住在全新设计、精心规划的公共住宅，从而打破这种密集状况。[106]

另有一些人建议，各城市应当"先把自己的事情安排好"，再向联邦或州政府求助。对救助中心城区方案持批评态度的人士认为，在寻求联邦和州政府的额外帮助之前，中心城区需要降低税收和支出。斯蒂芬・摩尔（Stephen Moore）和迪恩・斯坦塞尔（Dean Stansel）对 80 个较大中心城区进行的一项研究表明，划分为健康和非健康的城市之间存在巨大的税收和支出差异。在非健康城市中，对于一个四口之家而言，被征收的税额约为健康城市的 2 倍。根据摩尔和斯坦塞尔的计算得出，不健康城市中官僚机构的平均规模是健康城市的 2 倍。健康城市的人均支出是 1 152 美元，是非健康城市的一半。这项研究的结果表明，城市能够而且应该解决自身的问题："通过积极的预算控制、税额减免、私有化和放宽管制计划，美国城市可以再次重现昨日的辉煌与繁荣。"[107]

经济学家安东尼·唐斯（Anthony Downs）反驳了这些结论。通过对同样的数据进行回归分析，他发现财政变量对城市发展或衰退（以人口变化衡量）有一定的影响，但完全不构成此前声称的主导因果关系。唐斯得出的结论是：

> 各城市很可能从减税、削减官僚机构规模和某些服务的私有化中获益。但是，这些政策并不足以应对大量贫困人口集中在城市所带来的问题。衰退的城市相对于自身容量而言，获得了过度而非不足的资金支持，这个结论并未得到摩尔和斯坦塞尔研究的支持，而且也很可能得不到其他任何研究的支持。[108]

大都市区的区域政策问题：以芝加哥为例[109]

芝加哥地区目前有 860 万居民，而且必须为 2040 年达到 1 100 万居民的人口规模进行规划。在快速而不协调扩张的几十年里，该地区的增长模式是非可持续的。新住宅在汽车难以到达、公共交通几乎不可能覆盖的区域拔地而起。新就业机会往往远离该地区的居住中心，通勤者不得不疲于应对交通拥堵，浪费了价值数十亿美元的时间和燃油资源。现有发展模式迅速消耗了土地，严重浪费了自然资源，公共开放空间在减少、潜在的水资源短缺以及空气质量在下降。水资源越来越稀缺，尤其是在社区依赖地下水的情形下。即使在从密歇根湖取水的社区里，用水也受法律限制。某些社区由于步行条件的缺乏以及休闲和公共开放空间的不足，造成了严重的健康问题。一些地区通常涉及种族和收入问题，缺乏销售生鲜农产品的杂货店，这些对社区居民的健康造成了不利影响。

芝加哥 284 个城镇和 7 个县的选择累加起来决定了整个地区的生活质量和经济繁荣程度。地方在获得土地利用自主权的同时，也须考虑这些决策对社区宜居性的影响，包括它们对邻近社区和整个地区的影响。宜居性的获得需要地方政府的积极规划，因为即便是看似微不足道的地方决策，也会产生潜在的区域性影响。整个地区缺乏综合规划以及具有连贯性的土地利用法规和条例。社区之间不进行协作或相互合作，也无法吸取教训，难以为住宅、交通、经济发展、供水等共同面临的问题制定解决办法。芝加哥地区缺乏足够的公园来保证公众的休闲娱乐和公共开放空间。

现在，纳税人对政府利用有限资源进行投资时的效率和透明度，抱有有史以来最高的期待。为了最大限度地提高给地方居民带来的效益，整个地区的政府机构都需要战略性地对决策和投资进行协调。现行的税收政策往往是无意中促成的选择，损害了该地区及其社区的长期利益。销售税收入是城镇寻求零售发展的激励因素。与办公和工业发展相比，零售业创造的高薪就业机会和经济效益更少。现行的销售税制度促使各社区通过激烈的竞争，吸引能够创造销售额的零售企业，包括大卖场和汽车经销店在内的开发项目带来的经济效益，低于高薪的就业机会以及办公发展和工业开发项目带来的经济效益。如果过度依赖销售税，那么在经济低迷时期，当零售销售额下滑时，可能导致各城镇地方政府面临资金短缺的窘境。

不同社区间的房地产税差别较大。房地产税会同时给纳税人和地方政府造成混乱。例如，税收评估水平往往因县而异。特殊税收豁免仅适用于某些类型的房地产，而且州政府规定实施的地方税收上限限制了地方的年度征税额，因此这些因素都会造成不稳定性和不可预测性。依赖房地产税提供公共教育经费会使整个地区的学校经费产生较大的差距。一些区域的房地产和零售业的经济基础比其他区域要雄厚得多，因此具有更强的纳税能力。较大的差距使得很多地方政府无法提供基本服务并吸引新的居民和企业。更糟糕的是，这种差距随着时间的推移不断增大，因为税收较高的城镇即便将财产税率保持在较低水平，也仍然可以提供优质服务和完善的基础设施。

除了共享信息外，整个地区还需要通过合作来提供更协调的公共服务，并消除阻碍地方、区域、州和联邦层面各项目协调实施的壁垒。各政府通过合作可以提高效能，从而有助于提高各社区的经济竞争力和总体宜居性。一个社区甚至某一级政府都无法独自解决大部分紧迫的问题。无论是实际发生的还是预计的，政府支出中存在浪费是十分常见的现象。过时的政策和官僚机构无形中造成了政府成本的增加和问责程度的下降。超过 1 200 个不同的政府单位为 7 个县域的居民、企业和游客提供服务，效率的提高取决于更好的协调、沟通以及适当的整合服务。

从历史上看，芝加哥地区的交通系统一直是该地区成功的基石。但是这个系统的基础设施是几十年前建成的，缺乏更新保障。为了维持该地区的经济发展和居民的生活质量，居民们必须能够快速、轻松地在本区域各地往来，以便选择各种各样的工作和社区。目前，许多居民别无选择只能开车，因为有些社区设计之初主要是方便人们开车出行。居民通常居住在离工作地点很远的地方。芝加哥地区已经是全美国交通拥堵程度最严重的地区之一。该地区居民每天在拥挤的交通中所花时间为 1 800 万小时，每年耗费的拥堵成本约为 73 亿美元。芝加哥地区拥有整个州 66% 的人口，但其道路建设和维护经费仅占整个州的 45%。公共交通的推广可以减少小汽车的使用量，让自驾者可以少受交通拥堵的影响，从而提高空气质量。

要点总结

困扰大都市区的政策问题需要通过区域治理方案予以解决。中心城区存在的问题对该地区造成不利的影响，需要采取区域性解决办法。由于民众普遍认为这些问题正在恶化，因此人们开始重新关注区域性解决办法。如果要将这些问题控制在地区内的偏远区域，那么要求采取区域性解决办法的压力就会很小。然而，曾经主要集中在中心城区的问题已经蔓延至郊区。此外，与城市蔓延有关的问题在整个大都市区造成了一定的后果。交通拥堵、犯罪、环境污染和公共空间的缺失都需要采取区域性解决办法。随着大都市区居民意识到情况正在恶化，而且他们的生活质量在不断下降，他们要求采取区域治理解决办法。越来越多的人认识到，中心城区是该地区的一个重要组成部分，提高中心城区居民的生活质量就能提高整个大都市区居民的生活质量。

注释

［1］ See, for example, Henry G. Cisneros, (ed.), *Interwoven Destinies: Cities and the Nation* (New York: W. W. Norton, 1993); Anthony Downs, *New Visions for Metropolitan America* (Washington, DC: Brookings Institution, 1994); Neal R. Peirce, *Citistates: How Urban America Can Prosper in a Competitive World* (Washington, DC: Seven Locks Press, 1993); David Rusk, *Cities Without Suburbs* (Washington, DC: Woodrow Wilson Center Press, 1993).

［2］ Joel Garreau, *Edge City: Life on the New Frontier* (New York: Doubleday, 1991).

［3］ Robert Fishman, "Megalopolis Unbound," *The Wilson Quarterly*, 14 (Winter 1990): 40.

［4］ Martin Easteal, "The Structuring of Local Government: A Blessing or a Bane? A Look at Britain's Proposed Reorganization," in Howard R. Balanoff, (ed.), *Annual Editions: Public Administration,* 4th ed. (Guilford, CT: Dushkin/Brown and Benchmark, 1996), pp. 234−35.

［5］ David Osborne and Ted Gaebler, *Reinventing Government* (Reading, MA: Addison-Wesley, 1992). For information on the national government's efforts at reinventing government, see Albert Gore, *Report of the National Performance Review: Creating a Government that Works Better and Costs Less* (Washington, DC: U.S. Government Printing Office, 1993).

［6］ Steve Warmbir, "Gangs, Substance Abuse Top Leaders' List of Concerns," *Arlington Heights (Ill.) Daily Herald*, Nov. 29, 1995, sec. 1, p. 1, 5.

［7］ Mark Baldassare, "Attitudes: On Regional Solutions and Structures," in Joseph F. DiMento and LeRoy Graymer, (eds.), *Confronting Regional Challenges Approaches to LULUs, Growth, and Other Vexing Governance Problems* (Cambridge, MA: Lincoln Institute of Land Policy, 1991), pp. 109−118.

［8］ Larry N. Gerston and Peter J. Haas, "Political Support for Regional Governmentin the 1990s Growing in the Suburbs?" *Urban Affairs Quarterly*, 29 (September1993): 154−161.

［9］ Ibid., p. 156.

［10］ Madelyn Glickfeld and Ned Levine, *Regional Growth . . . Local Reaction: The Enactment and Effects of Local Growth Control and Management Measures in California* (Cambridge, MA: Lincoln Institute of Land Policy, 1992), pp. 79−81.

［11］ Anthony Downs, *New Visions for Metropolitan America* (Washington, DC: The Brookings Institution, 1994) pp. 27−30.

［12］ T. J. Becker, "All Over the Map," *Chicago Tribune*, Jan. 21, 1996, sec. D, p. 1.

［13］ Kevin Kasowski, "The Costs of Sprawl, Revisited," *PAS Memo*, American Planning Association, February 1993, pp. 1−3.

[14] Deborah C. Stone, "Does Business Development Raise Taxes? A Commentary," *Public Investment* (Chicago, IL: American Planning Association, March 1995), p. 3.

[15] Nelson, Wikstrom, "Central City Policy Issues in Regional Context," in David Hamilton and Patricia S. Atkins, (eds.), *Urban and Regional Policies for Metropolitan Livability* (Armonk, NY: M.E. Sharpe, 2008), pp. 24−52.

[16] David Rusk, *Cities without Suburbs: A Census 2010 Perspective*, 4th ed. (Washington, DC: Woodrow Wilson Center Press, 2013), pp. 105−111.

[17] Lincoln Institute of Land Policy, *Alternatives to Sprawl* (Cambridge, MA: Author,1995), p. 22.

[18] Mary Sanchez, "What to do with Vacant Lots, the Unwanted Offspring of Urban Sprawl," *The Kansas City Star*, October 9, 2013, http://www.kansascity.com/2013/10/09/4542365/ what-to-do-with-vacant-lots-the.html [Accessed October 13, 2013].

[19] Lincoln Institute of Land Policy, *Alternatives to Sprawl,* p. 22.

[20] "New Research on Population, Suburban Sprawl and Smart Growth," *Sierra Club*, http:// www.sierraclub.org/sprawl/whitepaper.asp; Shaila Dewan, "Is Suburban Sprawl on its way back?" *New York Times*, September 14, 2013. http://www.nytimes.com/2013/09/15/sunday-review/is-suburban-sprawl-on-its-way-back.html?_r=0 [Accessed October 14, 2013].

[21] Lester Graham, "Sprawling Cities, Sprawling Waistlines," *Community News and Views,* Michigan State University Urban and Regional Planning, 16(1) (2004): 9.

[22] Downs, *New Visions for Metropolitan America,* p. 6.

[23] Wikstrom, "Central City Policy Issues in Regional Context," pp. 24−52.

[24] Graham, 2004. "The Right to Sprawl," p 6.

[25] Wikstrom, "Central City Policy Issues in Regional Context," pp. 24−52.

[26] Quoted in Harold Henderson, "Cityscape: Who Planned This Mess?" *Reader* (Chicago), Mar. 12, 1993, sec. 1, pp. 10, 28−29.

[27] Becker, "All Over the Map," sec. D, p. 1.

[28] Michael T. Peddle, "The Costs and Effects of Growth Management on the Urban Fringe," paper presented at the annual meeting of the Urban Affairs Association, Toronto, April 15−17, 1997.

[29] Quoted in Lincoln Institute of Land Policy, *Alternatives to Sprawl,* p. 11.

[30] Anthony Downs, *Stuck in Traffic: Coping with Peak-Hour Traffic Congestion* (Washington, DC: Brookings Institution Press, 1992).

[31] Anthony Downs, *Still Stuck in Traffic: Coping with Peak-Hour Traffic Congestion*

(Washington, DC: Brookings Institution Press, 2004).

[32] David Hamilton, Laurie Hokkanen and Curtis Wood, "Are We still Stuck in Traffic? Transportation in Metropolitan Areas," in David Hamilton and Patricia S. Atkins, (eds.), *Urban and Regional Policies for Metropolitan Livability* (Armonk, NY: M.E. Sharpe, 2008), pp. 266-295.

[33] Ibid.

[34] Downs, *New Visions for Metropolitan America,* p. 8.

[35] Brian McKenzie and Melanie Rapino. *Commuting in the United States: 2009,* American Community Survey Reports, ACS-15. http://www.cenusu.gov [Accessed September 15, 2011].

[36] Peter Calthorpe, *The Next American Metropolis: Ecology, Community, and the American Dream* (New York: Princeton Architectural Press, 1993), p. 19.

[37] Henderson, "Cityscape: Who Planned This Mess?" sec. 1, p. 28.

[38] Deborah C. Stone, "Does Business Development Raise Taxes? A Commentary," *Public Investment* (Chicago: American Planning Association, March, 1995), p. 3; Brian S. McKenzie, Public Transportation Usage among U.S. Workers: 2008 and 2009. *American Community Survey Brief, October 2010,* http://www.census.gov/hhes/commuting/ [Accessed June 14, 2012].

[39] Mckenzie, Public Transportation Usage among U. S. Workers: 2008-2009.

[40] *2012 Public Transportation Fact Book,* 63rd edition. (Washington, DC: American Public Transportation Association, Sept. 2012), p. 15.

[41] Ibid., pp. 28-32; Hamilton, Hokkanen, and Wood, "Are We still Stuck in Traffic? Transportation in Metropolitan Areas," p. 276.

[42] Harold Henderson, "Light Rail, Heavy Costs," in Howard R. Balanoff, (ed.), *Annual Editions: Public Administration*, 4th ed. (Guilford, CT: Dushkin/Brown and Benchmark, 1996), pp. 168-169.

[43] Hamilton, Hokkanen, and Wood, "Are We still Stuck in Traffic? Transportation in Metropolitan Areas," p. 287.

[44] Larry C. Ledebur and William R. Barnes, *City Distress, Metropolitan Disparities, and Economic Growth* (Washington, DC: National League of Cities, 1992); David Rusk, *Cities without Suburbs: A Census 2010 Perspective*, 4th ed. (Washington, DC: Woodrow Wilson Center Press, 2013); and H. V. Savitch, D. Collins, D. Sanders, J. P. Markham, "Ties That Bind: Central Cities, Suburbs, and the New Metropolitan Region," *Economic Development Quarterly*, 7 (November 1993): 341-357.

[45] Laura Goering, "Land Wars Are Shaping Up in Tax-Hungry Southwest Suburbs," *Chicago Tribune*, May 22, 1993, sec. 2, p. 3.

[46] Harold Wolman and Michael Goldsmith, *Urban Politics and Policy: A Comparative Approach* (Cambridge, MA: Blackwell Publishers, 1992), p. 219.

[47] Ryan J. Foley, "In Quest for Jobs, some Cities will Raid Neighbors," *The Avalanche Journal*, February 22, 2012, sec A5.

[48] New approaches in cooperation to promote economic growth are discussed in subsequent chapters.

[49] J. Lightbody, *City Politics: Canada* (Peterborough, ON: Broadview Press, 2006).

[50] Richard Florida, *The Rise of the Creative Class* (New York: Basic Books, 2002).

[51] M. Schneider and D. Kim, "The Effects of Local Conditions on Economic Growth, 1977–1990: The Changing Location of High-technology Activities," *Urban Affairs Review*, 32(2, 1996): 131–157.

[52] Joyce O'Keefe, *Regional Issues in the Chicago Metropolitan Area* (Chicago, IL: Metropolitan Planning Council, Jan. 15, 1991), p. 2.

[53] David Hamilton and Christopher Stream, "Regional Environmental Policy," in David Hamilton and Patricia S. Atkins, (eds.), *Urban and Regional Policies for Metropolitan Livability* (Armonk, NY: M. E. Sharpe, 2008). p. 330.

[54] Dennis R. Judd and Todd Swanstrom, *City Politics: Private Power and Public Policy*, 8th ed. (New York: Harper Collins, 2011).

[55] Dennis R. Judd, "Cities, Political Representation, and the Dynamics of American Federalism," in Bryan D. Jones, (ed.), *The New American Politics: Reflections on Political Change and the Clinton Administration*. (Boulder, CO: Westview Press, 1995), pp. 212–231.

[56] Wikstrom, "Central City Policy Issues in Regional Context," pp. 24–52.

[57] Ibid., p 45.

[58] Richard Mattoon, "Issues in Governance Structure for Metropolitan Areas," paper presented at Midwestern Metropolitan Areas: Performance and Policy Workshop sponsored by the Federal Reserve Bank of Chicago, Nov. 28, 1995, p. 6.

[59] Garreau, *Edge City: Life on the New Frontier*.

[60] Robert E. Lang and Arthur C. Nelson, *Megapolitan America*, http://places.designobserver. com/entryproint.html [Accessed November 14, 2011].

[61] Igal Chamey, "Re-examining Suburban Dispersal: Evidence from Suburban Toronto," *Journal of Urban Affairs*, 27(5) (2005): 467–484.

[62] William H. Whyte, *City Rediscovering the Center* (New York: Doubleday, 1988), pp. 294–295.

[63] Peter O. Muller, "The Suburban Transformation of the Globalizing American City," in David Wilson, (ed.), *Globalization and the Changing U.S. City*, The Annals of the American Academy of Political and Social Science 551 (Thousand Oaks, CA: Sage Publications, May 1997), p. 53.

[64] Rick Kolenda and Cathy Yang Liu, "Are Central Cities more Creative? The Intra-metropolitan Geography of Creative Industries," *Journal of Urban Affairs*, 34(5) (2012): 487–511.

[65] David Rusk, *Cities without Suburbs: A Census 2010 Perspective* (Washington, DC: Woodrow Wilson Center Press, 2013), pp. 47–48.

[66] Michael Lewyn, "The City/Suburb Income Gap- Bigger or Smaller?" April 22, 2011. http://www.planetizen.com/node/49081 [Accessed October 15, 2013].

[67] Larry C. Ledebur and William R. Barnes, *City Distress, Metropolitan Disparities, and Economic Growth* (Washington, DC: National League of Cities, 1992), p. 3.

[68] Elliott D. Sclar and Walter Hook, "The Importance of Cities to the National Economy," in Henry G. Cisneros, (ed.), *Interwoven Destinies: Cities and the Nation* (New York: W. W. Norton, 1993), p. 50.

[69] James H. Lewis and David Hamilton, "Poverty and Urban Regions," in David Hamilton and Patricia S. Atkins, (eds.), *Urban and Regional Policies for Metropolitan Livability* (Armonk, NY: M.E. Sharpe, 2008), pp. 232–265.

[70] Gregory D. Squires and Charis E. Kubrin, "Privileged Places: Race, Opportunity and Uneven Development in Urban America," *Shelterforce Online*, Issue #147, Feb. 20, 2012, http://nhi.org/online/issues/147/privilegedplaces.html06 [Accessed June 12, 2012].

[71] Nancy Burns, *The Formation of American Local Governments: Private Values in Public Institutions* (New York: Oxford University Press, 1994), p. 91.

[72] Joe T. Darden, "The Significance of Race and Class in Residential Segregation," *Journal of Urban Affairs*, 8 (Winter) (1986): 54–55.

[73] Elmer W. Johnson, "The Dispersed and Segregated Metropolis," paper prepared for Preparing Metropolitan Chicago for the 21st Century, forum sponsored by The Commercial Club of Chicago, Sept. 10, 1996, p. 10.

[74] Elizabeth Kneebone, *Job Sprawl Revisited: The Changing Geography of Metropolitan Employment*, The Metropolitan Policy Program (Washington, DC: The Brookings Institution,

2009), http://www.brookings.edu/~/media/research/files/reports/2009/4/06%20job%20 sprawl%20kneebone/20090406_jobsprawl_kneebone.pdf [Accessed October 16, 2013].

[75] Rusk, *Cities without Suburbs: A Census 2010 Perspective*, pp. 55–56.

[76] Kneebone, *Job Sprawl Revisited.*

[77] Michael A. Stoll, *Job Sprawl and the Spatial Mismatch between Blacks and Jobs,* The Metropolitan Policy Program (Washington, DC: The Brookings Institution, Feb. 2005), http://www.brookings.edu/~/media/research/files/reports/2005/2/metropolitanpolicy%20 stoll/20050214_jobsprawl.pdf [Accessed October 15, 2013].

[78] Allen J. Scott, *Metropolis: From the Division of Labor to Urban Form* (Los Angeles, CA: University of California Press, 1988), pp. 121–122.

[79] Myron Orfield, *Metro Politics: A Regional Agenda for Community and Stability* (Washington, DC: Brookings Institution, 1997), p. 7; Keith Ihlanfeldt, "The Spatial Mismatch Between Jobs and Residential Locations Within Urban Areas," *Cityscape: A Journal of Policy Development and Research*, 1 (August) (1994): 220.

[80] "Reverse-Commute Schedules Discourage Work in Suburbs," *Chicago Sun-Times*, Oct. 30, 1979, p. 19.

[81] Susan C. Turner, "Barriers to a Better Break: Employer Discrimination and Spatial Mismatch in Metropolitan Detroit," *Journal of Urban Affairs*, 19(2) (1997): 123–41; Ihlanfeldt, "The Spatial Mismatch Between Jobs and Residential Locations Within Urban Areas," p. 222.

[82] Highland Park, Michigan, *Wikipedia,* http://en.wikipedia.org/wiki/Auburn_Hills [Accessed October 15, 2013].

[83] Richard Child Hill, "Industrial Restructuring, State Intervention, and Uneven Development in the United States and Japan," in John R. Logan and Todd Swanstrom, (eds.), *Beyond the City Limits: Urban Policy and Economic Restructuring in Comparative Perspective* (Philadelphia, PA: Temple University Press, 1990), p. 77.

[84] "Michigan Leaders Defend Detroit Bankruptcy Filing, put Blame for Woes on City," FoxNews.com, July 22, 2013 [Accessed October 15, 2013].

[85] U.S. Dept of Labor Bureau of Labor Statistics, *Local Area Unemployment Statistics For 50 Largest Cities and for Metropolitan Areas*, April 2012, http://www.bls.gov/lau/lacilg11.htm [Accessed May 30, 2012].

[86] William Julius Wilson, *The Truly Disadvantaged: The Inner City, the Underclass, and Public Policy* (Chicago, IL: University of Chicago Press, 1987), p. 8, quoted in Ihlanfeldt, "The Spatial Mismatch Between Jobs and Residential Locations Within Urban Areas," p. 233.

[87] Thomas Gabe, "Poverty in the United States: 2011," Congressional Research Services, September 27, 2012, http://www.fas.org/sgp/crs/misc/RL33069.pdf [Accessed October 15, 2013].

[88] Wende Mix, *The Geography of Urban Poverty 2008*, Department of Geography & Planning, Buffalo State College, www.buff alostate.edu/geography/documents/paper.pdf [Accessed May 30, 2012].

[89] Downs, *New Visions for Metropolitan America*, pp. 71–75.

[90] *The Re-Emergence of Concentrated Poverty: Metropolitan Trends in the 2000s*, Nov. 3, 2011, Brookings Institution, http://www.brookings.edu/research/papers/2011/11/03-poverty-kneebone-nadeau-berube [Accessed May, 30, 2012].

[91] Charles Stockdale and Douglas A. McIntyre, "Poverty's Not Just for Cities: America's 10 Poorest Suburbs," *Daily Finance*, August 6, 2011, http://www.dailyfinance.com/2011/08/16/povertys-not-just-for-cities-americas-10-poorest-suburbs [Accessed May 30, 2012].

[92] Lewis and Hamilton, "Poverty and Urban Regions," pp. 240–241.

[93] Margaret Weir, "Creating Justice for the Poor in the New Metropolis," in Clarissa Rile Hayward and Todd Swanstrom, (eds.), *Justice and the American Metropolis* (Minneapolis, MN: University of Minnesota Press, 2011), pp: 237–257.

[94] Bernadette Hanlon, *Once the American Dream: Inner-ring Suburbs of the Metropolitan United States* (Philadelphia: Temple University Press, 2010), pp. 74–76, 94–95.

[95] US Census Bureau, American Community Survey. http://factfinder2.census.gov/faces/tableservices/jsf/pages/productview.xhtml [Accessed June 12, 2012].

[96] Violent crime is defined as rape, murder, armed robbery, and aggravated assault.

[97] George C. Galster and A. M. Santiago, "What's the Hood Got to do with it? Parental Perceptions about how Neighborhood Mechanisms Affect their Children," *Journal of Urban Affairs*, 28(3) (2006): 201–226.

[98] Douglas S. Massey, "Concentrating Poverty Breeds Violence," *Population Today*, 24 (June/July) (1996): 5.

[99] Lewis and Hamilton, "Poverty and Urban Regions," pp. 232–266.

[100] Downs, *New Visions for Metropolitan America,* pp. 79–80.

[101] Ibid., p. 79.

[102] Michael Rand and Shannan Catalano, "Criminal Victimization, 2006," *Bureau of Justice Statistics Bulletin*, http://www.bjs.gov/index.cfm?ty=pbdetail&iid=2173 [Accessed June 14, 2012].

[103] Orfield, *Metro Politics*, p. 24.

[104] Wikstrom, "Central City Policy Issues in Regional Context," p. 42.

[105] Quoted in Charles P. Cozic, "Introduction," in Charles P. Cozic, (ed.), *America's Cities: Opposing Viewpoints* (San Diego, CA: Greenhaven Press, 1993), p. 14.

[106] Quoted in Carl F. Horowitz, "Will American Inner Cities Dismantle Suburban Boundaries?" *The Journal of Social, Political, and Economic Studies*, 19 (spring) (1994): 49.

[107] Stephen Moore and Dean Stansel, "The Myth of America's Underfunded Cities," in Charles P. Cozic, (ed.), *America's Cities: Opposing Viewpoints* (San Diego, CA: Greenhaven Press, 1993): 29.

[108] Downs, *New Visions for Metropolitan America*, p. 78.

[109] Excerpted from *2040 Comprehensive Regional Plan* (Chicago, IL: Chicago Metropolitan Agency for Planning. October 7, 2010).

第 3 章

郊区化与土地兼并

城市化范围因城市的扩张而不断扩大。而居住在非城镇区域的居民从县或乡镇所得到的服务却很少。为了获得更充分的自治权和更广泛的服务，居住在非城镇区域的居民有两种选择：一是通过兼并加入另一个城镇；二是从州政府获得一份设立城镇辖区的章程来寻求建立一个独立的政府。城市可以通过兼并非城镇区域及已设立城镇辖区的社区来扩大自身的边界以实现新的增长。在现有文献中，兼并通常是兼并与吞并的通用术语。兼并将在本章中作为通用术语。有时兼并会导致土地面积的增加，但兼并行为在多数情况下是特殊个例。多年来一系列小规模、临时性的土地兼并，加起来可能会带来相当可观的规模增长。诚然，以兼并方式进行扩张并非偶然。实际上，它是 19 世纪城市地域扩张的主要方式，直至今天仍是如此。

19 世纪中，人们期望城市的边缘有一天会成为城市的一部分。美国南北战争之后，城市的边缘区域出现了反对自身成为中心城区的势力。这种抵抗后来变得如此广泛以至于到了 20 世纪初，美国东北部和中西部已经建立起来的大多数城市地区均出现了这种反对声音。直至 20 世纪中叶，整个国家的郊区居民普遍反对中心城区的兼并。居民们抵制兼并的方法包括设立城镇辖区和郊区市政府协会，反抗中心城区的兼并。这些协会一般都成功地游说州立法机关采取措施，要求被兼并地区的居民同意。

郊区化运动

在 19 世纪的工业化和新技术为城市扩张提供机会和手段之前，城市的地理面积较小。工业化的推进和新技术的发展，推动大型工厂的建立与更多员工的雇佣。交通运输技术的进步延长了人们的通勤距离，让更多职工可以去更大型的工厂工作。随着交通条件的改善，城市地区被划分为功能不同的住宅区、商业区和工业区。在交通技术发生革命性改变之前，地域差异是有限的，人们就业、购物和获得各项服务均在家附近。马拉式的交通工具一般是上层阶级保留的特权。由于交通选择有限，经济活动的规模通常都很小。在交通革命之前，社区通常都是自给自足的区域，可满足居民的就业、社交、购物和服务需求。[1]一般而言，人们居住的地方距离他们的工作地点只有一到两英里的距离，甚至离购物和服务设施更近。随着有轨电车、无轨电车和汽车的出现，交通状况进一步得到了改善，人们可以居住在更远的地方。进一步地，伴随着工人人数的增加与新技术的出现，工厂的规模得以扩大。

城市的地理扩张不仅仅是工业化和新交通技术发展的结果，郊区运动还受到土地开发商以及哲学、社会和宗教价值观的推动。而私人开发商是影响郊区运动的另一个主要因素。开发商通过土地开发可以赚取可观的利润。早在 19 世纪 20 年代，开发商就在英格兰曼彻斯特的郊区化运动中扮演了重要的角色。外围的农田比城市中心的土地便宜。当这些农田被进一步分割并用于郊区住宅开发时会变得更有价值。[2]随着该地区的发展，城市中心的房地产变得越来越值钱。因此，那些迁移到外围并将其核心区的组合式住宅改造成办公场所的商人，不仅从改造中扩大了工作空间，而且从核心区的房地产升值中获益。此外，如果商人购买了未开垦的农田，并将其出售给自行开垦的人，再将其出售给他人，那么他们就能从已开发的房地产的增值中获利。

那些在 19 世纪迁移到郊区的居民倾向于聚集在某一社区中，其中拥有相似兴趣或背景的人组成了社区。因此，各郊区按宗教信仰、经济阶层、工作类别和种族进行了分类，使得每个郊区都成为一个同质化的社区。历史学家安·基廷（Ann Keating）坚持认为，这种同质化的城郊社区模式是 19 世纪开发商推动形成的，他们设法让自己的社区更有市场价值，让特定的购买群体也能买到，他们对改善环境和设施有类似的要求。开发商对土地进行了细分，修建了街道、供水设施和下水道等基础设施，然后出售地块用于住宅建设。他们投资的基础设施将会吸引特定的群体。地块大小及其他设施是决定购买者类型的重要因素。[3]一些人从中心城区搬到乡村是为了寻求更有田园风情、更安静的生活方式。还有一些人离开了这座城市，是为了逃避政治机器和中心城区的官僚机构，因为中心城区的官僚机构已经发展到让市民对中心城区政府感到无力的地步。[4]由于黑人和贫困人口的涌入，尤其是 20 世纪中叶之后，一些人从城市迁出。

如第 1 章所述，地方政府体制发展中的哲学和社会因素也促成了郊区化运动。19 世纪的哲学家和作家，如赫伯特·斯宾塞（Herbert Spencer）、亨利·戴维·梭罗（Henry David Thoreau）和亨利·詹姆斯（Henry James）的反城市观点号召人们迁出城市。此外，杰弗逊（Jeffersonian）提出的直接民主制和社区的个人参与设想也影响了这次运动。在经济和技术力量的推动下，美国成为一个城市化国家，但是其社会、文化和知识遗产激发了人们对小型、独立、排他性社区的渴望。在城市地区，居民倾向于先认同社区，然后才认同较大的城市。他们的舒适范围是自己生活的小街区。而不断蔓延的大城市是一个令人生畏而又必不可少的地方，人们可以在这里工作。人们迁出城市不仅是为了寻找更好的环境来养家糊口，更是为了更好地拥有自己的专属社区。[5]对更加私人化生活方式的渴望也影响了郊区化运动。人们居住在空旷的郊区住宅里，可以独享静谧而不被人打扰，这对于城市中的公寓住户和联排住户都有较强的吸引力。因此，在城市的社会氛围中，人们希望居住在小社

区中，在那里，他们可以保护自身的隐私，并在他们的礼俗社会中获得更加舒
适的体验。

郊区政府

随着郊区化运动的兴起，政府在保持基本架构的同时，也通过不同的组合
方式发生演化。为了适应不断变化的技术并满足居民的需求，政府增加了额外
的层级。无论是县还是乡镇，都无权通过城镇提供各种各样的服务。正因为如
此，很多开发商尤其是早期的开发商，在没有地方政府的帮助下，不惜一切代
价销售土地。而一些开发商提供了更为实质性的服务改进，包括供水管和污水
管接驳，但是只有少数开发商能够在不依靠地方政府帮助的情况下，继续提供
这些服务。由约瑟夫·西尔斯（Joseph Sears）组建的地方改进协会，在没有
得到任何地方政府协助的情况下，对芝加哥郊区的肯尼沃斯进行了重大改善。
在伊利诺伊州的普尔曼，建设这座小镇的普尔曼火车公司承担了应该由市政府
承担的许多职能。这家公司为当地住宅提供了水、煤气和电灯等基本设施。[6]
然而，大部分开发商还是求助于地方政府，希望地方政府提供相关服务，让他
们的小区像郊区住宅区那样更具有吸引力。而向地方政府申请这些服务的开发
商所遇到的棘手问题是，这些政府往往无权提供这些服务，即使乡镇和县能够
提供这些好的服务，也会面临来自众多农村居民反对增税的压力。

随着大都市区的发展，迫于提供服务的压力，不同形态的政府应运而生。
在东北部和中西部发展中地区，面对改善郊区服务和自主决策的压力所做出的
政府应对是，允许小型乡村住宅区和城郊部分地区并入村庄。因为在 19 世纪
中叶之前，只有大城市区域才被允许设立城镇。乡村设立城镇是一个新概念。
偏远地区的设镇村庄被授予与城市相同的权力，但规模要小得多。到 19 世纪
中叶，受纽约兼并先例的强烈影响，美国大多数州的立法机构，几乎向任何提
出要求的社区授予了乡村特许状，允许甚至鼓励以这种新方式申请一度很少授
予的特权。[7]

地方政府提供服务的另一种选择，主要适用于南部和西部地区，即授权该县政府向城市管辖范围以外的地区提供更多的服务。较大的县级单位拥有较大的地域基础，这些地区的郊区较少。而在东北部和中西部地区的许多州，第三种选择是允许城镇兼并。无论乡镇在东北部和中西部的发展中城市地区的作用有多么重要，但它在南部和西部大都市区几乎没有发挥任何作用。历史学家安·基廷写道：

> 例如，加利福尼亚州除了作为一个司法单位以外，没有引入乡镇。像洛杉矶和旧金山这样的城市在发展壮大的过程中，也没有把城镇当作附属兼并城市的中间形态而存在。相反，该县是加利福尼亚州地方政府的基本单位。在那里，就像在西部和南部的一些州一样，特许县的形式逐渐演变成为城市地区所采用的形式，然而城市地区对地方政府的职能要求变得更高。[8]

郊区的特征

虽然某地区的最初特征是由开发商决定的，但是当开发商逐渐淡出时，住宅区的同质性并没有消失。一旦确立了一个占主导地位的宗教和种族，那么具有同样宗教信仰和种族的其他人往往会被吸引到这个开发区，而且居民们更喜欢专属社区。[9]因此，一旦确定了分区模式，那么它就会由居民及其所建立的政府来维护和发展。这种始于19世纪的分化和分类模式一直延续到了20世纪隔离、同质化的城郊社区。

随着城市在19世纪的发展和郊区运动的深化，阶层分化以及工作和生活空间的隔离越来越明显。早期的城市是具有包容性的，富人和穷人混合在一起，工作和生活空间相互融合，但随着郊区化的推进，富裕阶层和中产阶层从城市的中心区域迁到外围，并建造了排他的住宅区。郊区的高生活成本是造成这种排他性和阶层差别的原因。与中心城区工厂和企业周围的联排住宅与廉租公寓相比，郊区那些独立、宽敞的住宅的价格要高得多。昂贵的住宅和高昂的生活费用是将贫困居民排除在外的主要因素。限制性契约也维持了郊区契约的排他性，禁止将地块分割为较小的住宅或者将其用于多户住宅。此外，典型的契约规定了住宅的最低价值，禁止任何商业或工业用途，而且经常禁止犹太人和黑人入内。[10] 随着 20 世纪黑人从南方乡村向北方城市地区迁移，种族行为限制则变得更加普遍。

1948 年，当美国最高法院宣布种族限制性契约不合法时，赋予城镇维护经济和社会秩序的广泛权力显得更加重要。在限制人们定居城镇的资格方面，地方政府区划权力的重要性日益凸显。虽然在法律上，这种区划权力无法排除可确定的群体，但是可以通过规定最小地块面积来限制低收入群体。这种限制条件有效地维持了城镇的排他性。20 世纪 60 年代，南希·伯恩斯（Nancy Burns）教授对少数族裔人口众多的县设立城镇辖区进行调查。她发现，郊区的少数民族裔人口非常少，甚至可能在 20 年后都不复存在。[11] 从殖民地时代开始，设立城镇辖区一直是有效控制土地开发、利用的机制，并决定哪些人将被允许居住在该城镇内。

郊区运动进一步推广了私人化、个性化的生活方式。大部分城市空间都是公用的，但郊区的情况恰恰相反。私人空间允许最大限度的个人控制，并在居民之间提供隐私缓冲。为了通过区划权力有效地进行排斥，人们必须能够控制其社区的边界。这只有通过州政府设立城镇辖区授予相应权力才能实现。因此，仅仅迁移到郊区是不够的，社区还必须保持其独特性。为此，社区通过限制性契约和区划权力来控制什么样的人可以在社区定居。

到 19 世纪末，郊区生活方式已经成为那些经济宽裕人士的选择。郊区生活方式之所以被推崇，是因为它融合了城市和乡村生活的优点：不仅保留了乡村的价值观，而且能让居民在享受城市经济优势的同时，保留乡村生活的便利。乌托邦主义者埃比尼泽·霍华德（Ebenezer Howard）写道，郊区生活将活力四射的城市生活与乡村生活的所有美丽和欢乐"完美"结合。景观设计师弗雷德里克·劳·奥姆斯特德（Frederick Law Olmsted）说道："郊区是人类迄今为止所拥有的最具有吸引力、最精致、最健康的家庭生活形态。"[12]

第二次世界大战之后的郊区运动与早期郊区运动的区别在于，前者是一场广泛涉及工人阶级的群众运动，而工人阶级通常被排除在早期的郊区化运动之外。这一运动的导火索是大规模复员后的退伍军人对住宅的潜在需求、便利且收费合理的交通设施的发展以及联邦政府鼓励郊区发展的政策。[13]在这个时期，郊区化并非为了逃离城市的罪恶，而是为了在一个有利环境中找到一所令人满意、价格适中、环境良好、通勤时间合理的住宅。事实上，中心城区仍然是大多数郊区居民的居住方向，并且在整个地区中占据主导地位。工作、休闲、会见亲朋和购物都集中在城市范围内。郊区居民与中心城区仍然保持密切的联系。

战后出生人口的空前增长也促进了郊区化。新家庭的住宅选择成为郊区化与婴儿潮之间的联系纽带。父母们希望自己的孩子拥有户外游玩的空间、优质的学校和宜人的环境。郊区为有孩子的家庭提供了他们想要的养育环境。[14]为了给孩子提供理想的成长环境，这些住在郊区的父母不可避免地要做出一些牺牲，包括更长的通勤路程，远离刺激、有趣的城市生活等。

最近对郊区产生的重大影响是大量的拉丁裔及其他在外国出生的移民涌入美国郊区。20世纪的最后十年见证了美国有史以来最大的移民潮。大部分移民是拉丁裔美国人。虽然以前移民运动主要集中在中心城区，而在最近一次移民运动中，40%的移民直接迁移到了郊区。郊区是中产阶层白人社区的这种观念，已经因大量的拉丁裔移民涌入而被永久地淡化了。郊区的多样性在很大程度上反映了中心城区经常因种族、民族和经济阶层而隔离的现状。[15]

郊区化对大都市区的影响

郊区化的一个结果是人口最多的城市发生了实质性变化。显然，能够在兼并郊区的过程中获得利益的城市才能得到发展，而无法做到的城市通常会停滞不前或走向衰落。土地面积最大的城市往往是人口最多的城市。在第二次世界大战后、快速郊区化之前，这些大城市的人口密度也很大。很多土地面积较小但人口密度较高的城市跻身美国人口较多的城市之列。例如，1940 年，新泽西州纽瓦克的土地面积不足 24 平方英里，在人口最多的城市当中排名第 18 位。1940 年，25 个大城市当中只有 6 个城市的土地面积超过 100 平方英里，而且其中 5 个城市的排名在前五位。1940 年，25 个大城市的人口密度中值为每平方英里 11 000 人以上。

20 世纪下半叶，随着人口的迅速分散化，那些能够占据非城镇土地或在其边界内拥有未开发土地的城市在增长，而那些被城镇包围的城市则停滞不前或人口逐渐减少。如表 3.1 所示，1940—2000 年，土地面积排名靠前的城市发生了巨大的变化，2000 年排名靠前的 12 个大城市中，每一个城市都拥有超过 100 平方英里的土地，而在排名靠前的 25 个大城市中，除 6 个城市外，其他所有城市的土地面积都超过 100 平方英里。只有波士顿和旧金山的土地面积不足 50 平方英里，而它们的排名从 1940 年开始下滑，波士顿从第 9 位下跌至第 21 位。表 3.1 显示了从 1940 年到 2000 年间，排名前 25 位的大城市的人口密度出现了大幅下降。这些城市人口密度的下降在 1990 年达到最低点。在 1990—2000 年间，排行榜上几乎所有的城市的人口密度都有所上升，这既表明移民的大量涌入，也表明内陆城市再次成为富人聚集区。

郊区化运动也改变了城市地区的人口和就业动态。在人口或就业方面，中心城区不再占据城市地区的主导地位。郊区化对较老的中心城区的影响比新兴城市更为明显。表 3.2 显示了 1940—2010 年，美国排名前十的大城市中心城区与郊区人口分布的变化。此外，该表还包括休斯敦和印第安纳波利斯，通过市与县的兼并，休斯敦大幅度扩大了其边界。虽然该表显示郊区有较大的增长，但是其中一些增长是通过重新界定大都市区，包括纳入更多土地来实现的。虽然多年来地理区域并不一致，但该表显示了中心城区与郊区经济区域内的人口分布情况。这些年来，随着大都市区的扩张，中心城区的主导地位在逐步下降。它还显示了 1990 年人口普查之前，除了洛杉矶、印第安纳波利斯和休斯敦以外，人口从中心城区向外迁移的情况。2010 年的人口普查显示，一

表 3.1　1940 年和 2000 年 25 个人口最多城市的土地面积和人口密度

1940 年排名	城　　　市	土地面积/平方英里	每平方英里人口/人	2000 年排名	城　　　市	土地面积/平方英里	每平方英里人口/人
1	纽约	299.0	24 933	1	纽约	303.0	26 403
2	芝加哥	206.7	16 434	2	洛杉矶	469.1	7 877
3	费城	127.2	15 183	3	芝加哥	227.1	12 750
4	底特律	137.9	11 773	4	休斯敦	579.4	3 372
5	洛杉矶	448.3	3 356	5	费城	135.1	11 234
6	克利夫兰	73.1	12 016	6	凤凰城	474.9	2 782
7	巴尔的摩	78.7	10 916	7	圣迭戈	324.3	3 772
8	圣路易斯	61.0	13 378	8	达拉斯	342.5	3 470
9	波士顿	46.1	16 721	9	圣安东尼奥	407.5	2 809
10	匹兹堡	52.1	12 892	10	底特律	138.7	6 855
11	华盛顿哥伦比亚特区	61.4	10 800	11	圣何塞	174.8	5 118
12	旧金山	44.6	14 227	12	印第安纳波利斯	366.5	2 161
13	密尔沃基	43.4	13 536	13	旧金山	46.7	16 634
14	纽约州布法罗	39.4	14 617	14	纽约州汉普斯顿城	120.0	6 301

续　表

1940 年排名	城　　市	土地面积/平方英里	每平方英里人口/人	2000 年排名	城　　市	土地面积/平方英里	每平方英里人口/人
15	新奥尔良	199.4	2 480	15	佛罗里达州杰克逊维尔	757.7	971
16	明尼阿波利斯	53.8	9 153	16	俄亥俄州哥伦布	210.3	3 384
17	俄亥俄州辛辛那提	72.4	6 293	17	得克萨斯州奥斯汀	251.5	2 610
18	新泽西州纽瓦克	23.6	18 215	18	巴尔的摩	80.8	8 058
19	密苏里州堪萨斯城	58.6	6 812	19	田纳西州孟菲斯	279.3	2 327
20	印第安纳波利斯	53.6	7 220	20	密尔沃基	96.1	6 214
21	休斯敦	72.8	5 282	21	波士顿	48.4	12 166
22	西雅图	68.5	5 337	22	华盛顿哥伦比亚特区	61.4	9 316
23	纽约罗彻斯特	34.8	9 338	23	田纳西州纳什维尔	502.3	1 135
24	丹佛	57.9	5 568	24	埃尔帕索	249.1	2 263
25	肯塔基州路易斯维尔	37.9	8 419	25	西雅图	83.9	6 717

资料来源：美国人口普查局，《美国大都市辖区的发展：1900—1940 年》1947 年，第 27—32 页；美国人口普查局，2000 年人口和住房普查汇总表 GCT-PH1-R，http://factfinder2census.gov/faces/tableservices（2012 年 6 月 20 日访问）。

表 3.2　1940—2010 年美国 12 个城市及其郊区人口的变化

城　　市	1940 年	1950 年	1970 年	1990 年	2010 年
纽约	7 454 995	7 891 957	7 894 862	7 322 564	8 175 133
郊区	1 252 671	1 663 986	3 677 037	4 141 141[①]	10 811 976
芝加哥	3 396 808	3 620 962	3 366 957	2 783 726	2 695 598
郊区	1 102 318	1 556 906	3 611 990	4 549 200[①]	6 765 507
费城	1 931 334	2 071 605	1 948 206	1 585 577	1 526 006
郊区	967 310	1 599 443	2 869 305	3 271 304[②]	4 439 337
底特律	1 623 452	1 849 568	1 511 482	1 027 974	713 777
郊区	672 415	1 166 629	2 688 449	3 354 325[②]	3 582 473
洛杉矶	1 504 227	1 970 358	2 816 061	3 485 398	3 792 621
郊区	1 400 319	2 181 329[②]	4 216 014[②]	5 377 766[②]	9 036 196
克利夫兰	878 336	914 808	750 903	505 616	396 815
郊区	336 607	617 766	1 313 291	1 325 506[②]	1 680 425
巴尔的摩	859 100	949 708	905 759	736 014	620 961
郊区	187 592	507 473	1 164 911	1 646 158[②]	2 089 528
圣路易斯	816 048	856 796	622 236	396 685	319 294
郊区	551 929	898 538	1 740 781	2 074 414	2 493 621
波士顿	770 816	801 444	641 071	574 283	617 594
郊区	1 579 698	1 612 924	2 112 629	2 296 386[②]	3 934 808
匹兹堡	671 659	676 806	520 117	396 879	305 704
郊区	1 322 401	1 536 430	1 881 128	1 686 826[②]	2 050 581
印第安纳波利斯	386 972	427 173	743 155	731 327	820 445
郊区	68 385	299 949	366 727	578 495	935 796
休斯敦	384 514	596 163	1 321 394	1 630 553	2 099 451
郊区	125 883	339 376	753 637	1 671 384[②]	3 847 349

注：① 该部分人口是州内中心城区之外大都市区的人口。
② 该部分人口是主要中心城区之外主要大都市统计区或同等统计区的人口。
资料来源：美国人口普查局，《人口：美国大都市辖区的发展：1900 年至 1940 年》1947 年，第 27—32 页；美国人口普查局，《1990 年人口普查：大都市区的一般人口特征》1992 年，第 1—29 页；美国人口普查局，《1970 年人口普查：人口特征（第一卷）》1992 年，第 180—186 页；2010 年人口和住房普查人口数据概要表 DP-1；www.americanfactfinder.com（2012 年 6 月 21 日访问）。

些中心城区重新出现了人口增长，但是大多数老工业城市的人口却持续下降。然而，郊区仍保持强劲的增长势头，这反映了中心城区的持续分散化，也反映了美国大都市区的持续集中化。而在 1940 年，中心城区处于主导地位。

向郊区迁移不仅仅涉及人口。如第 2 章所述，制造业就业机会、商业设施、专业服务和办公室工作随着人们从中心城区迁到城郊。到 20 世纪 60 年代初，随着郊区就业规模的扩大，中心城区的就业经历了大规模的缩减。在人口超过 100 万的大都市区，1954 年至 1963 年间，中心城区失去了 50 多万个就业岗位，而郊区则增加了 150 多万个就业岗位。在 20 世纪 60 年代，在大多数已确立的经济活动部门中，中心城区的经济衰退势头变得非常明显。[16]

战后，郊区对中心城区的依赖程度越来越小。城市规划师戴维·伯奇（David Birch）在 1975 年指出，郊区正在成为城市内生式发展的推动力，而作为该地区主要活动中心的中央商务区（central business district, CBD）的主导地位正在弱化。以前只有中央商务区才具备的许多职能已经迁至郊区。伯奇指出，一些郊区正在发展自己的经济基础，不再依赖中心城区提供商品和服务。他在书中写道，郊区的经济中心越来越多地倾向于服务对应大都市区以外的市场。通过高速公路、航线、电缆、卫星和计算机网络，郊区正在建立全国性甚至全球性的经济联系。[17]乔尔·加罗（Joel Garreau）将这些经济上独立的郊区城市称作"边缘城市"。这些拥有复杂经济体的郊区城市正日益与中央商务区相抗衡。郊区城市的商业区也建造了高层办公大楼，而且能提供与中心城区相同的经济服务。[18]

边缘城市的发展使得高度依赖与合作伙伴、客户频繁接触的企业的总部分散化成为可能。1994 年，《财富》世界 500 强企业中，有 47% 的企业总部设在郊区；而到 1969 年，这一比例为 11%，1978 年这一比例为 34%。例如，1994 年，曼哈顿拥有 29 家《财富》世界 500 强企业，而 1968 年这一数字为 138 家，1980 年为 73 家。一些企业已搬离曼哈顿，迁到了纽约市郊区。1994

年，52 家《财富》世界 500 强企业的总部设在了纽约。[19] 大都市区也经历了类似的大企业从中心城区分散化的情况。例如，2010 年，亚特兰大大都市区有 12 家《财富》世界 500 强企业，其中 7 家位于郊区；芝加哥有 8 家《财富》世界 500 强企业，而郊区有 20 家。[20] 随着企业总部迁往郊区，提供支持服务的企业也迁往郊区，包括高度专业化的法律、金融、银行、数据处理、会计、管理和从事其他专业业务的企业。此外，许多专业人士也离开市中心的大企业，在郊区自行创业。

为满足需求，中心城区以外的办公空间大幅增加。郊区办公空间的繁荣发展主要发生在 20 世纪 80 年代。其间，超过一半（58%）的郊区办公空间已经建成。20 世纪 80 年代上半叶，10 个最大的中央商务区市场的办公面积增长了 25%，而相应的郊区市场的面积则增长了 3 倍多。尽管 20 世纪 90 年代写字楼建设的步伐放缓，但是总体上郊区化趋势仍在持续。到 1999 年，全美有 42% 的商业办公场所位于郊区。[21]

通信技术的发展为不需要频繁与客户或商业伙伴进行人际接触的公司提供了更多的搬迁选择。许多公司将一些职能分散到郊区甚至其他城市的低成本地区。例如，美国运通公司已经将后勤部门从纽约迁至盐湖城、劳德代尔堡和凤凰城；花旗银行已经将后勤办公室设在坦帕和苏福尔斯；而一些总部设在纽约的人寿保险公司已经在爱尔兰设立了处理中心，[22] 许多联邦政府机构也把处理表格的职能部门从市中心办公楼分散到了郊区。

分散的业务模式在郊区并不统一。实际上，商业活动已在郊区以不同的集群和廊道形式重新集聚。集聚效应带来的区位优势在郊区开发区中得到了体现。郊区中几个有吸引力的地区推动着经济增长。通过这种方式，企业获得了郊区的便利条件和商业区的优势（关于对中心城区中心商务区的比较优势，请参见第 2 章）。此外，开发商尝试在交通容易到达的郊区开发密度较高的商业空间，以实现投资回报的最大化。交通便利是商务中心开发的主要考虑因素。[23]

除了对中心城区的不利经济影响外，郊区化还造成了非裔美国人的高度居住隔离。1950—1970 年，超过 1 200 万白人迁出中心城区，而 500 万非裔美国人则迁入这里。非裔美国人赢得了更多的政治平等后，白人试图建立种族隔离的郊区。南希·伯恩斯（Nancy Burns）的一项研究发现，"在 20 世纪 50 年代到 60 年代美国城市形成的过程中，种族动机有着压倒性的作用"。[24]《1965 年选举权法》不仅消除了非裔美国人登记和投票的障碍，而且限制了城镇的形成，以保留具有排他性的白人聚居区。《1965 年选举权法》第 5 条规定，未经联邦政府的事先批准，不得修改选举法或城市边界。这条规定适用于 9 个州全境和其他 13 个州的一部分，这些州曾经为非裔美国人参政设置了障碍。《1965 年选举权法》加强了形成种族隔离的城镇的动机，但是也增强了对创建新政府的动机及影响的监控，从而也增大了设立城镇的难度。[25]

新一代在郊区长大的孩子们不再像他们的父母那样与中心城区保持着紧密的联系。当他们的父母第一次搬离中心城区时，他们会定期回到中心城区工作、探亲访友、购物、休闲娱乐等。多年来，随着郊区配套设施的完善和就业机会的增加，郊区居民与中心城区的联系减少了。与 20 世纪 50 年代相比，郊区导向发生了显著变化。在郊区长大的一代人与城市之间没有情感上的联系。此外，由于工作、购物和休闲娱乐活动都搬到了郊区，因此郊区居民不再需要经常去中心城区。郊区生活成为美国的主流生活方式，是富裕和成功的象征，被人竞相追求。

除了参加文化或体育活动之外，许多郊区居民很少进城。即使在一些赛事活动中，城市也开始失去其主导地位。一些职业运动队已经迁移到了郊区，郊区提供戏剧表演、音乐会和艺术展览的设施数量也在不断增加。例如，从 20 世纪 70 年代中期以来，至少 14 家由社区、学院或私人团体开办运营的剧院或表演艺术中心在芝加哥郊区建立了相应的设施，提供从古典音乐到巡回戏剧表演的多种文化和戏剧作品展演服务。曾经只能在城市才能看到的大型演出，如今经常在郊区上演。[26] 郊区居民刻意避开中心城区，不仅是因为郊区能够满足他们的一切需求，更由于城市与大部分郊区之间存在社会、种族和文化上的差异。此外，许多郊区居民远离城市是因为城市的犯罪率较高，他们也没有什么迫切的需求，一定要开车去拥挤和陌生的城市。相比之下，郊区对他们而言，是一个熟悉而舒适的生活地，他们可以找到自己的路，而且不用担心犯罪和过度的交通堵塞。[27]

郊区化运动的另一个重要影响是中心城区在政治上越来越孤立。来自大都市区的政党代表数量反映了这种政治孤立状态。虽然两个政党的成员都在国会和州级立法机构任职，但是中心城区的民主党支持率很高，而郊区则以共和党支持者居多。在最近的选举中，民众将许多州的政治权力转移到了郊区的共和党人手里。只要郊区的共和党立法委员能够围绕某一特定问题达成一致意见，那么他们就能控制大都市区的政治议程。

19 世纪的兼并现象

城市试图扩大边界以获得进一步发展。一些促进设立城镇辖区的因素也在城市扩张的过程中发挥了作用。此外，还有一些其他作用因素：

（1）受城市中企业和政治家的主导，大城市的繁荣促进了各城市之间的竞争，使城市变得更大、更好。

（2）大城市普遍能提供更好的服务。

（3）提供必要的城市服务所需的基本建设费用，可以由一个大城市通过规模经济效应以较低的成本提供。

（4）在许多州，兼并是通过立法命令实行的，而在另一些州，兼并是通过全体选民的多数票决定的。例如，1907 年，虽然阿勒格尼市的选民否决了与匹兹堡兼并的决议，但由于这一决议获得了绝对多数的选票，兼并得以实施。

（5）大城市最终会把它的边界扩展到城市区域。[28]

在 19 世纪，虽然一些城市是通过大规模的兼并而发展起来的，但是大多数城市是通过一系列的小规模征地实现了发展。在许多大都市区发生了显著的累积效应。例如，洛杉矶在 1915—1925 年，通过一项激进的特别兼并政策，扩展到其初期规模的近 4 倍，即从 108 平方英里扩展到 415 平方英里。[29]

1880—1918 年，底特律不断发展壮大，随着城市的发展，不断增加新的区域，这使得充满活力的独立城市无法获得发展。[30] 匹兹堡市于 1867 年在东区增加了约 21 平方英里土地和 6 个住宅区，1872 年在南区增加了 4 平方英里和 11 个社区；1907 年，在阿勒格尼增加了 8 平方英里土地和 15 万人口。[31]

　　处于被兼并地区的居民往往反对兼并，但他们的反对通常被忽视。因此，19 世纪强行兼并的案例屡见不鲜。1854 年，费城与所在县的兼并虽然没有得到郊区居民的批准，却得到了哈里斯堡立法委员的批准。无论是《1865 年旧金山兼并法》的颁布，还是在 19 世纪 80 年代之前芝加哥与巴尔的摩频繁的兼并中，都没有举行地方公投。1860 年之前，圣路易斯和波士顿进行过 3 次兼并，但是每个城市的当地选民都拒绝接受 1853 年所提交的兼并议案。而重新兼并新奥尔良 3 个城镇的投票结果很受欢迎，但由于 1850 年战败，直到 1852 年才专门立法强行通过。路易斯安娜州州级立法机关也于 1867 年在没有寻求群情激昂的居民同意的情况下，将卡洛顿并入新月城。[32]

　　然而，并非所有发生在 19 世纪的兼并行为都遭到了被兼并社区居民的反对。多个案例表明，一些选民赞同兼并，被兼并地区的居民投了赞成票，无疑是因为地方政府无法满足居民的需求。实际上，在 19 世纪末，许多郊区选民选择与中心城区兼并，是为了获得更完善的城市服务。由于担心下水道和供水系统不足，许多人投了赞成票。在田纳西州孟菲斯，1878 年至 1879 年的一场黄热病导致了当地近 10% 的人口死亡，对黄热病卷土重来的担忧以及受当时人口比率的刺激，直接导致了该地区的兼并。黄热病疫情之后，孟菲斯投入大量资源为居民建设下水道系统。到 1898 年，虽然该市居民已经拥有了下水道系统，但是居住在城外的 3 万人仍然没有接通下水道。由于受到可能再次暴发另一场黄热病疫情的威胁，郊区居民以令人印象深刻的多数票同意并入该市。结果，孟菲斯的领土面积增加了 12 平方英里。在接下来的 3 年里，这个城市的下水道系统扩展了 88 英里。[33] 在公共设施改善方面，芝加哥、洛杉矶、底特律、克利夫兰和波士顿等大城市取得了骄人的成绩和宝贵的经验。乔恩·蒂福德（Jon Teaford）称，1850—1910 年，郊区选民普遍倾向于与中心城区结盟，只有一小部分人会为失去自主权而感到遗憾。针对郊区带来的很多不便和额外支出，蒂福德写道：

> 在全国范围内只有少数几个郊区在提供公共服务方面能够与中心城区相媲美。1890 年，长岛牙买加城镇没有下水道，而法拉盛和大学岬地区都没有获得电灯的特许经营权。尽管纽约的许多郊区实现了管道供水，但自来水的价格在弗拉特布什郊区为每户 40 美元，在大学岬地区是每户 24.5 美元，在新布莱顿的史坦顿岛和里士满港是每户 42 美元。相比之下，纽约市每户自来水价格只有 15 美元。纽约市拥有下水道、电灯和低价自来水。1894 年，牙买加、弗拉特布什、大学岬地区、新布莱顿和里士满港均投票决定放弃奢侈和缺乏独立性的生活，加入了这个得天独厚的中心城区。[34]

兼并的退潮

19 世纪下半叶，为适应城市地区的发展，政府的形态发生了许多变化。州级立法机构对设立城镇辖区的管理更加宽松，制定了关于设立城镇辖区的普通法（而不是设立特别法），而且允许设立不同类型的城镇，因此，即使是人口很少的社区也能设立城镇辖区。地方自治对兼并以及对城镇辖区设立的放宽，似乎并未阻碍中心城区的扩张，只要中心城区能够提供更卓越的服务即可。一旦可以通过其他渠道获取服务时，更宽松的设立程序和地方自决则成为阻碍。某类政府如果在某种程度上未能成功地提供充分服务，将促使中心城区对它们的兼并。然而，如果城镇成功地提供了公共服务，更加宽松的城镇设立法律和自决的机会会让中心城区的兼并停止。

如本章前文所讨论的，19 世纪在大部分东北部和中西部的州，有两种形态的联合政府——乡村和联合乡镇，被授权设立以满足发展中郊区的市政需求。随着城市地区的发展，兼并是撤销不成功的郊区政府的主要手段。19 世

纪的乡镇兼并通常被证明是一种有效满足城市需求的政府管理形态。兼并整个
乡镇的要求导致了某个区域太大，有太多不同的需求和利益要平衡。兼并后的
城镇包括乡村和城市地区，这些区域通过铁路或有轨电车与城市紧密联系。该
类乡镇很难满足多样化人口的需求，它们是乡村和城市的混合体，对服务和税
收抱有不同的期望。1867—1875 年，库克县有 7 个乡镇兼并。到 1900 年，只
剩下 4 个兼并乡镇被保留了下来，其他的则投票赞成与芝加哥兼并。[35]

　　当郊区政府成功地提供服务时，它们就会成为城市兼并的障碍。兼并后
的村庄形态总体上能够满足发展中城市的需求，因为设镇的村庄的地域范围较
小，而且居民的需求和期望较为一致。例如，在纽约和芝加哥，由于城市吸收
了设镇的乡镇和非城镇郊区，一些偏远郊区合并为村庄，以避免兼并，并且提
供自主治理。这些兼并和设立城镇的辖区的最终结果是出现一个由中心城区组
成的大都市区，周围环绕着城镇和村庄。类似的过程也发生在波士顿附近的郊
区。波士顿与纽约、芝加哥的主要不同之处在于，在马萨诸塞州，乡村不可以
被划为城镇辖区。直到 19 世纪，通勤铁路和有轨电车把这些地区纳入波士顿
郊区范围中。查尔斯城、剑桥和罗克斯伯里是 19 世纪 40 年代兼并而成的城
镇。这些城镇将多个住宅区集中在一个单一的联合政府管辖范围内。例如，兼
并后的剑桥镇至少由 3 个住宅区组成，包括旧剑桥、剑桥港和东剑桥。而有些
调整后的乡村政府成功地抵制了兼并。[36]

　　较小的乡镇和第二次世界大战后兼并的乡镇一般能够抵抗中心城区的兼
并。例如，威斯康星州直到 1955 年才被授予兼并密尔沃基周边乡镇的权力。
该法案通过后，与密尔沃基毗邻的所有非兼并乡镇都被其他小城镇兼并了，并
且成功地阻止了密尔沃基的进一步兼并扩张。在此情况下，兼并后的乡镇被证
明有能力提供服务并满足居民的需求。[37]因此，中心城区兼并退潮的一个主
要因素是郊区能获得价格合理的服务。

　　政府的专业化以及特殊服务需求的增加，极大地改善了郊区的服务水平。
县或特别服务区将一些缺乏资源来提供优质下水道、供水、教育或执法服务的
郊区合并起来，使郊区居民能够在不成为中心城区一部分的情况下，享受城市

配套带来的便利设施。例如，1915 年，芝加哥库克县周围只有 45% 的地区有公共供水系统；到 1934 年，中央商务区（环形）周围 50 英里内 85% 的城镇都提供了这项服务。[38]

此外，联合反对强制兼并的郊区成为不断成长的政治力量，对抗了大城市的振兴运动，并影响了州立法机构，使兼并变得更加困难。例如，1907 年，匹兹堡在阿勒格尼居民的强烈反对下依然成功地兼并了阿勒格尼；随后，剩下的郊区城镇形成了以反对匹兹堡继续兼并为目标的组织。这个组织成功地说服了州级立法机构修改法律，要求被兼并地区的选民批准才可实施兼并。在大多数情形下，除了南部和西部的一些例外区域外，州级法律目前规定只有被兼并郊区的选民以多数票通过才能实施兼并。事实上，大部分州级立法机构已经从轻易地批准中心城区的兼并请求，转变为规定严格的程序性和实质性要求。在19 世纪经常被批准的特别法案立法兼并现在却总是受到反城市的州级立法机构的否决。在某些州宪法允许兼并的地方，例如加利福尼亚州，相关条款的本意似乎在阻挠而不是促进兼并进程。[39]

密尔沃基是一个很好的案例。它很好地说明了城市和郊区抵抗给兼并带来的压力。1893 年以前，兼并密尔沃基市需要得到特别的立法批准。这通常是会被批准的，因为州级立法机构普遍支持密尔沃基的兼并。1893 年，州政府推出了这一流程：州级立法机构制定的流程中需要一份请愿书，由社区中的大多数业主签署要求兼并的决议，只有这样，密尔沃基市议会才可能会批准兼并请求。20 世纪上半叶，该市积极地寻求获得邻近的领土。1923 年该市成立了兼并部，重点推进兼并工作。廉价而便利的供水和下水道服务是吸引边远地区加入城市的一个主要因素。密尔沃基还成为大城市的一部分，从而激发了市民的自豪感，也提高了市民的财产价值。尽管拥有这些助力，但是兼并仍然具有很大的阻力。为了消除这一阻力，联合行动组试图修改州级法律，使被兼并地区在没有否决权的情况下兼并该市。1955 年，在州政府允许将乡镇划为小城镇辖区之前，该市确实取得了一些成功。密尔沃基周围的乡镇陆续自相兼并，有效地阻止了密尔沃基的进一步扩张。[40]

威斯特彻斯特县的社区是郊区抵制兼并的另一个案例。19 世纪 70 年代和 80 年代，纽约市通过一系列防御性设立城镇辖区的措施，兼并了一些已开发地区。1874 年，大约在纽约市兼并莫里萨尼亚、西庄和金斯布里奇的时候，多次设立了城镇辖区。同样，19 世纪 90 年代，纽约市兼并了威克菲尔德、威廉斯桥、韦斯切斯特镇以及伊斯特切镇和佩勒姆的部分城镇，导致大量城镇辖区的设立[41]。

尽管受到被兼并地区居民的反对，但直到 19 世纪末，兼并更大的城市一直被认为是对城市地区增长的一种自然政治应对。美国南北战争之后，边远地区开始抵制兼并。1873 年，波士顿兼并布鲁克林的努力失败了，这是中心城区将边界扩展到郊区的最早失败案例之一。布鲁克林自 1705 年以来一直作为一个城镇存在，到 19 世纪 70 年代，除了市政供水外，布鲁克林基本上提供与波士顿相同的服务。布鲁克林位于波士顿市中心以西 3 英里处，是波士顿最优雅、最著名的郊区。到 1873 年，布鲁克林的人口增长到 6 700 人，其中包含大量的通勤人口。在 19 世纪 60 年代至 70 年代初，波士顿大举兼并周边社区。到 1873 年，波士顿已经三面环抱布鲁克林了。大家都认为布鲁克林会是下一个被兼并的对象。然而，在布鲁克林拥有房产的众多波士顿精英家庭成为兼并反对者，在他们的带动下，以 706 票赞成、299 票反对的结果成功抵制了布鲁克林被兼并。受布鲁克林成功抵制兼并运动的启发，美国其他郊区和其他城市在反对兼并方面变得更加激进。波士顿大都市区的反对兼并运动变得如此激烈，以至于波士顿的边界自 1873 年以来就没有改变过，只在 20 世纪发生过一次小幅变更。[42]

路易斯·凯恩（Louis Cain）对 19 世纪末和 20 世纪初芝加哥兼并的研究很好地说明了选民批准兼并的过程中所涉及的各种力量。研究表明，19 世纪大部分重要的中心城区进行兼并扩张的机会之窗已经关闭。1889 年，海德公园的选民批准了一项迁往芝加哥的计划。最重要的原因是为了获得芝加哥提供的完善城市服务，特别是海德公园的边远乡村地区缺乏供水和污水处理设施。其他的激励措施包括获取更好的治安维护、消防服务，以及通过改善服务和与主要城市的连接来提升房地产价值。最后，海德公园的选民对大幅增税的前景表示很乐观，因为要获得这些必需的服务，必须大幅增税。他们还认为，由于规模经济效应，兼并将导致税收降低。最后的表决结果显示，62% 的人赞成兼并。[43]

1909 年，埃文斯顿的 800 名商人（他们都是位于芝加哥的企业高级管理人）发起了一场将埃文斯顿与芝加哥兼并的运动。当时，地方政府服务上的差异已经不再是问题了。大都会卫生区在 1909 年之前就已全面投入运营，该区在 1889 年海德公园兼并之前已得到州议会的批准兼并。1909 年之前，埃文斯顿也加入了进来；1903 年它还拥有了自己的自来水厂，其居民普遍期望获得与芝加哥相同的服务。此外，埃文斯顿的居民从海德公园的经历中看到，减税和改善服务并不是兼并的最好结果。最后，埃文斯顿居民的酒水消费价值观与芝加哥居民截然不同。对失去禁酒状态的担忧无疑帮助埃文斯顿选民以 3 481 票对 851 票的压倒性优势否决了该提案。[44]

正如芝加哥案例所反映的那样，合意兼并的机会之窗在世纪之交对老城区关闭了。大约就在这个时候，很多州级立法机构建立了地方行政区，以提供需要大量基本建设投资的服务。社区不再需要成为城市的一部分来接受诸如下水道和供水系统等资本密集型服务。纽约、芝加哥和波士顿等大多数较大的老城区基本上保留了与 20 世纪初相同的边界。兼并的努力并没有停止，但成功率却下降了。1909—1914 年，在芝加哥，除了埃文斯顿的提案被否决外，橡树公园 2 次拒绝与芝加哥兼并，西塞罗的选民在 4 次独立表决中否决了兼并提议。所有这些失败的赔率都是 2∶1 或 3∶1。只有少数贫困的小型社区被兼并。1914 年，摩根公园与芝加哥兼并，因为居民对高税率和劣质服务不满。1930 年，另外 3 个工人阶层聚居的郊区加入了芝加哥，但它们都属于最贫困的郊区。他们几乎没有增加芝加哥的税基。[45]

其他历史悠久的中心城区也经历了类似的情况。克利夫兰大片广阔而富裕的郊区一再反对兼并，而那些资产和负债都很少的区域则投票支持加入克利夫兰。1910 年之前，克利夫兰还未在兼并公投中败阵。1910—1940 年，克利夫兰赢了 4 场，输了 5 场。尽管克利夫兰获胜了 4 场，但随之而来的种种问题并不能弥补它输掉 5 场的损失。洛杉矶最频繁的兼并发生在 1910—1920 年。在此之后，兼并减缓了许多新加入地区的增长速度，这些地区对增长该市的税基贡献甚微，并大大增加了服务提供的成本。贝弗利山、圣塔莫尼卡、伯班克和阿罕布拉等较富裕的郊区都投票反对兼并。廉价平房扎堆的瓦茨、希望获得城市供水的其他城镇等存在严重城市问题的区域则投票赞成兼并。[46]

兼并程序

在 20 世纪之前，美国大部分州通过特别立法来处理兼并。早在 19 世纪末，各州开始制定法律，确立立法程序，因此就不需要通过特别立法来处理每一项兼并提议了。关于兼并的普通法到 1990 年变得较为广泛，只有 6 个州（康涅狄格州、夏威夷州、缅因州、新罕布什尔州、罗得岛州和佛蒙特州）没有制定州级兼并法。这些程序一般是为了保护被兼并地区的利益。值得一提的是，在那些仍然需要立法批准的州，特别立法很容易被郊区和乡村利益联盟否决。

关于兼并程序的立法通常需要走完两个流程：请愿和公投。在包括亚利桑那州、佐治亚州、俄亥俄州、纽约州和宾夕法尼亚州等在内的 9 个州，被兼并地区的业主必须达到规定的比例才能发起这个流程。在其他州，它可以由业主以请愿书的形式发起，也可以由寻求兼并的城市发起。19 个州要求被兼并地区获得多数票批准；县级管理机构必须在 11 个州级获得批准。只有 2 个州既需要选民多数票支持，又需要县级主管机构批准。密歇根州除了要求被兼并地区选民批准外，还需要州边界委员会的批准。[47]

少数几个拥有自由兼并法律的州仍然存在，这些州主要位于南部。直到 20 世纪 90 年代末，得克萨斯州有极其宽松的兼并法律与兼并的责任敕免条例。1963 年，得克萨斯州将毗邻边境的一块非城镇土地赋予了城市市域外的权力。休斯敦是一个利用自由兼并法律积极兼并领地的城市。该市拥有 5 英里范围的治外法权，每年可以无须公投就能兼并该地区多达 10% 的土地。[48]

休斯敦通过获得未兼并郊区的公路通行权来扩大自身范围。仅在 20 世纪 70 年代，该市就兼并了有着 20 多万居民的地区。然而，1996 年，该市在兼并拥有 5 万居民的城市——金伍德时，引发了一场重大的反兼并浪潮。虽然金伍德事件以失败告终，但它还是导致得克萨斯州修订了兼并法律，使得兼并大片地区变得更加困难。这意味着休斯敦的兼并之路已经走到了尽头。[49]

除内布拉斯加州外，其他州的兼并法律都禁止城镇在未经被兼并地区选民同意的情况下兼并其他城镇区域，因此，同一个州的城市经常会经历不同程度的兼并活动。例如，克利夫兰完全被城镇包围，无法扩大其边界。相比之下，哥伦布市大举兼并，以成为俄亥俄州最大的城市为目标，同时防止城市边界被城镇完全包围。20 世纪 50 年代，密尔沃基进行了一场激进的兼并活动，为了阻止进一步兼并，围绕密尔沃基的其余乡镇被兼并了。然而，麦迪逊能够减缓周围乡镇向城镇的转变，并在密尔沃基取消此选择权很久之后继续吞并土地。[50]

近期的兼并活动

当第一阶段的郊区化在大萧条时期结束时，东北部和中西部的中心城区大多被周围一层郊区所环绕。由于难以兼并城镇区域，城市试图兼并第一层郊区之外非毗邻的土地。法院普遍拒绝接受这一提议。相对而言，从 20 世纪初到第二次世界大战结束后，很少有兼并活动发生。20 世纪 20 年代被兼并领土的总量大大少于 19 世纪 90 年代。到 20 世纪 30 年代，只有少数城镇完成了兼并，其中大部分规模都较小，基本上无足轻重。在 1900—1945 年，只有少数几个中心城区进行了大规模的兼并，其中底特律和洛杉矶最为突出。[51] 因此，在第二次世界大战之后，几乎不再将较老中心城区的兼并作为获取领土的手段。

第二次世界大战后，由于郊区的重新发展，出现了新一轮的兼并。大部分兼并活动都在东北部或中西部以外的较小城市进行，这些城市的居民在社会上和经济上都比被兼并地区的居民更为优越，政府也采取了改革措施。[52] 此外，大量兼并活动发生在郊区，包括由郊区城镇吸收未兼并的领土。[53] 然而，在南部和西南部，一些中心城区通过兼并大量非城镇土地实现了大幅增长。例如，1950—1970 年，圣迭戈的领地面积增加了 2 倍，而达拉斯、孟菲斯和休斯敦的领土面积则增加了 1 倍以上。圣何塞的土地面积从 17 平方英里增加到近 120 平方英里。俄克拉何马城的土地面积从 51 平方英里增加到 636 平方英里，凤凰城的土地面积从 17 平方英里增加到近 250 平方英里。在此期间，其他参与大规模兼并的城市还包括夏洛特、圣安东尼奥和奥斯汀。[54]

战后，许多城镇都参与了兼并。例如，1955 年，526 个人口超过 5 000 人的城镇参与了兼并。然而，其中大部分都是城郊社区兼并了许多小块的非城镇土地。1970 年到 1977 年间发生了 48 000 多起兼并，为人口超过 2 500 人的城市共计增加了近 7 000 平方英里的土地面积和 250 多万人口。同样，大部分兼并活动的规模都很小，涉及的土地面积平均只有 1/7 平方英里，兼并涉及的人口平均只有 53 人。[55] 20 世纪 80 年代通过兼并进入城镇区域的人口比 20 世纪 70 年代减少了 100 万人。20 世纪 80 年代，最大的兼并活动发生在得克萨斯州，兼并涉及的人口达 313 000 人。其他人口超过 10 万人的州包括亚拉巴马州、加利福尼亚州、佛罗里达州、北卡罗来纳州和俄勒冈州。大部分兼并活动规模都很小，其中最大的一次兼并活动发生在圣安东尼奥，涉及人口 73 000 人；其次是波特兰，涉及人口 54 000 人，休斯敦的兼并涉及的人口为 50 900 人。[56]

在经历战后积极兼并的活跃期后，兼并速度逐渐放缓。在得克萨斯州，由于休斯敦兼并金伍德受阻，因而得克萨斯州各城市的兼并进程大大放缓，特别是在整个阳光地带，兼并活动的速度已经减缓。主要城市均已兼并了容易被兼并的区域，而来自郊区的抵制已经导致各州级立法机构修订了兼并法律，以提高兼并的门槛。只有西部的一些城市，尤其是较小的城市，仍能通过兼并继续实现增长。[57] 兼并仍然是获得领土的一种可行手段。美国人口普查局的报告显示，21 世纪前 10 年发生的 93 000 多起兼并事件就证明了这一点。每年都会发生数千次城镇兼并活动，涉及数千英亩土地和数万人。1990—2009 年，仅北卡罗来纳州的城镇就进行了 14 000 次兼并活动。[58]

　　大部分较大的、较老的城区几乎没有与中心城区毗邻的非城镇土地，而这些土地容易被兼并。在一些大都市区，中心县也有大片的土地被兼并。阿勒格尼县的情况如此，匹兹堡大都市统计区的中心县亦如此；除公园用地外，所有土地均已设镇。库克县是芝加哥大都市区的中心县，直到 1959 年，只有 57% 的土地设立城镇辖区。然而，到 1976 年，经过了战后郊区化运动之后，城镇土地的比例增加到 78%。此后，设立城镇辖区的进程基本停止，因为到 1981 年设镇土地的比例增加至 79%，即只增加了 1%。该县一半以上的非城镇土地属于森林保护区，其余一部分土地是高尔夫球场和公墓。由于税基的边际增加和服务成本的增加，有些小型未设镇的住宅区要么抵制兼并，要么不受邻近的城镇欢迎。另外，一些工业区或商业区也抵制被划为城镇辖区，因为没有激励因素可以促使它们设立城镇辖区或寻求兼并。[59] 它们无须缴纳市政税就能从县获得地方政府的基本服务。然而，不利的一面在于，它们没有自治权，而且它们的服务需要依赖其他政府。在非城镇区域，没有法人团体代表居民的利益，他们能获得什么样的服务取决于提供服务的机构的偏好。

　　对于那些最终在大都市县寻求政治地位的非城镇区域而言，加入另一个城镇并不简单。许多非城镇区域通常规模太小，在一个兼并县中的增长潜力有限，无法作为独立的城镇。兼并到另一个城镇又会产生问题，因为它破坏了非城镇区域长期存在的服务安排，而毗邻的城镇可能不希望兼并额外的领地。兼并过程中所涉及问题的一个例子是伊利诺伊州库克县郊区中的一个由 500 位居民组成的 25 个街区的独立分区。多年来，这个特殊的分区一直拒绝接受邻近城镇的兼并提议，因为这里的服务令人满意，而且保持非兼并状态在税收方面可以获得很大的优势。然而，多年来当地居民对库克县警署提供的治安保护水平和私营自来水公司供水成本问题表示担忧。此外，非城镇区域与城镇之间的税收差距也缩小了。当为该分区提供消防和辅助服务的消防区在离开该地区较远的地方建造了一个消防站时，该分区最终还是决定寻求兼并。然而，消防区提出了反对，因为税基的减少将会削弱消防区向非城镇区域的其余地区提供服务的能力。如果该消防区服务的整个非城镇区域都被毗邻的城镇兼并，那么消防区就会停止运营。但这种情况不太可能发生，因为至少已有一个城镇政府拒绝兼并部分非城镇区域。[60]

中心城区兼并活动的遗留影响

19 世纪，城市周边地区加入大城市的主要原因是获取更完善的市政服务，但这在 20 世纪已不再是诱因了。对于 20 世纪的郊区居民而言，几乎没有被兼并的动机了。大多数郊区居民认为，如果他们一旦成为中心城区的一部分（兼并），他们的生活质量将会受到不利影响。1873 年，反对布鲁克林被波士顿兼并的人们发出了战斗口号：布鲁克林漂亮的树木、浪漫的街道和丝绒般的草坪很快就会变成大城市肮脏街区的一部分，而且"城镇的美景会被土地投机商彻底破坏，他们会削平丘陵、铲除树丛、到处修路，让整个区域看上去就像鸟笼一样"。[61] 这个口号在郊区居民当中产生了强烈的共鸣。

郊区居民的反城市情绪，以及对中心城区的不信任，都是中心城区兼并活动的后遗症。尽管旧中心城区的兼并活动早已停滞，但是由于对过去经历的记忆，郊区居民仍对中心城区保持警惕。在大部分郊区居民心目中，中心城区仍然在大都市区占据主导地位，而郊区必须时刻保持警惕，否则中心城区就会向外扩张从而兼并郊区，给郊区将带来犯罪、交通拥堵、政治风波、官僚主义和其他社会问题。中心城区用来扩大边界而采取的策略使郊区居民心怀敌意和忧虑。尽管几十年过去了，但在大多数大都市区，在多年的积极兼并努力中，所造成的创伤并未愈合。其结果通常是在很多大都市区内，郊区完全缺乏协作而且不愿共同探讨涉及整个地区的问题。政党代表的差异以及中心城区和郊区居民的不同需求加剧了这种不配合的状况。

从历史上看，中心城区在政治和经济上一直主导着郊区。郊区在与中心城区兼并的斗争中取得了喜忧参半的结果。1907 年，匹兹堡兼并阿勒格尼后，美国最高法院受理了一起诉讼案件。阿勒格尼的居民曾经投票反对兼并，此案的争论焦点是，阿勒格尼能否违背他们的意愿被兼并。最高法院重申了兼并，并通过狄龙规则纳入联邦法学，理由是该州立法机关制定的议事规则具有约束力，即使他们忽略了阿勒格尼多数选民的意愿。[62] 虽然狄龙规则授权该州决定地方政府的规则和程序，但威斯康星州最高法院于 1951 年宣布，州级立法机构从 1898 年以来，允许密尔沃基在兼并活动中行使的特权无效。在法院裁决之前，密尔沃基是唯一一个无须提前 30 天发出公告，就可以在居民当中发布兼并请愿书的城镇。这项裁决给了反对兼并的居民组织抗议的理由，从而有助于阻止密尔沃基的兼并活动。[63]

许多州的州长是共和党人，州议会中共和党人比重更大，而郊区的凝聚力也在日益增强，这些州正在从传统的民主党中心城区手中争夺权力和权威。例如在 1995 年的纽约，共和党人任州长的第一年，纽约市接受福利救济的人数减少了 103 000 人，而且州长宣布将数百个政府职位从城市转移到共和党人主导的地区。来自纽约的民主党人称之为"地理庇护"。在宾夕法尼亚州，共和党人控制的州政府从费城的民主党人手中接管了特拉华河港务机关。该机关控制着大量的工作岗位，并参与了合同价值达数百万美元的多个经济发展项目。在华盛顿州，代表西雅图的民主党州议会代表团在意识形态上与该州其他地方格格不入。西雅图立法议会代表团在重大的州决策中逐渐被边缘化。由于郊区共和党人的支持，该州批准了西雅图新建一座体育馆。如果只是由中心城区的民主党人推动，这座体育场可能不会获得批准。在密歇根州，底特律在州级立法机构中几乎没有话语权。一位观察员说道："除非底特律议员代表团与另一个地区结成同盟，否则其议案几乎没什么希望在州级立法机构通过。"[64]

中心城区与郊区之间发生冲突的另一个重要原因是郊区居民认为郊区城镇在道德水平上优于中心城区。与中心城区政府相比，他们认为自己的政府管理得更好、对市民更负责、更节约成本，而且政治色彩较淡。郊区居民指责中心城区是大都市区犯罪、腐败、社会衰败和功能退化的主要根源。他们认为中心城区向其他政府寻求发放补贴的时间已经够久，在向其他政府寻求财政援助之前，需要"整顿好自己的秩序"。

郊区居民的警惕和妒忌不仅仅是针对中心城区。历史上，它们相互之间并未开展广泛的协作，而是相互竞争经济发展的机会或者阻碍对方经济的发展。他们就边界上的非城镇土地或道路和住宅开发项目争论不休，拥有广泛税基的郊区，并未与那些定位不明确的地方展开协作。在过去，郊区很少就提交给州级立法机构的共同议程或整个地区的共同未来发展目标达成一致意见。郊区表现出高度的多元化，而且除了对中心城区近乎非理性的不信任和恐惧之外，没什么共同的主题能让它们团结起来。

如本章及第 2 章所探讨的，中心城区兼并郊区的主要原因之一是为了享有郊区的发展成果，从而增加中心城区的税基。中心城区对工业发展和精品住宅开发或者可开发的闲置土地特别感兴趣。当中心城区再也无法进一步扩张领地时，纳税人数的增长就会随着城市某些部分的荒废而停滞不前。随着郊区的形成，当郊区城镇逐渐衰退并受土地限制时，也出现了这种现象。随着存量住宅的衰败，较富裕的人向外迁移，而不太富裕、保有住宅能力较弱的人会迁入。衰败持续进行，而且往往会加快，进而需要政府干预。第一层郊区（即内环郊区）一般最早经历这种向较恶劣条件的过渡。抵制中心城区兼并的这些郊区干预衰败循环的能力往往弱于中心城区，因为它们缺乏足够的财力来应对自身问题。毫无疑问，只有这些处于危机中的郊区成为资源基础更好的中心城区的一部分，它们才能更好地解决自身的问题。

芝加哥及其郊区的案例[65]

芝加哥地区政治碎片化、中心城区与郊区敌对的状况越来越显著。芝加哥有超过 940 个带有税务机关的地方政府，是美国地方政府数量最多的大都市区。历史上，该市基本上是该地区的政治和经济中心。芝加哥为了扩张边界和主导郊区治理而采取的策略让很多郊区居民产生敌意和恐惧。在大部分郊区领导人的心目中，芝加哥仍然是大都市区的霸主。最近发生了完全不配合而且不愿共同解决涉及整个地区问题的情况。这种由来已久的不信任感、政党代表上的差异，以及中心城区和郊区人口的不同需求很难克服。

引起芝加哥与其郊区之间冲突的一个主要因素是噪声污染。奥黑尔机场周围的城镇居民希望芝加哥提出降噪对策，而且不要建设额外的跑道。西北郊区居民希望从密歇根湖取水，以满足社区的发展需求。成本最低的方案是在奥黑尔机场附近建造一条管线连接芝加哥的供水系统。多个郊区选择通过埃文斯顿修建一条更昂贵的管道，以避免对这座城市的依赖。

直到最近，芝加哥的需求仍是州级立法机构议事日程的主体。民主党控制了立法机构，而芝加哥立法议员团体紧密团结，以满足芝加哥的需求。虽然郊区的立法委员大部分是共和党人，但是他们并未团结起来为自己争取权利或反对芝加哥的需求。一位观察家对芝加哥的主要现状进行了以下分析：

在战后很长一段时期内，芝加哥可以与南部乡村的共和党人和民主党人达成协议，从而在州级立法机构中行使权力，而郊区通常被排除在这些协议之外。郊区的共和党人难以促使立法协议的达成，部分原因是他们在意识形态上自治取向更强。不论在何种情形下，与芝加哥民主党人达成协议对郊区代表来说都不是好的政治策略，因为这些政治家长期以来一直将芝加哥的腐败现象作为主要着力点。明显的反芝加哥情绪在政治活动和后来建立立法联盟的过程中给予共和党郊区代表很大的帮助。

互投赞成票让城市从州政府的政治活动中得到了它最想要的两样东西：对地方发展项目的支持，对多项城市支出（包括社会支出）提供广泛的财政基础。城市的很多社会支出是由县级和州级财政承担的，而其他职责由特区承担。芝加哥在摆脱社会事业的包袱上取得了巨大成功，一部分归功于州政府倾向于设立特区，另一部分归功于市长的长袖善舞、精明睿智。[66]

由于1990年人口普查之后经过重新区划，共和党在1994年大选中获得了州级立法机构的控制权。这两个立法机构的多数领导人都是来自郊区的共和党人。在1995年议会开幕后的数周内，共和党人开始将自己的意志强加给城市：

向州级立法机构提交了近 100 项法案以限制或剥夺市议会、特区和办公室的权力，并将其移交给州政府或郊区。[67] 立法机关驳回了戴利市长通过特别立法在芝加哥授权批准开设赌场的要求，但是授权批准了开展内河船上的赌博活动，而且为福克斯河上的多个流动赌场核发了许可证，这里距离芝加哥只有不足一小时的车程。

州政府对芝加哥要求在南区新建地区机场的要求也反应冷淡，仅仅推荐了位于南部偏远郊区作为替代选址，还企图设立州级机场管理机关对芝加哥奥黑尔机场和南部郊区的新机场进行管理，从而使奥黑尔机场有效脱离芝加哥的控制。为了阻止这场运动，芝加哥与印第安纳州设立了一个跨州机场管理机关以保持对奥黑尔机场的控制权。[68] 直到民主党得到州议会的控制权并选举了一位新的共和党人州长之后，城市与州之间的关系才有所改善。

要点总结

本章介绍和分析了美国从 19 世纪开始的郊区化运动。第二次世界大战之后，人口和就业岗位从中心城区大量流出，这场运动一直延续至今。郊区从一开始就具有小城镇、同质化的特征，与中心城区差别显著。郊区也具有高度的排他性，限制了少数族裔、某些宗教群体以及低收入群体的进入。第二次世界大战结束后，郊区对低收入群体的开放程度有所提高，但仍然高度限制少数族裔的进入。

为了享受郊区的发展成果，中心城区采取了兼并的策略。中心城区最初在兼并郊区方面非常成功，不仅获得了州级立法机关的支持，而且中心城区提供了比郊区更好或更低价的市政服务。兼并是 19 世纪和 20 世纪初城市扩张领地最成功的方式。然而，从 19 世纪到 20 世纪，郊区居民开始抵制兼并。随着郊区居民对兼并的抵制愈演愈烈，州级立法机关提高了兼并的门槛。此外，州政府放宽了设立城镇辖区的法律规定，使人口较少的社区更容易设立城镇以更好地抵制兼并。设立特区和专业管理机构以像大城市一样高效地（往往效率更高）提供市政服务抵消了加入中心城区的一大优势。尽管东北部和中西部较老的中心城区从 20 世纪初就开始减少兼并活动，但兼并仍然是南部和西部新开发城市扩张边界的一种主要手段。

郊区化改变了大都市区的人口和经济状况。中心城区不再像曾经那样成为大都市区的主宰。随着人口和工厂向郊区迁移，辅助活动和配套服务也随之迁移。中心城区的人口密度下降，无法扩大边界的城市人口减少。中心城区中贫困的少数族裔无法获取郊区的住宅和就业机会，成为郊区化和大都市区政治碎片化的一大遗留问题。此外，中心城区在社会上和经济上与大都市区的其余部分进一步隔离。郊区居民与中心城区的经济、社会和文化联系越来越少。另外，由于郊区共和党人利用自己的政治力量迫使民主党人掌权的中心城区做出改变，因而中心城区在州级政治活动中越来越孤立。在兼并活动显著减少后的数十年里，郊区居民对兼并的强烈抵制仍在影响中心城区与郊区之间的关系。

注释

[1] John D. Kasarda, "Urbanization, Community, and the Metropolitan Problem," in Mark Baldassare, (ed.), *Cities and Urban Living* (New York: Columbia University Press, 1983), pp. 46–47.

[2] Ibid., pp. 85–86.

[3] Ann Durkin Keating, *Building Chicago: Suburban Developers and the Creation of a Divided Metropolis* (Columbus: Ohio State University Press, 1988), pp. 177–178.

[4] John J. Harrigan and Ronald K. Vogel, *Political Change in the Metropolis*, 7th ed. (New York: Longman, 2003), p. 234.

[5] Philip Kasinitz, (ed.), *Metropolis: Center and Symbol of Our Times* (New York: New York University Press, 1995), pp. 163–167.

[6] Keating, *Building Chicago*, pp. 84–85.

[7] Ibid., pp. 84–85.

[8] Ibid., pp. 117–118.

[9] Ibid., p. 124. See also Fishman, *Bourgeois Utopias*, pp. 85–87.

[10] Fishman, *Bourgeois Utopias*, p. 151.

[11] Nancy Burns, *The Formation of American Local Governments: Private Values in Public Institutions* (New York: Oxford University Press, 1994), pp. 88–89.

[12] Donald Muzzio and Jessica Muzzio, "It's a Wonderful Life? The American Small Town and Suburb in Cinema," paper presented at Urban Affairs Association Annual Meeting, New York City, March 1996, p. 11.

[13] For an in-depth discussion of federal government policies that encouraged suburban development, see Chapter 5.

[14] Robert A. Beauregard, *Voices of Decline: The Postwar Fate of US Cities* (Cambridge, MA: Blackwell Publishers, 1993), p. 121.

[15] Bernadette Hanlon, *Once the American Dream: Inner-Ring Suburbs of the Metropolitan United States* (Philadelphia: Temple University Press, 2010), p. 15; Bernadette Hanlon, John Rennie Short, and Thomas J. Vinino, *Cities and Suburbs: New Metropolitan Realities in the US* (New York: Routledge, 2010) pp. 133–134.

[16] Benjamin Kleinberg, *Urban America in Transformation: Perspectives on Urban Policy and Development* (Thousand Oaks, CA: Sage Publications, 1995), p. 37.

[17] Peter O. Muller, "The Suburban Transformation of the Globalizing American City," *The Annals of the American Academy of Political and Social Science*, 551 (May) (1997): 45–46.

[18] Joel Garreau, *Edge City: Life on the New Frontier* (Garden City, NY: Doubleday, 1991). See especially chapters one and 11.

[19] Muller, "The Suburban Transformation of the Globalizing American City," pp. 52–53.

[20] Maria Saporta, "Fortune 500 List Overstates Atlanta's Headquarters," June 3, 2011, http://saportareport.com/blog/2011/06/ [Accessed June 21, 2012].

[21] Paul G. Lewis, *Shaping Suburbia: How Political Institutions Organize Urban Development* (Pittsburgh: University of Pittsburgh Press, 1996), p. 7; Robert E Lang, *Beyond Edge City: Office Sprawl in South Florida*, Center on Urban and Metropolitan Policy (Washington, DC: The Brookings Institution, March 2003), p. 1, http://www.brookings.edu/es/urban/publications/langmiami.pdf [Accessed October 22, 2013].

[22] Paul L. Knox, "Globalization and Urban Economic Change," *The Annals of the American Academy of Political and Social Science*, 551 (May) (1997): 26.

[23] Lewis, *Shaping Suburbia*, pp. 8–10.

[24] Burns, *The Formation of American Local Governments,* pp. 64, 98.

[25] Ibid., p. 65.

[26] Howard Reich and Desiree Chen, "Sprawling Culture Scene Puts Suburbs in Starring Role," *Chicago Tribune*, Aug. 5, 1996, sec. 1, p. 1.

[27] Tom Valeo, "Who Needs Chicago?" *Arlington Heights (Ill.) Daily Herald*, Aug. 25, 1994,

sec. 4, pp. 1-4.

[28] Louis P. Cain, "To Annex or Not? A Tale of Two Towns," *Explorations in Economic History*, 20 (January) (1983): 59-65; Kenneth T. Jackson, *Crabgrass Frontier: The Suburbanization of the U.S.* (New York: Oxford University Press, 1985), pp. 144-146.

[29] Bernard Ross and Myron A. Levine, *Urban Politics: Cities and Suburbs in a Global Age*, 8th ed. (Armonk, NY: M. E. Sharpe, 2012), p. 236.

[30] Jackson, *Crabgrass Frontier*, pp. 142-143.

[31] David W. Lonich, "Metropolitanism and the Genesis of Municipal Anxiety in Allegheny County," *Pittsburgh History*, 76 (Fall) (1993): 79-88.

[32] Jackson, *Crabgrass Frontier*, p. 148.

[33] Jon C. Teaford, *City and Suburb: The Political Fragmentation of Metropolitan America, 1850-1970* (Baltimore: Johns Hopkins University Press, 1979), p. 60.

[34] Ibid., p. 59.

[35] Keating, *Building Chicago,* pp. 115-116, 199-203.

[36] Ibid., pp. 116-117.

[37] Anthony M. Orum, *City-Building in America* (Boulder, CO: Westview Press, 1995), p. 121.

[38] Jackson, *Crabgrass Frontier*, pp. 151-152.

[39] Ibid., p. 152.

[40] Orum, *City-Building in America*, pp. 76-84, 120-121.

[41] Jackson, *Crabgrass Frontier*, pp. 151-152.

[42] Ronald Dale Karr, "Brookline Rejects Annexation, 1873," in Barbara M. Kelly, (ed.), *Suburbia Re-examined* (Westport, CT: Greenwood Press, 1989), pp. 103-108.

[43] Cain, "To Annex or Not?" pp. 59-67. Cain's analysis is similar to a general finding Burns makes relative to people seeking to be annexed by larger municipalities because of the better municipal services. Burns, *The Formation of American Local Governments*, pp. 34-35.

[44] Cain, "To Annex or Not?" pp. 69-70.

[45] Teaford, *City and Suburb*, pp. 92-93.

[46] Ibid., pp. 90-100.

[47] Advisory Commission on Intergovernmental Relations, *State Laws Governing Local Government Structure and Administration* (Washington, DC: U.S. Government Printing Office, 1993), pp. 9-11 and table C.

[48] Harrigan and Vogel, *Political Change in the Metropolis*, pp. 258-259.

[49] Ross and Levine, *Urban Politics,* p. 239.

[50] David Rusk, *Cities without Suburbs: A Census 2010 Perspective*, 4th ed. (Washington, DC: Woodrow Wilson Center Press, 2013), p. 25.

[51] John C. Bollens and Henry J. Schmandt, *The Metropolis: Its People, Politics, and Economic Life*, 3rd ed. (New York: Harper and Row, 1975), p. 239.

[52] Advisory Commission on Intergovernmental Relations, *Substate Regionalism and the Federal System: The Challenge of Local Government Reorganization,* vol. 3 (Washington, DC: U.S. Government Printing Office, 1974), pp. 82−84.

[53] Harrigan and Vogel, *Political Change in the Metropolis*, pp. 258−259.

[54] Jackson, *Crabgrass Frontier*, p. 139.

[55] Advisory Commission on Intergovernmental Relations, *State and Local Roles in the Federal System* (Washington, DC: U.S. Government Printing Office, 1982), p. 419.

[56] Joel Miller, "Annexation and Boundary Changes in the 1980s and 1990−91," *Municipal Year Book, 1993* (Washington, DC: International City Management Association, 1993), pp. 100−105.

[57] Ross and Levine, *Urban Politics,* p. 239.

[58] Russell M. Smith and John T. Willse, "Influences on Municipal Annexation Methodology: An Intrastate Analysis of Annexation Activity in North Carolina, 2000−2010," *State and Local Government Review*, 44(3) (2012): 185, 188.

[59] Jerry Crimmins, "Few Plots Left in Cook County for Annexation," *Chicago Tribune*, September 3, 1981, sec. 6, p. 1.

[60] Joseph Sjostrom, "Annexations Imperil Suburb Fire Service," *Chicago Tribune,* Jan. 15, 1981, and "Editorial," *Arlington Heights (Ill.) Daily Herald*, Aug. 6, 1982, sec. 1, p. 10.

[61] Karr, "Brookline Rejects Annexation, 1873," p. 106.

[62] *Hunter v. Pittsburgh*. This case is discussed in Advisory Commission on Inter-governmental Relations, *Metropolitan Organization: The Allegheny County Case* (Washington, DC: U.S. Government Printing Office, 1992), p. 23.

[63] Orum, *City-Building in America*, p. 120.

[64] C. Mahtesian, "Semi-Vendetta: Cities and the New Republican Order," *Governing: The Magazine of States and Localities*, 9(6) (1996): 32−33.

[65] Much of this section is taken from David Hamilton, "Regionalism in Metropolitan Chicago: A Work in Progress," *National Civic Review*, 91(1) (2002): pp. 63−80.

[66] Margaret Weir, "Central Cities' Loss of Power in State Politics."

[67] Mahtesian, "Semi-Vendetta," pp. 28−30.

[68] Ibid.

第 4 章

政府集权化应对
——市郊合并和大都市政府

　　传统改革是区域政府结构改革的主要方式，它涉及整个城市地区政府的重大转变。这种改革通常指减少政府数量或者增加新一级政府，从而导致组织关系发生重大转变。政府结构改革主要有 3 种方式：① 市政府与县政府合并，实质上是将市政府的管辖范围扩大到它所在的县（市县合并）。② 大幅改变大都市区的区域配置，这会造成政府层级的增加，还会使现有市政府与整个地区性政府之间的服务配置发生重大的变化。③ 多个城镇进行合并，将大量土地和人口纳入一个政府来管辖。

　　市县合并的理论方法是将县内所有城镇和县政府合并成为一个县政府。然而，在实际应用中，市县合并通常是将中心城区与县合并，合并后的政府将其管辖范围扩大到县的非城镇区域。该县内的其他城镇不一定纳入合并范围。在大多数市县合并案例中，一些位处郊区的城镇保持了独立性。著名的案例有：杰克逊维尔市与杜瓦尔县的合并，其中 4 个小城市仍然保持独立；纳什维尔市与戴维森县的合并，允许县内全部 6 个城镇保持独立；印第安纳波利斯市与马里恩县的合并，20 个郊区当中有 4 个没有被合并。[1]

多级政府是一个联邦制的概念。在这个概念下，现有市政府保持其政治自主性，但是将一些服务职能和权力移交给一个区域性政府。其最广泛的形态便是"联邦大都市区政府"，即建立一个覆盖大部分（如果不是全部）大都市区的一般职能政府，具有提供地区性服务的政治权力。1954—1998 年，加拿大多伦多大都市政府便是这种政府形态的一个范例。佛罗里达州的迈阿密是美国最接近大都市政府形态的案例。另一种多级政府是指县政府被授权在整个县范围内提供市政服务，而不仅仅是在非城镇区域。这种政府形态通常称为"城市县"。在政府职能从城镇级转向县级的过程中，可能几年里只转变一项职能，也可能依照选民或立法机构的决定对县进行重构，从而导致职能转变。在本书中，城市县并不被认为是重大的传统改革，而是作为一种集权化治理应对，稍后笔者会在县政府的相关章节中进行阐述。

另一种形态的多级政府是设立大都市多功能区，来提供或协调多种区域性职能。虽然政府设立了许多特殊用途区，为全县甚至有时为整个区域服务，但很少有大都市的多功能区。大波特兰大都市区就是一个案例。它设立于 1978 年，在由 3 个县组成的俄勒冈州波特兰大都市区内，提供垃圾处理、动物园管理及其他指定服务。另一种形态的多级政府是双子城大都市理事会，它于 1967 年在明尼阿波利斯与圣保罗地区设立，有权协调和引导区域性特殊功能区。双子城大都市理事会拥有区域交通的经营权，因此，它也会在一个地区行使职能。[2] 这种类型的大都市改革被称作"大都市辖区"。[3] 就本研究而言，大都市辖区并不属于政府结构改革的范畴，本应在集权化治理应对的相关章节中进行论述。

拥有大片土地的城镇之间的合并具有重大意义。例如，1898 年纽约市的重构。通过与布鲁克林（当时美国的第四大城市）、皇后区的大部分、史坦顿岛以及如今的布朗克斯区合并，纽约市的面积从大约 44 平方英里扩大至大约 300 平方英里，人口增加了近 200 万人。1889 年，芝加哥与海德公园和远南区的其他区域合并，获得了 133 平方英里的土地，面积几乎翻了一番。[4] 虽然在 19 世纪也发生了不少重大合并，但大多数合并并不涉及很多土地或人口，因此，相关内容会在兼并的章节中进行论述。

集权化政府改革运动的基础

20 世纪初，由于利用兼并扩展东北部和中西部中心城区边界的做法变得不太可行，改革者开始寻找其他结构改革的解决办法。渐进式改革运动旨在用商业原则取代地方政府政治体系，构成了大都市区政府重组运动的基础。改革者认为，大众承认的市政渐进式改革运动的原则是，采取合理、经济和高效的商业规范，使地方政府更加专业化，因此在大都市重组方面可以采纳此原则进行重组。

渐进式改革运动的领导人正是区域改革运动的参与者。虽然学术界人士是改革运动的知识后盾，但是还需许多其他群体的参与。这些群体通常来自上层或中上阶层。改革运动在基层从未获得广泛支持。历史学家肯尼斯·T. 杰克逊（Kenneth T. Jackson）和斯坦利·K. 舒尔茨（Stanley K. Schultz）称，在 19 世纪晚期，改革积极分子包括一批部长、教育家、新闻记者、商人、女大学生、专业人士（例如医生和律师）、政客和一些工会领导人。[5] 在一项有关 20 世纪初匹兹堡改革者构成的研究中，历史学家塞缪尔·海斯（Samuel Hays）指出，这些改革者对改革的兴趣不仅源于其所属经济阶层，而且源于其职业。他们通常是来自新兴行业的年轻专业人士、银行家和商人，在改革中扮演着先驱的角色，他们并非反对政府的腐败，而是反对地方利益集团和特殊利益集团占主导地位的政府结构。[6] 从本质上讲，改革者试图增加商业和专业人士的发展机会并增强其控制力。渐进式改革运动的各项原则也很容易运用于区域改革领域。例如，渐进式改革运动主张用大规模选举取代分区选举，以促进全市范围的政策制定。而在大都市层面，这个概念旨在推动整个区域而非个别社区进行治理。渐进式改革运动的另一个主要目的是消解中心城区政治机器的权力。城市与其郊区合并后，郊区选民的涌入会削弱政治机器的控制力。例如，

1919 年，波士顿市长提议将郊区中上阶层公民纳入选民范围，因为当时波士顿大都市区的碎片化使政治机器通过控制移民的选票而主导波士顿。[7] 杰克森（Jackson）认为，1898 年，共和党人主导的州级立法机构和共和党州长大幅扩展纽约市边界的目的是削弱民主党组织的影响力。[8]

渐进式改革运动的另一个目标是用政治中立、受过专业训练的行政人员减少行政管理中的政治斗争。这一点也很容易运用于区域主义运动。区域主义者认为，受过专业训练、没有政治倾向的行政人员更加关心经济效益和效率，会弱化地方政府的地方狭隘主义倾向，有助于推动区域主义的发展。然而，专业人士并不支持区域改革，而是通过哈里根（Harrigan）教授和沃格尔（Vogel）教授所称的"功能领域"助长了政府的进一步碎片化。[9] 在这个专业化时代里，每个政府机构都会积极划定区域，试图保护和扩展其职能范围或"组织领域"。这会造成政府碎片化，形成一系列专业化的公共官僚机构，这些机构作为职能权力的孤岛，通常脱离民选官员或普通公众的控制。[10] 这一点在区域性、单一功能区和机关中体现得尤为明显。其结果是各政府之间互相竞争，对民选官员几乎或根本没有实行问责制，公众对政府的兴趣寥寥或者兴趣全无，最终导致政府碎片化和职能碎片化的现象长期存在。政治学家西奥多·罗伊（Theodore Lowi）认为，职业官僚已经成为新的政治机器。[11]

渐进式改革强调专业、没有政治倾向的行政管理，同时促进了郊区城镇的发展。一些渐进式、支持改革的概念，例如，在单一功能区以及在较大区域内提供非政治性、高效率服务的主管机构，使得郊区有可能独立于中心城区，并且低成本获得原本成本过于高昂的服务。此外，郊区城镇通过专业的行政管理，形成了高效地处理自身需求的行政能力。因此，渐进式改革运动的结果是，郊区的独立性进一步增强，且对大城市的兼并有抵制作用。[12]

区域结构改革建议

区域主义者的主要战斗口号是经济效率。他们声称以区域性解决办法解决大都市区的城市问题有助于提高经济效率。秉承此类理念，他们建议采用商业组织模型，并尽可能减少政府的政治斗争。早期区域改革者之一——威廉·安德森（William Anderson）在 1925 年写的著作中就体现了改革者对商业组织原则的高度重视，他简要总结了渐进式改革者的区域改革日程：

（1）每个主要城市区域应当有一个地方政府单位组织。

（2）每个主要城市区域的选民应该只能选举最重要的政策制定官员，而且这些官员人数不宜过多。冗长的候选人名单会使市民感到困惑，从数不清的公职候选人当中进行选择会使选民感到厌烦。

（3）地方政府中合并而成的单一职能单位在内部结构上不应使用传统的权力分立模式。

（4）行政管理职能应当与政治职能分开。行政管理工作应当由经过专门培训、获得足够报酬的全职公务员执行。

（5）行政部门应当按照等级原则形成一个统一的指挥结构，其中权力向上收缩，而且最高权力由一位行政长官掌控。[13]

20 世纪 60 年代，在早期改革者的带领下，一些作家继续阐述改革的福音。例如，政治学家罗伯特·伍德（Robert Wood）描述了中心城区面临的需求与资源不匹配的问题，且这些城市的政治边界与经济边界并不一致。[14] 约翰·博伦（John Bollens）和亨利·施曼特（Henry Schmandt）在其著作《大都市：人口、政治和经济生活》（*Metropolis: Its People, Politics, and Economic Life*）中列出了地方政府数量激增引起的问题，包括缺乏公共控制和问责制，大都市无法就地区性事务达成一致，碎片化政府的各项计划相互冲突，导致无法有效地处理区域性难题等。[15]

各商业团体也全身心地投入区域性改革中。例如，著名的经济发展委员会（Committee for Economic Development, CED）在大都市改革中起到了促进作用。它对碎片化政府体制的主要关注事项如下：

（1）很少有地方政府拥有足够的人口、空间或课税资源来运用现代方法解决当前和未来的问题。受地理区域、课税资源或法定权力的限制，即使是规模最大的城市也面临着无法解决的重大问题。税基过小严重限制了许多司法管辖地区提供全面服务的能力。

（2）地方政府层级重叠是问题的根源之一。这种重叠损害了地方政府处理重要公共事务的总体自由度；总体小于各部分的总和。由于政府层级的碎片化和重叠化，解决区域性难题变得困难重重。

（3）民众对政府的控制是无效且零散的，而且公众对地方政治的关注度较低。多层级体系造成的困惑、大量没有政策意义的选任职位和人口流动性的不断提高导致了公众关注的缺失。

（4）陈旧的行政组织阻碍了大多数地方政府的发展。一大普遍问题是缺少以选举或任命方式产生的行政长官。职能碎片化使权力界限模糊不清，行政管理质量也受到了相应的影响。[16]

经济发展委员会认为，解决办法是将地方政府的数量削减至少80%，并减少地方政府重叠层级的数量。在希望施行实权市长制的政府，普选应当只有政策制定机构的成员及行政长官参与。另外，所有行政机构和各单位人员应当向选举或任命产生的行政长官汇报。各部门负责人的选举应当叫停。[17]经济发展委员会的建议与20世纪20年代早期改革者提出的建议非常相似。

许多其他善治的政府组织也发现了此类问题，并提出了与经济发展委员会和早期改革者相同的解决方案。美国政府间关系咨询委员会（Advisory Commission on Intergovernmental Relations, ACIR）从成立之时至20世纪80年代中期一直坚决大力支持区域改革。该组织于1959年成立，是国会设立的一个两党机构，旨在监督联邦体制的运作，并提出改进建议。该机构的研究和报告一直指出，大都市地区的政府碎片化是一个重大问题。政府间关系咨询委员会主张在政治上可行的背景下进行大都市重组。[18]

多年来，改革者为行政经济和效率的争论找到了更多的论点，努力为改革运动寻求更多的支持。20世纪60年代至70年代，他们指出，政治碎片化加剧了各城镇需求与资源严重不匹配的现象。[19]同样，解决办法是再次建立一个区域全局性政府来消除这种现象。最近，改革者认为，区域改革对于保持经济活力以及与国内和国际其他地区展开经济竞争至关重要。尼尔·皮尔斯（Neal Peirce）在其著作《现代城邦：美国城市怎样在竞争激烈的世界中繁荣兴旺》（*Citistates: How Urban America Can Prosper in a Competitive World*）中主张，整个大都市区是一个经济单元，而且与政治统一程度较低的地区相比，政治统一程度更高的地区能更有效地参与经济竞争。[20]戴维·拉斯克（David Rusk）对8个高度碎片化的大都市区和8个统一程度较高的大都市区进行了比较研究。他认为，与碎片化区域相比，政治统一程度较高的地区能够更好地参与经济竞争。他发现，与碎片化程度较高的大都市区相比，政治上统一的区域实现了更大的总体增长与发展。他将此归因于割裂的地区面临着更为极端的种族隔离、贫困、依赖和犯罪等问题。[21]区域主义者列举了区域统一给经济发展带来的诸多优势：

（1）其主要优势是减少了各城镇在经济发展方面的竞争。城镇不会在相互竞争中浪费资源，所有人均能从扩大的税基中获益。

（2）整个地区将更加有序地发展。

（3）某地区可以对辖区内的商业社区提出一套统一的要求，而不是各社区提出各自的区划和建筑规范，从而使该地区在经济发展上更具有吸引力。

（4）与小型社区相比，区域性经济发展机构拥有更多的专门技能和资源来开发和营销优质工商业用地。

（5）区域主义可以推动当地经济发展，促进社区更新，这有助于培养居民的社区自豪感，树立更好的社区形象，从而促进商业发展。[22]

市县合并

区域性结构改革者的初始方向是延续将偏远地区与城市兼并的做法，以保持中心城区的主导地位。各城市为维持或提高其在规模层级中的地位而相互激励、相互竞争的趋势影响了这一方向。[23]保留中心城区主导地位的一个实际表现就是市县合并。通过合并，城市扩大其边界以实现与县的一致性，而且基本吸收了所有非城镇区域和县的领土及所有职能。县可能仍然继续存在，以便向县内的城镇提供服务，而且可能继续履行州政府授权的县级职能，例如税务评估和征收、设立法院和保存重要记录。理想的市县合并情形是将所有城镇和非城镇区域领土合并为扩展型中心城区。

虽然市县合并在城市地区结构重组中的影响不如兼并那么广泛，但这一直是区域结构重大改革最成功的形式。市县合并共发生了 39 次，其中 31 次是在 1945 年之后进行的，此前的一切合并都是通过立法进行的。1945 年后，除一次合并之外，所有合并都以公投的方式获得了批准。1962—1976 年是最成功的时期，其间共进行了 14 次合并。在 20 世纪 80 年代，只有 2 次成功的合并。在此之后，成功率有所上升。其中，20 世纪 90 年代进行了 4 次合并，21 世纪前 10 年进行了 8 次合并。但是也有很多公投失败的案例。据美国郡县协会（National Association of Counties）的数据统计，[24] 20 世纪 70 年代市县合并公投的失败次数最多，共有 41 次。从那时起，市县合并次数逐渐减少。20 世纪 80 年代有 27 次，20 世纪 90 年代有 24 次，而 21 世纪前 10 年有 21 次。对市县合并的不断尝试体现了人们对市县合并的持续关注。

从 1968 年起，一半以上的合并发生在非大都市区。以公投方式进行的大多数合并均涉及人口较少的城市。选民批准的合并似乎是一种主要发生在南部和西部的区域性现象，这些地区的各县在提供政府服务方面的作用较大。佐治亚州引领了市县合并复兴的浪潮，从 20 世纪 80 年代中期起，共进行了 6 次成功合并，也是合并次数最多的州（共有 7 次）。弗吉尼亚州和阿拉斯加州紧随其后，各有 5 次。美国历次市县合并情况如表 4.1 所示。

如上所述，大多数公投通过的市县合并都是县政府和县内的非城镇区域与城市进行合并。城镇通常可以选择保持独立，而且它们一般都会这么做。因此，整个地区不一定能完全统一。而且，许多大都市区不只有一个县。因此，在越来越多的大都市区内，即使中心城区与县合并，也不一定能实现大都市区只有单一政府的目标。

表 4.1　合并市县政府

年　份	地　区	合并之前人口数量	合并之后人口数量	批准方式
1805	路易斯安娜州新奥尔良市-新奥尔良县	无资料	17 242	立法行为
1821	马萨诸塞州波士顿市-萨福克县	43 298	61 392	立法行为
1821	马萨诸塞州楠塔基特镇-楠塔基特县	无资料	无资料	立法行为
1854	宾夕法尼亚州费城市和县	121 376	565 529	立法行为
1856	加利福尼亚州旧金山市和县	34 776	56 802	立法行为
1874、1894、1898	纽约州纽约和 5 个自治镇	2 507 914	3 437 202	立法行为
1904	科罗拉多州丹佛市和县	133 859	213 381	立法行为
1907	夏威夷州檀香山市和县	39 306	52 183	立法行为
1947	路易斯安娜州巴吞鲁日市-东巴吞鲁日县	34 719	125 629	全民投票
1952	弗吉尼亚州汉普顿市-伊利莎白城县	5 966	89 258	全民投票
1952、1958	弗吉尼亚州纽波特纽斯市-沃里克县	42 358	113 662	全民投票
1962	田纳西州纳什维尔市-戴维森县	154 563	426 029	全民投票
1962	弗吉尼亚州弗吉尼亚海滩市-安妮公主县	8 091	172 106	全民投票
1962	弗吉尼亚州南诺福克市-切萨皮克市-诺福克县	73 647	89 380	全民投票
1967	佛罗里达州杰克逊维尔市-杜瓦尔县	201 030	504 265	全民投票
1969	内华达州卡森城-奥姆斯比县	5 163	15 468	全民投票
1969	印第安纳州印第安纳波利斯市-马里恩县	476 258	736 856	立法行为
1969	阿拉斯加州朱诺市-大朱诺县	6 050	13 556	全民投票
1970	佐治亚州哥伦布市-马斯科吉县	155 028	169 441	全民投票
1971	阿拉斯加州锡特卡市-大锡特卡县	3 370	6 111	全民投票
1972、1974	弗吉尼亚州萨福克市-南瑟蒙县	9 858	47 621	全民投票
1972	肯塔基州列克星敦市-费耶特县	108 137	204 165	全民投票
1975	阿拉斯加州安克雷奇市-大安克雷奇县	47 081	174 431	全民投票

续　表

年　　份	地　　区	合并之前人口数量	合并之后人口数量	批准方式
1976	堪萨斯州安纳康达市-鹿栈县	9 771	12 518	全民投票
1976	堪萨斯州布特市-银弓县	23 368	37 205	全民投票
1984	路易斯安娜州霍马市-泰勒伯恩县	32 602	101 600	全民投票
1988	田纳西州林奇堡市-摩尔县	668	4 721	全民投票
1990	佐治亚州雅典市-克拉克县	45 734	86 522	全民投票
1996	佐治亚州奥古斯塔市-里士满县	44 467	186 956	全民投票
1996	路易斯安娜州拉斐特市-拉斐特县	108 635	161 458	全民投票
1997	堪萨斯州堪萨斯城-怀恩多特县	144 260	144 351	全民投票
2000	肯塔基州路易斯维尔市-杰弗逊县	256 231	547 839	全民投票
2000	田纳西州哈茨维尔市-特劳斯代尔县	2 395	7 751	全民投票
2002	阿拉斯加州恩斯城-海恩斯县海	1 811	2 508	全民投票
2003	佐治亚州卡西塔城-查塔胡其县	1 196	11 267	全民投票
2006[①]	佐治亚州乔治敦市-奎特曼县	990	2 513	全民投票
2007	堪萨斯州特里布恩市-格里利县	835	1 234	全民投票
2008	佐治亚州普雷斯顿市-韦伯斯特县	453	2 799	全民投票
2008	佐治亚州斯泰维尔市-埃科尔斯县	1 040	4 034	全民投票

注：① 北卡罗来纳州卡姆登和卡姆登县于 2006 年合并，但并非市县合并，因为在卡姆登之前并未设立城镇辖区。

资料来源：唐纳德·J. 博格（Donald J. Bogue），《美国人口》（纽约：自由出版社，1985 年），第 121-123 页；美国人口普查局，《市县资料手册》（华盛顿哥伦比亚特区：美国政府印刷局，各年）；全国公众联盟，《区域主义的发明》，报告草稿（1994 年 9 月），第 12 页；美国人口普查局，《美国政府普查》（第一卷）（华盛顿哥伦比亚特区：美国政府印刷局，1992 年），第 C-1 页；布雷克·R. 杰弗里（Blake R. Jeffery）、塔尼斯·J. 萨兰特（Tanis J. Salant）和阿兰·L. 博罗舒克（Alan L. Boroshok），《县级政府架构》（华盛顿哥伦比亚特区：全国郡县协会，1989 年），第 121 页；全国郡县协会，个人通信，1996 年 3 月、1997 年 7 月；与拉斐特市-县合并政府规划部的通信，1997 年 7 月；《1997 年商业图册和营销指南》（第 129 版）［芝加哥：兰德·麦克纳利（Rand McNally），1997 年］，第 301 页。从怀恩多特县书记员那里获取的堪萨斯城和怀恩多特县数据，1997 年 8 月。从美国人口普查局获取的杰弗逊县路易斯维尔数据，美国信息检索站，http://factfinder2.census.gov/faces/tableservices/jsf/pages/productview.xhtml（2012 年 6 月 29 日访问）。全国郡县协会，市县合并议案，http://www.naco.org（2012 年 7 月 16 日访问）。

纳什维尔-戴维森县的合并及杰克逊维尔-杜瓦尔县的合并是实施市县合并且提供完善服务的范例。这 2 个城市的政府都实行实权市长制，有大规模的地方议会。纳什维尔的议会有 41 个席位，其中 6 个席位经由自由选举产生，而另外 35 个席位来自单一席位选区。杰克逊维尔宪章规定，议会有 19 个席位，其中 14 个席位来自单一席位选区，而另外 5 个席位经由自由选举产生。这 2 个城市的市长连续任期不得超过规定届数。新政府的所有职能都未合并。几个县级职务仍然是选举产生的独立职务。在纳什维尔，只有税务评估师和另外 2 位其他普通官员仍然是选举产生的；而在杰克逊维尔，治安官、税务评估师、税务员、选举监督员、公务员委员会成员和教育委员会成员均是选举产生的。[25]

为了方便提供服务，杰克逊维尔和纳什维尔被划分为 2 个行政区：包含前城市的城市服务区以及包含整个城镇地区（包括城市）的通用服务区。城市服务区的居民可以获得其他地区无法享受的额外服务。例如，纳什维尔城市服务区的居民可以享受消防、强化治安、污水处理、供水、街道照明和街道清洁等服务，但他们需要为这些服务额外纳税。而其他市政和县服务是通过通用服务区提供的。城市服务区和通用服务区的一种变化形式是印第安纳波利斯市与马里恩县合并形成的"统一政府"。某些职能是在整个合并政府管辖区内履行的，而另一些职能（包括治安、消防、卫生、图书馆和公共住宅管理）是通过领地面积不同的一系列特别服务区和特别征税区履行的。[26]

市县分离是另一种结构形态，即城市与县分离。在这个概念中，县政府在城市中基本没有管辖权，而城市承担了几乎全部传统的县政府职能。市县分离消除了城市与县之间的服务重叠，城市居民也不必再承受额外负担，对城市之外所在县城提供的服务进行补贴。弗吉尼亚州的 41 个城市已经依照州政府的市县分离要求与其对应的县分离，巴尔的摩和圣路易斯也与对应的县分离。哈里根（Harrigan）表示，圣路易斯的城市与县分离很可能导致两者严重分裂、缺乏协作，而在正常的市县结构关系下原本不应如此。[27]此外，博伦（Bollens）和施克曼（Schmandt）指出，弗吉尼亚州的城市与县分离会大大减少县的税基。县建立有效政府的能力受到了质疑，尤其是在城市大举兼并县领地的情况下。[28]

大都市政府

当提倡结构改革的区域主义者意识到郊区没有理由放弃它们的独立性，也不愿意这么做的时候，他们开始提倡以联邦式大都市政府取代市县合并。他们还认识到，城市地区一般会扩展至县边界之外，因此，大多数大型大都市区的市县合并不会形成综合性政府。虽然经济发展委员会在 1966 年详细阐述了大都市区合并的经典案例，但它在 1970 年的一项新研究中指出，两级政府方案成为美国大都市区改革的典范。迅速增长的文献资料中突然非常流行这样一个观点，即超越本地区域边界的活动（例如空气和水污染防治、垃圾处理和区域土地利用规划）都应当由大都市政府负责。而诸如街道照明、当地公园和游乐场所管理、垃圾收集等本地化活动，应当留给更贴近居民的下级政府负责。[29]

英国城市规划专家 L. J. 夏普（L.J. Sharpe）在考查市政职能的分配时提出，应当运用五项一般原则来确定哪些职能应当保留在地方层级，哪些职能应当转移到区域层级。这五项原则分别是：外部影响或财政平衡、规模效益、财政规模、重新分配、中心商业区或服务负担原则。

（1）外部影响或财政平衡原则是指本地服务应当尽可能保持独立，以保证其费用由使用该项服务的市民承担。例如，在一个区域内由政府维护的一条主干道可能会被其他地区的居民频繁使用。大多数基础设施服务会产生很多外部影响，如果以此作为唯一标准，那么大部分职能应当在大都市层级提供或协调。

（2）规模效益原则是指对于资本密集型服务而言，向更多人提供服务时，单位成本一般较低。供水和排水系统是从规模效益中获益的典型例子。

（3）财政规模原则是指某些职能应当拥有更大的征税范围，以获得充分的税收支持并尽可能广地覆盖受益区。公共美术馆、图书馆和音乐厅都是受益于财政经济功能的例子。

（4）重新分配原则是指由于城市地区存在收入隔离，有必要在区域层面上集中资源，以确保在整个地区内一致地提供某些服务。

（5）中心商业区或服务负担原则类似于重新分配原则。整个大都市区的居民都是中心商业区的使用者，中心商业区提供的重要制度和经济服务，使整个地区受益。这些服务包括图书馆、博物馆；旨在提高地区经济效益的便利通信；针对职工和中心商业区游客的交通管理、治安和停车服务。[30]

合理运用这些原则就会形成与表 4.2 所列服务相似的服务。这些服务实际上是在大都市层级提供或协调的。

表 4.2　根据财政平衡、规模效益、财政规模、重新分配
和服务负担的原则提供的区域性服务

总　体　规　划	污水干管和排水总管
干线公路	垃圾处理
交通管理	供水
公共交通	治安
一般公用事业	消防
休闲区	主要文化机构
住宅	环境保护

资料来源：引自 L. J. 夏普（L.J. Sharpe），《世界城市治理：大都市模式的未来前景》，英格兰奇切斯特：约翰威立国际出版公司（John Wiley & Sons），1995 年：第 19 页。

大都市城市规划对整合区域性职能并保证其有序、协调提供相应职能尤为重要。

迈阿密-戴德县大都市政府

迈阿密与戴德县是美国境内与联邦相似的唯一取得成功的且由选民批准认可的综合性大都市政府。迈阿密-戴德县与真正联邦之间的主要区别在于，

它完全处于戴德县境内。此外，虽然现有的县政府在改革中实质上进行了重大结构重组，但并未被取代。在县内也存在不适用两级策略的非城镇土地，这些区域内的所有服务都是由县政府提供的。博伦和施克曼认为，在这次重组中，最初保留的县委员会制度形成了综合性城市县而非两级县。[31] 这是一次传统形式的重大结构调整，符合结构改革者的预期。

在一次严格的公投之后，迈阿密与戴德县于 1957 年 7 月 1 日进行了重组。执行这次重组只需全县多数票通过。在全部票数（87 000 票）当中，这次重组仅以 2 000 多票的微弱优势获得通过。虽然遭到了郊区的反对，但迈阿密投赞成票的比例很高。[32] 迈阿密的商业和公共领导阶层对这次重组给予了有力的支持。迈阿密政府受到了腐败指控，使得更多选民投票赞成合并。城市警方被指控未能执行该市针对赌博和犯罪的法令。相反，县政府得到了诸多好评，多年来已有多项市政服务转移至县政府，因此，县政府在地方事务中的作用越来越突出。[33]

这次重组规定，县长对分区选举的 11 人委员会负责。委员会的组成从初次重组时起已变更了 2 次。第一次变更为 9 位委员均由自由选举产生，其中 8 位委员代表特定的地理区域，另一位委员代表整个县并担任县长。1993 年，法院要求该县设立 13 人委员会，其中各委员由分区选举产生。委员会拥有立法权，行政权属于被任命的县长。[34] 大部分经选举产生的县级普通官员职位被废除，现有城镇未发生变更。

除了征税、财产评估、法院、选举、地区公园和公共卫生等传统的县级政府职能以外，县还负责其他区域一般由特区或城镇提供的服务，其中包括公共交通、主干道、交通规划、住宅、社区发展、机场、海港、公园和休闲区、固体废弃物处理、图书馆和监管服务。重组县也被称作"大都市"，最初承担了区划和建筑规范以及公共工程管理的职能。然而，由于各城市的强烈抗议，区划法规管理职能后来又回归到城市。大都市与城市共享监管权，制定权限的基本标准，而城市制定的法规必须至少达到这些标准。如果各社区未能达到这些标准，那么大都市有权接管这项职能。大都市设立后，很快通过了一项全县统一的交通法规、统一的区划条例、统一的建筑规范、统一的刑事规范和犬类管制条例。[35]

所有地方政府服务都是由县政府在非城镇区域内提供的，这些区域也是主要人口增长区域。非城镇区域人口占全县人口的比例从大都市设立时的 35%增加至 2000 年的 50% 以上。随着一些区域设立城镇辖区，非城镇区域人口占全县人口的比例在 2007 年下降至 46%。[36]由于没有地方城镇来处理非城镇区域内的市政相关问题，因此，县委委员被迫花费大量时间来处理一些问题，例如"是否通过区划调整允许特定业主在自家后院网球场上挂置灯具"。要在迈阿密-戴德县建立真正的两级体制，县的整个城市化地区都需要设立城镇辖区。

即使美国从未建立真正的联邦体制，但在 20 世纪 50 年代至 60 年代，联邦政府是美国之外的大城市区域很受欢迎的一种地方政府形态。伦敦和整个英格兰主要大都市区都采用了这种保留较低级别的城镇、设立区域政府的模式。此外，还有巴塞罗那、斯德哥尔摩、哥本哈根、伊斯坦布尔和贝尔格莱德。在北美洲，多伦多或许是联邦体制的最佳范例。

对传统区域改革的批判

反对或质疑改革实效的不只是担心失去权力的政治家或政府行政人员，许多社会科学家和学者也会质疑政府在城市地区进行重大重构是否有益。学术界的主要反对派提出了"公共选择模型"（笔者将在第 6 章中分析公共选择模型）。这个模型的倡导者认为，目前的多中心政府体系实际上可以更好地服务于城市地区。除此反对意见之外，还有一些其他批评意见值得注意。

一种批评是，大多数居民普遍反对就一个区域范围的政府形态进行任何改革。调查表明，大都市居民对自身生活质量普遍比较满意。例如，在一项对纽约市 1 500 位居民进行的随机调查中，76% 的受访查者对自身生活质量"非常满意"或"比较满意"。对亚特兰大、西雅图和达拉斯大都市居民进行的调查也得出了类似的结果。在这些城市中，超过 60% 的受访者均对自身的生活质量比较满意。但一项针对洛杉矶地区居民的类似调查显示，只有不足一半（40%）的受访者对自身生活质量持正面看法。[37]一般对自身的生活质量感到满意的居民往往会反对政府的改革，因为他们认为现在的政府为他们的生活质量做出了贡献。然而，这种反对的声音可能正在减弱。以多伦多为例，该市与郊区合并后，短短几年内进行的调查显示，尽管当时绝大多数市民反对合并，但市民对合并的结果普遍感到满意。[38]这项调查也可以从另一个角度来解释，人们天生不愿破坏已知的现状而迎来未知的变化，尤其是在他们对现状比较满意的情况下。但是一旦变化发生了，并且政府服务一如往常，那么他们似乎并不会在意究竟是一个大型的区域政府还是一个小型的地方政府在提供服务。

反对全面结构改革的另一个理由是，担心政府变得过于庞大、远离群众、充满官僚主义。这反驳了减少政府的碎片化将降低服务提供单位成本的观点。反对结构改革的人士还指出，如果平均成本曲线是 U 形的，集权在某种程度上就可能会产生规模不经济效应。当服务数量超过设备的承载能力时，当服务必须在地理范围上扩展时，或当职能变得过于官僚主义时，单位服务成本可能会增加。所有服务甚至是部分职能的成本曲线不一定相同。因此，规模效益将因服务而异。[39]虽然污水处理和供水等资本密集型服务会从规模效益中获益，但是治安、教育和公益服务等劳动密集型服务只有在更亲民、以用户为导向的基础上提供时，效率才会变得更高。

一些经济学家称，人口介于 5 万人到 25 万人之间的城市是利用规模效益的最佳规模，不会因为规模太大而出现不经济现象。[40]这些人口指标或许能显示哪些地方能实现最佳规模效益，但是服务供应还涉及多个其他因素，例如服务质量和反应能力，也可能存在相互抵触的目标。例如，民众普遍认为，如果政策支持资本大量投资和供应量增长，那么供水就会从规模经济中获益，但是如果强调节约用水，则获益较少。[41]此外，大型官僚组织会降低服务合作的可能性。许多城郊社区的居民都很珍惜担任志愿消防员或警察的机会。这给参与其中的个人提供了心理收益，降低了社区的成本，并强化了志愿者与其他社区之间的联系。

对区域性政府的最后一种批评是它缺乏公众认同感。政治学家诺顿龙（Norton Long）认为，大都市社区只存在于规划者和大都市改革者的心中。[42] 人们认同自己的地方社区，但对大都市社区却没什么认同感。他们对大都市实体没有情感上的依恋，尤其是这只是一个叠加在他们所属城镇上层的实体。居民对县的很多地方也几乎没有什么情感上的依恋，有的过于偏远，有的无关紧要，因此无法产生任何社区认同感。

传统改革中的政治过程

传统政府改革运动最重要的结果是，未能成功让选民同意全面的政府重组。在多次尝试中只有少数政府重组取得了成功。仅在弗吉尼亚州，就有 80 多次正式的市县合并尝试，只有 5 次成功了。[43] 实际上，选民更有可能否决区域政府的提议，而非批准它们。自 20 世纪 60 年代以来，已有 131 次关于批准市县合并的投票表决，成功率只有 21%。然而，成功率似乎正在逐渐提高，因为在 21 世纪头 10 年经历的 21 次尝试中有 8 次成功，成功率达到了近 38%。许多地区已经在市县合并提议方面进行了多次尝试。[44] 佐治亚州梅肯、北卡罗来纳州威尔明顿和新墨西哥州阿尔伯克基经历了 4 次失败的市县合并尝试。阿尔伯克基的最近一次尝试是在 2004 年。[45] 当时许多区域的改革尝试甚至从未获得选民的批准。尽管成功的机会十分渺茫，但大都市改革的努力仍在继续。佐治亚州梅肯已被授权进行第五次合并的公投。在 21 世纪初，其他城市也在考虑进行市县合并的表决，或者已经经历了表决的失败，比如匹兹堡、堪萨斯州托皮卡、俄亥俄州托莱多、印第安纳州曼西、田纳西州费耶特维尔、阿拉斯加州费尔班克斯和得克萨斯州埃尔帕索。[46]

社会科学家进行了大量研究，想要明确解释为什么选民普遍反对传统的改革提议。[47]以下各节叙述了这些研究的主要发现，探讨了决定大都市改革提案成败的因素。如果单独考虑每一个因素，可能不足以确保传统区域改革的成败。这些因素是相互关联的，共同影响着区域改革的成败。为了便于进一步理解选民支持或否决改革提案的原因，笔者将单独论述这些问题。

缺乏社区支持

改革的支持者通常不能有效地获得社区居民的支持，因为他们不能代表社区内所有阶层的居民。他们所阐明的改革的好处过于抽象或无法产生立竿见影的效果，以至于无法引起大多数选民的兴趣。而且重组通常缺少政治或基层组织的积极支持。[48]区域性改革主要由社区精英支持。一项研究调查了对宾夕法尼亚州阿勒格尼县的区域改革尝试，发现改革支持者并不能代表整个社会群体。改革支持派的运动只反映了他们所属群体的部分利益。相反，反对派则有广泛的社会根基，虽然没有正式的组织，但来自社会各界的自发行动使其支持者应接不暇。[49]

改革反对者通常更善于迎合选民的想法。在阿勒格尼县的失败案例中，改革的支持者发起了一场不带感情色彩的运动，旨在展示改革的好处，而不是呈现现存政府的问题或不当行为。然而，他们展现的好处并不清晰，无法产生立竿见影的实效。这些改革的效果无法通过口号来呈现，而只能通过人们对改革宪章的了解加以认知。相反，反对派利用情绪化的问题和口号，活灵活现地描述宪章，把改革和造成个人利益损失等同起来。因为这关乎"面包和黄油"的生计问题，所以反对派的行动更加有效。那些反对改革的人士编造了反对的明确理由，而支持者却未能提出支持尽快改革的必要性。[50]

政府危机

选民心目中的政府危机是成功变革尝试的一个关键因素。社会科学家布雷特·霍金斯（Brett Hawkins）提出，纳什维尔与戴维森县合并成功，一定程度上是因为支持者注意到纳什维尔市长失去民心的现状，为选民支持改革以"赶走市长"创造了条件。[51]在阿勒格尼县的失败案例中，选民认为没有必要做出改变，公共服务需求已经满足，也没有政府丑闻或危机促使公众投票支持改革。实际上，在投票前，该县的一项调查表明，居民对现有的政府抱有很大的信心。他们不赞成改革，因为反对派称该改革颇具争议，而且并未得到社区领导人的全力支持。[52]

对坦帕与希尔斯堡县、杰克逊维尔与杜瓦尔县市县合并尝试的研究得出的结论认为，影响区域性改革成败的一个主要因素是政府应对问题的方式。如果政府能够成功应对问题，那就不会发生改革。然而，如果政府一直不恰当应对，就会导致民众对政府不满，进而导致危机的发生。杰克逊维尔与杜瓦尔县的许多居民认为，政府危机是其成功合并的一个主要因素。[53]当然，危机取决于选民的看法。现实中，危机可能包括选民对政府的厌恶、生活的极度不便，但它通常与无法提供令选民满意的服务有关。一项对纳什维尔选民的调查发现，对政府服务不满的选民中有 81% 投票赞成市县合并，而对政府服务感到满意的选民中只有 53% 投票赞成改革。[54]

选民投票率

影响改革成败的另一个因素是选民的投票率。政府间关系咨询委员会（ACIR）对 1950—1961 年的 18 次地区性改革尝试的研究发现，4 位选民当中只有 1 位愿意投票，大约相当于通常总统选举投票率的一半。这项研究表明，当更多的人参与投票时，实现区域性改革的机会更大。[55]然而，政治学家文森特·马兰多（Vincent Marando）对该论断提出了质疑。他指出，弗吉尼亚州和佐治亚州的投票率分别为 61% 和 59.5%，但是都以惨败收场。佐治亚州的另一个县，投票率只有 37%，结果却成功了。他声称，支持者和反对者的投票参与率比选民的数量更重要。[56]研究表明，如果人们预期的投票结果与他们此前的观点相反，那他们参与投票的可能性较低。他们觉得自己的投票对结果没有影响。高投票率可能会造成惨重失败或轻松取胜的结局。[57]公投的时机也会影响积极选民（支持者）或消极选民（反对者）的投票率。一项关于阿尔伯克基与伯纳利欧县合并失败的研究表明，其失败在很大程度上是因为大量的消极选民（反对者）参与了反对发行债券和反对将财政支出用于洪水治理的投票。他们的消极态度蔓延到了关于合并的投票上。[58]

社会经济因素

对重组尝试的研究证明，社会经济因素在决定改革成败中至关重要。在种族单一、社会经济地位较高、实行一党制且企业发达程度较高的地区，进行改革的可能性更大。少数族裔人口较多或种族混合多、增长率稳定或下降的地区更有可能抵制重大的结构改革。[59]社会科学家理查德·伯纳德（Richard Bernard）和布拉德利·赖斯（Bradley Rice）对 156 个城市的改革尝试进行研究后的结果表明，社会经济地位较高的地区比社会经济地位较低的地区更容易采取结构改革。例如，对盐湖城地方自治尝试的一项研究表明，支持改革宪章的地区属于中上阶层集中的地区。低收入阶层的行政区中没有任何一个在公投中获得多数赞成票。[60]迈阿密与戴德县的成功至少有一部分归功于积极的社会经济因素，这些因素包括规模不大的劳工运动，尚未建立社区归属感的人口大量涌入，以及政党制度的空缺。[61]

从参与阿勒格尼县失败的宪章改革的投票者中随机抽取投赞成票和反对票的人，结果显示，选民是否支持区域改革与他们的教育和收入水平有关。反对者中有超过 78% 的人教育水平低于县平均水平，86% 的人收入低于县家庭收入中值。相反，样本中所有支持改革的人在教育程度和家庭收入中值方面均高于县平均水平。[62]教育的重要性在对宾夕法尼亚州结构改革尝试的研究中得到了证实。这项研究发现，专业和管理岗位工人比例较高、受教育程度整体较高的城镇，更有可能对改革提议投赞成票。[63]

种族问题

种族问题作为影响区域改革提议成败的一个因素，引发了人们的诸多疑问。郊区白人选民是否反对与逐渐由黑人主导的中心城区合并，还是支持与反对黑人控制政权的中心城区合并？中心城区的黑人是反对与白人所在郊区合并以保持黑人自身与日俱增的政治实力，还是因为考虑到增加税基和改善中心城区财政状况的前景而支持合并？由于涉及诸多其他因素，种族对区域改革提议成败的影响很难确定。社会经济地位可能比种族更重要。无论如何，研究表明，郊区的白人选民和中心城区的黑人选民，都支持过一些公投，也反对过另一些公投。

例如，在克利夫兰，大都市改革在黑人政治权力增加之前得到了中心城区的支持，但在郊区却遭到了抵制。在少数族裔社区获得中心城区的政治力量支持之后，该城市以巨大的优势否决了大都市一体化的提议。[64] 然而，在纳什维尔和杰克逊维尔，种族因素几乎没有显著的影响。在纳什维尔，中心城区的白人和非白人都以相似的比例投票反对这项改革。而在杰克逊维尔，尽管黑人在合并后的市县人口中所占的比例从 42% 下降到了 23%。但他们支持合并，议会多数议员由地区选举产生，理事会中纳什维尔的黑人代表人数从 2 名增加至 5 名，在杰克逊维尔的黑人代表人数从 2 名增加至 4 名。[65]

中心城区的黑人领导人可能支持也可能反对区域改革提议。黑人领导人是否支持通常取决于他们是否在改革后的政府中享有代表权。在一项对 11 项市县合并提议的研究中，中心城区的黑人领导人在 5 次提议中支持合并，而在另外 6 次提议中反对合并。在所有他们反对的情况下，合并均以失败而告终。而在他们所支持的 5 次提议中，3 个提议取得了成功。这项研究表明，黑人领导人具有一定的影响力，尤其是在反对改革方面。然而，这并不足以得出仅仅是黑人领导人的反对而导致了合并失败这样的结论。[66]

少数族裔的赞成票对改革的成功至关重要。此外，改革提案的成功通常需要郊区选民的支持。郊区选民一致支持杰克逊维尔与杜瓦尔县以及纳什维尔与戴维森县的合并。如果郊区的投票结果是反对派居多，那么要想改革取得成功，就必须在中心城区获得大量赞成票。迈阿密的改革就是这样一个案例，中心城区的大量赞成票压倒了郊区的反对票。相反，在纳什维尔与戴维森县的合并过程中，来自郊区的大量赞成票超过了城市区反对票的影响。

政治领袖和区域改革

大量证据表明，地方民选官员的行动是决定改革提议成败的重要因素。地方民选官员的影响力取决于他们的可信度、选民的社会经济地位以及选民对相关问题的理解。官员的信誉取决于官员的普遍声望、创造就业机会的能力和政党的实力。相反，如果官员的行动不受选民欢迎，那他往往会遭遇信任危机，并在支持改革的公投后被罢免。

文献资料包含了大量有关官员影响力的案例。一项关于1959年圣路易斯多功能区的提议失败的研究表明，圣路易斯市市长的反对态度是提议被否决的关键因素，他与商界保持着良好的关系。在市长宣布反对之前，曾支持该计划的商界人士在他宣布反对之后态度明显冷淡了很多，只提供名义上的支持。[67]一项对宾夕法尼亚州进行的67次地方政府重组尝试的研究发现，如果地方官员支持改革，那么结构改革公投被接受的概率为82%；如果地方官员持中立、反对或分裂态度，那么结构改革公投被接受的概率不足45%。[68]一项对宾夕法尼亚州阿勒格尼县政府重组尝试的研究表明，县长的反对是导致失败的唯一关键因素。一开始改革宪章似乎有望通过，但县委主席也是当地强势的民主党成员，明确表示了反对意见。不久之后，众多社区成员宣布反对或者态度变得冷淡，这些人中有许多人士与县委委员们有着密切的工作关系。许多大型企业法人、大企业赞助的民间组织、退伍军人团体以及除一个县工会外的所有重组组织，都表示反对改革或对改革漠不关心。[69]

如果反对重组的民选官员丧失了信誉，那重组的尝试更有可能获得成功。这可能是因为政治家做出的决定不受民众欢迎，或者是民众对政府的服务普遍不满。纳什维尔与戴维森县合并成功的一个重要因素是反对合并的纳什维尔市长信誉受损。由于他以前采取了一些在郊区的选民中极其不受欢迎的措施，包括兼并更多土地和要求郊区居民购买城市地区的停车许可证，因此他的影响力被大大削弱。[70]对纳什维尔选民的一项调查表明，对政府服务不满的选民中有81%投票赞成支持政府重组。甚至大多数对政府服务满意的选民也支持这一改革（53%），原因很可能是他们反对市长。[71]

见多识广的选民倾向于支持改革，而寡见少闻的选民则倾向于以地位为导向或者容易受他人的影响。研究表明，大多数选民对区域改革的具体细节一无所知，这使得可信的民选官员有可能获得巨大的影响力。例如，市县合并前不久在印第安纳波利斯进行的一项民意调查发现，80%的受访者不熟悉这项提议，剩下的20%是消息灵通的选民，其中69%的人士支持这项提议。[72]一项对纳什维尔与戴维森县合并的研究的结论表明，缺乏相关知识的选民比了解改革建议的选民更容易受到可信来源的影响。[73]

区域改革进程

公投

美国区域改革面临的主要障碍之一是要求选民批准拟议的改革。而在其他国家，公众投票很少被用于处理政府重组问题。大部分国家的地方政府重组是通过国家或州级立法行动来实施的。例如，正如19世纪美国的重大重组也没有得到选民批准一样，加拿大多伦多或温尼伯的区域结构改革没有得到选民批准。相比之下，自20世纪中叶以来，美国提出的所有拟议的重组计划中，除了一项以外，其余的都需要经过选民批准。[74]

政治学家弗兰克·斯莫尔伍德（Frank Smallwood）认为，美国坚持对地区改革提议进行全民公投的做法，可能不如民选领导人所做的决定民主。他认为，公投有一种内在的偏向，倾向于维持现状，它更适合于基本公正和朴素的选民，而非那些具有浓厚兴趣的选民。如上所述，大部分选民对改革问题一无所知，除非改革得到可靠的政府官员的支持，否则选民并不倾向于支持改革。斯莫尔伍德认为，民主制度应该对现状和改革持同样的态度。由民选代表而非通过公投做出决定可以减少对现状的偏见。[75]他认为，政府代表制允许进行理性辩论和详情商讨来讨论问题的是非曲直，复杂区域改革议案的民主进程是通过政府代表制度来推进的。公投将区域改革排除在立法之外，并将其置于选民关注和认知不足的舞台上。在那里，理性辩论和详情商讨被情感符号所取代，这些情感符号混淆了问题。由于选民对地方改革的关注较少，且认识不深，因此，区域改革的公投程序极易受到歪曲。斯莫尔伍德认为，就区域重组而言，允许有兴趣的个人提出意见，但保留选举代表最终决定权的制度，最符合公众的综合利益。

研究委员会

在区域改革进程中，对改革的成败具有重大影响的另一个关键因素是提议改革的委员会的类型。[76] 传统改革进程需要考虑设立一个指定的蓝带委员会，该委员会由关心时事且知识渊博的领导人组成，他们来自社区中的商业、专业、学术和非营利部门。这类委员会理论上是不受政治影响的，在审议和提出建议时会考虑到该区域的最大利益，且在进行研究和提出建议之后就会解散。

在保证对改革提议进行公平审议方面，一流的委员会存在两个问题。第一个问题是，委员会的任务只是进行研究和提出建议，而不是监督接受建议的过程。除非重组委员会，以便将提议转达给选民，否则在委员会提出建议后，选民将不再参与改革进程。这破坏了提案和选民接受之间的连续性。人们认为，委员会是最适合向选民解释其提议的组织。蓝带委员会面临的另一个问题是它们属于非政治性的组织。该委员会的成员是社区专业和商业界领导人的重要代表。一流的委员会往往也会提出政治上不可接受的建议。由商业界和公众领导人组成的非政治性组织通常难以与普通公众建立联系，也难以从普通公众那里获得支持。这类组织成员试图提供理性的回应，并进行理性的辩论，而不是用简要的概述呼吁选民的支持。政府任命的蓝带改革委员会提出的一般建议是可预测的。经济和效率是主要的优先事项，建议通常遵循传统改革文献所拥护的原则。

民选产生的委员会也存在问题。如果区域改革委员会是选举产生的，那就无法确保该委员会具有社会代表性，该委员会的成员很可能有特殊的个人计划，且很可能不符合该区域的最佳利益。选举过程的性质决定了委员会的政治性较强。蓝带委员会的成员通常不会参加民选委员会的选举。由于政治领导人无法牢牢地控制选举的进程，民选委员会可能与在位的政治领导人联系不大。此外，民选委员会经常遭遇与蓝带委员会同样的连续性问题。它一般在提出建议之后就解散了。一旦委员会提出了建议，建议通常会被提交给选民，必须完全由选民决定是否接受。这是一份无法改变的固定文件，没有商讨和妥协的余地。在立法程序中，立法机构可以妥协，直到最后关头才定下依法制定的提议，以获得民众的认同。相比之下，公投过程则没有对提议的修改做出任何规定。辩论会一直持续到投票阶段，但没有机会根据辩论内容改变提议。

媒体和商界参与

区域改革往往是在媒体、公众和商界的共同努力下发起和实施的。如果没有这些社会因素的有力支持，大都市区各界人士对区域改革的兴趣就会降低。公共部门和企业领导层可以影响谨慎的政治家，推动改革进程，并提供财政和研究支持。匹兹堡和克利夫兰是两个典型案例。该区域的公共部门和企业领导层对区域改革起到了很大的推动作用。然而，公共部门和企业领导层在推动改革时并不擅长向公众传达建议。

尽管大多数提交给选民的区域改革尝试都被否决了，但更多的尝试在投票前就失败了。在许多情形下，民选委员会提出的建议并未提交给选民。多年来，许多大都市区设立了多个大都市研究委员会。例如，在匹兹堡地区，在过去 80 年里，至少有 8 个民选委员会就区域治理提出了建议，其中只有 4 次提交给了选民。而前 3 次的尝试都失败了，最后一次的建议取得了成功，实现了阿勒格尼县的地方自治，并对政府结构进行了改革。大都市区的改革尝试往往有一个良好的开端，参与者抱着乐观的态度，但经常以分歧和挫败告终。密尔沃基的经历似乎是研究委员会失败的典型过程。

1957 年，共和党州长设立的大都市区研究委员会是由来自郊区和城市的商业界领导人组成的。该委员会的总目标是评估城市及其郊区如何合作解决共同的问题，其中包括如何保证充足的供水。该委员会报告称，各郊区社区的官员认为，在任何一种大都市区治理中都没看到特别的收获。他们支持协作，但反对将职能机构或政府机构合并，设立一个大都市区机构。然而，密尔沃基的官员则公开敦促设立一个大都市政府，并主张未能有效独立运作的城镇应该与该市合并。

随着相关工作的继续进行，研究委员会成员当中支持大都市区政府的势头减弱了。不同成员之间产生了冲突和分歧，导致工作偏离目标且进一步延误。即使委员会的领导人将权力移交给威斯康星大学密尔沃基分校的教务长——一位备受敬仰的公众领导人，也无法恢复最初人们对大都市区治理的热情。最终，委员会付出的所有努力都付诸东流。但起码这引起了民众对其失败原因以及未来如何避免这种失败的一系列讨论与反思。[77]

传统改革的影响

成功的改革带来了哪些成果？进行改革后的大都市区是否像改革者承诺的那样，提高了经济效益和工作效率，减少了不平等现象？与碎片化程度更高的地区相比，它们是否能更好地满足当地居民的需求？这些问题不容易回答，因为大多数改革并不像改革者设想的那样全面。改革也超出了原来城市地区的范围，从而在一定程度上产生了改革之前已经存在的同样的问题。已经有研究调查了改革对几个领域的影响，从中可以得出一些结论。这里必须重申的一点是，由于很多其他变量可能会影响政府的运行，因此，这些研究不一定具有广泛代表性。但是这些研究可以展现一些异同点，以供后续研究分析。现阶段的研究和观察表明，区域治理体制可以带来 3 个主要优势：① 通过减少重复服务，提高服务提供的效率和效能；② 通过缩小地域差距，提高公平性并保证资源的均衡分配；③ 能够更有效地参与竞争，促进地区经济发展。

提高效率

效率的定义是指限制浪费并最大限度地利用现有资源。一个有效的政府是能够降低总体行政成本的政府。从直观上讲，政府合并后可以减少重复服务，从而提高效率并节省开支，至少可以降低人力成本。有人认为这会对税率产生积极的影响。然而，实证分析并没有证实这一假设。社会科学家 J. 埃德温·本顿（J. Edwin Benton）和达尔文·甘布尔（Darwin Gamble）比较了佛罗里达州 2 个具有相似社会经济特征的县，即合并的杰克逊维尔与杜瓦尔县以及未合并的坦帕与希尔斯堡县，并在此基础上对房地产税收入、公共安全支出和总支出进行了时间序列分析。他们发现，房地产税收入几乎没有受到影响。合并后的 1969—1981 年，杰克逊维尔的人均房地产税收以年均 1.6% 的速度增长，而对照县的人均房地产税收则以年均 1.8% 的速度增长。合并后，杰克逊维尔和坦帕总支出的下降幅度与合并前大致相同。1969—1981 年，杰克逊维尔的人均年支出增长了 0.9%，而希尔斯堡县的人均年支出增长了 0.8%。[78]

本顿和甘布尔深入研究了公共安全支出，因为改革者认为公共安全总支出在合并后会下降。然而，在杰克逊维尔的案例中，情况正好相反。1955—1968 年，杰克逊维尔和坦帕的人均公共安全支出年增长率是−0.1%。合并后，1969—1981 年，杰克逊维尔市的人均公共安全支出年增长率为 0.1%，而坦帕市的人均公共安全支出年增长率是−0.3%。[79]

这两位研究者发现，税收和支出并未减少，而且增长率也未增加。事实上，恰恰相反。1955—1968 年，杜瓦尔县的人均房地产税与人均支出的平均比率为 0.272。合并后的 1969—1981 年，该人均比率上升至 0.400。1969 年之前，坦帕市的人均比率为 0.550；1969—1981 年，该市的这一比率下降至 0.500，仍然高于杰克逊维尔的水平，但这一比率已经比合并前高了。[80]

本顿和甘布尔的研究没有考虑合并前后的服务质量，也没有与对照县进行质量比较。然而，可以很明显地看出，改革者关于减税和削减支出的论点在杰克逊维尔的案例中并未得到证实。在迈阿密与戴德县的改革中也未得到证实，这也导致了迈阿密与戴德县在改革中，支出水平反而有所提高。[81]考虑到中心城区和郊区服务水平的正常差异，这一发现并不出人意料。合并后的体制有义务保证这些服务的一致性，往往会增加总支出。此外，越来越多的文献反驳了高度集中和官僚化的行政机构比大量自治的小型行政机构更加经济的观点。[82]

纳什维尔与戴维森县合并，在头几年对房地产税的影响因房地产所在的地段而异。与田纳西州的其他大城市相比，旧城区的房产税较为稳定，孟菲斯和诺克斯维尔的房地产税增加了9%，查塔努加的房地产税增加了37%。然而，在旧城市边界以外的城镇地区，居民的房地产税增加了26%，比田纳西州其他拥有大型中心城区的县的郊区高出约6%。增长幅度的差异可以直接归因于合并。戴维森县的税收开始为以前只有纳什维尔居民需要支付的服务买单，例如礼堂和机场。[83] 在评论合并是否能减少公共支出时，杰克逊维尔合并政府的前行政长官莱克斯·海丝特（Lex Hester）说道："随着政府提供服务能力的增强，民众对这些服务的需求就会变得越来越大，因此，政府会被迫面对一些多年来一直回避的问题。当这些服务合并后，政府再也没有回避的余地了。问题暴露出来，迫切需要解决，而且比以前放任不管的时候更加紧急。所以，实际上预算会不断上涨。"[84]

一些地方政府改革的观察家认为，效率和效能实际上可能会因为合并而下降。[85] 他们认为，官僚机构可能会变得过于庞大，无法有效管理。与规模较小的官僚机构相比，大型官僚机构对市民的反应不那么灵敏，对服务提供方面的变化和创新也不那么敏感。此外，有证据表明，行政人员设法利用合并来强化其官僚体制。政府合并中减少开支的另一个障碍是，政府经常为了争取选民支持而做出承诺。虽然合并的意义是通过裁减工作人员以消除冗余，从而节省成本，但合并后的政府宪章往往有一项规定，即没有任何职员会因为合并而失去工作。消除冗余人员将通过自然减员和重新分配来实现。因此，短期内，人员数量会基本保持不变，但人员支出成本通常并非如此。宪章条款通常规定，任何雇员的薪酬都不会减少。事实上，为了避免此前独立部门在合并过程中出现影响士气的问题，新政府通常会向薪酬和福利政策最好的政府看齐。在合并中要将两种人事制度结合起来，并在佐治亚州雅典与克拉克县设立新的分工计划，不裁员且不削减任何雇员的薪酬，这使薪酬支出增加了约6%。[86]

例如，在雅典与克拉克县的合并中，县和城市的公园和其他休闲部门均保持独立状态。虽然在中央服务部门设立了一个负责园林景观维护的专门单位，但公园和其他休闲部门的景观维护职能仍由这些部门承担，这似乎是官僚主义的地盘保护。地盘保护似乎也成为公用事业部门的设施维护人员与中央服务部门的维修人员分开的原因。[87]史蒂芬·康德雷（Stephen Condrey）教授描述了雅典与克拉克县合并的情况："统一打破了合并前2个政府组织单位内稳定性和可预测性的基本共同假设。另一个结果是，精明的组织参与者利用合并造成的无序状态，抓住机会增加行政管理层级。其结果是强化了新政府内部的层级体系和官僚体制。例如，尽管休闲、公园、艺术和环境教育部门等受合并的影响很小，但它们均增加了主任助理和部门主管的职位。另外，财政部门增加了主任助理的职位。在一个有25人的部门里，有4个部门主管。官僚体制形成过程中最极端的案例是景观管理司。该机构提出了一个组织结构，在一个不足30名成员的机构中有22位主管。总而言之，合并为官僚们提供了机会，在某种情况下，保护和保存其'领地'，并利用合并进程对自己的部门进行重组，以强化人员、权力和影响力……早期机构重组造成的功能失常可能会持续好几年。"[88]

在一项对9个市县合并的详细研究中，大多数案例都与州内规模相似的县进行比较。研究表明，各案例中的效率提升情况各异。约一半合并县与对照县相比效率有所提高，但在约一半的案例中，对照县支出的增长速度比合并县慢。对不同合并职能部门的支出增长的比较获得了相似的结果，即略多于一半的合并县表现优于对照县。研究人员在这项研究中得出结论：合并不一定会导致效率的提高。[89]同样，对加拿大5个大城市进行的一项合并研究发现，3个城市的成本有所增加或预计会增加，而另外2个城市的支出成本将减少。在这2个城市中，有一个成本有所下降，原因是合并前达成了一项明确的协议，即薪酬涨幅保持在1.5%。研究人员在对雅典与克拉克县合并的分析中发现，某些部门的成本有所节省，但总体而言人均支出有所增加。[90]

在一项对62个社区的研究中，福克（Faulk）和格拉斯穆克（Grassmueck）发现，在1970—2002年，这些社区中有12个投票赞成合并，合并后的社区与合并前的社区在支出上并无显著的差异。他们的研究表明，一些合并实际上能够节省成本，但它们更多地来自有意识、深思熟虑的战略规划与协作。节省下来的资金并非来自规模效益，而是来自改进的地方政府程序。研究人员指出，即使合并没有真正节省成本，也可能带来其他好处。他们认为，合并后的政府能够更好地改进流程，以提高服务质量，这在合并之前是无法实现的。[91]

尽管获得了以上证据，但改革者们仍然在哀叹政府的碎片化和重复服务造成的浪费，并吹捧合并有助于节约成本。例如，由私人出资的非营利性区域规划协会为纽约大都市区制定的最新区域规划指出，纽约地区碎片化治理体制效率低下，这"表现在政府收入和支出的大幅增长上……在短短16年的时间里，纽约的收入和支出分别增长了21%和42%，而同一时期该地区的人口仅增长了2%左右"。[92]作者没有给出证据表明，一个更加统一的政府结构会产生何种影响。

加强效力

一个有效的政府是能够实现自身的目标、制定并实施居民期待的政策，并以有效的方式实施这些政策的政府。坊间证据表明，市县合并确实提高了政府效能。例如，印第安纳波利斯在统一政府的管理下，服务效能得到了改善。许多观察家认为，这是合并产生的结果。例如，在运输领域，前3年新建或重新铺装的道路长度从1969年的56英里增加至1972年的265英里。尽管在统一政府对服务水平和质量的影响上存在分歧，但是一位比较客观的市政厅记者总结了一项早期评估："通过其他事实可以发现，政府在道路和人行道建设数量、违章房屋拆毁数量、报废汽车清理数量、提供给失业者的工作数量、经济适用房建设数量和各项计划获批的联邦补助金金额等方面创造了新的纪录。"[93]

前市长理查德·哈德纳特（Richard Hudnut）称赞统一政府"使美国第十二大城市摆脱了困境，成为美国最宜居的地方之一"。[94]1947年，印第安纳波利斯被作家约翰·冈瑟（John Gunther）描述为"一个脏乱不堪、未经开化的城市，篮球和赛车爱好者的天堂、以前的黑手党中枢，在这里您可以看到世界第二丑的纪念碑"[95]。但现在情况截然不同了，这里变成了一个享誉全国、蒸蒸日上、治理良好的城市。统一政府在这种转变中发挥了多大的作用没法准确衡量。进行了大量相关研究的詹姆斯·欧文（James Owen）和约克·威尔伯恩（York Willbern）认为，"统一政府似乎对20世纪70年代印第安纳波利斯成为美国主要城市作出了巨大的贡献……统一政府也许特别善于改变城市的内外部形象"。[96]

在合并前的纳什维尔，县政府无权开发和运营公园。因为优质的土地被开发商收购，政府很快就失去了为公众保护县部分自然资产的机会。合并政府最早采取的措施之一便是在全县范围内实施一项土地征收和公园开发计划。合并政府通过与学校系统协作，实施了全县休闲计划。同时，合并政府还采取了其他包括在全县主要道路上推广和建设保健服务、医院、图书馆分馆和街道照明等措施，以提高居民的生活质量。[97]居民普遍对合并反馈良好。合并2年后进行的一项调查显示，被调查者对新体制的满意度达到71%。[98]纳什维尔在更好地利用实体设施方面取得了显著的效益。城市和县学校系统同时进行了合并，让县的学生有机会使用城市内闲置的教室，从而更好地利用了学校设施。合并政府的债券架构增加了盈余资金的积累，而且提供了更高的投资收益。[99]

通过结构改革得到服务改善的其他大都市区包括迈阿密-戴德县和多伦多。在多伦多，郊区供水、污水处理和学校建设等危机得到了解决，而且区域公园开发、高速公路建设、道路维护和统一治安管理等服务得到了改善。在迈阿密，政府通过采纳统一土地利用规范、统一交通法规和统一分区条例提高了服务质量，通过落实全县空气和水污染防治法规提高了居民的生活质量。[100]

资源分配公正

在地方政府财政管理中，一项被普遍接受的原则是应当由受益者负担或至少分摊相关费用。另一项被普遍接受的民主原则是决策的受影响者应当直接或通过民选代表在该决策中拥有发言权。在政治碎片化的大型城市地区，一个管辖区在提供某项服务时，往往另一个管辖区的居民会受益，但无须均等地分摊提供服务的费用。例如，郊区居民可以享用中心城区的公园、动物园、体育场和博物馆等设施，而提供服务的费用主要由中心城区承担。另外，一个社区所做的决策产生的外溢效应通常对邻近社区产生正面或负面影响。例如，一个社区内的购物中心、垃圾填埋场或焚烧厂会对邻近社区产生负面影响。一个可能合理的做法是，影响整个区域的职能应当由整个区域共同出资，与这些职能有关的决策应当由区域代表做出。

区域主义者称，一个涵盖中心城区和郊区的政府会更加均衡地分配成本和效益，这样会减少"搭便车问题"。政府会向区域政府边界范围内的郊区居民征税，以提供使居民获益的中心城区职能。例如，中心城区的博物馆和动物园。中心城区居民不再需要向县支付税金以支持其边界以外的服务。所有居民都需要为主要居住在中心城区的穷人缴纳公平份额的社会福利费用。区域政府会考虑对经济适用房等设施进行更公平的分配，推动整个大都市区更有序地实施土地利用规划，在整个区域内可以更公平、更合理地分配公共产品和服务，从而跨越市政边界的限制，推动种族和民族融合。

可以看出，美国各地区在城镇和种族之间资源分配的公平性上差别较大。人们凭直觉认为，减少城镇和增设集权化政府会提高资源分配的公平性。但关于区域政府对资源公平分配影响的研究结果是多种多样的。例如，吉门尼斯（Jimenez）和亨德里克（Hendrick）[101]分析文献资料发现，大量的证据表明，分权化政府会强化种族隔离，但关于收入隔离的证据并不那么清晰。但刘易斯（Lewis）和汉密尔顿（Hamilton）对 2000 年人口普查中人口达 10 万人或以上的 311 个主要大都市统计区进行了回归分析，以确定政府碎片化对大都市区公平性的影响。他们据分析提出，虽然政府机构碎片化对隔离有一定影响，但是地区设立的年限、富裕程度、地理位置及其他政治文化要素等也同样重要，甚至更为重要。他们得出的结论是，如果仅将减少大都市区的政府数量作为降低少数族裔隔离程度、促进收入和住房平等的手段，并不足以解决这个问题，而且对隔离的影响很小。[102]

纳什维尔是合并带来公平效益的一个正面案例。通过合并而成的市县学校体系，可以在全县范围内进行资源配置，不仅减少了种族隔离现象，而且完善了中心城区的学校系统。[103] 然而，仍然存在区域改革未能克服社会经济差距的情况。例如，在印第安纳波利斯，在中心地区的少数族裔社区中，仍然有人认为他们为所获服务付出的费用超出了正常水平。他们认为，资源已经从邻里复兴领域转向中心商业区开发领域。[104] 在戴德县，多级体制对缩小中心城区与郊区城镇之间的差距收效甚微。实际上，迈阿密也和其他中心城区一样面临着同样的问题。郊区的富裕与迈阿密的贫穷形成了强烈的反差。[105]

与纳什维尔相比，合并之后的杰克逊维尔市县成为县内隔离程度最高的城市之一。非裔美国人仍然主要居住在以前的城市内。那些迁出老城区的居民迁入了以黑人为主的街区。此外，老中心城区与郊区之间的社会经济差距仍然相当大。与边远地区相比，合并几乎没有改变老中心城区相对于偏远地区的高贫困发生率。[106]

有关城市与郊区之间经济隔离的研究表明，统一程度较高的地区往往经济隔离程度较低。区域主义倡导者戴维·拉斯克（David Rusk）将 8 个碎片化大都市区与 8 个统一程度较高的大都市区进行了比较。他发现，与政治统一程度较高的大都市区内中心城区的居民相比，政治碎片化地区内中心城区居民的家庭收入和人均收入中位数低得多。在 1950—2010 年的 60 年间，与政治碎片化程度较高的地区相比，碎片化程度较低的地区内中心城区居民的家庭收入和人均收入中位数占整个大都市区的比例下降较慢。随后，拉斯克根据碎片化程度对 137 个大都市区进行分类。他发现，1979—2009 年，在政治高度碎片化的大都市区（他称之为"零弹性"）内，中心城区的人均收入占郊区人均收入的比例从 1979 年的 74% 下降至 2009 年的 65%。在此期间，政治统一程度较高的大都市区（他称之为"超弹性"）内，中心城区的人均收入维持了与郊区人均收入基本均等的状态。[107]

经济发展

支持政府合并的主要观点之一是合并政府对区域发展会产生积极的影响。

集权的支持者声称，碎片化的城市地区无法有效参与经济发展竞争，而集权化政府却可以减少大都市区内部城镇之间的恶意竞争，减少以邻为壑的政策，即利用其他城镇促进自身经济发展。更大的城镇规模增加了地方政府控制下的应纳税资源，地方政府可动用更多资产来促进地方发展。规模确实非常重要。获得与其他城市竞争的能力是促使 1898 年纽约市合并的因素之一。纽约市希望跟上伦敦的步伐，并在规模上继续超过迅速发展的芝加哥。促进经济发展也是多伦多合并的一个因素。多伦多现在已成为北美洲第五大城市，而且在州内、美国和国际上的经济地位和政治地位不断提高。

一些研究表明，集权程度较高或开展合作的地区，其经济发展竞争力较强。奥菲尔德（Orfield）发现，20 世纪 90 年代，双子城创造的人均就业机会多于芝加哥地区。他指出，其原因在于双子城在发展路径上更支持合作，能够在发展进程中引入更多资源，而且区域内纷争与相互竞争的碎片化地区较少。在双子城地区，整个地区的任何地方都能分享经济发展成果。在吸引波音公司总部入驻芝加哥的过程中，芝加哥地区的很多政府都提出了方案。波音公司的高级官员要求该区域政府集中资源，开展合作，提出一份统一的方案。它们做到了这一点，因此成功地吸引波音公司将总部设在芝加哥。[108]针对美国大都市区的一项研究利用偏离份额分析法来衡量 1972—1997 年间的收入变化的研究发现，与地方政府碎片化程度较高、州级控制力度较强的大都市区相比，地方政府统一程度较高、州级控制力度较弱的大都市区在经济发展中更具竞争力。换言之，研究发现，在经济发展最成功的地区，地方政府结构集权程度较高，而且州级控制力度较弱。最不利于发展的情形是集权州级体制下的碎片化地方政府体制。实际上，在分权州级体制下，集权程度较高的地方政府体制的竞争力分值为 6.7 分，而州级控制力度较强的多地方政府体制的竞争力分值为−1.1 分。[109]

然而，所有的研究得出的结论并不统一。[110]对合并县与非合并县经济发展比较研究的一项综述发现，合并与经济发展之间不存在显著正相关性。一般而言，未合并的乡村在这些研究考察的经济发展各个方面（例如新设企业增长

速度、人均收入和人口增长）与合并县发展水平相近。这些研究还分析了 20
世纪 90 年代发生的 3 次合并：佐治亚州奥古斯塔市-里士满县合并、堪萨斯
州堪萨斯城-怀恩多特县合并以及路易斯安娜州拉斐特市-拉斐特县合并。这
些研究在就业水平变化和新设企业增长速度方面将它们与各州内的相似县进行
了比较，参考的时间范围是从合并前到合并后 2 年。分析表明，合并没有对经
济发展起到促进作用。马丁（Martin）和希夫（Schiff）[111] 分析了 13 项研究
后发现，大部分研究都未发现经济发展的优势。同样，对肯塔基州列克星敦
市-费耶特县合并前后经济发展模式的研究发现，合并没有引起经济发展模式
上的变化。与未合并的杰弗逊县（路易斯维尔市）的发展状况相比，这两个县
的发展趋势在研究期间没有发生变化。虽然杰弗逊县是碎片化的政府体制，但
其发展快于费耶特县。[112]

考虑到上述研究相互矛盾，那么，关于集权程度较高的政府体制能否促进
地区的经济发展这个命题，可以得出什么结论呢？瑟梅尔（Thurmaier）和利
兰（Leland）对 9 次市县合并中的经济增长模式进行了分析，并与对应的未合
并县进行比较，发现合并县更加成功。他们得出的结论如下："证据确实不够
充分。我们仍然很难使用完全相同的指标，但是用于本次分析的多个量度迫使
我们接受这样的假设，即由于体制效能上的优势，合并后的政府的经济增长率
高于相似的未合并社区的经济增长率。"[113]

尽管瑟梅尔和利兰得出了上述结论，但是关于合并后的政府对经济发展的
影响尚无定论。然而，有人会猜测，由于多中心大都市区内的经济与政治边界
不一致，而且经济活动没有受到政治边界的阻碍，因此，合作开展经济发展活
动的地区拥有一定的优势。企业希望找到一个有竞争优势、熟练劳动力和配套
设施的地区（并非城市）。如果各区域能相互合作，那么某一地区采取合并还
是多中心的治理体制也许就不再重要了。统一程度更高的地区似乎可以避免各
地方政府为了经济优势相互竞争的局面，而且相对于碎片化模式，前者在集中
资源促进经济发展方面更有优势。

案例研究：匹兹堡地区形成区域政府的尝试[114]

在 19 世纪，匹兹堡通过兼并 25 个自治镇和乡镇扩展了边界。1907 年，拥有 13 万人口的阿勒格尼市被兼并。设立公众投票的特别立法规定，尽管阿勒格尼市人强烈反对并入匹兹堡，但匹兹堡庞大的选民人数仍然大占上风。在围绕兼并进行激烈的争论之后，来自郊区城镇的政治家组织起来反对郊区被城市进一步侵占，从而阻止了进一步兼并。

为了建立一个联邦制的大都市政府，各级地方政府于 1919 年进行了一次尝试，20 世纪 20 年代又进行了多次尝试，但是都被郊区联盟成功否决了。来自商业界和匹兹堡政治家的压力仍然存在，于是政府在 1929 年向选民们提出一部宪章，打算建立一个涵盖阿勒格尼县城镇的两级政府。虽然 68% 的县居民投票赞成该提案，但是在大多数城镇，公众投票未能顺利达到 2/3 多数的选票要求。由于总体投票赞成该提案，因此，20 世纪 30 年代又有人提议让州政府授权进行另一次公众投票。郊区政治家日益增长的权力和激烈的抵制注定了这些尝试均以失败告终。

之后相关政府不再尝试寻求建立大都市政府。自 20 世纪 50 年代起，改革的重点为将职能从城镇逐渐转移到县政府，并实现县地方自治。地方自治支持者的意图是授权县政府提供额外服务，而不需要针对每一项新增的服务获得州级立法机关的许可。由于郊区官员将其视为建立大都市政府的另一次尝试并极力反对，虽然州政府确实授权了职能的逐渐转移，但是州级立法机关并未授权批准进行公众投票。20 世纪 70 年代，针对县地方自治问题，政府进行了 2 次投票，但都宣告失败。其中第二次投票的结果略好于第一次投票的结果。最后，在 1998 年对地方自治的第三次表决中，选民们批准了这个县的地方自治（关于县实现地方自治的尝试，请参见第 8 章的论述）。

进入兼并时代之后的近 100 年内，在匹兹堡地区推行区域政府改革的尝试就这样结束了。需要注意的是，改革尝试仅涉及一个县，而该县在尝试之初就拥有大都市区绝大多数的人口和地域。在尝试结束时，大都市区已扩展为拥有

7 个县的地区。此外，区域改革的尝试一开始是为了改变县与城镇之间的权力关系，最终只是制定了一部地方自治宪章，相对县，城镇没有更高的权力，只建立了一个弱化版的重组县政府结构。

要点总结

城市地区政府结构全面重组以及调整的前景并不光明。实际上，如上所述，大多数这类活动都发生在 20 世纪 60—70 年代。即使在这个时期内，大多数关于政府重组的提案都被否决了。那些成功的案例也并非完整的合并或联合。在当时的情形下，大部分现有政府都被排除在改革之外。而印第安纳波利斯却是例外，它的大部分城镇都被合并了。部分改革并未实现改革者的预期目标。此外，由于大部分大都市区扩展后超越了单个县的边界，因此，中心县与中心城区合并也未能实现改革者在政治上将城市地区统一在一个多县大都市区内的目标。对于大多数大都市区而言，市县合并似乎是一个已经过时的区域改革理念，它们很可能会继续发生，但是不会发生在成熟的大都市区内。能从市县合并中获益的社区以乡村或发展中区域为主，且在中心城区周围有大量的非城镇土地。即使在这些区域，兼并取得成功的可能性也高于合并。

像多伦多那样的大都市多级政府似乎也不是一种可行的替代方案。这一方案在加拿大的主要大都市区被轻视、被取代，而且并未在美国得到真正的认可。总体而言，大都市区政府的全面重组已无足轻重，可能仅在新发展区域仍有一席之地。如果传统的大都市改革已经消亡，那么区域主义在主要大都市区的前景如何？后续章节将主要阐述为了实现区域治理和提供区域性服务而采用或尝试的其他手段。

全面结构改革涉及多个问题和多重顾虑。市县合并主要是区域性现象，因为大多数合并发生在南部和西部。合并通常只是局部性的，因为县内大部分现有城镇往往独立于合并政府。此外，它们仅包含大都市区内的一个县，而这些大都市区的县往往超出了一个县的范围。两级政府面临的主要问题包括各级之间的职责划分以及上层边界的扩展和新开发区的纳入。迈阿密-戴德县政府有大量需要提供服务的非城镇领土。多伦多大都市政府未能将其边界扩大到覆盖该地区内其他城市，而只是覆盖了约一半的人口和一小部分新开发的土地。

那些反对或质疑传统改革可行性的人认为，多中心政府体制可能会更好地服务于城市地区。人们喜欢更加亲民、有朝气、负责任的政府，而不是以效率和经济为借口变得过于庞大、远离群众、充满官僚主义的政府。较大规模的政府也不一定更高效。此外，可以从大都市改革的投票结果看出，相对于重大改革举措，居民更安于现状。相关改革举措的研究者认为，大都市改革中普遍存在不能体现社区利益的情形。为了体现社区的利益，获得选民的支持，改革者必须让选民相信，当前的政府体制确实存在危机。他们还必须想办法保持中立或者获取政治领导人的支持。因为研究表明，政治领导人是否支持才是决定改革举措成败的主要变量。区域改革进程也是实现区域改革的一个障碍。大部分选民消息闭塞，而且倾向于在复杂问题上维持现状，因此，公投是不是决定改革优劣最民主的方式尚无定论。

对改革地区的评价表明，改革倡导者的大部分目标未能在合并中达成。集权程度较高的政府更高效的主张并未得到证据的支持。虽然区域从多中心治理体制转变为集权程度较高的治理体制时，服务往往会得到改善，但服务提供成本也往往会随之升高。改革后的政府似乎在公平分摊成本和福利方面有所改善。集权程度更高的结构，整合程度较高。也有证据表明，集权化结构可以改善收入分配，促进经济增长。关于政府统一程度对经济发展的影响，相关研究的结果各不相同。然而，人们可以合理地推测，与统一程度较低的地区相比，统一程度较高的地区可以动用更多资源来承担责任，并更有效地参与发展竞争。

注释

[1] John J. Harrigan and Ronald K. Vogel, *Political Change in the Metropolis*, 7th ed. (New York: Longman, 2003), pp. 262−263.

［ 2 ］ Bernard Ross and Myron A. Levine, *Urban Politics: Cities and Suburbs in a Global Age*, 8th ed. (Armonk, NY: M. E. Sharpe, 2012), pp. 245–246.

［ 3 ］ John J. Harrigan, *Political Change in the Metropolis* (Boston: Harper Collins, 1976), pp. 212–217.

［ 4 ］ Kenneth T. Jackson, *Crabgrass Frontier: The Suburbanization of the U.S.* (New York: Oxford University Press, 1985), pp. 142–143.

［ 5 ］ Kenneth T. Jackson and Stanley K. Schultz, (eds.), *Cities in American History* (New York: Alfred A. Knopf, 1972), pp. 367–368.

［ 6 ］ Samuel Hays, "The Politics of Reform in Municipal Government in the Progressive Era," *Pacific Northwest Quarterly*, 55 (October) (1964): 157–165.

［ 7 ］ Chester Maxey, "The Political Integration of Metropolitan Communities," *National Municipal Review* (August 1922), pp. 240–251, quoted in Allan D Wallis, *Inventing Regionalism* (Denver, CO: National Civic League, 1995), p. 10.

［ 8 ］ Jackson, *Crabgrass Frontier*, p. 143.

［ 9 ］ Harrigan and Vogel, *Political Change in the Metropolis,* p. 11.

［10］ Benjamin Kleinberg, *Urban America in Transformation: Perspectives on Urban Policy and Development* (Thousand Oaks, CA: Sage Publications, 1995), p. 74.

［11］ Quoted in Harrigan, *Political Change in the Metropolis*, p. 140.

［12］ Allan D. Wallis, "Governance and the Civic Infrastructure of Metropolitan Regions," *National Civic Review*, 82 (Spring) (1993): 126.

［13］ William Anderson, *American City Government* (New York: Henry Holt, 1925), pp. 641–642, quoted in Robert L. Bish and Vincent L. Ostrom, *Understanding Urban Government: Metropolitan Reform Reconsidered*, Domestic Affairs Study 20 (Washington, DC: American Enterprise Institute for Public Policy Research, 1973), pp. 7–8.

［14］ Robert C. Wood, *1400 Governments* (Garden City, NY: Anchor Books, Doubleday, 1961), pp. 51–64.

［15］ John C. Bollens and Henry J. Schmandt, *The Metropolis: Its People, Politics, and Economic Life* (New York: Harper and Row, 1965), pp. 177–180.

［16］ Committee for Economic Development, *Modernizing Local Government* (New York, 1966), pp. 11–12.

［17］ Ibid., p. 10.

［18］ Advisory Commission on Intergovernmental Relations, *Metropolitan America: Challenge to Federalism* (Washington, DC: U.S. Government Printing Office, 1966). For further reading on the "good" government groups, see Joseph F. Zimmerman, *Government of the Metropolis: Selected Readings* (New York: Holt, Rinehart, and Winston, 1968), pp. 25−48.

[19] Bollens and Schmandt, *The Metropolis*, p. 180. See also Advisory Commission on Intergovernmental Relations, *Alternative Approaches to Reorganization in Metropolitan Areas* (Washington, DC: U.S. Government Printing Office, 1962); and Advisory Commission on Intergovernmental Relations, *Improving Urban America: A Challenge to Federalism* (Washington, DC: U.S. Government Printing Office, 1976).

[20] Neal Peirce, *Citistates: How Urban America Can Prosper in a Competitive World* (Washington, DC: Seven Locks Press, 1993).

[21] David Rusk, *Cities without Suburbs: A Census 2010 Perspective*, 4th ed. (Washington, DC: Woodrow Wilson Center Press, 2013).

[22] Brett Hawkins, Keith J. Ward, and Mary P. Becker, "Governmental Consolidation as a Strategy for Metropolitan Development," *Public Administration Quarterly*, 15 (Summer) (1991): 258−259.

[23] Allan D. Wallis, "The Third Wave: Current Trends in Regional Governance," *National Civic Review*, 83 (Summer/Fall) (1994): 290.

[24] *City-County Consolidation Proposals*. http://www.naco.org. [Accessed July, 15, 2012.]

[25] John C. Bollens and Henry J. Schmandt, *The Metropolis: Its People, Politics, and Economic Life*, 3rd ed. (New York: Harper and Row, 1975), pp. 253−254.

[26] Ibid.

[27] Harrigan, *Political Change in the Metropolis*, p. 246.

[28] Bollens and Schmandt, *The Metropolis*, p. 247.

[29] Arthur B. Gunlicks, "Problems, Politics, and Prospects of Local Government Reorganization in the United States," in Arthur B. Gunlicks, (ed.), *Local Government Reform and Reorganization: An International Perspective* (Port Washington, NY: Kennikat Press, 1981), p. 14.

[30] L. J. Sharpe, "The Future of Metropolitan Government," in L. J. Sharpe, (ed.), *The Government of World Cities: The Future of the Metro Model* (Chichester, England: John Wiley and Sons, 1995), pp. 15−17.

[31] Bollens and Schmandt, *The Metropolis*, p. 275.

[32] Ibid.

[33] Harrigan and Vogel, *Political Change in the Metropolis*, 7th ed., pp. 266−267.

[34] Genie Stowers, "Miami: Experiences in Regional Government," in H. V. Savitch and Ronald

K. Vogel, (eds.), *Regional Politics: America in a Post-City Age* (Thousand Oaks, CA: Sage Publications, 1996), p. 192.

[35] Ibid., p. 194.

[36] *Miami-Dade County Government*, http://www.miamidade.gov/info/about_miami-dade_ statistics.asp [Accessed November 12, 2012].

[37] Nelson Wikstrom, "Central City Policy Issues in Regional Context," in David Hamilton and Patricia S. Atkins, (eds.), *Urban and Regional Policies for Metropolitan Livability* (Armonk, New York: M.E. Sharpe, 2008), p. 39.

[38] J. Cohan, "Metrovisions: Toronto Stumbling Six Years after Huge Mergers," *Pittsburgh Post-Gazette*, Sept. 20, 2004.

[39] Richard F. Dye and J. Fred Giertz, *The Changing Relationships Among the Levels of Government in the Provision of Services* (Urbana, IL: Institute of Government and Public Affairs, March 1991), p. 3; George A. Boyne, "Local Government Structure and Performance: Lessons from America?" *Public Administration*, 70 (Autumn) (1992): 336.

[40] Harrigan and Vogel, *Political Change in the Metropolis*, p. 255; Werner Z. Hirsch, "Local Versus Areawide Urban Government Services," copy of draft paper in possession of author, n.d.

[41] Keating, *Comparative Urban Politics,* pp. 103−104.

[42] Norton E. Long, "The Local Community as an Ecology of Games," *American Journal of Sociology*, 64 (November) (1958): 251−261.

[43] Patricia K. Edwards and James R. Bohland, "Reform and Economic Development: Attitudinal Dimensions of Metropolitan Consolidation," *Journal of Urban Affairs*, 13(4) (1991): 468.

[44] *National Association of Counties*, http://www.naco.org [Accessed July, 15, 2012].

[45] Pennsylvania Economy League, Western Division, *City/County Consolidation Background Report* (Pittsburgh PA, Feb. 2007).

[46] *Consolidated City-County*, Wikipedia: http://en.wikipedia.org/wiki/Consolidated/city/county [Accessed, June 29, 2012].

[47] See, for example, Allen S. Mandel, "Urban Growth and Government Structure: Criteria for Analysis and Redesign," *Public Affairs Comment*, 20 (August) (1974); Roscoe Martin, *Metropolis in Transition: Local Government Adaptation to Changing Needs* (Washington, DC: Housing and Home Finance Agency, 1963), pp. 130−133; Leonard E. Goodall and Donald P. Sprengel, *The American Metropolis* (Columbus, OH: Charles E. Merrill, 1965),

pp. 122−161; Melvin B. Mogulof, *Five Metropolitan Governments* (Washington, DC: Urban Institute, 1972), p. 33; and Vincent Marando, "The Politics of City-County Consolidation," *National Civic Review*, 64 (February) (1975): 76−78.

[48] Marando, "The Politics of City-County Consolidation," p. 81; Jay S. Goodman, *The Dynamics of Urban Government and Politics* (New York: MacMillan, 1975), p. 258; Paul Ylvisaker, "Why Mayors Oppose Metropolitan Government," in Michael N. Danielson, (ed.), *Metropolitan Politics: A Reader* (Boston: Little, Brown, 1966), p. 180; David K. Hamilton, "Areawide Government Reform: A Case Study Emphasizing the Charter Writing Process," unpublished Ph.D. dissertation (University of Pittsburgh, 1978), p. 221.

[49] Hamilton, "Areawide Government Reform," p. 223.

[50] Ibid.

[51] Brett Hawkins, "Public Opinion and Metropolitan Reorganization in Nashville," *The Journal of Politics*, 28 (May) (1966): 408.

[52] Hamilton, "Areawide Government Reform," p. 224.

[53] Walter A. Rosenbaum and Gladys M. Kammerer, *Against Long Odds: The Theory and Practice of Successful Government Consolidation*, Sage Professional Paper 03−022: 2 (Beverly Hills, CA: Sage Publications, 1974), p. 30.

[54] Hawkins, "Public Opinion and Metropolitan Reorganization in Nashville," p. 410; Henry J. Schmandt, P. G. Steinbicker, G. D. Wendel, "The Campaign for Metropolitan Government," in Michael N. Danielson, (ed.), *Metropolitan Politics: A Reader* (Boston: Little, Brown, 1966), p. 63.

[55] Advisory Commission on Intergovernmental Relations, *Factors Affecting Voter Reactions to Government Reorganization in Metropolitan Areas* (Washington, DC: U.S. Government Printing Office, 1962), pp. 15−24.

[56] Vincent L. Marando, "The Politics of Metropolitan Reform," *Administration and Society*, 6 (August) (1974): 241.

[57] Bruce Shepherd, "Participation in Local Policy-Making: The Case of Referenda," *Social Science Quarterly*, 56 (June) (1975): 55−70. See also Vincent L. Marando and Carl Reggie Whitley, "City-County Consolidation: An Overview of Voter Response," *Urban Affairs Quarterly*, 8 (December) (1972): 187; and Edward McDill and Jeanne Clare Ridley, "Status Anomia, Political Alienation, and Political Participation," *The American Journal of Sociology*, 68 (September) (1962): 205−213.

[58] Marion Kelley, "Albuquerque Votes Against Merger," *National Civic Review* 48 (November)

(1959): 533-534.

[59] See, for example, Robert L. Lineberry and Edmund P. Fowler, "Reformism and Public Policies in American Cities," in Charles M. Bonjea, T. N. Clark, R. L. Lineberry, (eds.), *Community Politics: A Behavioral Approach* (New York: Free Press, 1971), p. 278; James W. Clark, "Environment, Process, and Policy: A Reconsideration," in David R. Morgan and Samuel A. Kirkpatrick, (eds.), *Urban Political Analysis* (New York: Free Press, 1972), pp. 346-356; John M. Kessel, "Government Structure and Political Environment, A Statistical Note about American Cities," in Thomas R. Dye and Brett W. Hawkins, (eds.), *Politics in the Metropolis* (Columbus, OH: Charles E. Merrill, 1967), pp. 289-298.

[60] J. D. Williams, *The Defeat of Home Rule in Salt Lake City*, Eagleton Institute, Cases in Practical Politics, Case 2 (New Brunswick, NJ: Rutgers University, 1960), pp. 29-31; Richard M. Bernard and Bradley R. Rice, "Political Environment and the Adoption of Progressive Municipal Reform," *Journal of Urban History*, 1 (February) (1975): 170-171.

[61] Edward Sofen, "Reflections on the Creation of Miami's Metro," in Michael N. Danielson, (ed.), *Metropolitan Politics: A Reader* (Boston: Little, Brown, 1966), pp. 205-216.

[62] Hamilton, "Areawide Government Reform," p. 22.

[63] Larry Gamm, *Community Dynamics of Local Government Change*, Pennsylvania Policy Analysis Services (State College, PA: Pennsylvania State University, 1976), p. 7.

[64] James Bowden and Howard D. Hamilton, "Some Notes on Metropolitics in Ohio," in John J. Gargan and James G. Coke, (eds.), *Political Behavior and Public Issues in Ohio* (Kent, OH: Kent State University Press, 1972), pp. 277-278.

[65] Joseph F. Zimmerman, "Metropolitan Reform in the U.S.: An Overview," *Public Administration Review*, 30 (September/October) (1970): 537-538.

[66] Sharon Perlman Krefetz and Alan B. Sharaf, "City-County Merger Attempts: The Role of Political Factors," *National Civic Review*, 66 (April) (1977): 175-181.

[67] Henry J. Schmandt et al., *Metropolitan Reform in St. Louis: A Case Study* (New York: Holt, Rinehart, and Winston, 1961), p. 200.

[68] Gamm, *Community Dynamics of Local Government Change,* pp. 28-30.

[69] Hamilton, "Areawide Government Reform," pp. 228-230.

[70] Bollens and Schmandt, *The Metropolis*, pp. 316-317; David R. Grant, "Nashville Politicians and Metro," in Michael N. Danielson, (ed.), *Metropolitan Politics: A Reader* (Boston: Little, Brown, 1966), pp. 217-229.

[71] Hawkins, "Public Opinion and Metropolitan Reorganization in Nashville," p. 410.

[72] Stanley Scott and Victor Jones, "Foreword," in C. James Owen and York Willbern, (eds.), *Governing Metropolitan Indianapolis: The Politics of Unigov* (Berkeley and Los Angeles: University of California Press, 1985), p. xxiv.

[73] Hawkins, "Public Opinion and Metropolitan Reorganization in Nashville," p. 415.

[74] Scott and Jones, "Foreword," p. xxiv.

[75] Smallwood's arguments are discussed in Scott and Jones, "Foreword," pp. xxix−xxx.

[76] The following is taken from David K. Hamilton, "Lay Local Government Charter Writing Commissions," *State and Local Government Review*, 14 (September) (1982): 124−127; and Hamilton, "Areawide Government Reform," especially Chapter 4.

[77] Anthony M. Orum, *City-Building in America* (Boulder, CO: Westview Press, 1995), pp. 138−139. Reprinted by permission of Westview Press.

[78] J. Edwin Benton and Darwin Gamble, "City/County Consolidation and Economies of Scale: Evidence from a Time-Series Analysis in Jacksonville, Florida," *Social Science Quarterly*, 65 (March) (1984): 191−198.

[79] Ibid.

[80] Ibid., p. 196.

[81] Ibid.

[82] Vincent Ostrom and Elinor Ostrom, "Public Choice: A Different Approach to the Study of Public Administration," *Public Administration Review*, 31 (March) (1971): 203−216; David Osborne and Ted Gaebler, *Reinventing Government* (Reading, MA: Addison-Wesley, 1992), especially chapters 6 and 9.

[83] T. Scott Fillebrown, "The Nashville Story," *National Civic Review*, 58 (May) (1969): 199.

[84] National Association of Counties, *Consolidation: Partial or Total* (Washington, DC: National Association of Counties, 1973), p. 44.

[85] These observers tend to be mainly economists who identify with the so-called public choice school. This is discussed at length in Chapter 6.

[86] Stephen E. Condrey, "Organizational and Personnel Impacts on Local Government Consolidation: Athens-Clarke County, Georgia," *Journal of Urban Affairs*, 16 (Winter) (1994): 373−376.

[87] Condrey, "Organizational and Personnel Impacts on Local Government Consolidation," p. 380.

[88] Ibid., p. 381.

[89] Kurt Thurmaier and Suzanne M. Leland, "Promises Made, Promises Kept," in Suzanne M.

Leland and Kurt Thurmaier, (eds.), *City-County Consolidation: Promises Made, Promises Kept?* (Washington, DC: Georgetown University Press, 2010), pp. 271–308.

[90] Dagney Faulk and Georg Grassmueck, "City-County Consolidation and Local Government Expenditures," *State and Local Government Review*, 44(3) (2012): 197–198.

[91] Ibid, p. 202.

[92] Robert D. Yaro and Tony Hiss, *A Region at Risk: The Third Regional Plan for the New York-New Jersey-Connecticut Metropolitan Area* (Washington, DC: Island Press, 1996), p. 204.

[93] Ibid., p. 149.

[94] William H. Hudnut, III, *The Hudnut Years in Indianapolis 1976–1991*(Indianapolis: Indiana University Press, 1995), p. 64.

[95] John Gunther, *Inside USA* (New York: Harper and Brothers, 1947), p. 387, quoted in Owen and Willbern, *Governing Metropolitan Indianapolis,* p. 1.

[96] Owen and Willbern, *Governing Metropolitan Indianapolis,* p. 125.

[97] Fillebrown, "The Nashville Story," pp. 199–200.

[98] Harrigan, *Political Change in the Metropolis*, p. 230.

[99] Fillebrown, "The Nashville Story," p. 200.

[100] Frank Smallwood, "Metro Toronto: A Decade Later," in H. Wentworth Eldredge, (ed.), *Taming Megalopolis*, vol. 2 (Garden City, NY: Anchor Books, Doubleday, 1967), pp. 669–697; Bollens and Schmandt, *The Metropolis*, p. 279.

[101] B. S. Jimenez and R. Hendrick, "Is Government Consolidation the Answer?" *State and Local Government Review*, 42(3) (2010): 258–270.

[102] James H. Lewis and David K. Hamilton, "Race and Regionalism: The Structure of Local Government and Racial Disparity," *Urban Affairs Review*, 47(3) (2011): 349–384.

[103] Fillebrown, "The Nashville Story," p. 200.

[104] Owen and Willbern, *Governing Metropolitan Indianapolis*, p. 180.

[105] "Miami Voters Just Say No," *U.S. News and World Report*, Sept. 13, 1997, p. 22; Milan J. Dluhy, "Governmental Crisis in Miami Revisited: Public Administrators Lead the Road to Recovery," *PA Times*, 20 (August 1997): 2; Stowers, "Miami: Experiences in Regional Government," p. 189.

[106] Bert Swanson, "Jacksonville: Consolidation and Regional Governance," in H. V. Savitch and Ronald K. Vogel, (eds.), *Regional Politics: America in a Post-City Age* (Thousand Oaks, CA: Sage Publications, 1996), pp. 238–240.

[107] Rusk, *Cities without Suburbs*, pp. 48, 88.

[108] David K. Hamilton, "Developing Regional Regimes: A Comparison of Two Metropolitan Areas," *Journal of Urban Affairs*, 26(4) (2004): 473.

[109] David K. Hamilton, David Miller, and Jerry Paytas, "Exploring the Horizontal and Vertical Dimensions of the Governing of Metropolitan regions," *Urban Affairs Review*, 40(2) (2004): 147−182.

[110] D. Falk and E Schansberg, "An Examination of Selected Economic Development: Outcomes from Consolidation," *State and Local Government Review*, 41(3) (1999): 193−200.

[111] L. L. Martin, and J. H. Schiff, "City-County Consolidations: Promise versus Performance," *State and Local Government Review*, 434(2) (2011): 167−177.

[112] Jered B. Carr, Sang-Seok Bae, and Wenjue Lu, "City-County Government and Promises of Economic Development: A Tale of Two Cities," *State and Local Government Review*, 38(3) (2006): 140.

[113] Thurmaier and Leland, *"Promises Made, Promises Kept,"* p. 293.

[114] Much of this section is excerpted from David K. Hamilton, *Areawide Government Reform: A Case Study Emphasizing the Charter Writing Process*. Unpublished Ph.D. Dissertation, University of Pittsburgh, 1978, pp. 50−72.

第 5 章

联邦政府和州政府政策对区域主义的影响

在 20 世纪 30 年代经济大萧条之前，联邦政府并没有大规模地参与居民的日常生活。当时，联邦政府扮演的角色主要是通过其补贴或建设的交通和通信系统促进全国总体发展。从 20 世纪 30 年代开始，联邦政府越来越多地参与居民日常生活的方方面面。从 20 世纪 30 年代大萧条时期开始，并在第二次世界大战后，联邦政府颁布的政策越来越及时地为地方政府的分权和城市地区的职能集权提供了各种支持和帮助。本章首先阐述了联邦政府推动碎片化的举措，其次阐述了促进职能集中化的联邦政策，最后阐述了各州在其中的角色。虽然各州的政策各不相同，但仍然可以进行一些归纳总结。在 19 世纪很长一段时期内，各州普遍支持集权。而在 19 世纪后半叶，各州开始制定有关分权化的政策。从那时起至 20 世纪后半叶，各州普遍鼓励分权。但是最近，一些州开始鼓励实行更加集权化的政策措施。

支持碎片化的联邦住房政策

在大萧条时期，联邦政府最初涉足住房建设是为了刺激经济发展，并为贫困人口提供住房。20 世纪 30 年代，富兰克林·D. 罗斯福（Franklin D. Roosevelt）总统重振经济计划的核心策略之一是直接建造或者向地方主管机关发放住房建设贷款，用于建造 192 000 套公共住房。这些住房大多建在城市里的贫民区。然而，各种力量很快联合起来改变了这些计划。一个劳工团体联盟成功游说，通过立法，支持在空置土地上而非贫民窟建造住房，从而将重点放在边远地区的发展上。包括美国房地产经纪人协会董事会和全国零售木材经销商协会在内的一个建筑团体联盟成功推动了限制公共住房建设的相关立法，并设立了业主贷款公司（Home Owner's Loan Corporation, HOLC）和联邦住房管理机关（Federal Housing Administration, FHA），为业主抵押贷款提供融资和保险服务。虽然"罗斯福新政"并未舍弃公共住房计划，但是重点转向了促进郊区独户住宅的建设。[1]

这些计划从根本上改变了美国住房的建设和销售方式。在联邦住房管理机关成立之前，住房建设存在很大的风险。大部分开发商都面临资金不足的情况，仅仅依靠一个个项目或一套套住房的销售来维持生存。开发商大量借贷，在经济低迷时期往往会导致破产。1932 年之前，典型的住房贷款发放期限一般为 3～5 年，需要 40%～50% 的首付。此外，购房者往往需要支付高昂的费用以进行二次和三次抵押。昂贵的第二次和第三次抵押贷款通常也是必需的。大萧条爆发后，住房市场陷入混乱。许多房主失去了自己的住房，而银行得到了许多住房却无人认购。随着《1934 年国家住宅法》的颁布，融资情况最终稳定下来。联邦住房管理机关通过为贷款人提供住房投资损失保险，吸引资本进入住房市场。这项计划将贷款期限先后延长到 20 年和 30 年，而且规定的最低首付比例仅为 10%。有了保险抵押贷款，借款人就能获得更优惠的利率。初始利率为 5%，比无保险的抵押贷款利率低 1% 到 2%。[2] 拥有了保险的抵押贷款和较长的分期偿还期限，开发商能够对地域的发展做出较长期的承诺，并对整个分区进行开发。在开发整个分区时，开发商可以通过规模效益，并采用标准设计和预制件来降低建造成本，从而使住房价格更加亲民。例如，20世纪30年代末，洛杉矶地区住房的售价在3 000～4 500美元之间，这意味着购房者只需支付50美元的预付款，然后每月偿还30～50美元的联邦住房管理机关担保的抵押贷款即可。[3]

联邦住房管理机关引入了互助抵押保险制度，成功地增加了放款人可用于住宅开发的资金供应量，使借款人更容易负担得起抵押贷款。在抵押保险的强大刺激下，联邦住房管理机关土地规划部门能改变住宅开发的方式，而且在地方土地利用法规的制定和普及方面，发挥了关键作用。相关联邦计划还在美国全国范围内对评估方法进行了标准化设置，规定了制定地方建筑规范的指导方针。然而，联邦政府开发的将社区划分为4个质量等级的制度，促进了郊区的发展，并降低了中心城区的价值。其土地规划顾问和手册用于指导私人分区开发商的决策，而土地规划部门鼓励州政府和地方政府建立或重组规划机构、分区和分区法规。这个新的联邦机构在很大程度上是由银行家、建筑商和经纪人运作，并为其利益服务的，行使很大的政治权力，迫使政治家和政府官员遵照其要求行事。到1940年，联邦住房管理机关已经完全建立了第二次世界大战后的土地规划和开发流程及郊区化运动模式。[4]

联邦政府在郊区住房开发中的作用经过了专门调整以迎合大型建筑商的需要。这些建筑商的投入对于联邦住房管理机关建筑标准的制定至关重要，而这是抵押保险计划必不可少的先决条件。其中一个典型的案例是，莱维特父子公司（Levitt & Sons）获得了私人建筑商有史以来获得的最大信用额度，以及联邦住房管理机关的开发垫款和承诺，即为月供款低于60美元的4 000套住房融资。莱维特父子公司等大型建筑商约占1949年所有新建独户住房25%的份额，约占1959年所有此类住房近2/3的份额。[5]

在短短10多年间，联邦住房管理机关抵押保险已逐渐成为数百万美国家庭（主要在郊区）拥有住房的关键。另外，联邦住房管理机关的保险计划为帮助第二次世界大战结束后回国的退伍军人购买自有住房的类似计划提供了示范。因此，联邦住房管理机关的抵押计划与退伍军人管理机关（Veterans Administration, VA）的一项抵押贷款计划相互结合，为退伍军人购买住房设置了由政府承担违约风险的特惠条款。通过联邦住房管理机关和退伍军人管理机关的这些计划，联邦政府为新一轮大规模住房建设提供资助，其中大部分住房位于中心城区之外。随着时间的推移，这些政府计划深刻地影响了郊区的实体发展和社会结构以及中心城区的经济和居住状况。[6]

20 世纪 30 年代，联邦住房管理机关和退伍军人管理机关实行相关政策后，购房者更易获得新住房贷款，因此，联邦抵押保险在达成刺激住宅建设行业的初步目的之后，其长期功能已转变为支持郊区住宅建设。部分原因是，联邦住房管理机关和退伍军人事务局的政策使得新住房贷款比现有住房贷款更容易获得。另外，联邦住房管理机关的计划主要是为了协助人们购买独户住房，因为独户住房比多户住房需要更多的土地。在战后时期，与中心城区相比，大片地块在郊区更容易获取，而且价格也较低，从而在总体上有利于郊区新住房的开发。[7]

尽管联邦住房管理机关宣称其目标是提高美国家庭的住房拥有率，但是其支持郊区住房建设的目的绝不是让所有群体均能拥有住房。直到 1962 年，约翰·F. 肯尼迪（John F. Kennedy）总统签署总统令，禁止联邦政府在资助住房建设中区别对待不同群体。在此之前，联邦住房管理机关基本只贷款给白人。自 20 世纪 30 年代起，该机构一直采取的种族限制性住房政策不过是为了保护白人住宅区的利益。经过一代社区居民的艰辛努力，联邦住房管理机关建议其评估人员降低对少数族裔居住区域内房产的资格评级，从而阻止对不同种族或民族杂居的中心城区社区的投资。直到 20 世纪 60 年代末，联邦住房管理机关的一位专员才明确宣布，整个区域的这种种族歧视行为将不复存在。[8]

从第二次世界大战后郊区化的关键几十年到 20 世纪 70 年代初，联邦住房管理机关的另一种主要歧视性做法是针对低收入群体的收入歧视。关于购房者的种种资格要求，往往使失业贫困人口和低收入工薪阶层家庭无法获得贷款担保资格，即使从全国来讲这些群体的住房需求亟待解决。美国全国城市问题委员会发布的一份报告指出，从 20 世纪 60 年代末开始，联邦住房管理机关只有略多于 10% 的抵押贷款提供给了收入低于 40% 的群体。实际上，"直到 1967 年夏季，联邦住房管理机关几乎从未为贫民区的住房提供抵押贷款担保，除此之外，联邦住房管理机关在贫民区周围的灰色区域提供的抵押担保也少之又少"。[9]

这种收入歧视的影响与联邦住房管理机关的抵押贷款政策一致，而且强化了政策的种族偏见。这一点可以从该计划的实施规模来判断。从 20 世纪 30 年代中期联邦住房管理机关成立到 20 世纪 60 年代末，其政策受到强烈批评。在此期间，700 多万套利用联邦住房管理机关的抵押贷款而建造的住房拔地而起，相当于全国私人融资建造的所有非农住宅单元的 20%。事实证明，退伍军人管理机关的抵押担保计划更加有利于中下阶层。1966 年，退伍军人管理机关抵押资金的近 30% 流向了收入在 4 800～6 000 美元之间的家庭；而在上一年度，联邦住房管理机关的抵押贷款资金只有 10% 流向了这类家庭。尽管如此，联邦住房管理机关和退伍军人管理机关的抵押计划都有排除贫困人口和接近贫困人口的倾向。例如，截至 1966 年，这些计划的抵押资金只有不到 2% 流向收入为 3 600 美元或以下的家庭。[10]

联邦住房计划在刺激住宅市场和住房拥有率方面，取得了巨大的成功。它显著增加了抵押贷款的数量，并将存款较少的中等收入家庭大规模推向住宅市场。截至 1972 年，联邦住房管理机关已经帮助 1 100 万家庭购买住房，帮助 2 200 万家庭改善住房。截至 1971 年，退伍军人管理机关为退伍军人提供的住房贷款计划已经发放了近 1 000 万美元的贷款。[11]这些贷款大部分针对的是在郊区建造的住房。

克利夫兰地区是联邦住房政策向郊区倾斜的实例。1950—1990 年，该地区政府共建造了 373 700 套郊区住房，却只建造了 43 000 套城市住房。而同期，大都市区的家庭数量增加了 273 000 户。住房过剩问题最初始于 20 世纪 60 年代，当时户均住房拥有量为 1.5 套。这些过剩的住房主要集中在城市，其中很多住房已被遗弃。20 世纪 70 年代，约有 4 万套过剩的住房。户均住房拥有量增加到 2.0 套，但遗弃现象十分普遍。在 1950—1990 年的 40 年间，该市约有 10 万套过剩的住房被闲置，其中大部分被遗弃。遗弃建筑物显著加剧了社区的衰败程度。[12]

《1949 年住房法》是联邦政府为清理贫民区和建设公共住房所做的一项努力，也是帮助处于困境的中心城区应对经济和社会威胁，而实行大规模城市改造计划的基础。这些威胁包括：城市贫民窟的蔓延，由于中心城区人口和经济资源分散到郊区和国内其他地区而导致的商业衰败等。《1949 年住房法》的重点是建设由联邦政府资助的低收入者的住房。然而，许多城市都强烈抵制公共住房，尤其是西南部和西部许多城市（包括洛杉矶和休斯敦）通过地方公投来抵制公共住房。1949 年这项计划的主要受益对象为东北部和中西部的老工业城市。

从 1954 年开始，一系列修正案以及公共住房融资授权的锐减，使政府将重点从建设低收入保障性住房转向经济振兴。联邦政府的拨款没有用于建设低收入住房，而是用于中心城区的中心商业区和衰败区域的商业振兴。在大都市区建设的低收入住房大多位于中心城区，从而进一步孤立和隔离了低收入人群。因商业城市更新项目而拆除的房屋未能重建，这进一步鼓励人口从中心城区分散。[13]

除联邦住房政策外，联邦税收政策也通过减免抵押贷款利息税和地方房地产税促进了郊区化。实际上，这是联邦政府对住房所有权的最大贡献。1958—1986 年，这些税收减免总额从 32 亿美元增加至 626 亿美元，其中 273 亿美元用于利息开支。居者有其屋的激励措施，使拥有最昂贵住房的房主受益，因为大约 60% 的房主要么没有抵押贷款，要么没有享受标准免税。[14]一位研究者根据对联邦税收减免与联邦抵押贷款计划组合优势的研究得出这样的结论：20世纪 50 年代，典型的大都市土地面积增加了 17%。除此之外，人口增加、交通状况改善和地方政府的其他举措等也造成了大都市土地面积的相应增加。[15]

制造业分散

在制造业从中心城区向郊区分散的过程中，联邦国防工业选址的政策发挥了重要作用。自 1940 年起，美国的国防支出迅速增加，当时罗斯福总统要求国会拨付 10 亿美元资金准备用于扩大军工生产，之后要求拨付的金额更大。1940—1945 年，美国新增的工业生产能力相当于 1940 年之前所有工业生产能力的总和。一位研究者称，军工生产设施的初始投资均流向了占全国现有工业生产能力很大一部分的老城市，即这种投资的结果是人口开始向美国国内的老工业城市大规模迁移。哈特福德、布里奇波特、朴茨茅斯及其他工业城市历史上都经历了工人的迅速流入。刚开始这些工人来自紧邻的内陆地区，后来有些来自较为偏远的地区。底特律从整个中西部的乡村地区招募工人，工人离开宾夕法尼亚州东北部的斯克兰顿和威尔克斯巴里周围的萧条地区，前往康涅狄格州从事军工生产。[16]

军工工人的涌入很快使这些老城市不堪重负。住房、交通甚至公共卫生设施的情形都不容乐观。工人的住宿条件恶劣甚至居无定所，而且每天的通勤时间长达几个小时，因此，他们的工作积极性受到了严重打击。面对这些难题，军工生产委员会、战时人力委员会及其他国家机构的政策制定者意识到，必须将国防工业建在老中心城区之外，因为在那里仍然存在剩余劳动力，而且现有设施仍有吸引新移民的余地。[17]

在军工生产设施选址郊区的决策中，政治因素可能发挥了一定的作用。政治学家约翰·莫伦科普夫（John Mollenkopf）认为，被商业界代表支配的军工生产委员会借此机会在郊区投资，从而削弱了新政的城市政治基础。莫伦科普夫的观点实际上似乎与这些年产生的部分数据保持一致。例如，在底特律，军工生产委员会驳回了工会领袖沃尔特·鲁瑟的提案：对中心城区大量小型军工工厂的设备进行更换。相反，资金却被转移到了邻近的乡村和郊区。底特律可能是一个非典型的案例，因为汽车行业刚刚经历了劳资对抗的痛苦时期。激进的汽车工人联合会与亨利·福特之间的政治紧张局势达到了顶峰。同时，城市新政与郊区保守派反对者之间的冲突可能已经影响了联邦政府的部分战时投资政策，这种可能性不容忽视。[18]

截至 1945 年，军工厂迁出老中心城区这个决策的影响开始显现。1940—

1945 年，在纽约大都市区内，纽约市军工工厂的投资为 3.8 亿美元，而郊区军工工厂的投资为 4.92 亿美元。而在底特律，这一差距更加显著，中心城区军工厂获得的投资为 3.26 亿美元，而郊区军工厂获得的投资为 7.13 亿美元。即在底特律城区每投资 1 美元，在郊区需投资 2 美元。在洛杉矶，城市地区每投资 1 美元，郊区需投资 4 美元。只有在美国南部和西部的新兴城市，中心城区偶尔才会获得比郊区更多的投资。[19]

随后，这些投资模式掀起了向美国中西部、南部和太平洋沿岸城市迁移的浪潮，尤其是向这些城市的郊区迁移。1940—1943 年底，有近 400 美国平民离开家园到新社区居住。1940—1944 年，底特律大都市区的 4 个郊区县接收了 20 多万移民。1941 年，福特公司在距底特律 30 英里的沃什特诺县的乡村建成了伊普西兰蒂（Willow Run）轰炸机工厂。截至 1944 年，沃什特诺县40% 以上的居民为 1940 年之后迁入该地区的军工工人及其家属。[20]

与旧工业时代的工厂不同的是，大部分生产军用物资的新工厂均是占用大片土地的低层建筑物，而只有在中心城区建成区之外才能获得这样的土地。在中心城区之外，这些联邦政策造就了一个高效的新工厂组成的庞大工业基地，而且可以在战后进行商业开发。实际上，1946 年之后，制造业工人向郊区迁移的速度就已快于居民了。[21] 当军工厂的转型满足了居民的潜在消费需求后，工人开始向郊区转移。人口向郊区迁移是为了靠近工作场所，并通过联邦住房管理机关和退伍军人管理机关购买现代经济适用房。零售和服务设施向郊区迁移，以服务不断发展的产业和不断增加的人口。20 世纪 50—60 年代，郊区购物中心和办公楼如雨后春笋般涌现，同时，它们也成为吸引就业和人口增长的节点。

联邦交通政策

早在《1956 年州际高速公路法》颁布之前，联邦政府就开始参与公路建设。截至 1940 年，联邦政府已帮助各州建设了 15 万英里横跨美国全境的　级公路。但联邦政府最雄心勃勃、最引人注目的高速公路建设计划是 1956 年颁布实施的《州际高速公路法》。[22] 该法案为汽油销售税收入建立了一个公路信托基金。联邦政府利用该基金承担了综合封闭式公路系统 90% 的建设和维护费用。该系统彻底改变了美国的交通状况。该计划以前所未有的方式使周边区域的土地与城市连接起来，并打开了郊区开发的大门。德怀特·D. 艾森豪威尔（Dwight D. Eisenhower）总统曾经提出，通过州际公路系统将各城市连接起来，并推动乡村发展。从 1959 年起，他开始担心这项计划会延长与中心城区的通勤距离，并促成城市蔓延的发展模式。然而，他签署的总统令已经无法逆转当时大都市的发展模式了。[23]《州际高速公路法》的资金用于建设 42 000 英里城市地区公路系统中约 5 000 英里的公路，从而形成便于郊区与中心城区通勤的公路交通网络。

除了用于公路建设和维护的公路信托基金外，公路项目还得到了联邦一般税收的补贴，从而掩盖了使用者承担的真正费用。例如，1987 年，联邦政府拨付给公路计划的 130 亿美元资金中的一半以上来自一般税收而非使用费。因此，实现郊区开放并促进分散化的公路系统融资，不仅仅来自郊区使用者缴纳的汽油税。这些对中心城区产生严重后果的公路计划也通过城市居民缴纳的一般税款得到补贴。历史学家肯尼斯·T. 杰克逊（Kenneth T. Jackson）说道："人口和就业机会向外迁移可以被视为数百万人对汽车车主、郊区开发商和私人房主获得的高隐性补贴率的理性应对。"[24]

联邦公路计划在促进美国经济发展的同时，也推动了大都市区内产业和人口的分离，但同时也加剧了交通堵塞。通勤者越来越多地利用新建的州际公路上下班，公交车、火车和有轨电车的使用量不断减少。1990 年，在上下班高峰期中，只有 5% 的通勤者使用公共交通，86% 的通勤者使用私家车，其中 73% 的通勤者独自驾车上下班。虽然 2000 年选择公共交通作为通勤方式的通勤者数量与 1990 年相比有所增加——因为职工的总数有所增加，但实际比例下降至 4.7%。2000 年，有 87.9% 的通勤者使用汽车通勤，其中 75.7% 的通勤者独自驾车上下班，表明他们对汽车的依赖程度更高。2000 年，只有 10.5%

的中心城区职工和 2.9% 的郊区职工选择公共交通作为通勤方式。[25]

　　为了扭转公共交通使用比例下降的趋势并促进公共交通的集中开发，从 1974 年开始，联邦政府为公共交通注入了大量资金，但联邦交通预算的分配曾经而且现在仍然更有利于公路项目而非公共交通项目。大部分联邦汽油税用于公路建设，只有 6% 左右用于公共交通系统。"新起点"公共交通基本建设项目的联邦配套资金的上限为 80%，但根据国会的拨款情况可能只有 60%。相比之下，在公路资助方面，州际公路系统享有 90% 的联邦资金配套率，大多数其他项目享有 80% 的联邦资金配套率。最近的一项分析指出，联邦资金仅占公共交通机构基本建设资金的 47.2% 左右，公共交通项目涉及的联邦手续比公路项目烦琐得多。不同于公路项目，联邦交通管理机关必须批准每个公共交通项目。由于公路项目的联邦资金配套率较高，而且政府批准流程的费用低，负担小，因此，使用联邦资金建设和维护公路比建设和维护公共交通系统更加容易。此外，由于可利用的公共交通资助金额很小，因此，利益相关方对资金的竞争异常激烈。可以说，公共交通是联邦交通资助体系的弃儿，它严重依赖地方政府的资助和支持。[26]

联邦基础设施拨款

　　发放给地方政府的联邦基础设施拨款，推动了城郊社区独立自主文化的形成。联邦补助资金的大量流入是从 20 世纪 30 年代大萧条时期开始的，供水和排水基础设施拨款是联邦政府支持郊区化活动的一个明证。20 世纪 30 年代之前，供水和排水系统的建设资金主要来自本地资源。大萧条期间，联邦政府通过公共工程管理机关承担了新供水和排水系统建设费用的 35%～50%。作为对新政的回应之一，这种局面到第二次世界大战后戛然而止，部分原因是公众对新政的反应。后来随着《1948 年水污染防治法》的颁布，这种局面得以重新出现。该法案为排水设施提供了有限的研究和规划资金以及一些低息贷款。1956 年，联邦政府对《1948 年水污染防治法》进行了修正，开始为排水系统建设提供拨款，从而为地方基础设施开发提供资金支持。[27]

战后经济繁荣时期的早期，联邦政府在供水和排水设施扩建中的作用并不明显。但随着债券利率的上涨，建设费用不断增加，很多郊区不再完全依赖后院化粪池，联邦政府的作用越来越显著。1966 年，美国 47% 的污水管建设费用和 22% 的供水建设费用均由联邦政府承担。1980 年，联邦政府承担的污水管建设费用的比例增加至 75% 左右，即 300 亿美元。要想衡量这些支出对扩大郊区开发决策的影响几乎是不可能的，但对土地价值的影响是可以衡量的。一项研究发现，安装了污水管的土地比未安装污水管的土地价值高出 2～4 倍。[28]如果没有联邦拨款，郊区的发展不太可能达到实际水平，因为在低密度郊区建设给排水系统的费用比高密度区域高出近 3 倍。[29]如果没有联邦拨款，给排水系统建设中遇到的高成本和资源缺乏问题就会迫使地方政府提高密度或停止开发，从而改变土地的用途。联邦拨款不仅让城郊社区能够提供基本的市政服务，而且其他重要市政基础设施也获得了联邦政府的财政援助，提高了居民的生活质量，例如建设医院、购置公园用地等。

联邦政府在城市地区的参与中取得了两项进展，促进了城市地区相对于中心城区的分散化和独立化。第一，在一定程度上，如果联邦计划项目直接提供服务或要求建立机构独立于地方政府提供服务，则绕过了居民对城镇的传统依赖关系。这样郊区政府便可以通过其他途径来满足区域性的需求，而以往这些需求只能在大城市层面得到实现，这样就会有很多与规划、计划制定和城市传统服务提供相关的关注点。现在有很多关于传统上由城市来提供的规划、设计和供应的议题。[30]第二，中心城区社会支持计划的大量联邦补贴吸引了更多的低收入人口，从而导致中心城区与郊区之间进一步隔离以及更大的经济和社会差距。中心城区在努力供养以少数族裔为主的低收入人口后，白人中产阶层向郊区的迁移速度加快，而城郊社区居民则不断设法脱离与城市的联系。[31]

在郊区运动的关键时期，对 37 个较大的大都市区的一项研究表明，郊区地方政府获得了比中心城区更大份额的联邦和州级拨款。例如，1957 年，在 37 个较大的大都市区中，19% 的中心城区的支出来自政府间援助，而对应城郊社区的这一比例为 26%。截至 1970 年，城郊社区与中心城区之间的差距缩小了，其获得政府间援助的比例分别为 33% 和 31%。截至 1977 年，中心城区支出最终获得政府间援助的比例终于超过了郊区，二者分别为 44% 和 40%，[32] 但中心城区和郊区获得的政府间援助在性质上差别很大。中心城区获得的援助主要用于社会和福利计划，而郊区获得的援助主要用于基础设施开发和基本服务提供。

支持区域主义的联邦计划

随着地方政府获得的联邦拨款计划数量的不断增加，区域性规划和协调也成为拨款相关要求的一部分。《1961 年住房法》（第 701 条）、《1962 年联邦高速公路法》、《1964 年城市公共交通法》和《1965 年住房和城市发展法》[第 702（c）条] 分别确定了综合规划的要求，并将其作为确定联邦拨款和项目开发贷款分配的依据。1977 年，有 39 项联邦计划体现了区域综合规划的具体要求。[33]

随着支持州级和地方规划的联邦拨款计划数量的增加——从 1964 年的 9 个增加至 1977 年的 160 个，伴随综合规划要求的协调要求得到了越来越多的关注。协调的目标最初是依照《住房法（修正案）》第 702 条于 1959 年引入的，在《1966 年示范城市和大城市发展法》（也称作《示范城市法》）第 204 条中引发了更多的关注，其中针对 30 项联邦拨款和贷款计划中提出的项目确定了一项区域审查要求。[34]《示范城市法》要求地方机构提出的涵盖多种计划（包括机场、公路、医院、供水和排水设施，以及公共空间的获取等）的所有联邦拨款和贷款申请，都必须提交给行政管理和预算局指定的地区性"信息交流中心"进行审查。

《1968 年政府间协作法》是激励大都市规划的又一重要举措。该法案规定："在最大可能限度内……所有联邦发展援助都应当与州级、区域和地方综合规划的目标保持一致并发挥促进作用。"[35]《1968 年政府间协作法》第 401 条和第 402 条规定总统指定制定相关规则和法规以促进联邦计划在州和地方层面的协调，并限制减少联邦政府设立的现有次州级单一职能特区的数量。该目标于 1969 年通过行政管理和预算局 A-95 号通报达成，并建立了一个项目通告和审查制度，扩展了《示范城市法》第 204 条建立的审查流程。此外，A-95 号通报确定了州级和地区性机构审查联邦拨款和援助计划的规则和要求，其中包含建立州级、区域和大都市信息交流中心的规定。根据通报的要求，需要执行审查流程的联邦计划数量从 30 个增加至 50 个。经 1971 年进一步修订后，审查要求涵盖了约 100 个联邦规划和援助计划。[36] 相关程序规定，信息交流中心给出的意见和建议应当包含与"项目符合综合规划目标或促进其达成的程度"有关的信息。[37]

区域性规划和协调要求的目的是在高度碎片化的城市地区建立一个地区性的监督流程，该流程迫使城镇对其发展规划进行整合与协调，从而避免昂贵设施的重复和过度建设，这也是实现区域治理的必经之路。对区域进行规划和协调的联邦拨款要求促进了区域规划委员会（Regional Planning Commissions, RPCs）和政府理事会（Councils of Governments, COGs）的设立与发展，以便在政府间进行规划和区域协调。提供给这些组织的拨款用于其人员配置、费用支付、数据收集和规划研究等。截至 1973 年，这些组织已指定了 53 个州级信息交流中心、212 个大都市信息交流中心和 238 个区域信息交流中心。[38]

联邦规划和协调要求的影响

规划和协调要求的有效性因地区而异，但总体上不如预期，其原因如下：区域规划机构只是咨询机构，没有执行建议的政治权力。区域机构与全体选民之间至少隔了一层，因为前者并非直接选举产生。在不需要讨好区域选民的情况下，机构中政治代表的利益往往集中在满足其所代表社区的需求上。此外，为区域机构服务的专业规划师提出的不符合各社区利益的地区性规划和建议，几乎无法获得该机构管理部门成员的支持。由于缺乏政治权力和执行权，如果区域机构给出的建议比较负面，那么城镇联邦拨款申请的审查和评价流程往往会被忽略。

另一个相关的问题是居民缺乏对区域目标的共识。规划机构在工作过程中不清楚区域总体发展目标的明确方向。专业规划师设定的目标只有得到政治家的支持才能付诸实施。如果没有地区性选民的支持，那么政治家不太可能就区域目标达成一致意见。此外，尤其是当他们限制了其所代表的各政府的特权时，专业规划师设定的目标更加无法实现。各社区也不愿将自己的土地利用和开发权授予区域机构以实施地区性规划。因此，区域规划通常会被忽略。城市土地学会的一项研究表明，在 102 个被调查城市当中，只有 10 个城市明确采用了规划机构制定的规划。[39]

另一个问题与资金有关。联邦计划往往缺乏资金或资金过于分散，导致其计划执行结果与预期不同。城市发展行动拨款（Urban Development Action Grant, UDAG）计划便是一个例证。在 20 世纪 80 年代初之前，该计划主要用来刺激衰退地区城市经济的发展。首先，在项目获得批准的基础上进行资金分配；符合条件的城市可以提出申请，然后由联邦官员确定资助哪些城市。城市发展行动拨款必须配套相当于拨款金额 2.5 倍的私人投资资金。这笔配套资金往往只不过是对私人开发商的贷款。1989 年，城市发展行动拨款因计划资金短缺而终止，1982—1989 年间，拨款的 80% 都是以这种方式使用的。[40] 城市发展行动拨款计划实际上并未刺激地区经济的发展，而是将发展区域从城市地区其他部分转移到了城市发展行动拨款涉及的发展地点。联邦政府以这种方式影响了土地利用和选址决策。在获得拨款后，拨款的主要影响是刺激中心城区主城市地区的商业和零售业发展，从而将发展重点从郊区转移出来，但资金不足以对大都市区的成长和发展模式产生重大的影响。

联邦政府内部拨款数量有限，资金来源多样，这使得区域协调问题困难重重。据估计，1981 年单项拨款计划的数量为 540 个，而 1961 年肯尼迪执政初期只有 45 个。拨款计划不仅数量庞大，而且往往资金用途相互交叉重叠。例如，有 50 项拨款计划涵盖医疗保健，57 项涵盖社会服务，32 项涵盖陆上交通，16 项涵盖污染防治。一些拨款计划仅资助某个项目的某个部分，这就要求拨款申请人针对项目的各个组成部分分别提出申请，而且可能需要向不同的机构提出申请，因此会存在项目的某些部分获得批准，而另一部分却未获批准的风险。出资机构没有对批准事项进行协调，而且对其他机构资助的计划一无所知。此外，被资助政府很少了解或关注其他地方政府获得的资助。[41]

20 世纪 70 年代末，联邦拨款计划以及联邦政府对区域主义的支持达到顶峰。除大量专项拨款外，20 世纪 70 年代末还有 39 项正在实施的支持区域规划的联邦计划。662 个政府理事会和区域规划委员会得到了联邦政府的大量资助。除负责多项联邦拨款计划规划、评价和审查的这些多功能区域组织外，联邦政府还设立了超过 1 250 个特殊性区域组织作为专门实施联邦拨款计划的渠道，其中包括区域住房管理机关、负责医疗保健相关拨款的医疗系统机构、负责专门养老计划的地区养老机构、负责就业和培训计划的社团、负责执法援助拨款的刑事司法协调理事会、负责紧急医疗服务拨款的紧急医疗服务机构以及负责经济发展拨款的经济发展区。每个职能机构都有单独的计划和职责范围，而且不一定与其他特殊性或多功能机构的职责范围重合。[42]

其结果是，出现了联邦政府规定成立的地方行政区、理事会、委员会、社团、规划团体、州际协定、区域信息交流中心等一系列职能模糊的机构，以及诸多需要参与互动和拨款流程的其他区域机构。每个区域机构都有单独的董事会，而且配备了负责该机构特定职能的专业人士，通过职能组织的行政关系与国家级对应机构产生关联。但它们不一定能与其他计划很好地协调，而且在次州级区域层面运行的机构往往不为公众所知，因为其董事会成员并非直接选举产生。同时，它们的职能往往高度专门化，只对很少的选民产生影响，而即使是这些选民也不一定能感知他们行为的直接影响。[43]

为了增强联邦拨款计划之间的协调性，联邦政府建立了 A-95 审查流程和联邦区域委员会。如上所述，A-95 审查流程要求区域机构对联邦拨款申请进行审查和评价。联邦区域委员会由 10 个区域性联邦行政区中主要联邦机构的区域主任组成，其目的是让这些区域主任能够定期会面，以对其计划进行协调和整合，从而保证在地方层面获得最大的效益，但这些协调工作的有效性有待论证。罗纳德·里根总统于 1982 年（A-95 综述审查）和 1983 年（联邦区域委员会）废除了这些计划，目的是"对过于官僚和繁冗、形式重于实质的流程进行分散"，这引发了广泛的争议。[44] 此后，实际履行协调及整合职能成为州政府的职责。除减少次州级区域活动的联邦拨款外，20 世纪 80 年代初，支持政府与区域机构联系的联邦行政机构也被废除。[45]

里根政府分散化日程的部分目的是降低地方政府对联邦拨款的依赖程度。1981—1987 财年，联邦政府的拨款次数从 540 次减少至 435 次。[46] 在减少联邦专项拨款计划并削弱其区域协调作用的同时，里根政府也削减了对区域委员会的资助。区域主义者普遍认为，这些理事会是提供区域重点项目的最适合机构，但当联邦资助及其存在的主要意义都丧失的时候，区域委员会作为区域主义的主要推动者也失去了其发展的动力。[47] 在 1979 年支持地区主义的 39 个联邦项目中，除一个项目外，其他项目要么被终止，要么明显减少了拨款，或者在里根第一任期结束时从重点地区转移到其他地方。由于补贴城市地区新开发费用的联邦拨款不断缩减，而且各州无法或不愿收拾烂摊子，因此，联邦政府支持进一步碎片化的拨款大大减少了。[48]

20 世纪 90 年代，国会在立法中重新开始强调区域性规划和协调，但力度已不如以前。这一时期，联邦政府拨款计划的数量和可供分配的资金都有所减少。需要监督拨款分配的区域机构也有所减少，而且它们在资金使用上更加自由。大都市区联邦拨款的协调重点现已变成交通和污染防治。对于不符合联邦空气质量标准的地区，联邦交通法案不再为进一步降低空气质量的公路建设项目提供联邦拨款。《清洁空气法》规定，不符合空气质量标准的大都市区必须采取措施使该地区空气质量达标，否则就会面临失去联邦交通资助的风险。[49]

促进区域协作的联邦交通拨款

《1991 年综合运输效率法》（The Intermodal Transportation Efficiency Act of 1991，ISTEA）及后来颁布的联邦高速公路法案表明了联邦推动区域性立法的努力。《1956 年州际高速公路法》与《1991 年综合运输效率法》之间存在显著差异。前者资助建设的道路推动了郊区发展，但破坏了中心城区的很多街区。相比之下，20 世纪 90 年代至 21 世纪初的公路法案则越来越多地要求统筹考虑现代交通的所有要素，如公路、中转、自行车、行人、货运等，而且要求考察交通项目对土地利用、污染防治和环境的影响。从 20 世纪 70 年代初开始要求建立的大都市规划组织（Metropolitan Planning Organization, MPO）的作用也得到了加强。这些法案还要求公众更加积极地参与其中。[50]

《1991 年综合运输效率法》通过前的 1956 年的公路计划和后续计划，将公路项目的决策权基本授予各州。各地区要求地方官员组成的大都市规划组织对联邦公路资金的分配进行监督，但他们并不能最终决定公路建设资金的支出方式。州公路部门会告知大都市规划组织哪些公路项目需要资助。[51]《1991 年综合运输效率法》和后续公路法案强化了大都市规划组织的作用，使之能在区域交通问题中显著加大投入力度。新法案颁布后，大都市区代表在该过程发挥了更加重要的作用。在满足大都市需求的交通决策过程中，大都市规划组织获得了更多的权力，也承担了更大的责任。大都市规划组织代表队伍不断扩大，因此能够更好地代表所服务的地区。联邦政府支出由几乎完全集中在公路和道路建设及维护上，转向有一小部分分配给公共交通及其他交通方式。相关要求是从整体和长远的角度进行交通规划。[52]

虽然大都市规划组织的权力被强化了，但各州仍然在大都市区的大部分交通决策中发挥主要作用。各州大都市规划组织直接控制的资金数额和董事会的结构的差别也较大。政府问责办公室（Government Accountability Office, GAO）的一项研究表明，州政府会抵制削弱其交通资金控制力的任何行为。与州交通运输部（Department of Transportation, DOT）不同，大都市规划组织并非经营性组织，州长和州交通运输部对大都市规划组织选择的项目仍有否决权。虽然大都市规划组织也有权否决项目，但各州控制着大部分资金，而且政治影响力远大于大都市规划组织。很多大都市规划组织只能在狭隘的地方利益与区域利益之间苦苦挣扎。在很多地区，地方政府仍然需要通过竞争以获得交通预算份额。此外，大都市规划组织和州政府的能力仍处于不均衡状态。州级交通规划仍然主要属于交通专家的职责范围，这些交通专家精通工程和混凝土浇筑而非城市规划、环境治理或发展经济。[53]

为改善大都市地区的交通状况，相关人员已提出了一些政策建议。区域性聚焦对于解决交通引发的问题至关重要。因此，联邦政府应强化大都市规划组织的职能并赋予它们更多决策权，以支配分配给本地区的联邦资金。这些组织还应覆盖整个通勤区域，以便更好地制定规划、设定优先次序、分配资金并协调本地区各交通系统的开发和实施。另外，其他区域机构应当进一步参与交通规划。影响交通政策或受其影响的所有区域机构都应相互协调，因此，联邦政府应当设立一个拥有适当权力的总体协调机构来保证交通决策符合本地区的最佳利益。例如，伊利诺伊州政府最近批准伊利诺伊州东北部规划委员会与芝加哥地区交通研究机构合并为区域规划委员会（现在称作芝加哥大都市区规划署），从而更好地协调土地利用和交通项目及问题，让本地区在联邦资金的竞争中有强大的话语权，促进地区团结，以与美国其他地区展开竞争。

选举权法

对政治碎片化有轻微影响的另一项联邦举措就是《1965 年选举权法》。该法案适用于 9 个州和另外 13 个州的一部分，这些州采取歧视性的做法以限制黑人投票。该法案的一个条款要求在边界变更前必须获得联邦政府的事先批准。[54]即该法案适用地区的任何城镇的设立或兼并均需获得事先批准。根据该法案的规定，设立郊区政府以排斥黑人将更加困难，但社会科学家南希·伯恩斯（Nancy Burns）研究了该法案对地方政府设立的影响。她发现，《1965 年选举权法》关于事先批准的条款似乎并未对城镇的设立产生任何显著的影响，但最初对特区政府的设立却产生了初步影响。20 世纪 60 年代，在该法案适用地区内设立的特区政府少于其他地区，但此后这种差异便明显减少。[55]

州政府与区域主义

地方政府是由各州政府设立与管理的。地方政府的所有行为均受到州政府的管辖。如第 3 章所讨论的，19 世纪末，并入和设立城镇辖区的州级政策确定的框架允许政治碎片化，而且这种现象在城区依然存在。大多数州制定了宽松的普通立法，其中不要求针对任何城镇的设立均采取特别立法行为。依照普通立法，如果某地区的居民希望设立城镇并满足法律要求，那么他们可以在无须州政府密切参与的情况下这么做。虽然各州法律不同，对于规定下限人口较少、土地面积小以及房地产税基要求低的城镇，其设立流程比较容易。例如，亚拉巴马州规定的最少人口只有 300 人，而得克萨斯州规定的最少人口只有 201 人。[56] 根据各州的具体情况，社区可以在村庄、自治镇、城镇或不同等级的城市设立，并提供比大城市要求低的有限服务，这有助于防御性地设立城镇辖区，从而避免被城市兼并。[57]

各州还协助小型地方政府提供基本服务，并建立相关机制以保证碎片化大都市区的正常运作。彼得·萨林斯（Peter Salins）对州政府的作用描述如下：联邦政府为发生城市蔓延的郊区化大都市区打下经济基础，与此同时，州政府做出的财政和管辖权安排使城市蔓延的大都市化在职能上得以实现。大部分州均设立了大都市级甚至州际机构以管理重要的区域交通、基础设施和环境职能等。所有州均制定了针对地方政府尤其是学校的援助计划，因此，即使是应税商业地产很少的最小管辖区也能提供全套的市政服务。[58]

州级援助计划与上文所述的联邦援助计划相结合，提供了郊区化补贴。正如 1970 年之后流向郊区的联邦援助比例高于中心城区一样，州级援助也向郊区倾斜。一项对 68 个较大的大都市区的研究表明，虽然存在很多问题，且中心城区较为贫困而郊区相对繁荣富裕，但州级援助的金额是在中心城区与郊区之间按人头平分的。实际上，一些州级援助计划给予城郊社区的补贴多于中心城区。纽约州锡拉丘兹、明尼苏达州明尼阿波利斯、俄亥俄州阿克伦和托莱多、肯塔基州路易斯维尔、俄克拉何马州俄克拉何马城和塔尔萨、得克萨斯州达拉斯、亚利桑那州凤凰城、犹他州盐湖城和华盛顿州西雅图获得的州级援助金额都只相当于郊区的 75% 或更少。[59] 1970 年之后，州级援助更加倾向于解决中心城区问题。1977 年，在 85 个较大的大都市区当中，中心城区获得的人均援助金额相当于郊区获得的人均援助金额的 123%，但仍存在差别巨大的地区。例如，奥马哈、哥伦布、路易斯维尔、俄克拉何马城、塔尔萨、奥斯汀、科珀斯克里斯蒂、达拉斯、埃尔帕索、旧金山和盐湖城获得的人均援助金额只相当于郊区的 80% 或更少。[60] 援助类型也有所区别。联邦政府对郊区的援助往往涉及基本服务和基础设施，以促进郊区扩张和发展，而对中心城区的援助往往涉及社会福利。

鼓励区域主义的州级项目

增长管理法

　　20 世纪下半叶，多个州开始关注城市蔓延的发展和对环境敏感地区的保护，并制定了各种形式的发展管理法律。1961 年，夏威夷州成为首个实行全州土地利用控制管理措施的州。为了保护农业用地，夏威夷州建立了一个土地开发政策框架，并让一个州级的土地开发管理机构（土地利用委员会）承担政策实施的主要责任。[61] 该机构将整个州分为四大区域：城市、乡村、农业区和环境保护区。每个区域内的土地只能用于法律规定的用途。例如，农业区内禁止进行大规模城市开发。在城市地区内，地方区划机构建立了更多特定类型的分区，并核发开发许可证。然而，尽管法律的意图是保护农业用地不被城市侵蚀，但夏威夷州规划办公室的主任抱怨说，这些州级监管控制措施和县区划地图对减缓主要农业用地转为住宅区的过程影响很小。该法律允许土地利用计划与该区域规定用途不一致的开发商申请专用许可证。他指出，支撑农业生产的关键是商业盈利，而非土地利用地图。因此，盈利较多的土地利用方式将成为主导土地利用决策的重中之重。[62]

　　其他州也开始关注城市蔓延，并通过了各种形式的增长管理法。美国规划协会的一份报告显示，1/4 的州正在实施从适度到实质性的"精明增长"计划改革。这些倡议通常需要全州、全区域或全县范围的规划以及与规划相适应的开发活动，且提倡对现有基础设施进行重新投资，而非建造新的基础设施。例如，马里兰州将已经开发和计划开发的部分城市地区指定为优先资助区域，进行公共基础设施建设，从而利用州政府资助来阻止城市蔓延。[63] 缅因州设立了缅因州土地利用管理委员会，为无组织的区域制定土地利用管理措施，还通过了一项立法——"有可能对当地环境造成重大影响或给公众健康、安全或福利造成威胁"的任何开发活动都必须获得州级许可证。[64] 佐治亚州立法机构通过了一项综合规划法律，规定在州、区域和地方各级层面进行综合协调规划。为了获得各种类型的州级资助拨款，每个城市和县都必须制定一份涵盖多个要素的综合规划，包括土地利用、环境、经济发展和政府基础设施。[65] 新泽西州的增长管理规划要求县和城镇制定相互协调的规划，以实现有序发展。其目标是在整个大都市区内最大限度地利用现有基础设施、保护公共开放空间，并保证经济适用房的公平分配。在华盛顿州，州级法律的目标是最大限度地利用现有的基础设施并保护环境。它还要求确定每个大都市区的增长边界，而且不得为这个边界之外的新开发区提供城市服务。[66]

1998 年，田纳西州通过了一项关于增长、并入和设立城镇辖区的法律，其目的是让县内的所有政府协作制订增长计划。其相关要求比较模糊，其中并未规定增长计划有哪些构成要素。然而，其目的是确定在未来 20 年内可合理预期的城市发展边界，并通过在该边界内提供城市服务，以促进有序地扩张，并对农业区、休闲区和野生动物区进行保护。虽然支持者表示，县增长计划是朝着正确方向迈出的一步，但他们批评田纳西州没有要求包含一个以上县的大都市区制定多县增长规划。如果县内的各城镇各自制定了符合县发展规划的综合规划，那么县发展规划就会更加有效。[67]

增长管理立法往往是为应对公众压力而制定的，其目的是保护森林、沿海地区等重要环境保护地区免受过度开发的影响。这些法律始终要求政府制定一些符合州级目标的区域综合规划，并对该地区内的重大项目进行区域影响审查。在对开发要求进行区域审查时，必须考虑超出相关城镇边界的影响，例如交通拥堵、居民的经济适用房需求等。如果新的开发与区域综合规划相抵触或者区域影响审查的结果是负面的，那么新开发区有可能被否决或改动。增长管理法通常将增长管理边界定义为县，但是边界可能包含整个大都市区，例如由3个县组成的波特兰地区。另一种边界的概念可能包含一个自然资源系统，例如加利福尼亚州的区域水质治理法案。[68]

加利福尼亚州率先通过了保护环境敏感地区的增长管理立法，制定了一项沿海地带规划以保护其海岸免受不当开发的影响。1969年，圣塔芭芭拉灾难性的石油泄漏事故发生后，州级议会未能通过保护海岸的法案。因此，环保人士提出了一项保护海岸的倡议，它也成为加利福尼亚州政府制定增长管理法的缘起。该倡议于1972年以10%的微弱优势获得通过，加利福尼亚州立法机构也在1976年加强了后续立法工作。在这项倡议和后续法律的推动下，加利福尼亚州政府设立了1个全州委员会和6个区域委员会，负责执行针对沿海3英里、内陆5英里范围内的新开发区的州级指导方针。依照这项法律，各委员会允许沿海地区的127个城市和县批准每项开发申请，前提是它们首先提交了保护湿地、濒危物种和海岸公共通道的规划，并获得委员会的批准。这项发展管理法律引发了很大的争议，很多沿海城市和县没有制定可行的规划，因此，委员会陷入了审查和分别批准各项海岸开发提案的困境，这些提案涉及海岸售货亭、分区及核电站等。委员会的工作人员无法集中精力处理更广泛的开发问题和保护环境的长期规划。虽然在规划实施中也遇到了一些问题，且提交的近90%的许可证都获得了批准，但是各区域委员会没有强制进行改革，使新开发区开发变得更符合环保标准。[69]

精明增长政策取得了不同程度的成功。从总体上看，要想阻止边缘区域的持续发展是极为困难的。有人可能会提出，即使没有精明增长政策，建成区也有可能会经历二次开发。涉及49个州城市增长的一项研究发现，许多采用精明增长政策的城市并未减少城市蔓延的现象。增长管理规划的采用在地方一级往往是自愿的，而且很少有地区政府会采取这些规划。伯纳黛特·汉伦

（Bernadette Hanlon）认为，必须采取强制性的要求或者必须通过激励措施来保证地方一级的发展符合规划。汉伦的研究表明，只要地方政府对地方区划和土地利用拥有完全的执行权，那么精明增长政策基本上是无效的。限制增长或开发通常不符合地方政府的眼前利益。[70]地区性增长管理计划的另一个问题是，各州实行的有关综合区域规划的自上而下式的区域主义要求有时会忽略地方政府制定规划的能力。尽管一些州委托顾问和技术援助人员来拟定区域规划，但他们往往无法协助解决不同利益群体之间的分歧。[71]

通过增长管理立法来保护环境有很大的局限性。例如，加利福尼亚州区域委员会的职责是围绕某种资源而非地理或经济区域设定的，因此无法成为实施真正区域规划的媒介，而且其目标主要局限在保护资源、居民的休闲区域和海岸公共通道等方面。而失业、社会服务、经济发展和经济适用性住房等区域性问题，则不属于其管辖范围。此外，如果已有一个委员会批准的土地利用规划，审批许可程序仍然是地方政府的特权。区域委员会无法解决毗邻的地方政府之间的土地利用冲突，也无法对新城市的设立或土地兼并提出建议。[72]

因一些居民越来越保守，政府对土地利用的任何形式的控制均会面临更大的阻力。在增长边界之外拥有宅基地的人抱怨称，这些边界正在降低其宅基地的价值。开发商称，由于可供开发的土地数量受到限制，因此住房建设成本提高了。同时，居民认为，由于存在增长管理法限制了发展的说法，因此，佛罗里达州政府废除了已实施30多年的增长管理法。一些研究表明，增长管理法会抬高住房价格。美国国家政策分析中心根据2008年住房泡沫破裂的研究得出结论：住房价格迅速上涨的原因之一是政府限制性的土地利用政策。该中心对已实施和未实施限制性土地利用政策的大都市区内的住房价值损失进行了比较，研究发现，限制程度较高的市场内平均每套住宅的价值损失为67 000美元，而在限制程度较低的市场内，平均每套住宅的价值损失为17 000美元，由此得出了较为轻微的损失也许不会引发金融危机，或者说如果采取限制程度较低的土地利用政策，那么金融危机可能不会造成如此严重的后果。[73]

区域性服务与政策

　　各州越来越多地参与地方和区域事务。许多州正在鼓励并要求采用区域性方法来为居民提供服务和解决政策问题，少数几个州通过颁布法律或鼓励采用区域性方法来处理有争议的社会问题。例如，马萨诸塞州颁布了一项法律，允许一个特殊的州级委员会来否决阻碍经济适用房开发的地方区划条例。这部法律的目标是将提供建设经济适用房的职责分散到州内各个管辖区。2004 年，伊利诺伊州颁布了一项法律，要求所有经济适用房不足的县和城镇落实经济适用房建设规划。加利福尼亚州、新罕布什尔州和俄勒冈州制定的规划要求地方政府利用合理的时机来开发经济适用房。[74] 康涅狄格州鼓励通过公平住房计划以支持经济适用房分散在城市区域。公平住房计划要求设立一个协商委员会，以就本地区的经济适用房规划达成共识。一旦委员会达成共识，那么本地区内每个城镇的管理机构就必须批准这项规划。州政府会为区域制定经济激励措施来推动这个过程并制定合理的规划。有些州还针对区划争议和增长管理冲突引起的争端提供调解服务。[75]

　　各州越来越多地参与地方政府服务的提供和管理中。在一些实例中，州政府对有财务问题的学区和城镇进行完全控制。[76] 另外，许多州允许并鼓励各政府机构之间的协作。然而，相互独立且有竞争力的地方政府之间的自愿协作并不容易实现。在对 4 个不同州进行的一项研究发现，各城市与郊区之间缺乏协作。研究者得出的结论认为，大城市的市长在城市管理和财务问题的压力下不太可能发挥带头作用，但郊区政治领袖对触角伸向郊区的大城市的市长往往保持警惕，担心受其支配。[77]

　　如密歇根州政府致力于建立联合政府以鼓励联合建设。密歇根州已授权地方政府在当地选民批准的前提下，建立地区性的公共安全主管机关，以提供治安、消防和紧急医疗服务。明尼苏达州还设立了政府创新与协作委员会，其职能是通过批准临时豁免州级的规章或法规条例，以改善其服务提供及地方政府的创新水平、协作水平和效率。该委员会还向地方政府提供专项资金以鼓励和促进协作。[78]

设立和兼并的变革

　　为了减少地方政府碎片化现象，一些州收紧了设立程序，以鼓励兼并而非设立新城镇。少数州要求新城镇与现有政府单位保持一定的距离，或者它们必须获得现有城镇的批准方可设立。大部分州规定，边界变更和某些情形下的设立申请必须获得特定州立机构或司法机构的批准。1904 年，弗吉尼亚州率先采用了这种做法，即要求由 3 位法官组成的陪审团对兼并及合并问题进行司法认定，并确定了法官在决策中应当遵循的一般标准。其他州通过州立机构或边界审查委员会（Boundary Review Commissions, BRCs）来保证其连续性。而弗吉尼亚州的流程却未能做到这一点。[79]边界审查委员会的组织形式和权力因州而异，它们可能是一个州级机构，可能是州级与地方的混合机构，也可能是纯粹的地方机构。这些边界审查委员会可能同时拥有审查兼并及合并的权力，也可能只有审查兼并的权力；其管辖范围可能是整个州，也可能仅限于某些地区。这些边界审查委员会的委员可能只有建议权，或者有权终止诉讼，但是大部分边界审查委员会都有一套广泛的政策目标，其目标大致如下：① 鼓励大都市有序发展，防止城市蔓延，并促进综合性土地利用规划落实；② 提高公共服务的质量，增加服务种类；③ 限制地方政府之间的恶性竞争；④ 确保地方政府的财政可行性。[80]

　　边界审查委员会在改善大都市区的地方政府体制中到底发挥了多大的作用？由于大部分大都市区基本上是高度碎片化的，因此，有些人认为这种做法是"亡羊补牢，为时晚矣"。然而，有这一要求的州半数都位于南部，而第二次世界大战后的很大一部分兼并活动都发生在这里。此举是为了让这个原本充满政治色彩的过程变得更加合理。一项研究发现，边界审查委员会在存在 30 年之后，并未以任何方式影响兼并及合并。[81]这可能是由于该委员会在大都市时期建立较晚，而且其权力受到严格的限制。因此，委员会对城市间的兼并的影响并不广泛，也不深入。

　　尽管边界审查委员会可以协助解决争议，但是在许多情况下，该组织无权自行管理发展和边界变更问题。边界审查委员会可以阻止城镇的设立，但无法将其确定性决策付诸实施。一般而言，边界审查委员会会对各项边界变更的提案做出回应，但是不会采取主动姿态去制定调整大都市边界的广泛策略。对于那些希望地方政府模式"合理化"的人士来说，这种情况比较令人失望。

特定州关于地方政府设立的法规

　　阿拉斯加州边界委员会可以很好地说明边界委员会的权力和运作情况。作为一个州级机构，它有权监督市政府边界的建立和调整，有权对设立城镇辖区提案、兼并申请、兼并撤销、合并、城镇重新分类申请和城镇解散申请采取行动。[82] 另一种方法略有不同的案例是加利福尼亚州。在加利福尼亚州，只有获得由本地区和本县内其他城市的代表组成的委员会的批准，才能设立城市。此外，设立申请必须获得县监督委员会的批准。准予批准的一项标准是提出设立申请的社区必须在前几年内预留了相当多的预算结余。虽然有这些要求，但是大多数设立申请均获得了例行批准。[83]

　　依照华盛顿州的法律，如果某地区至少有 1 500 位居民，那么该地区就能合并设立一个城市。例如，某地区距离人口数在 15 000 人或以上的城市的边界不足 5 英里，那么该地区至少应有 3 000 位居民。基本设立程序包括提出申请、边界审查委员会审查（如果县没有该委员会，则由县立法机关审查）以及相关居民投票赞成等环节。[84] 自 1990 年起，华盛顿州新设立了 15 个城市，而在 1990 年之前的 20 年内，华盛顿州只设立了 1 个城市。在这段城市设立高潮期中，还有多次失败的设立尝试，很大程度上归因于过去 10 年内该州人口的迅速增长，尤其是普吉特海湾地区，最近该地区的城市设立活动比较频繁。不断发展的城市化和城市蔓延导致许多社区考虑把设立城镇辖区作为对社区特征进行本地控制的一种手段。[85]

在北卡罗来纳州，只有州级立法机关有权批准设立城镇辖区。如果某个社区位于距离拥有 5 000 人或以上的现有城市边界 1 英里以内、拥有 1 万人的现有城市边界 3 英里以内、拥有 25 000 人的城市边界 4 英里以内或拥有 5 万人的现有城市边界 5 英里以内，那么在设立城镇辖区时必须获得每个立法机关 3/5 成员的批准。拟设立城镇的辖区必须获得相关地区 15% 的选民的支持。在大多数情形下，立法机关会征求城镇设立联合立法委员会的建议。该委员会调查拟设立的城镇能否以合理的税率提供服务，该城镇与现有城镇辖区的邻近性及其他问题。[86]

从 1895 年到 1975 年间，在南卡罗来纳州，设立城镇辖区需依照普通法，按照立法机关制定的程序进行。1975 年，《地方政府法》（也称作《地方自治法》）对这一程序进行了细微的改动，旨在阻止防御性城镇辖区的设立。考虑到设立城镇辖区的地区人口密度必须达到每平方英里至少 300 人，除沿海地区外，其他地区均需遵守此规定。拟设镇的区域不得位于距离现有城市 5 英里的范围内，除非现有城市已经拒绝兼并拟设立城市的全部或部分。此外，必须由南卡罗来纳州州务卿牵头提出申请，并且申请书须包括拟设立城镇辖区地域范围的具体方案和该地区的人口状况。该申请书必须由至少 50 位选民和相关地区 15% 的房屋业主签署。如果举行公民投票，若其中的大部分选民批准，那么由国务卿颁发合法的设立证明书。[87]

要点总结

联邦政府政策对促进城市地区权力分散化产生了深远的影响。住房政策鼓励居民购买自有产权房，推动了位于郊区的独立独户新住房的建设。第二次世界大战期间，联邦政府为郊区的很多军工厂提供补贴，从而促进了产业分散化。联邦政府的交通政策鼓励封闭式公路系统的建设，而且补贴了 90% 的相关费用，实现了郊区与中心城区的融合联通，从而为郊区居民提供了更容易在中心城区找到工作的机会。其他联邦拨款帮助郊区政府建设了提供服务所需的基础设施，从而推动了郊区城镇独立自主文化的形成。

从 20 世纪 60 年代城市拨款援助计划数量增加开始，联邦政府提出了区域性规划和协调要求，从而增强了区域主义。但是区域机构和协调机构在大多数情况下只是咨询机构，没有政治权力来对抗那些致力于在本地区管辖范围内发展经济或基础设施的地方或州级政治领导人。此外，政府官僚机构更加热衷于实施自身的计划，并守护自身的势力范围，而非对其计划进行改进，从而没有政治领导人或政府官僚机构来支持本地区的一般问题治理。因此，联邦政府区域性规划和协调要求无法有效地阻止联邦政府曾希望帮助释放的市场力量，也无法有效地阻止地方和州级政治领导人各自为政。区域性规划和协调要求在 20 世纪 80 年代里根执政时期被废除。然而，从《1991 年综合运输效率法》正式实施开始，以及随着联邦公路拨款法案的陆续通过，联邦政府的区域性规划和协调要求又重新受到了限制。

各州还颁布了设立城镇辖区的宽松政策，并建立了不同形式的地方政府，从而促进了权力分散化。此外，各州要求获得被兼并地区居民的批准，从而加大了兼并的难度。州级拨款和其他政策也有助于小型城郊社区发展和提供必要的基本服务，从而允许它们能够保持独立自主的状态。最近，许多州通过颁布的法律要求制定全州范围内的土地利用规划和增长管理规划，说明它们改变了原有的立场。它们还加大了新城镇设立的难度，使社区更容易兼并非城镇地区。此外，许多州设立了边界审查委员会，对大都市区拟议的边界变更进行调查和批准。

注释

[1] Brian J. O'Connell, "The Federal Role in the Suburban Boom," in Barbara M. Kelly, (ed.), *Suburbia Re-examined* (Westport, CT: Greenwood Press, 1989), p. 184.

[2] Ibid., p. 185.

[3] Robert Fishman, *Bourgeois Utopias: The Rise and Fall of Suburbia* (New York: Basic Books, 1987), pp. 174–177.

[4] Marc A. Weiss, "The Rise of the Community Builders: The American Real Estate Industry and Urban Land Planning," in Barbara M. Kelly, (ed.), *Suburbia Re-examined* (Westport,

CT: Greenwood Press, 1989), pp. 150–151.

[5] Donald N. Rothblatt and Daniel J. Garr, "Suburbia: An International Perspective," in Barbara M. Kelly, (ed.), *Suburbia Re-examined* (Westport, CT: Greenwood Press, 1989), pp. 23–24.

[6] Benjamin Kleinberg, *Urban America in Transformation: Perspectives on Urban Policy and Development* (Thousand Oaks, CA: Sage Publications, 1995), p. 125.

[7] Ibid., p. 126.

[8] Ibid.

[9] Ibid.

[10] Ibid., pp. 126–127.

[11] O'Connell, "The Federal Role in the Suburban Boom," pp. 185–186.

[12] Thomas E. Bier, "Housing Dynamics of the Cleveland Area, 1950–1990," in W. Dennis Keating, Norman Krumholz, and David C. Perry, (eds.), *Cleveland: A Metropolitan Reader* (Kent, OH: Kent State University Press, 1995), pp. 248–251.

[13] Kleinberg, *Urban America in Transformation*, pp. 134–139.

[14] O'Connell, "The Federal Role in the Suburban Boom," p. 187.

[15] Ibid.

[16] Arnold R. Silverman, "Defense and Deconcentration: Defense Industrialization During World War II and the Development of Contemporary American Suburbs," in Barbara M. Kelly, (ed.), *Suburbia Re-examined* (Westport, CT: Greenwood Press, 1989), pp. 157–158.

[17] Ibid.

[18] John Mollenkopf, *The Contested City* (Princeton, NJ: Princeton University Press, 1983), pp. 103–109, quoted in Silverman, "Defense and Deconcentration," p. 158.

[19] Silverman, "Defense and Deconcentration," pp. 158–159.

[20] Ibid., p. 159.

[21] Nancy Burns, *The Formation of American Local Governments: Private Values in Public Institutions* (New York: Oxford University Press, 1994), p. 60.

[22] David Rapp, "Route 66 Gets a Federal Fix," *Governing*, 7 (March) (1994): 100.

[23] O'Connell, "The Federal Role in the Suburban Boom," pp. 187–188.

[24] Kenneth T. Jackson, "Forward," in Barbara M. Kelly, (ed.), *Suburbia Re-examined* (Westport, CT: Greenwood Press, 1989), pp. xii–xiii.

[25] U. S. Census Bureau 2000. "Journey to Work," Census Summary File 3, Census Table QT-P23. Released October 27, 2006. http://factfinder.census.gov/gttable [Accessed December 7, 2012].

[26] David Hamilton, Laurie Hokkanen and Curtis Wood, "Are We still Stuck in Traffic? Transportation in Metropolitan Areas," in David Hamilton and Patricia S. Atkins, (eds.), *Urban and Regional Policies for Metropolitan Livability,* (Armonk, NY: M.E. Sharpe, 2008), pp. 285-286.

[27] O'Connell, "The Federal Role in the Suburban Boom," p. 188.

[28] Ibid.

[29] Real Estate Research Corporation, *The Costs of Sprawl: Detailed Cost Analysis* (Washington, DC: U.S. Government Printing Office, 1974), pp. 90-125, quoted in O'Connell, "The Federal Role in the Suburban Boom," p. 189.

[30] Samuel Humes IV, *Local Governance and National Power: A Worldwide Comparison of Tradition and Change in Local Government* (London: Harvester Wheatsheaf, 1991), p. 126.

[31] Burns, *The Formation of American Local Governments*, p. 62.

[32] Advisory Commissionon Intergovernmental Relations, *Central City-Suburban Fiscal Disparity and City Distress 1977* (Washington, DC: U.S. Government Printing Office, 1980), p. 55.

[33] Allan D. Wallis, *Inventing Regionalism* (Denver, CO: National Civic League, 1995), p. 17.

[34] Ibid., p. 12.

[35] Intergovernmental Cooperation Act of 1968, 31 USC, Section 6506, Subsection C.

[36] Florida Advisory Council on Intergovernmental Relations, *Substate Regional Governance: Evolution and Manifestations Throughout the United States and Florida* (Tallahassee, FL: Author, November 1991), p. 19.

[37] John C. Bollens and Henry J. Schmandt, *The Metropolis: Its People, Politics, and Economic Life,* 3rd ed. (New York: Harper and Row, 1975), p. 209.

[38] Florida Advisory Council on Intergovernmental Relations, *Substate Regional Governance*, p. 27.

[39] John J. Harrigan and Ronald K. Vogel, *Political Change in the Metropolis*, 7th ed. (New York: Longman, 2003), p. 294.

[40] Harold Wolman and Michael Goldsmith, *Urban Politics and Policy: A Comparative Approach* (Cambridge, MA: Blackwell Publishers, 1992), pp. 213-214.

[41] George J. Gordon, *Public Administration in America*, 4th ed. (New York: St. Martins Press, 1992), pp. 86-97.

[42] Florida Advisory Council on Intergovernmental Relations, *Substate Regional Governance*, pp. 28-36.

[43] Gordon, *Public Administration in America*, pp. 92−97.

[44] Ibid., p. 98.

[45] Florida Advisory Council on Intergovernmental Relations, *Substate Regional Governance*, p. 38.

[46] Gordon, *Public Administration in America*, p. 86.

[47] Bernard Ross, Myron A. Levine, and Murray S. Stedman, *Urban Politics: Power in Metropolitan America*, 4th ed. (Itasca, IL: F. E. Peacock, 1991), p. 294.

[48] Allan D. Wallis, "Governance and the Civic Infrastructure of Metropolitan Regions," *National Civic Review*, 82 (Spring) (1993): 127.

[49] Wallis, *Inventing Regionalism*, p. 41.

[50] James H. Andrews, "Metro Power," *Planning*, 62 (June) (1996): 8.

[51] Ibid., pp. 9−12.

[52] Robert Puentes and Linda Bailey. "Improving Metropolitan Decision Making in Transportation: Greater Funding and Devolution for Greater Accountability." Center on Urban and Metropolitan Policy (Washington, DC: The Brookings Institution, October 2003), p. 3.

[53] Hamilton, Hokkanen, and Wood, "Are We still Stuck in Traffic? Transportation in Metropolitan Areas," pp. 266−295.

[54] Harrigan and Vogel, *Political Change in the Metropolis*, p. 120.

[55] Burns, *The Formation of American Local Governments*, pp. 96−97.

[56] Advisory Commission on Intergovernmental Relations, *State Laws Governing Local Government Structure and Administration* (Washington, DC: U.S. Government Printing Office, 1993), pp. 2, 22−23; Robert D. Thomas and Suphapong Boonyapratuang, "Local Government Complexity: Consequences for County Property-Tax and Debt Policies," *Publius: The Journal of Federalism*, 23 (Winter) (1993): 3.

[57] An example is the resistance by the suburbs to annexation by Milwaukee. In 1955, the Wisconsin state legislature passed the Oak Creek Bill permitting fourth-class townships to incorporate. Thereafter, townships in counties that abutted Milwaukee on its western and northern boundaries incorporated. Through the incorporation of the townships, Milwaukee effectively became landlocked, bordered to its east by Lake Michigan and everywhere else by incorporated neighbors. Anthony M. Orum, *City-Building in America* (Boulder, CO: Westview Press, 1995), p. 121.

[58] Peter D. Salins, "Metropolitan Areas: Cities, Suburbs, and the Ties That Bind," in Henry

G. Cisneros, (ed.), *Interwoven Destinies: Cities and the Nation* (New York: W. W. Norton, 1993), p. 161.

[59] Advisory Commission on Intergovernmental Relations, *Central City-Suburban Fiscal Disparity and City Distress 1977*, pp. 58−59, 78−79.

[60] Ibid.

[61] Joyce O'Keefe, *Regional Issues in the Chicago Metropolitan Area* (Chicago, IL: Metropolitan Planning Council, Jan. 15, 1991), p. 20.

[62] David W. Blane, "Hawaii-The Nation's Smart Growth Laboratory," Pre-sentationto the Western Interstate Region of the National Association of Counties, May 24, 2001. www. naco.dblane-naco.pdf. [Accessed December 12, 2012].

[63] Bernadette Hanlon, *Once the American Dream: Inner-Ring Suburbs of the Metropolitan United States* (Philadelphia, PA: Temple University Press, 2010), p. 136.

[64] O'Keefe, *Regional Issues in the Chicago Metropolitan Area*, pp. 20−21.

[65] David R. Berman, "State Actions Affecting Local Government," *Municipal Year Book 1990* (Washington, DC: International City Management Association, 1990), pp. 59−61.

[66] Ibid., pp. 27−29, 41−43.

[67] Tennessee Advisory Commission on Intergovernmental Relations. *Land Use and Planning in Tennessee: Part II: Land Use and Transportation Planning* (Nashville, TN: Author, Feb. 2011).

[68] Wallis, *Inventing Regionalism*, pp. 17−18.

[69] V. Dion Haynes, "California's '72 Coastal Law Comes Under Fire," *Chicago Tribune*, Jan. 24, 1997, sec. 1, p. 6; Harrigan and Vogel, *Political Change in the Metropolis*, p. 238.

[70] Hanlon, *Once the American Dream*, pp. 136−137.

[71] David R. Berman, "State-Local Relations: Patterns, Problems, and Partnerships," *Municipal Year Book 1995* (Washington, DC: International City Management Association, 1995), p. 62.

[72] Madelyn Glickfeld and Ned Levine, *Regional Growth . . . Local Reaction: The Enactment and Effects of Local Growth Control and Management Measures in California* (Cambridge, MA: Lincoln Institute of Land Policy, 1992), p. 85.

[73] Wendell Cox, *The Housing Crash and Smart Growth*. Policy Report No. 335. National Center For Policy Analysis June, 2011, www.ncpa.org, [Accessed Sept. 3, 2012].

[74] David K. Hamilton, "Affordable Housing Policies in Metropolitan Areas," in David K. Hamilton and Patricia S Atkins, (eds), *Urban and Regional Policies for Metropolitan Livability* (Armonk, NY: M. E. Sharpe), pp. 185−189.

[75] Ibid.

[76] James M. Smith, "Re-Stating "Theories of Urban Development: The Politics of Authority Creation and Intergovernmental Triads in Postindustrial Chicago," *Journal of Urban Affairs*, 32(4) (2010): 427.

[77] Hanlon, *Once the American Dream*, pp. 136−141.

[78] Berman, "State Actions Affecting Local Government," p. 63; Berman, "State-Local Relations: Patterns, Problems, and Partnerships," p. 63.

[79] Bollens and Schmandt, *The Metropolis: Its People, Politics, and Economic Life*, p. 247.

[80] Ibid.

[81] Ibid., p. 31.

[82] State of Alaska, Department of Commerce, Community, and Economic Development, Division of Community and Regional Affairs. Preliminary Report to the Local Boundary Commission, February 2012, Anchorage, Alaska.http://www.comerce.state.ak.us/dca/ic/ibc. htm [Accessed September 3, 2012].

[83] Harvey Molotch, "The Political Economy of Growth Machines," *Journal of Urban Affairs*, 15(1) (1993): 32.

[84] Municipal Research and Services Center of Washington. *Municipal Incorporation*, http://www.mrsc.org/index.aspx [Accessed August 30, 2012].

[85] Ibid.

[86] David M. Lawrence and Kara A. Millonzi, *Incorporation of a North Carolina Town*, 3rd ed. (Chapel Hill, NC: School of Government, The University of North Carolina at Chapel Hill, 2007).

[87] Charlie B. Tyer, *Municipal Government in the Palmetto State*, http://www.ipspr.sc.edu/grs/SCCEP/Articles/municipal%20govt.htm [Accessed August 31, 2012].

第 6 章

为权力分散的大都市提供公共服务

如前几章所述，城市地区治理是通过多个地方政府来实现的。本章将阐述和分析大都市区内提供区域性服务的主要途径。设立特殊功能区成为第二次世界大战后提供区域性服务的主要形式，这种形式在 20 世纪 60 年代之后尤为重要。这是对不断发展的大都市区的一种分权性功能调整。本章还论述并分析分权治理结构的学术基础，包括理解和解释分权化治理的两种模型：公共选择模型和国际关系模型。在两种模型中，公共选择模型的发展较为成熟。支持分权治理结构的学者认为，与集权治理结构相比，分权治理结构是一种更高效、更可取的城市地区治理方式。这两种方式都将在本章加以论述和分析。最后，本章将论述和分析社区政府运动这一更加分权化的治理体制对城市地区治理的影响。

特区

在碎片化地方政府体制下提供区域性服务的主要方式是设立特区。特区是州或地方设立的行政区、机构、机关和委员会的总称。虽然学区也属于特区，但是按照人口调查的目的，特区与学区需严格进行区分。为了取得特区的资格，必须存在一个公开设立的实体组织，该组织通常是拥有起诉权、应诉权、订约权等权力的法人团体。它必须能提供某种公共服务并由委员会管理，该委员会须由普选产生或由政府官员任命产生，并需要向公众汇报。最后，特区必须拥有充分的财政独立性和行政独立性。[1] 特区的权力由州级立法确定，各州的立法各不相同。特区不一定有权征收房地产税。指定地区，例如图书馆区或消防区等"区"的概念，一般表示有权征收房地产税；而公共交通管理机关或公共住房管理机关等"机关"，一般表示有权收取费用、发行债券，甚至在某些情形下征收非房地产税。但由于特区是依照州授权的一般立法或专门州级立法设立的，因此每个特区的权力和名称可能因州而异，甚至在同一个州内也有很大差别。

绝大多数特区（90% 以上）都只履行单一职能。1/3 以上的特区提供环境保护服务，例如城市排水、防洪和水土保持。特区履行的第二大和第三大职能分别是消防区、住房与社区发展。大多数被视为多职能特区的行政区都要负责供水与其他服务（例如排水）。虽然绝大多数特区范围都不超过一个县，但仍有约 11% 的特区跨越 2 个或 2 个以上的县。[2]

特区的财政资金筹措通过各种机制进行。只有一半左右的特区有房地产税征收权。[3] 房地产税是次要的收入来源，因为财政总收入中只有 8% 来自房地产税，而房地产税在城镇和学区的财政总收入中分别占 16% 和 34%。特区财政收入的主要来源是对医院、机场、下水道、供水以及其他公用事业的使用收费。特区财政收入的 53% 来自服务使用费。政府间转移费用是特区的第二大收入来源，占比近 25%。[4] 由服务使用费和政府间转移资金供资的非征税区，在决定发展模式或提供对整个都市地区产生政治和服务影响的基本服务方面，是城市地区最强大和最有影响力的地区之一。例如芝加哥交通管理机关、纽约与新泽西港口事务管理机关。

虽然区域性服务通过不同类型的地方政府提供，但特区是区域发展中利用最多的地方政府类型。例如，51% 以上的公共交通、住房与社区发展和机场等支出是由特区负责的。即使特区在海港和内河口岸设施上的开支小于其他类别的开支，但该支出占地方政府在此类别总支出中的 60%。特区提供的其他常见服务包括医院和公用事业（电力、供水和天然气），前者占当地政府在该类服务支出中的 46%，后者占当地政府总支出的 35.2%。[5]

虽然特区从殖民地时期开始就一直提供服务，但其数量直到第二次世界大战后依然较少。据人口普查局统计，第二次世界大战后特区一直是增长最快的地方政府类型。但其增长率从 2002 年开始有所放缓。1982—1992 年间，特区数量的增长率为 12%，1992—2002 年间的增长率为 11%，但 2002—2012 年间的增长率只有 6%。[6] 尽管如此，2012 年特区的数量几乎为 1942 年郊区运动开始前的 4.5 倍。一个州的面积或人口数量与特区数量之间的关系不大。伊利诺伊州是全美特区数量最多的州，有 3 249 个特区。加利福尼亚州紧随其后，有 2 765 个特区。不过与 1992 年相比，加州特区的数量实际上略有下降。得克萨斯州的特区数量排名第三，有 2 291 个特区。宾夕法尼亚州的特区数量排名第四，有 2 243 个特区。相比之下，阿拉斯加州和夏威夷州均有 15 个特区，马里兰州只有 76 个特区，而路易斯安娜州有 95 个特区。11 个州的特区总数占全美特区总数的一半以上。[7]

各州通过临时法案立法或一般授权立法设立特区。一直以来，各州为特区的设立开绿灯。但由于特区的大量增加、设立过多特区造成的职能碎片化及其给公众造成的困惑，一些州正在限制特区的设立。加利福尼亚州、内华达州、新墨西哥州、俄勒冈州和华盛顿州建立了相关机构，其部分职能是控制特区的数量。科罗拉多州要求申请设立新特区须证明相关地区无法获得充分的服务。[8] 限制特区数量的诸多举措似乎总体上是有效的，但科罗拉多州是个例外。该州自从 1985 年要求限制特区数量以来，其特区数量增长率实际升高了。1992—2007 年，科罗拉多州的特区数量增长了 52%，而同期全国平均水平只有 18.5%。但在加利福尼亚州和新墨西哥州，特区数量的增长率明显低于同期全国平均水平。加利福尼亚州特区数量的增长率在 1982 年到 1987 年间高于 22%，在 1987 年到 1992 年间却下降到 2.3%。而在 1992 年到 2007 年间，加利福尼亚州和内华达州的特区数量实际减少了，其中内华达州减少了 10 个，而加利福尼亚州减少了 32 个。[9]

特区的任务

虽然特区在美国早期历史中并非普遍现象，但美国革命之前已经出现负责水道、道路维修、桥梁建设、烟草库建设和维护的特区。一些早期的特区也负责穷人救济和道路铺筑。1768 年，马里兰州众议院开始设立特区，以资助和管理县立救济院。在殖民地时期的费城，通过设立特区来救济穷人和铺筑道路。[10]设立特区有 4 个基本目的：① 避免对一般职能政府施加债务、税收及其他限制；② 促使所提供的服务趋向商业化并去政治化；③ 出于政治原因，例如满足联邦政府的拨款要求；④ 为了实现规模效益，超越地方政府限制，在更广的地域范围内履行某种职能（排水区），包括该职能的受益人（空气污染区），或者包括该职能的自然边界（流域）。

虽然这些目的并不相互排斥，但本章重点关注的是设立特区政府的第四个目的：特区是跨越政府管辖区提供服务的一种可行替代方案。与第四个目的相关的一个案例就是开发从科罗拉多河到洛杉矶地区的长期供水系统。该项目只有多个社区共同参与才能完成。虽然洛杉矶自身拥有水资源，但它希望确保即将建造的水道不会被人无偿使用。解决办法是在能受益的 4 个县的范围内设立一个包含各地方政府在内的水管理区。当地水源开发并非州级问题，因此州政府介入是不合适的。依赖协作协议也不可行，因为在不设立特区的情况下，这种协议无法为参与者提供合法组织或约束性承诺，而且也无法通过发行债券进行项目融资。[11]

虽然 87% 的特区都跨越一般职能政府边界，但县是一个组织障碍。只有20% 的特区超越了县边界，但是相比 1992 年的比例已经上升了 13 个百分点。大部分跨县特区只覆盖 2 个县。洛杉矶水管理区是覆盖整个地区的少数特区之一。覆盖整个大都市区的特区很少见，履行一种以上职能的特区也不多见。美国只有 3 175 个特区（占全部特区的 9% 左右）履行 2 种或以上职能。这些多功能区有近一半（49%）都涉及供水与排水等密切相关的服务。[12]由于多功能区履行的多个职能往往密切相关，因此它们只能进行有限的治理。此外，由于很少有多功能区跨越县边界，因此这些多功能区在整个大都市区内履行区域治理职能的能力有限。不过，这些为数不多的多功能区可以起到大都市政府（这种政府形态将在第 9 章论述）的作用，但其中只有极少数有资格采用这个名称。

大都市区特区

一些研究者对大都市区特区进行了区分，分为在单个一般职能政府内或较小地域范围内提供服务的特区，以及在单个或多个县内提供服务的特区。[13]"大都市辖区"这个词往往表示覆盖一个或一个以上县的行政区。尽管大都市辖区可能只履行一种或两种密切相关的职能，但其作为特区提供了与该职能相关的服务。大都市辖区可以履行多种职能，例如港口设施、公共交通、机场、排水、供水、公园、公共住房和水污染治理。

如果仔细考察政府人口普查数据，就能明显看出特区在履行大都市区治理职能方面的重要性。大都市县的特区明显多于非大都市县。表 6.1 列出了大都市区特区的数据。1942—1972 年，特区数量的大幅增长与快速郊区化相对应。在此期间，大都市县内特区的数量增长了 634%，而非大都市县内特区的数量增长了 119%。从 1972 年到 1992 年，大都市区内特区数量的增长明显放缓，仅增长了 69%，与大都市县的增长比例几乎相同。此后人口普查局不再记录大都市区内外特区的数量。1992 年人口普查表明大都市县内特区的数量比非大都市县内特区的数量平均多出近 2.5 倍。

表 6.1   1942—2012 年大都市区的特区政府

年份	特区总数 / 个	大都市区特区 数量 / 个	大都市区特区 的比例 /%	大都市区每个 县平均数量 / 个	非大都市区每个 县平均数量 / 个
1942	8 299	1 097	13.2	4.1	2.6
1952	12 340	2 598	21.2	10.1	3.5
1962	18 323	5 411	29.5	17.5	4.7

续　表

年份	特区总数 / 个	大都市区特区数量 / 个	大都市区特区的比例 /%	大都市区每个县平均数量 / 个	非大都市区每个县平均数量 / 个
1972	23 885	8 054	33.8	18.1	6.1
1982	28 082	11 725	41.0	17.5	7.1
1992	31 555	13 614	43.1	18.4	7.8
2002	35 052	—	—	—	—
2012	37 203	—	—	—	—

注：1992 年之后关于大都市区特区的资料无法获得。
资料来源：整理自美国人口普查局，《政府普查（第一卷）》（华盛顿哥伦比亚特区：美国政府印刷局，各年）。

　　每个大都市区平均有 43 个特区。但各大都市区的特区在数量上差异巨大，中位数为 23，表明设有大量特区的大都市区很少。特区数量最多的是休斯敦（665 个），51 个大都市区（18%）拥有所有大都市区特区总数的一半以上。近75% 的大都市区拥有不到 50 个特区。[14] 这个数字的出现与州级政策相关，但是与区域城镇的数量关系更加密切。例如，内布拉斯加州奥马哈大都市区的中心县道格拉斯县只有 7 个一般职能政府，但有 144 个特区政府，其中大部分都要履行给排水职能。宾夕法尼亚州匹兹堡大都市区的中心县阿勒格尼县有 130个城镇政府和 149 个特区政府。纽约大都市区布法罗的中心县——伊利县有18 个城镇政府和 33 个特区政府，均履行消防职能。[15]

　　纽约与新泽西港口事务管理机关是最著名的大都市辖区之一，已经成为大都市辖区对大都市区发挥影响力的典范。它是一个两州区域性机关，由纽约州和新泽西州州长任命的委员会进行管理，履行与交通和经济发展有关的多种职能。港口机关没有征税权，其收入来自服务使用费。该机关发行收入债券用于设施建设并以使用费收入偿还债券。虽然由于常常入不敷出，大部分非征税主管机关必须依赖政府拨款和贷款担保，但港口事务管理机关的财政一直是盈余的。1931 年，纽约与新泽西港口事务管理机关经营的四座收费桥梁及隧道创造了营业盈余。1932 年，该机构开设了一处货运码头；1944 年，该机构又开设了一处粮食码头；1948 年，该机构收购了第一座机场，20 世纪 50 年代又接管了纽约的其余几座机场；20 世纪 60 年代，该机构涉足房地产行业，建造了110 层的世界贸易中心。该机构的交通设施包括 6 座（条）州际桥梁和隧道、2 处公共汽车场站、6 座机场、10 处卡车场站、多处国际航运设施和 1 个铁路系统。[16] 随着世界贸易中心及其他房地产的建设以及市中心振兴项目的开展，例如纽瓦克市中心的法律办公楼建设项目、滨水区重建项目、工业园项目和新泽西州的垃圾发电厂项目，纽约与新泽西港口事务管理机关从一家交通管理机构转型为本地区首要的经济发展机构。[17]

港口事务管理机关的运营和决策不受地方政府法律法规的约束。该机构只对 2 个州的州长负责，2 个州在该组织中负责的事务各有侧重。管理委员会的所有职务均由州长任命，而且席位在 2 个州之间平均分配（不直接对纽约市或其他地方政府官员负责，也没有规定要求地方官员参与委员会行动）。另外，港口机关自身的收入基础来自服务使用费，因此它在很大程度上不受政府监督。这在某种意义上发挥了积极作用，使其保持企业的性质，而且像营利性私人实体一样运营。但从另一个意义上说，也存在一些消极作用，因为港口机关很少受州政府政治意愿的约束，没有地方或区域政治导向。虽然港口事务管理机关是纽约州重视区域治理的少数地方政府之一，但其对地方领导的回应并不积极，并且拒绝将交通系统开发与公共交通相结合，因此受到批评。为避免亏损经营，该机构拒绝承担接管公共交通系统的压力并专注于道路建设，因此加重了环境污染和公路拥堵问题，公共交通客运量随之减少。多年后，该机构最终以有限的方式涉足公共交通领域。[18]

港口事务管理机关与地方领导产生了重重矛盾，而且使 2 个州的领导相互对抗。例如，港口事务管理机关凭借其庞大的收入基础，扬言要将纽瓦克机场建成本地区的世界级机场，从而取得对纽约机场设施的控制权。纽约不希望落后或出局，因此同意让港口事务管理机关取得机场控制权。另一种批评意见是该机构涉足非交通领域，这偏离了其核心使命。经济发展活动似乎是政治驱动的，而不是按照某项合乎逻辑、周密制定的区域发展规划进行的。其动机似乎是实现纽约州与新泽西州的均衡发展，更注重公平而不是区域经济效益。此外，该机构也削减了基本交通职责所需的资源和管理投入。[19]

特区成为大都市区焦点的另一个显著案例是洛杉矶地区。联邦《1970 年清洁空气法》（Clean Air Act of 1970）颁布后，加利福尼亚州颁布了更严格的州级《1976 年清洁空气法》，而且在不符合州级和联邦空气质量标准的城市地区设立了空气质量管理区（Air Quality Management Districts, AQMDs）。每个管理区都应当制定一份规划，保证其服务区符合规定。这些管理区有权发放许可证并对污染产业进行处罚。由于 60% 左右的空气污染来自非工业污染源，因此每个管理区都必须制定规划来减少此污染源。这就需要制定关于土地利用的政策来减缓城市蔓延，并采取其他措施减少汽车使用。由于管理区无权管制土地利用，因此必须通过地方政府进行管制，而地方政府一直竭力防止其土地利用决策自由受到损害。

覆盖洛杉矶地区的南海岸空气质量管理区（The South Coast Air Quality Management District, SCAQMD）最初以激进的态度追求控制权。管理区制定了一项要求地方政府执行区域政策的长期规划，但政策本身往往与地方自身利益冲突。例如，管理区要求土地利用决策须考虑减少汽车的使用量，但这样的要求很容易与城镇的发展规划发生冲突。并非所有地方政府都执行了管理区的政策规定。1992 年的一项研究表明，只有 1/3 的地方政府执行了管理区的部分要求。另外，虽然起初展现出大有作为的势头，但过去几年内由于发展和就业稳定对该地区而言更加重要，因此管理区不再像当初那样积极争取控制权。同时，管理区开始转向市场激励措施而不是命令和控制策略，从而缓解了地方政府执行减少污染措施的直接压力。[20]目前，市场激励措施的效果仍不明显，人们认为这些措施对于减少汽车污染的作用可能微乎其微。[21]

特区的治理和责任

无论特区的委员会是选举产生的还是任命的，都存在对公众负责程度的问题。任命产生的委员会，其成员通常由与其设立相关政府的民选官员任命，首先要忠诚于管理机构或任命他们的民选官员。在这些情形下，公共利益就等同于有任命权的组织的民选官员的最佳利益。对于关注特定区域的特区而言，该特区覆盖的州和城镇往往共享任命权，从而进一步掩盖了公众问责的问题。州长参与选择有严格区域性职能的特区委员会成员时，这一点尤为明显。

一些委员会对区域经济产生了重大影响，其中任命委员会的一个案例是芝加哥大都市码头和博览会管理机关。它有 13 位成员，其中 6 位由州长任命，7 位（包括主席）由市长任命。管理机关所在城市的市长能够任命的委员可勉强过半数，因为当地是受委员会土地利用决策影响最大的地区。一个更极端的案例是圣路易斯区域会议中心与综合体育设施管理机关。圣路易斯市市长和县长均可任命至多 3 位委员会的成员，但州长可任命至多 5 位成员。[22] 在这个案例中，公众向代表不同选区的 3 位政治人物问责。虽然这些设施位于圣路易斯市，但市长并未控制该市特区委员会大多数成员的任命。值得商榷的是，任命权在代表不同选区和利益的政府之间实行划分，这样的委员会能否真正代表公众利益。

中心城区与州政府之间存在政党分歧时，政治领导人可能会卷入一场激烈的政治斗争，以争夺特区控制权，因为特区有许多赞助的就业机会及合同，这可能进一步削弱委员会对地区的责任。许多州都发生了这种政治斗争。而随着郊区共和党人在州级立法机关取得更大的权力，中心城区日益遭到孤立。例如，经过漫长的诉讼后，一位共和党州长罢免了委员会的民主党成员，从而取得了对特拉华河港务机关的控制权，其中费城一位有权势的民主党人成为这次斗争的主要目标。随着民主党成员被罢免，共和党凭借费城地区的就业机会和数百万美元的经济发展合同取得了委员会的控制权。在 20 世纪 90 年代的伊利诺伊州，共和党人取得了州级立法机关的控制权和州长职位。共和党人主导的州级立法机关考虑通过一项议案在芝加哥地区设立区域机场管理机关，其中可能包括芝加哥运营的奥黑尔机场创造的就业机会和收入。[23] 后来这次尝试宣告失败，因为芝加哥市市长提议与印第安纳州设立跨州机场管理机关，且民主党人通过选举取得了伊利诺伊州议会的控制权。

解决任命委员会公共问责的问题以保证成员代表性的一个途径是使用组成政府代表制。如果采用这种方式，管理机构由特区所覆盖的政府选举产生。当一般职能政府从自身管理机构中选出民选成员作为特区委员会代表时，这个方法对于公共问责而言最为有效。这里存在一个问题，即可能受特区职能影响的政府数量。如果政府数量过多，就无法在委员会中得到充分代表。组成政府代表制及相关问题的一个案例是区域交通管理机关。该局负责监督公共交通并在芝加哥地区的运营机构之间分配财政收入。它在由6个县组成的地区内任命了15位成员：5位由芝加哥市市长任命；4位由库克县委员会的郊区委员任命；1位理事由库克县委员会主席（来自库克县郊区）任命；杜佩奇县、凯恩县、莱克县、麦克亨利县和威尔县各县委员会的主席分别任命1位理事。委员会主席是第16位成员，由15位任命委员当中的至少11位选举同意产生，而且至少需要芝加哥的2张赞成票、库克县郊区理事的2张赞成票和库克县之外县的2张赞成票。[24] 只要库克县郊区理事能够与其他县任命的理事结为联盟，此制度就能基本保证主席和委员会控制权由他们掌握。在本书撰写时，该委员会主席是一位共和党人，反映了控制权由郊区掌握的现状。如果芝加哥掌握了该委员会的控制权，委员会的主席则很可能是一位民主党人。

实际上，组成政府代表制下的委员会可能会进一步混淆责任。在尽量平衡组成政府的代表比例并保证所有利益相关方都有代表的过程中，责任可能会分散在相互竞争资源的不同利益集团之间。组成单位的委员会提出以下问题：委员会最终对谁负责？2个选区的代表比例如何分配？委员会在相互竞争的利益集团之间，是否能够实现本地区利益最大化，并且对地区发展起推动作用？期望委员会成员将地方日程放在一边而为本地区的总体最佳利益服务是否现实？

由于特区总体上在不透明的机制下运营，很少服务于公共利益或直接受公众问责，因此特区很容易受政治及合同腐败行为的影响。执行理事和委员会任命往往以回馈政治支持为目的，而不是出于对才能的信任或服务公共利益的愿望。委员会成员往往不太关注特区的运营，而是更加关注跟任命相关的个人利益。伊利诺伊州收费公路管理机关就是一个例证。虽然它是一个州级机关，但它与地方政府特区十分相似，因为它只在该州的一部分地区运营，除了州长有权任命董事和董事会之外，它是完全独立的。州长任命执行理事往往是对其政治支持的回报，而不是选拔在公共工程或公路系统运营方面具备专业知识或特殊贡献的人。在最近一届任期内，5位执行理事当中有4位没有公路系统运营方面的专长或从业经验。

上述收费公路管理机关的一位执行理事因在管理机关资产出售过程中参与密谋诈骗大量酬金而被定罪。这位理事还经委员会批准以评估价格2倍以上的价格购置资产。只要管理机关提供令人满意的服务，其内部运营就很少会受到媒体或公众关注，从而纵容了透明度较高的公共组织中公众无法容忍的行政行为。最终，因为曝光而被机关取消的特权包括：① 委员会成员及其他成员在没有紧迫公共需求的情况下免费使用收费公路；② 发放作为政府常规养老金补充的特别养老金；③ 花费3万美元举办圣诞聚会；④ 私自使用管理机关的直升机。[25]

接受调查的特拉华河港务局是问责和监督不严导致腐败行为的另一个案例。特拉华河港务局是新泽西州和宾夕法尼亚州的联合机关，服务两州，拥有较强的独立性。新泽西州州长克里斯蒂质疑港务局的运营情况，于是对其进行了审计。审计报告表明，港务局过去十年浪费了数百万美元的税收，其中很大一部分都被港务局官员及其朋友和政治盟友中饱私囊。受益人当中包括一位保险公司高管、民主党政治掮客。据称，在这位官员的精心策划下，455 000美元款项被支付给他的公司和一位同事，作为对向港务局推荐新泽西州一位保险经纪人的回报。另外，审核报告说明了港务局的一项政策允许港务局专员及其家属、其他人免费通行连接新泽西州南部与宾夕法尼亚州的4座桥梁，此腐败行为给公众造成120万美元的经济损失。审核过程中还发现港务局向与委员有关联的组织捐赠，为其高级官员报销大量食宿和会议费用，并承接了4.4亿美元以上围绕政治目的开发的项目，导致债台高筑。[26]

在公民问责或公民参与政府事务方面，选举产生的特区委员会并没有比任命产生的委员会做得更好。如果公民对某项服务感到满意，例如排水、供水或交通服务，那么服务提供方几乎是隐形的，公民则没有与提供这些服务的管理机构打交道的愿望和需求，由此导致委员会成员的公众关注度较低。大部分特区的治理问题往往对选民而言都不太重要。在得克萨斯州的一些市政公用事业区，已有 10 年以上没有进行过委员会选举了，因为其席位无人竞争。[27] 即使是对除学区外其他特殊功能区财务事项的表决，一般也很少受到关注。一位研究者写道，有传言称我们知道只有少数选民在特别债券表决中投票……计划发行债券的开发商必须首先取得选民批准才能用无限税收作为抵押来支持债券，即使选民人数屈指可数。[28] 得克萨斯州一个公用事业区拟批准发行 250 万美元债券并增加税收以偿还债券，在表决时，授权该区发行债券并征税以还本付息的主张得到了 4 位投票人的一致通过。[29]

了解公民参与不足以及独立于地方一般职能政府的情况之后，开发商可能会利用特区刻意规避监督和控制，例如佛罗里达州迪士尼乐园的开发。迪士尼公司最早的举措之一是说服佛罗里达州立法机关设立一个 40 平方英里的特区，这样迪士尼在此开发就无须获得地方政府许可，也不会受到地方政府的监督了。迪士尼官员控制了这个居民人数较少的特区，于是就能发行公共债券并以较低利率借债，以便为这座私营主题公园筹措资金。迪士尼开始开发新住宅区"庆典小镇"时，将土地从特区剥离出去，以保证城镇的新居民在迪士尼相关事务和迪士尼乐园开发计划中没有话语权。[30]

区域主义者认为，特区专业、高效的运营方式与免受政治压力影响的优点也导致了问责问题。大部分单一目的区都是基于高度专业化、复杂化的职能而设立的，而且需要高度专业且业务经验丰富的职员。工程师、科学家和统计学家等经过专业训练的人员主导的组织表现出一定的专业偏见，往往不太愿意听取公众意见。相关问题用科学或工程语言表述，妨碍了公众就此进行讨论。[31]

特区和区域治理

虽然各项州级政策和程序是决定特区政府设立数量和宗旨的主要因素，但与同一个州的相似县相比，进行了区域改革的地区的特区政府数量往往较少。例如，费城合并市县只有 14 个特区政府，而宾夕法尼亚州阿勒格尼县有 100 个特区政府。合并而成的纳什维尔-戴维森县只有 7 个特区政府，而田纳西州诺克斯维尔大都市区的中心县诺克斯县有 10 个特区政府。旧金山市县有 10 个特区政府，而圣选戈有 103 个特区政府。此外，还能明显看出，与设立很多特区的地区相比，很少或没有特区的大都市区同样可以有效地提供服务。实际上，批评政府碎片化的人士认为特区数量越少，大都市区就能运转得越好。[32]

特区加大了大都市区治理的复杂性，因为它们构成了另一级政府并有各自的边界，而且这些边界不一定与居民熟悉的其他边界相符。这就给特区内的居民带来了困惑和问责问题。由于特区边界不规则，而且与其他特区和城镇重叠，因此特区内公众参与度和关注度较低也很正常。选民往往搞不清自己属于哪个特区。例如，2 位邻居可能在某个职能中属于一个特区，而在其他职能中属于不同特区，而且找准边界也几乎是不可能的。各城镇之间特区负责的职能也是不同的。一个城镇可能负责向居民提供消防服务，而相邻的城镇可能从消防区获取消防服务。只要服务质量合格，对居民而言，服务提供方是谁就无关紧要了。但是如果选举的社区官员无权直接影响特区提供的社区服务水平，那么这些官员一定会感到愤懑不已。

特区不规则模式的一个实例是芝加哥郊区的一个城镇。它横跨 2 个不同园区，而这 2 个园区的边界与其他边界都不一致。一个居住区街道的边界的起点属于同一园区的两侧居民，但沿这条街道向前几栋住宅，边界变成了街道中间，然后再向前几栋住宅，边界变成了街道的另一侧，而这条街道上的其余居民则属于另一个园区。所有居民都属于同一个城镇和同一个乡镇。毫无疑问，这种情形容易让居民感到困惑，而且给试图培养和强化社区意识的市级领导带来特殊的问题。人口为 35 000 人的该社区被分成了 4 个中学学区，2 个特区内各有 2 个学区。

区域主义者对特区的主要批评意见是，它解决地区性问题的方法是碎片化的，而且过于局限。特区在进行区域规划时没有采取全面协调的方法，而是将区域治理进一步碎片化，并将重点放在履行最初规划的单一职能上。单一职能之外的区域性问题并非特区的关注焦点。实际上，特区无权解决职能范围之外的问题。对于有多个大都市辖区的城市地区而言，其结果要么是无法协调一致地解决区域性问题，要么是当一个特区的举措对其他职能产生影响时协调起来极为困难。每个特区的首要任务是实现规划设立的初衷，与其他政府协调则是次要任务，其重要性远低于履行最初职能。设立机构并赋予其特定任务时，其成功与否取决于该特定任务是否达成，而不是其目标是否适当。例如，设立圣华金山交通走廊管理机关是为了建设一条收费公路，因此其成功与否取决于这条公路的建设情况。即使一项民意调查中有 60% 的受调者反对建设收费公路，也无关紧要。特区的机构独立性和单一目的性使其有别于公共论坛，后者可以针对交通方式、环境问题和土地利用等问题达成广泛的区域性折中方案。[33]

在得克萨斯州，主要处理水务的市政公共设施区（Municipal Utility Districts, MUDs）在特区中占有很大比例。一家开发商可能会通过设立几个小公用事业区分散潜在反对势力，以维持控制权。仅在一个新开发区内就有 55 个公用事业区争夺供水及其他服务提供权限。一旦设立了新的公用事业区，就不需要考虑任何供水规划问题（虽然有人认为这些问题对其使命而言至关重要），更不用说开发过程中附带的土地利用问题了。公用事业区也不需要设立或加入解决这类问题的大都市协调机构。因此，其他地方政府在解决公用事业区存续问题时，往往无法完全把公用事业区与现有供水系统整合。同时，由于存在这么多不同的特区，就无法通过建设大型供水系统来实现规模效益。[34]

特殊功能区使区域决策问题复杂化。特区与一般职能政府通过共同推行相关政策来实现内部利益最大化。在努力实现各自目标的过程中，特区可能会与其他政府竞争或合作。梅根·穆林（Megan Mullin）副教授按时间顺序记载了水管理区在寻找适当水源为客户服务的过程中发生的边界争议，而且举了圣安东尼奥附近一个水管理区的案例。该水管理区通过兼并、收购邻近供水系统以积极扩大服务范围，而且在此过程中与相邻的水管理区之间形成敌对状态。当该管理区发现自身已经过度扩张以至于无法满足供水需求时，另一个邻近的水管理区极不情愿地允许该区使用自己的供水系统。因此，该水管理区继续积极扩张，同时从邻近的水管理区引入大量的水，其结果是两个水管理区在扩大各自服务范围的竞争过程中日益敌对。[35]

由于大都市区职能之间存在关联，有利于单个城镇或特区履行单一职能的因素可能会对本地区其他城镇或职能产生不利影响。例如，某个水管理区可能会关注供水保障而忽略影响用水需求的土地利用决策。同样，交通区可能会关注单一交通方式的功能整合，而忽略不同交通方式之间的关系或者交通与土地利用和空气质量的关联。[36] 如果没有总体协调机构，那么各政府就有可能执行各自的议程，而不关注其管辖区之外其他职能或城镇受到的影响。

由于职能之间的相互关系，特殊功能区也可能无法成功实现自身的目标。例如，洛杉矶大都市交通管理机关承担了在县内建立综合公共交通系统的职责。它正在开发一个高成本、大范围的轨道交通和公交车系统。公共交通系统的成功取决于一些管理机关无法控制的因素，例如拟建轨道走廊沿线土地利用的紧凑性和相容性。管理机关无法控制的另一个因素是就业地点。公共交通系统面向市中心区，而市中心区的就业机会只占本地区的 5%。但该系统的可行性取决于它对乘客的吸引力。在就业机会分散和人口分布范围广，而且无法直接影响土地利用模式的情况下，管理机关能否取得成功值得商榷。负责扩充公路容量的本地区交通走廊管理机构独立于公共交通管理机关。交通走廊管理机构的行动将加剧城市蔓延，从而进一步阻碍公共交通项目的成功。[37]

区域主义者声称，20 世纪 60 年代政治学家罗斯科·马丁（Roscoe Martin）提出的反对城市特区的观点如今仍适用于大都市区。他指出，特区的宗旨是将相关计划的城市振兴、公共住房等部分，与主流城市事务分开，并出于同样的原因将计划与城市政治分开，从而使它不受民主制度的影响。但如果目的是"将计划与政治分开"，那么特区不一定能实现自身目标，因为它可能只是为了用特殊客户群体的特定政治活动取代城市的一般政治活动……最后，随意设立特区往往会造成地方政府碎片化，从而对协调解决本地问题、公民对政府的关注、公共活动的透明度以及机构和官员的职责造成严重影响。[38]

因此，区域主义者认为特区政府并不是一种可行的解决方案，反而带来了不平等、重复建设和低效问题。地方政府改革者认为，广泛设立特区是地方政府体制的失败，因为特区增加了政府的复杂性，导致行政职能重叠，同时增加了税负。[39]长期研究地方政府和大都市问题的约瑟夫·齐默曼（Joseph Zimmerman）教授提出，目前的趋势是设立多个有限职能地方政府而非一般职能地方政府（即全能型城镇），这种趋势反映了针对政府的普遍偏见。由此看来，他想表明的态度可能是："管得最少的政府才能治理得最好！"[40]

多项研究认为，与大型一般职能政府相比，特区在同样职能上的人均支出更高。其中有很多原因。增加的一小部分支出可以归因于特区更倾向于实施昂贵的基本建设项目。另一个原因与服务需求有关，也与设立特殊功能区，而非依赖一般职能政府提供服务的初衷有关。在特区或主管机关之间进行服务划分，会降低产生规模经济效益的可能性，产生协调费用和重复建设费用，而规模经济通常在固定日常支出（例如计算设备、中央行政人员和办公空间）实现共享的情况下产生。造成特区支出增加的另一个因素是特殊利益集团的参与。这些特殊利益集团尽可能扩大服务范围，几乎不会遇到来自寻求其他支出决策的特殊利益集团的竞争。对特定特区提供的服务有着强烈偏好的利益集团取代了警觉而需求多元化的公民角色，例如休闲爱好者支持公园区建设、读书爱好者支持图书馆区建设等。[41]

对特区的支持

现行政府体制的捍卫者认为特区政府可以让高度碎片化区域更加高效。通过设立特区，市政府可以利用规模经济效益降低单位成本、减少重复建设、以不涉及政治且商业化的方式提供区域性服务，同时能维持各政府的完整性。对圣路易斯和匹兹堡大都市区中心县的研究也得出了同样的结论。这些研究发现，特区通过与其他政府重叠提供了规模更大的财政或服务基础，实现了规模经济效益，并通过城镇间的协作项目促进了各城镇的相互合作。这些研究得出的结论是特区与其他政府单位形成互补，而不是简单复制其他政府单位。圣路易斯县特殊教育区是特区与其他政府单位形成互补的案例。由于特殊教育中人均费用较高而且服务的学生人数较少，因此特殊教育中的人均费用不利于各特区单独实施计划。特殊教育区提供了不重复的必要服务，不需要重复设立学校，因为特区的大部分教师都与特区的常规人员共事。[42]

那些认为应当设立特区而非大都市政府，并认为特区能在各项服务中实现规模经济效益的人提出，让一个地区性政府集中提供区域性服务的做法可能会导致规模成本的增加。各职能有不同的成本曲线，因此各项服务的规模效益不同。特区有一定的灵活性，因此可以设立不同边界的独立特区，从而发挥各项职能的特定规模效益。一些服务以较小规模提供时可能更优质、更高效，而其他服务以较大规模提供时则更理想。因此，一般职能政府整合必要性不高，甚至可能妨碍获得规模效益。[43]

集权化政府批评者还反驳了规模经济的观点，提出重点提供一种或两种相关服务可以抵消规模经济层面的损失，进而通过减少大型多元化组织中经常存在的复杂性和官僚障碍就能实现组织效益。[44]支持者还提出，特区可以提供比常规性区域政府更好的方式以获取服务范围边界之外的相关方承担的效益或成本外溢。每个特区的边界可以灵活划定，以获取这个特定职能的外溢。常规性区域政府不具备这种灵活性。批评者还认为与小型、分权化政府相比，集权程度较高的政府的回应性和责任性较低，因为后者更加偏离选民的真正需求。因此，集权程度较高的政府可能会有所谓的"垄断政府"特征，即以铺张浪费和帝国扩张方式提供冗余的政府服务。一项研究尝试衡量这种利维坦效应，发现控制其他因素后，随着县级政府职能份额的增加，各级地方政府的总支出随之增加了。同样，州级职能集中似乎也会增加州级和地方总支出。[45]

这个问题仍未得到解决：设立特区能否解决分散的大都市区的服务提供问题？穆林根据自己的分析提出，这取决于特区的构建方式及特区如何解决跨越管辖区边界的政策问题。它们既可能解决区域政策问题，也可能使区域性难题恶化；它们可能会放大碎片化、协调和竞争的消极方面，也可能会通过职能专业化、不涉及政治的专业问题解决方案以及与其他管辖区的合作来缓解问题。有人支持通过特区政府解决超出一般职能政府边界的服务提供问题，但分权治理体制下政府和利益集团之间的相互影响可能造成出人预料的后果。[46]

分权地方政府的解释和支持

公共选择理论

公共选择理论是相关文献的重要部分，该理论认为分权化政府在地方层面优于集权化政府。该理论是从经济学家查尔斯·蒂博特（Charles Tiebout）的一篇文章发展而来的，文章将大都市社区与市场进行了比较。[47]公共选择支持者提出，地方政府类似于企业，在市场中为争夺居民和商业而彼此竞争。地方政府（企业）越多，竞争就越激烈。大型官僚政府限制了竞争，也限制了商品和服务分配，从而限制了消费者的选择。市场是最高效的配置系统，只提供消费者需要的东西，而其他系统，尤其是官僚主导的系统，则会导致商品和服务的生产和供应过剩。

传统的地方民主理论主要关注利用投票进行集体选择的能力，而公共选择主要关注通过市场进行的个人选择。作为公民的个人被作为消费者的个人取代。为了支持这个观点，公共选择理论家提出，个人仅从实用功能的角度看待公共政策，而这些功能构成了对公共利益唯一可能的理解。在公共政策中，关键概念是财政平衡；即在未被扭曲的市场中，个人得到的东西应当与付出对等。[48]公共选择支持者认为，政府内部的官僚总体上是自私自利的。要防止自私行为滋生不良后果，最佳方式是让政府尽可能地受市场秩序的约束。一个途径是坚持让政府各部门与私营部门竞争，从而产生私有化及合同外包的压力。另一个途径（市级政府尤为适用）是建立多中心政府体制以促进政府竞争。[49]

根据公共选择模型，人们"用脚投票"，选择期望的具体税收和服务水平。因此，多中心大都市区通过众多的市政府形成了一个差异化的市场，可以让人们选择期望的服务和税收水平。该模型的支持者认为，政治碎片化的大都市区比单一大都市区更可取，因为前者能更好地满足公民的多样化需求。公共选择支持者认为，通用型政府体制不如多中心政府体制高效，因为后者有竞争优势。各政府通过争夺居民和发展机会使服务提供成本保持较低水平，同时满足居民对优质服务的需求。

各界围绕公共选择模型编纂了大量文献资料。[50]公共选择模型的支持者反对设立统一的区域性政府，支持职能整合或协作，以实现特定服务提供过程中的规模效益和效率。[51]因此，公共选择模型提倡通过多中心政府体制和服务提供差异化来满足公民需求，也承认可以通过单一目的区或主管机关更高效地提供某些地区性服务。另外，该模型的支持者认为区域主义者并未认识到将提供单位与生产单位分开的好处，即作为服务提供决策者和服务监督者的单位并不需要生产（提供）这些服务。服务提供单位（城镇）可以和另一个政府单位或私营或非营利性生产商签订合同，从而在保持小型城镇优势的前提下实现优质和高效服务的提供。另外，城市地区政府混乱性和碎片化的本质虽然饱受区域主义者诟病，但能孕育竞争，从而提高效率。因此，以一个政府垄断取代多个政府竞争没有任何优势。[52]

公共选择模型的一项主要原则是分权多中心地方政府体制比集权体制更为民主，因为前者能回应公民的需求并创造更多的公民参与机会。该模型的支持者声称，差异化政府体制创造了多种多样的机会，让公民通过自身的选址决策对政府施加影响，从而提供一套理想的服务和政策。"用脚投票"的公民参与了治理，而社区在争取公民和企业的过程中做出了积极的反应。该模型的支持者认为，集权治理体制会破坏社区意识，减少公众参与地方治理的机会，弱化其参与动机，总体上会对地方层面的民主造成不利影响。

早期哲学家提出，城镇是志趣相投者聚集并做出治理决策的地方。只有人口足够少，区域足够小，人们才能参与治理过程。小团体的成员有着共同利益，能更好地达成共识，且能做出符合共同利益的决策。他们觉得团体规模越大，人们的利益越多样化，达成共识且做出符合共同利益的决策就越难。新英格兰地区的乡镇政府形态给托马斯·杰弗逊（Thomas Jefferson）和亚历西斯·德·托克维尔（Alexis de Tocqueville）留下了最深刻的印象，因为它实现了平等主义而且提供了全民参与的机会。杰弗逊和托克维尔认为这种政府形态体现了小型政府体制的初衷，即实现独立自主，在治理过程中最大限度地提高了公民参与程度。乡镇是个人主权的完美体现。在乡镇层面做出的决策更加民主，因为参与面更加广泛。[53]

20世纪80年代，随着区域改革运动的失势，公共选择模型受到追捧。选民普遍否决了在大都市区引入集权区域结构的大部分尝试，区域主义者则选择退缩。在此期间，似乎有更多的知识分子支持公共选择。实际上早在1987年，久负盛名的政府间关系咨询委员会（Advisory Commission on Intergovernmental Relations, ACIR），作为曾经的集权政府的坚定支持者，不再支持区域改革运动，而是宣布支持持续分权政府模式。[54]

从国际关系角度认识大都市区

政治学家维克多·琼斯（Victor Jones）和马修·霍尔顿（Matthew Holden）是将大都市区市政行为与相互关系类比为国际关系的两位主要人物。他们认为城市地区的地方政府在很多方面的行为类似于民族国家，它首先试图维持自身的独立性和自主性，而且相互竞争谋求发展。与民族国家一样，地方政府试图通过兼并扩大领地和控制范围。它们出于防御目的结成联盟（例如郊区城镇联盟），并争取所需要的供给（例如给排水）。地方政府会做出相应的制度部署，例如设立政府理事会讨论共同关注的事项；也会订立互利性契约，例如地方政府间协议。[55] 马修·霍尔顿（Matthew Holden）提出，民主是大都市区运转的关键，因为独立地方政府的行为与国际舞台上的民族国家非常相似，例如与其他独立地方实体进行谈判并运用外交手腕谋取利益。[56] 维克多·琼斯（Victor Jones）写道："地方政府是强硬的组织，有很多政治和法律保护措施避免消亡或被其他政府吸纳……如果我们在其重组方案中看到类似于世界政府、世界联邦、职能性组织以及双边和多边契约的字眼，我们不应该感到惊讶。"[57]

对上述方法的批评

市场（公共选择）类比和国际关系类比都接受并含蓄地认可大都市区的碎片化政府体制、政府间竞争与政府服务和资源的不均衡分配。国际关系类比假定分权城市地区在很多方面与古代世界相似，其中战争和强权政治决定了各国之间的关系。与大多类比一样，这些模型也有各自的局限性。与民族国家不同的是，地方政府会受上级政府（尤其是州政府）的支配，因为上级政府能够设立、撤销地方政府，也能制定法律来管理其行为。[58]地方政府的行为也不像企业，因为它们不像私营企业那样容易设立或撤销。另外，对居民的争夺也不同于私人市场中商品和服务的购买。而且，地方政府可能被迫服务于所有居民，而私人市场只服务有支付能力的消费者。但这两种类比都相当准确地描述了大多数大都市区的现实：多个有相当自主性的因素在竞争性的环境中发挥作用，而这个环境具有所有人相互倾轧的特征。[59]这当然是区域主义者所追求的目标的极端对立面。区域主义者希望建立一个理性的法律和区域管理体系来取代市场的混乱状况和政治的不合理性，从而保证大都市区居民受到公平的对待。

在两种类比当中，公共选择类比较为成熟。[60]大量文献资料认可了分权政府体制相对于集权区域治理方式的优点。显然，区域主义者对此进行了激烈的争论。他们表示市场体系在协调和生产过剩方面存在效率低下的缺陷，而且未能解决社会不平等问题。[61]政治学家约翰·哈里根（John Harrigan）和罗纳德·K. 沃格尔（Ronald K.Vogel）的观点简单鲜明，他们同时摒弃了公共选择模型和国际关系模型。从某种程度上将大都市区治理类比为自由市场经济或国际外交是一回事，而将这种类比假定为大都市内城市服务提供方式的模型完全是另一回事。后者将经验性判断转换为规范性判断，而且在理论层面合理化了大部分大都市区内公共服务分配极不均衡的问题。[62]

公共选择模型的实证检验

大部分实证研究是为了证实或反驳公共选择的观点。已进行的研究似乎证实了研究者的偏见，否则一个领域的研究结果能否推广到其他领域这样的怀疑将始终存在。一些公共选择假设不能完全适用于真实世界。例如，大都市区并非一个均质化、无差别的平面，某些领域比其他领域更有吸引力，例如芝加哥的湖滨住宅比非湖滨住宅更有吸引力。而且，大多数消费者没有无限制退出的能力。一般而言，人们会因为新工作和婚姻等人生中的特定事件而搬迁。另外，选民只能居住在能够找到经济适用房，而且与工作地点距离合理的社区内，这个地点限制了人们可从"理想的服务组合"中选择的社区数量。在底特律地区进行的一次实证检验中，检验的公共选择诉求如下：① 据对公共服务组合的需求将同一类人安排到同一个社区的程度。② 每个社区的居民对服务水平的满意度。

根据公共选择模型，社区内支出需求的方差应当小于全州支出需求的方差。例如，如果收入与需求呈正相关关系，那么高收入社区公共支出需求的方差应当小于全州公共支出需求的方差，因为全州人口同时包括高低收入社区的人口。根据该模型，人们会迁移到服务令人满意的地方。这项研究表明，社区内方差显著小于全州总体方差。研究还发现，底特律大都市区内存在按支出偏好分组的显著现象，从而倾向于证实均质性社区的公共选择特征。[63] 研究者对底特律地区的居民进行了调查，以确定他们对公共支出和税收的满意度。他们发现 2/3 的投票者不希望改变公共支出水平。只有 19% 的投票者希望大幅增加或减少公共支出，表明公共服务和支出水平总体上令人满意。与州内较小城市地区相比，底特律地区居民的满意度较高。结果倾向于证实公共选择假设，即在有更多社区（更多公共支出类型选择）可以选择的地区，居民更好地按社区聚集，从而提高了其对公共支出额的满意度。[64]

对公共选择观点的另一项检验是在亚特兰大大都市区进行的，调查了居民的满意度和迁移意愿。所衡量的项目包括对所居住地区的总体满意度以及对学校和治安服务质量的满意度。根据公共选择模型，对服务水平不满意的居民有迁移的意愿。调查结果表明情况并非如此。影响居民迁移决策的因素并非对治安保护或学校质量不满意，影响迁移意愿的主要因素是对本地就业机会的满意度。[65]

罗伯特·斯坦（Robert Stein）教授研究了公共选择支持者提出的另一个主要观点——各城镇之间服务组合的差异。他考察了各社区之间公共支出需求的差异，并将服务分为普通职能（例如治安、消防、排水、卫生等）和非普通职能（例如教育、福利、保健和医院、图书馆、停车设施、机场等）。他的研究结果表明存在一套高度差异化的市政服务组合。普通服务和非普通服务都存在差异，但非普通服务表现出最大的差异程度。斯坦的研究结果表明，居民很少关注普通服务提供方，一般居民只有在未能充分享受普通服务时才会对其给予关注。同一个大都市区内普通服务的需求在各社区之间较为均衡。由于普通服务的需求（除非在供应不足的情况下）是相似的，因此普通服务可能对市场敏感度不高。非普通服务的需求和提供表现出最大的差异程度，表明城市非普通服务的差异化对市场更敏感。[66]

虽然传统观念和一些研究表明，缩小管辖区可以减少参与障碍，让公民更多参与地方治理，但其他研究表明情况恰恰相反。在对一个集权化大都市区和一个分权化大都市区的比较研究中，洛厄里（Lowery）、里昂斯（Lyons）和德胡格（DeHoog）发现集权地区的公民参与治理的程度较高。他们发现，在集权化的城市街区，居民的参与程度较高，因为这些地方有更多群体追求相互矛盾的目标。他们还发现，与分权地区相比，统一程度较高的大都市区内公民对城市的认同程度较高。研究人员发现在政府集权程度较高地区内居住的公民感觉自己对公共政策的影响力更大，而且其感知的政府回应程度高于分权地区。他们的研究结论是，实际情况恰恰相反，集权化政府不会降低公众参与程度。[67]

对 12 个大都市区中心县选民投票率的另一项研究采用市级选举中的投票情况作为参与指标。研究者发现，虽然城市规模对选民投票率的影响很小，但城市集中度会产生正面影响。他们发现虽然小型社区内的公民可能有共同价值观并更容易参与投票，但他们参加投票的数量不超过大型社区内的公民。实际上，他们发现城市碎片化程度较低而集权程度较高的县选民投票率最高。研究人员推测："如果城镇占城市县土地面积的比例更大，那么县级政策问题就会内化为城市政治，从而促进政治参与程度的提升。"他们认为，碎片化政府推动了人口分类或隔离，从而将每个城镇的选民转化为均质化程度更高的团体，其中大部分政治实质嵌入城市之间的边界。其结果是公民要么缺乏平台讨论社会问题，要么无意于讨论这些社会问题，因为这已然成为社会常态。[68]

公共选择研究者尝试进行反驳和质疑这些研究的普遍性。斯蒂芬·珀西（Stephen Percy）和布雷特·霍金斯（Brett Hawkins）指出，历史上较强的南部县的公民往往不清楚哪一级政府提供哪一种服务，而县体制中规中矩的威斯康星州是一个更合适的检验场域。他们对密尔沃基进行研究后发现，人们往往认同最重要的政府，无论是县还是本地社区。对从密尔沃基迁来的居民进行的调查表明，他们对服务、税收和生活质量总体上感到不满意，于是得出的结论是服务和税收是决定迁移的一个因素。此外，留下来的人可能只是满足于表达自己的不满，而不满的程度可能还不足以促使他们离开。[69]

没有确凿的证据可验证或反驳公共选择模型，而且任何一方都没有提出结论性的证据。但这个争论只不过是一次学术活动，因为大部分城市地区都选择了公共选择追随者支持的碎片化程度较高的体制，使得分权和集权体制哪个更好的争论变得毫无意义。但争论仍在继续，每一方的支持者都认为自己的观点更优越。在一个实例中，美国碎片化程度最高的两个地区——圣路易斯和匹兹堡地区的一个国家组织受托进行了一项研究。有趣的是，该组织发布了关于圣路易斯的报告，其中称赞碎片化政府体制通过管辖权的重叠，有效地满足了区域治理需求。但此后不久，两个区域性公民研究小组发布了与上述结果完全不符的报告。研究小组发现圣路易斯的分权政府混乱不堪、步调不一、缺乏协作，因此建议对圣路易斯地区的碎片化政府体制进行重大重组。[70]作为这个争论的严格学术属性的例证，在报告发布的几乎同一时间，圣路易斯市市长和圣路易斯县县长共同设立了一个委员会对县的碎片化性质进行考察。该委员会提交了一份计划，建议将县内的 90 个城镇合并为 37 个新城市。该计划在法庭上被驳回，结果没有进行投票。[71]根据圣路易斯地区区域性重组的先前公投结果，选民很可能已经否决了该计划。

国际关系模型的检验

学术界对采用这个模型一直兴趣不大。大部分实例来自民族国家层面，难以推及大都市区。欧盟模型是国际关系模型在大都市层面适用情况的最佳国际实例。在这个案例中，过去经常相互对抗的独立国家自愿成立了一个区域性机构，并将它们管理各自经济体的部分权力转移给了该区域性机构。欧盟模型的最佳运用实例是加拿大不列颠哥伦比亚省的大温哥华地区（Greater Vancouver Regional District, GVRD）。该地区与欧盟的相似之处在于，各城镇自愿将权力转移给区域性机构以提供某些区域性服务。各城镇在此过程中可以受益，因为在地区层面上提供服务更加经济和高效。此外，各城镇无法提供或管理影响生活质量的某些区域性职能，例如控制空气污染。因此，授权一个区域性机构履行这些职能对于城镇和地区而言是一个双赢的局面。欧洲各国自愿将某些方面的经济管理权转移给欧盟，以促进各自经济的发展。同理，大温哥华地区的城镇也将控制权自愿转移给区域性机构或与之共享特定职能的某些机构，从而从中获益。

大温哥华地区可以履行各成员商定的任何职能，这样的自愿性组织自然存在各种利弊。22 个城镇要想达成共识并不容易，因为每个城镇都有各自的地方性日程，而且担心将地方特权让渡给控制能力有限的组织。面对，争议性问题，各方要么避而不谈，要么讨论数年之久才能达成折中方案。自愿性组织处理过的最有争议的问题或许就是区域规划了。虽然各城镇都认为地区发展规划对于本地区的有序和可持续发展至关重要，但仍未能批准这项规划。大温哥华地区甚至没有制定区域经济发展规划，因为各城镇不愿意将权力转移给一个区域性组织。[72]

虽然大温哥华地区几乎无权强迫各成员城镇就规划达成共识，但该组织努力让各成员城镇相信规划的价值，因此规划仍然发挥了作用。管理者还尽可能协调各成员。大温哥华地区的一大优势是不列颠哥伦比亚省内没有设县。因此，大温哥华地区可以充当地区性治理机构，而不会因机构重复导致抱怨不断，或和其他一般职能地方政府产生竞争。实际上，设立大温哥华地区的目的之一就是向正在城市化过程中的非城镇区域和无法自行建立给排水系统的小型城镇提供服务。[73]

阿蒂比斯（Artibise）等[74]提到，大温哥华地区证明了只要各城镇感受到了区域联动的好处，不强迫它们加入，而且有时间对提案进行改善和审议，那么往往就能达成共识。他们认为大温哥华地区拥有关于本地区最完整的知识库，而且可以作为本地区客观、公正、专业的规划机构。他们还认为，只要有足够的时间，好的思路就会脱颖而出，而且可以通过对问题审慎而透彻的争论使区域获益。如果说这个观点普遍适用于区域治理也许过于乐观，但至少对于大温哥华地区而言似乎是适用的。

邻里政府运动

作为公共选择模型的必然结果，20 世纪 60 年代末和 20 世纪 70 年代初，邻里政府治理方式在很多大城市得到发展。与传统改革路径不同，这场运动提倡将大城市的政府分散到邻里层面。公共选择倡导者将该方式视为对分权政府优势和公民偏好小型亲民政府的又一次证明。邻里政府治理方式得到发展是因为公民对反应迟缓的大型集权官僚机构感到沮丧和失望。这场运动试图使邻里获得对政府服务更大的控制权，尤其是对学校的控制权。邻里政府治理方式的目的不仅是让邻里居民在政府服务提供中获得权力，而且要让邻里有权制定政策，决定服务提供的方式。

作为最近对分权压力的政府应对，详细地考察这场运动有一定的教育意义。一些政府职能已经分权很多年了，例如警察局、消防站和图书馆。但这些政府职能一般充当了市中心官僚机构的延伸。通常没有获取系统化社区意见的机制，邻里参与对于地方政府而言也不是新事物，但它在大多数情况下仅限于为政府举措提供反馈意见。因此，过去大多数涉及邻里的计划都没有开启邻里与市政府之间的双向沟通。

政府间关系咨询委员会指出，分权到邻里层面可能涉及以下部分或全部要素：① 地域分权，在地理上将市政府引入邻里。② 行政分权，涉及邻里管理者的任命，并将项目责任中的部分行政自主权下放到邻里。③ 政治分权，将政治权力和政策制定权下放到有自主权的子单位。这些子单位对财政、计划和人事事务有很大的控制权。他们主要对邻里的全体选民负责，其次对中央政治单位负责。[75]

在三类分权当中，地域分权是最常见的。地域分权意味着市政府不仅在地理上更接近选民，也意味着更容易与选民打交道，其中可能包括在邻里召开市议会会议、开通投诉热线或者任命一位监察专员受理和跟进政府内部的投诉。另一种地域分权是从邻里选拔代表成立民选官员的社区咨询委员会。俄亥俄州代顿市是地域分权的一个实例。该州建立了社区选举的邻里委员会体制，由其充当城市与邻里之间的沟通渠道。[76]

政治分权是指将大量政治权力、政策制定和人事权下放到邻里。政治分权的一个典型案例是明尼苏达州圣保罗市，其中大量政治权力下放到 17 个区议会，而区议会代表由各行政区居民选举。每个议会都任命一名由市政府财政负担工资福利的行政官，并设有一处邻里办事厅。议会享有很大的权力，包括所在区域实体、经济和社会发展的规划和建议权、区划管辖权、各种政府服务的分配权和对基本建设支出的重大影响力。邻里代表组成了一个市级委员会以便优先实施市内基本建设项目。除了向主要城市机构提出所在区域的服务需求之外，议会还参与社区中心运营、犯罪预防和行政区新闻通讯制作等活动。虽然亚拉巴马州伯明翰市没有达到圣保罗市的分权程度，但也进行了政治分权的尝试。邻里居民选举代表加入邻里协会，从而控制通过社区发展整笔拨款（Community Development Block Grant, CDBG）计划，拨付给各自区域的联邦财政使用，并与社区人员一同寻找解决邻里问题的办法。[77]

行政分权是指建立邻里服务中心，配合邻里团体提供社区服务，并为其效力。最近一场这种运动是普及社区警务。普及社区警务，即警方与居民之间进行双向沟通。警方是社区的延伸而不是中心机构。他们与社区团体密切合作，针对邻里需求制订计划并开展活动。中心机构拥有很大的自主权。在多种政府服务分权的过程中，需要建立邻里服务中心对服务进行协调。邻里管理者对服务进行监督和协调，而且与邻里团体和中央官僚机构合作提供服务。

行政分权已在少数城市实施了一段时间。20世纪70年代，纽约市设立了"小市政府"作为邻里投诉中心，并推动社区相关人员参与城市治理，监督城市服务质量。在一个案例中，邻里组织动员反对了纽约市发起的一项重要发展倡议。面对邻里组织的反对，中央管理机构只能作罢。在这次尝试中，设立了59个社区委员会对服务进行协调、对土地利用决策发表评论并提出基本建设预算支出，从而实现了实质性的分权。[78]

教育是引发分权压力和争议的一个领域。纽约市和底特律市在20世纪60年代尝试公共教育分权，而芝加哥市学校系统的分权发生在1988年。在纽约市，教育分权规划要求每3年选举产生32个均由9位成员组成的学校董事会，负责监督学校系统。中学及其特别课程仍由中央官僚机构控制。当地董事会通过控制学区工作岗位、预算、课程和政策使教育工作者承担责任。董事会可以聘用从校长到非教学职员（例如专业辅助人员和学校助理人员）的几乎所有人员。虽然教师仍然不由董事会任命，但董事会控制着他们的晋升。教育领域的分权伴随着争议。一个结果是庇护和腐败现象越来越多。由于掌控了大量工作岗位和资金，本地学校理事会成为前所未有的腐败中心。一位观察家将其比作全盛时期的坦曼尼协会。大多数本地学校董事会将学区作为自己的领地，将工作岗位提供给竞选工作人员及其家属，或者出售岗位以谋取私利。[79]

底特律市学校系统的分权过程也引起了争议。中心学校董事会试图推行一项消除种族隔离的计划，需要用校车接送9 000位儿童，其中涉及分权。州级立法机关宣布校车接送不合法，而且赋予邻里学校董事会更大的权力。[80]芝加哥市学校系统是通过地方选举产生学校理事会分权的，中央官僚机构赋予理事会很大的自主权。这种尝试有得有失，失败的方面比成功的方面更加广为人知，相关问题被广泛报道。例如一些学校无法推荐足数的候选人来竞选空缺职位，学校理事会对资金管理不当，修改议会成员子女的考试成绩，恐吓教师和校长，无故解聘校长，等等。对芝加哥学校系统的评价表明分权并未实现改革者设想的地方控制。与分权之前相比，教育系统目前更复杂，也许更不容易治理。报告的结论是："校长反而可能更难专注地、以目标为导向地执行工作任务；无论在何种可预见的意义上，本地社区对学校运营的影响力都未明显增强。"[81]

但后来进行了一些变革，有望促进芝加哥市的学校分权体制更好地发挥作用。也许主要变革是州级立法机关让芝加哥市市长直接负责学校系统。市长立即委派可靠的城市行政人员而非教育工作者负责学区。在市长的支持下，新任行政首长建立了相关制度来监督学校理事会的运营。如果某个理事会没有遵守准则导致学校出现问题，那么中央管理机构就会对该学校进行重点考察。如果学校理事会未能解决问题，那么中央管理机构可能会解散学校理事会，将校长和相关教师免职。接管后，中央管理机构可以聘请全新的教学团队和校长，并要求选举产生新的学校理事会。多所学校以这种方式进行了重组。考虑到自身权力受到潜在威胁，学校理事会在学校运营中变得更加负责。

最终，邻里政府的成功实施需要政府领导的有力支持。但政客抵制邻里政府主要是因为担心邻里组织过于独立且难以控制，担心自身的角色被邻里服务中心边缘化。与中央管理机构有直接关联的邻里服务中心在服务中不依赖政治领导，从而改变了民选官员与邻里之间的动态关系。只有邻里服务中心处于代表邻里的政客的直接控制之下，这种紧张局面和政治权力的潜在损失才会得到缓解。

官僚机构普遍抵制将权力下放到邻里的做法，因为该做法打破了以往的惯例，而且官僚机构不愿放弃对服务提供的独家控制权。官僚机构的抵制还源于重视公平、公正和效率的规范性体系。必须谨慎地使用稀缺资源的机构不会仅仅因为社区需要就愿意共享利益。关注全市问题的专业行政人员会质疑本地需求的合法性。行政人员抱怨道，随着服务的分权，他们失去了全部规模效益，而邻里服务中心有可能在服务提供过程中在居民群体之间形成偏袒。他们声称以独特的方式为所有邻里服务是不可能的，而且资源限制决定了邻里的期望永远得不到满足。最终结果可能是公民因无法获得想要的服务，而感到越来越沮丧和失望，这反而会降低公众参与程度。[82]

对邻里政府的评估

邻里政府的一个问题与其宗旨有关：赋予居民对邻里服务更大的控制权。分权增加了庇护和腐败的可能性。分权化的纽约市学校系统中庇护和腐败现象的蔓延证明了政治权力下放的危险。公共选择假设碎片化的地方政府回应性较高，因为本地选民参与程度更高，且更容易罢免犯错的民选低层官员，而纽约市的案例则与该假设背道而驰。纽约市的研究结果表明，权力下放到低层可能既不会提高选民参与度，也不会提高对公民的回应性。实际上，权力下放可能只会用一个反应迟缓的上层集团替换另一个反应迟缓的上层集团——官僚。[83]

邻里政府产生的问题似乎超过了公民参与度提升带来的好处。邻里控制可能不利于实现邻里、城市或地区的总体最佳利益。邻里政府为地区抱怨提供了平台，因此可能会妨碍从整体上有利于城市的举措的实施。在某些情形下，增强邻里权力引起了种族和收入地位排斥，并且邻避冲突的矛盾经常阻碍社会所需设施的建设。此外，邻里控制似乎无法使穷人获得权力。尽管多次尝试，但低收入居民、租户和少数族裔的参与程度仍不尽如人意。如果这些尝试使邻里之间争夺公共资源，那么邻里政府促进社会公平的能力就会进一步削弱。[84]

邻里制度不能完全保证产生有效的代表。一些邻里完全缺少必要的领导干部和制度来表达居民的利益诉求。让很多参与者烦恼的是，少数不讨喜的人主导了邻里组织，从而最终将其他潜在贡献者驱逐出去。另外，邻里的小规模给规划者和社区团体带来了经济、政治和保障方面的困难。首先，邻里本身并非经济单位。制定适合各项邻里需求的多项小型计划肯定会牺牲集中实施计划的规模效益。[85]

虽然人们仍然提倡邻里政府而且不断进行尝试，但 20 世纪 60 年代到 70 年代，邻里政府的热潮已经消退。20 世纪 60 年代到 70 年代的分权尝试总体效果不佳，再加上政治领导和官僚机构的持续抵制，改变了社区治理的重心。人们仍然关注邻里参与，但已不再关注设立强势的副市级邻里政府。邻里咨询委员会正在成为被更多人接受和推广的社区参与形式。例如，1997 年纽约市本地学校董事会被剥夺了大部分聘用和预算权力。[86] 邻里权力和参与方面的尝试并未终止，但重点已从获取对政府机构的控制权转移到与政府机构合作推动邻里振兴。

加利福尼亚州一个县内的特区

虽然特区的数量和作用因州县而异，但本节以一个县内特区的设置为例，说明特区对治理和服务的影响。加利福尼亚州萨克拉门托县有 7 个城市和 100 多个在全县提供多种服务的特区，但不设乡镇。县人口数为 1 374 724 人。萨克拉门托市是包含 8 个县的一个大都市区内最大的城市，人口数为 453 781 人；大都市区人口数为 2 149 127 人。县内的特区提供了以下服务：

（1）州级法律设立的萨克拉门托大都市空气质量管理区（The Sacrameto Metropolitan Air Quality Management District, SMAQMD）：对车辆排放没有直接管辖权，负责制定规划和法规、监测空气质量、审查土地利用和交通相关项目，以便尽可能减小各类项目对空气质量的影响，并对公众进行教育；财政来源包括州和联邦拨款以及许可费用。

（2）公墓区：萨克拉门托县有 4 个由理事会管理的独立公墓区，理事会由监督委员会任命，负责管理公墓区运营。

（3）给排水管理区：管理雨水排放、防汛和饮用水供应。

（4）11 个消防区：在萨克拉门托市和佛森市之外提供消防服务。

（5）萨克拉门托区域固体废物管理机关：对写字楼和住宅的废弃物收集和回收利用服务进行管理。

（6）防洪区：对河流防洪堤进行维护。

（7）萨克拉门托-尤洛蚊虫和病媒控制区：向萨克拉门托县和尤洛县提供

蚊虫和病媒控制服务。

（8）履行多种职能的特区：例如在萨克拉门托县和兰乔科尔多瓦市提供街道和公路安全照明服务的一个全县特区、提供公园和休闲服务的两个特区、履行多个职能的一个特区，其职能包括特定新开发区内的街道和公路清洁、道路维护、水土保持和排水控制。

（9）市政公用事业区：提供电力服务和街道照明。

（10）公园和休闲区：提供公园和休闲设施与计划。

（11）围垦区：建造堤坝开垦土地、供应灌溉用水、建设适当的排水设施并保证设施和堤坝的运行和维护。

（12）资源保护区：有权开展的活动包括控制径流水、预防或控制水土流失、开发和配送水资源、改善土地生产力、传播信息以及实施水土保持示范项目。

（13）卫生区：提供污水收集、处理和处置服务。

（14）萨克拉门托区域交通区管理机关和萨克拉门托交通管理机关：提供公共交通服务。

（15）各种水管理区：饮用水供应和灌溉。[87]

了解特区向县居民提供的以上服务之后，就能看出服务提供的碎片化，并能想象提供服务的过程中对各项服务和各个政府进行协调的难度了。县居民无法只通过一个政府获取服务，这让他们感到困惑。此外，还存在问责问题，因为在很多甚至全部特区，任命的委员会成员与提供的服务都不一定能得到居民或媒体的广泛关注。人们也会认为大量的政府机构会产生额外的设施、设备和人员成本。

要点总结

在大多数美国人生活的政治碎片化的城市地区，区域性服务的提供十分复杂。各大都市区提供区域性服务的方式各不相同。但是，在分权化政府体制下，提供这些服务的标准载体在全国范围内是相似的。提供区域性服务的一种主要方式是设立特殊功能区。随着第二次世界大战后郊区化运动的兴起，这些特区在大都市区迅速发展。最近，一些州开始限制特区的设立，以减少提供服务时的碎片化现象。特区的治理问题包括：无论委员会成员是选举产生的还是任命的，公众都难以向其问责。被任命的成员要对任命他们的上级负责。由于公民对特区的运行漠不关心，因此选举产生的委员会也存在公共问责方面的问题。缺乏问责制的结果可能导致委员会行事往往不符合公众利益。

批评者认为，特区增强了大都市区治理的复杂性。特区让居民产生困惑，社区政治领导也因无法直接影响特区为选民提供的服务水平而感到沮丧。特区专一地履行分配的职能，而且不能与其他政府或区域机构很好地协调。通过特区实现的分权服务弱化了一个地区的经济潜力。特区的捍卫者主张特区是在分权化地方政府体制下提供服务的有效方式。他们认为特区灵活地实现每种职能的规模效益，鼓励政府间协作并弱化大型多功能机构的官僚化倾向。

由经济学家提出的公共选择模型不仅对分权化政治体制做出解释，而且对其实施提出呼吁，在学术界一直受到分权的支持者和反对者的激烈争论。实际上，公共选择模型是否优于改革者所提倡的方法，在很大程度上是一个学术问题，因为公民已经把票投给了分权化政府。事实上，公共选择模型的一个表现形式就是邻里政府运动。与集权运动相反，这场运动是大城市政府向下分权给地方政府服务中的邻里的一次尝试。除了一些例外情况，这场运动的结果并不乐观。

注释

[1] U.S. Bureau of the Census, *1992 Census of Governments*, vol. 1 (Washington, DC: U.S. Government Printing Office, 1994), pp. ix–x.

[2] U.S. Census Bureau, *2007 Census of Governments: Local Governments and Public School Systems by Type and State*, www.census.gov/govs/cog/govOrgTab03ss. html [Accessed Sept. 20, 2012].

[3] U.S. Bureau of the Census, *1992 Census of Governments*, vol. 1, p. xii.

[4] U.S. Census Bureau, *2007 Census of Governments: Local Government Finances by Type of*

Government and State, Table 2, www.census.gov/govs/cog/govOrgTab03ss.html [Accessed Sept. 20, 2012].

[5] U.S. Census Bureau, *2007 Census of Governments: Local Government Finances by Type of Government and State*, Table 2, www.census.gov/govs/cog/govOrgTab03ss.html [Accessed Sept. 20, 2012].

[6] The figures for 2012 are preliminary and are subject to change.

[7] U.S. Census Bureau, *2007 Census of Governments: Local Government Finances by Type of Government and State*, Table 2, www.census.gov/govs/cog/govOrgTab03ss.html [Accessed Sept. 20, 2012].

[8] Ibid.

[9] Census Bureau. Census of Governments 2007. Local Governments and Public School Systems by type and State and Census of Governments 2002. Special purpose local governments by State: 1952–2002 vol. 1 Table 5 p. 5. http://www.census.gov/govs/cog/GovOrgTab03ss.html [Accessed Sept. 23, 2012].

[10] Nancy Burns, *The Formation of American Local Governments: Private Values in Public Institutions* (New York: Oxford University Press, 1994), p. 46.

[11] Ibid., p. 29.

[12] U.S. Census Bureau, *2002 Census of Governments: Government Organization* vol. 1: 1 table 9. Special District Governments by Function and State (Washington, DC: 2002: U.S. Government Printing Office), p. 14.

[13] John C. Bollens and Henry J. Schmandt, *The Metropolis: Its People, Politics, and Economic Life*, 3rd ed. (New York: Harper and Row, 1975), p. 264.

[14] Kathryn A. Foster, "Specialization in Government: The Uneven Use of Special Districts in Metropolitan Areas," *Urban Affairs Review*, 31 (January) (1996): 289–290.

[15] U.S. Bureau of the Census, *1982 Census of Governments*, vol. 5 (Washington, DC: U.S. Government Printing Office, 1994), pp. 19–109.

[16] Gerald Benjamin and Richard P. Nathan, *Regionalism and Realism: A Study of Governments in the New York Metropolitan Area* (Washington, DC: Brookings Institution Press, 2001).

[17] Robert D. Yaro and Tony Hiss, *A Region at Risk: The Third Regional Plan for the New York-New Jersey-Connecticut Metropolitan Area* (Washington, DC: Island Press, 1996), p. 207.

[18] Benjamin and Nathan, *Regionalism and Realism: A Study of Governments in the New York Metropolitan Area*.

[19] Ibid.

[20] Alan L. Saltzstein, "Los Angeles: Politics without Governance," in H. V. Savitch and Ronald K. Vogel, (eds.), *Regional Politics: America in a Post-City Age* (Thousand Oaks, CA: Sage Publications, 1996), pp. 63−65.

[21] Scott A. Bollens, "Fragments of Regionalism: The Limits of Southern California Governance," *Journal of Urban Affairs*, 19(1) (1997): 112−115.

[22] Ibid., app. A.

[23] Charles Mahtesian, "Semi-Vendetta Cities and the New Republican Order," *Governing: The Magazine of States and Localities*, (June) (1996): 31−32. Also see Chapter 2 for a more detailed discussion of the increasing political isolation of the central city in state politics.

[24] *Regional Transportation Authority*, http://www.rtachicago.com/about-the-rta/board-of-directors.html [Accessed Oct. 10, 2012].

[25] Rogers Worthington, "Tollway Chief Targets Image Problem," *Chicago Tribune*, June 3, 1997, sec. 2 p. 1.

[26] New Jersey Comptroller: *Delaware River Port Authority Wasted Millions, to Benefit of Leadership by Christopher Baxter*, March 29, 2012, http://www.nj.com/news/index.ssf/2012/03/nj_comptroller_deleware_river.html [Accessed Oct. 10, 2012].

[27] Sara C. Galvan, "Wrestling with MUDs to Pin Down the Truth About Special Districts," *Fordham Law Review*, 75(6) (2007): 3054.

[28] Ibid, p. 3055.

[29] Burns, *The Formation of American Local Governments*, p. 12.

[30] Bernard Ross and Myron A. Levine, *Urban Politics: Cities and Suburbs in a Global Age*, 8th ed. (Armonk, NY: M. E. Sharpe, 2012), p. 236.

[31] Bollens, "Fragments of Regionalism," p. 117.

[32] U. S. Census Bureau, *2002 Census of Governments: Government Organization*, Table 161: 1. www.census.gov [Accessed October 12, 2012].

[33] Bollens, "Fragments of Regionalism," p. 113.

[34] Galvan, "Wrestling with MUDs To Pin Down the Truth About Special Districts," p. 3070.

[35] Megan Mullin, *Governing the Tap: Special District Governance and the New Local Politics of Water* (Cambridge, MA: The MIT Press, 2009), pp. 107−112.

[36] Allan D. Wallis, "Governance and the Civic Infrastructure of Metropolitan Regions," *National Civic Review*, 82 (Spring) (1993): 130.

[37] Bollens, "Fragments of Regionalism," pp. 111−113.

[38] Quoted in Arthur B. Gunlicks, "Problems, Politics, and Prospects of Local Government Reorganization in the United States," in Arthur B. Gunlicks, (ed.), *Local Government Reform and Reorganization: An International Perspective* (Port Washington, NY: Kennikat Press, 1981), pp. 18–19.

[39] Ross and Levine, *Urban Politics: Cities and Suburbs in a Global Age*, pp. 255–256; Wallis, "Governance and the Civic Infrastructure of Metropolitan Regions," p. 130.

[40] Zimmerman, "Special District Growth Reflects Anti-Government Bias," p. 407.

[41] Galvan, "Wrestling with MUDs to Pin Down the Truth about Special Districts," p. 3068; George A. Boyne, "Local Government Structure and Performance: Lessons from America?" *Public Administration*, 70 (Autumn) (1992): 336; Kathryn Ann Foster, *The Political Economy of Special-Purpose Government* (Washington, DC: Georgetown University Press, 1997), pp. 183–191.

[42] Advisory Commission on Intergovernmental Relations, *Metropolitan Organization: Comparison of the Allegheny and St. Louis Case Studies* (Washington, DC: U.S. Government Printing Office, 1993), pp. 14–15.

[43] Richard F. Dye and J. Fred Giertz, *The Changing Relationships Among the Levels of Government in the Provision of Services* (Urbana, IL: Institute of Government and Public Affairs, March 1991), p. 3; Boyne, "Local Government Structure and Performance," p. 336.

[44] Jonas Prager, "Contracting Out Government Services: Lessons from the Private Sector," *Public Administration Review*, 54 (March/April) (1994): 181.

[45] Dye and Giertz, *The Changing Relationships Among the Levels of Government in the Provision of Services*, pp. 4–5.

[46] Mullin, *Governing the Tap: Special District Governance and the New Local Polities of Water*, pp. 121, 179.

[47] Charles M. Tiebout, "A Pure Theory of Local Government Expenditures," *Journal of Political Economy*, 44 (October) (1956): 416–424.

[48] Michael Keating, *Comparative Urban Politics: Power and the City in the United States, Canada, Britain, and France* (Aldershot, England: Edward Elgar Publishing, 1991), pp. 108–109.

[49] Andrew Sancton, *Governing Canada's City-Regions: Adapting Form to Function* (Montreal: Institute for Research on Public Policy, 1994), p. 42.

[50] See, for example, Vincent Ostrom, Charles Tiebout, and Robert Warren, "The Organization of Government in Metropolitan Areas: A Theoretical Inquiry," *American Political Science*

Review, 55 (December) (1961): 831−42; J. M. Buchanan, "Principles of Urban Fiscal Strategy," *Public Choice*, (Fall) (1971): 1−16; J. Zax, "The Effects of Jurisdiction Types and Numbers on Local Public Finance," in H. Rosen, (ed.), *Fiscal Federalism: Quantitative Studies* (Chicago, IL: University of Chicago Press, 1988), pp. 79−106; D. Kenyon and J. Kincaid, (eds.), *Competition Among State and Local Governments: Efficiency and Equity in American Federalism* (Washington, DC: Urban Institute Press, 1991).

[51] R. Parks and R. Oakerson, "Comparative Metropolitan Organization: Service Production and Governance Structures in St. Louis, MO, and Allegheny County, PA," *Publius*, 23 (Winter) (1993): 19−30.

[52] David Miller, R. Miranda, R. Roque, C. Wilf, "The Fiscal Organization of Metropolitan Areas: The Allegheny County Case Reconsidered," paper presented at the North American Institute for Comparative Urban Research Conference, June 16−18, 1994, pp. 3−4.

[53] R. T. Gannett, Jr., "Bowling Ninepins in Tocqueville's Township," *American Political Science Review*, 97(1) (2003): 1−16; G. Weiher, *The Fractured Metropolis: Political Fragmentation and Metropolitan Segregation* (Albany, NY: State University of New York Press, 1991); Harold Wolman, "Local Government Institutions and Democratic Governance," in D. Judge, G. Stoker, and H. Wolman, (eds.), *Theories of Urban Politics* (Thousand Oaks, CA: Sage Publications, 1995), pp. 135−139.

[54] Keating, *Comparative Urban Politics*, p. 111.

[55] Bollens and Schmandt, *The Metropolis*, p. 35.

[56] Matthew Holden, "The Governance of the Metropolis as a Problem in Diplomacy," *Journal of Politics*, 26 (August) (1964): 627−647.

[57] Victor Jones, "The Organization of a Metropolitan Region," *University of Pennsylvania Law Review*, 105 (February) (1957): 539, quoted in John Kincaid, "Metropolitan Governance: Reviving International and Market Analogies," *Intergovernmental Perspective*, 15 (Spring) (1989): 23.

[58] Abolishing local governments once they are created is highly unusual, although establishing laws affecting their behavior is common.

[59] Kincaid, "Metropolitan Governance," p. 23.

[60] The international relations model has not had much attention since it was proposed in the 1950s, and has only recently been revived by John Kincaid. See Kincaid, "Metropolitan Governance," pp. 23−27.

[61] Harold Wolman and Michael Goldsmith, *Urban Politics and Policy: A Comparative*

Approach (Cambridge, MA: Blackwell Publishers, 1992), pp. 17–18.

[62] John J. Harrigan and Ronald K. Vogel, *Political Change in the Metropolis*, 8th ed. (New York: Longman, 2006), p. 257.

[63] Edward M. Gramlich and Daniel L. Rubinfeld, "Micro Estimates of Public Spending Demand and Test of the Tiebout and Median-Voter Hypotheses," *Journal of Political Economy*, 90(31) (1982): 536–539. The study included virtually all the area within 40 miles of downtown Detroit. Within this area it was presumed possible for all voters/consumers to find a community with individuals of like tastes in public expenditures.

[64] Ibid.

[65] Richard N. Engstrom and Nathan Dunkel, "Satisfaction with Local Conditions and the Intention to Move," *Cityscape: A Journal of Policy Development and Research*, 11(1) (2011): 143–146.

[66] Robert M. Stein, "Tiebout's Sorting Hypothesis," *Urban Affairs Quarterly*, 23 (September) (1987): 140–60.

[67] David Lowery, W. E. Lyons, and R. H. DeHoog, "Institutionally Induced Attribution Errors: Their Composition and Impact on Citizen Satisfaction with Local Government Services," *American Politics Quarterly*, 18(1992): 169–196; W. E. Lyons and David Lowery, "Government Fragmentation Versus Consolidation: Five Public-Choice Myths about How to Create Informed, Involved, and Happy Citizens," *Public Administration Review*, 49 (November/December) (1989): 535–542.

[68] K. Kelleher and David Lowery, "Political Participation and Metropolitan Institutional Context," *Urban Affairs Review*, 39(6) (2004): 720–757.

[69] Stephen L. Percy and Brett W. Hawkins, "Further Tests of Individual-Level Propositions from the Tiebout Model," *The Journal of Politics*, 54 (November) (1992): 1149–1157.

[70] Elliott, "Reconciling Perspectives on the St. Louis Metropolitan Area," pp. 17–18.

[71] Donald Phares, "Bigger Is Better, or Is It Smaller? Restructuring Local Government in the St. Louis Area," *Urban Affairs Quarterly*, 25 (September) (1989): 5–17.

[72] David Hamilton, *Measuring the Effectiveness of Regional Governing Systems* (New York: Springer, 2013).

[73] Ibid.

[74] A. Artibise, K. Cameron, and J.H. Seelig, "Metropolitan Organization in Greater Vancouver: 'Do it yourself' Regional Government," in D. Phares, (ed.), *Metropolitan Governance without Metropolitan Government?* (Burlington, VT: Ashgate Publishing, 2004), p. 210.

[75] Advisory Commission on Intergovernmental Relations, *The New Grassroots Government? Decentralization and Citizen Participation in Urban Areas* (Washington, DC: U.S. Government Printing Office, 1972).

[76] Jeffery M. Berry, Kent E. Portney, and Ken Thomson, *The Rebirth of Urban Democracy* (Washington, DC: Brookings Institution, 1993), p. 13.

[77] Ibid.

[78] H. V. Savitch, "Postindustrialism with a Difference: Global Capitalism in World-Class Cities," in John R. Logan and Todd Swanstrom, (eds.), *Beyond the City Limits: Urban Policy and Economic Restructuring in Comparative Perspective* (Philadelphia, PA: Temple University Press, 1990), pp. 153–156.

[79] Lydia Segal, "The Pitfalls of Political Decentralization and Proposals for Reform: The Case of New York City Public Schools," *Public Administration Review*, 57 (March/April) (1997): 142–143.

[80] Harrigan and Vogel, *Political Change in the Metropolis*, pp. 206–207.

[81] Laurence E. Lynn Jr. and Teresa R. Kowalczyk, *Governing Public Schools: The Role of Formal Authority in School Improvement*, working paper, Series 95–3 (Chicago, IL: Irving B. Harris Graduate School of Public Policy Studies, University of Chicago, June 30, 1995), p. 23.

[82] Susan S. Fainstein and Clifford Hirst, "Neighborhood Organizations and Community Planning: The Minneapolis Neighborhood Revitalization Program," in W. Dennis Keating, Norman Krumholz, and Philip Star, (eds.), *Revitalizing Urban Neighborhoods* (Lawrence, KS: University Press of Kansas, 1996), pp. 106–107.

[83] Segal, "The Pitfalls of Political Decentralization and Proposals for Reform," p. 147.

[84] Fainstein and Hirst, "Neighborhood Organizations and Community Planning," pp. 109–110.

[85] Ibid.

[86] Segal, "The Pitfalls of Political Decentralization and Proposals for Reform," p. 149.

[87] *Directory of Sacramento County Service Providers*, http://www.saclafco.org/ServiceProviders/SpecialDistricts/ListingbyCategory/default.htm [Accessed Oct. 12, 2012].

第 7 章

通过政府间协作及外包为分权化的
大都市区提供公共服务

第二次世界大战后，随着地方城市政府碎片化程度日益加剧，许多地方政府因税基不足而无法提供充足的服务。如本书第 1 章所述，地方政府发展的目的是提供服务以及更加精确地管制经济和社会活动。管制权即排他权。以上两个目的可能是相互矛盾的，因为土地面积较小的政府往往同质性较强，而土地面积较大的政府更有能力管制经济和社会活动，以满足社区的意愿。但是，社区也必须足够大才能包含足够的税基，在不征收禁止性税收的情况下为服务提供财政支撑。19 世纪，一些并入更大城市地区的城镇解决了服务提供的问题，但代价是牺牲能够有效地进行管制和排他的能力。这一时期，服务目的一般被放在首位，因此许多社区都设法并入更大的中心城区，来获取更优质的服务（请参见第 3 章关于兼并的论述）。从那时起，尤其是自第二次世界大战以来，排他性一直居于主导地位。社区会在丧失排他性之前探索所有可能的服务选项。

第二次世界大战后，大都市区内城镇的协作迅速增加。越来越多的人认识到地方政府的很多问题都需要在更广泛的合作基础上去解决。20 世纪 60 年代到 70 年代协作运动兴起的原因如下：① 建立讨论区域性问题的论坛，而不强制成员政府采取行动；② 不断上涨的服务成本和公众要求不增税的压力；③ 参与区域机构以满足联邦要求，有资格获得拨款资助。

　　协作行动是一种可接受的兼并替代方案，因为它不会威胁各城镇的政治独立性。此外，区域机构可以作为有益的平台，让政治独立的城镇可以讨论区域性问题，并在必要时采取集体行动以满足区域性服务的需求。如第 6 章所述，利用设立特区以提供服务是满足众多大都市区地方政府提供服务需求的一种方法。本章以政府之间的协作和签约外包作为提供服务和解决区域性问题的一种手段。笔者分析了第二次世界大战后的快速郊区化运动所产生的协作结构和机制，并详述联邦政府在这场运动中的参与情况。

协作的理论基础

　　协作这一概念是建立在 1965 年奥尔森（Olson）所阐述的集体行动理论基础上。[1] 集体行动是指个人或实体之间为了实现共同目标或者获得利益，避免单独行动造成的高昂成本而进行的合作活动。假设地方政府与其他政府采取集体行动，或在符合非政府实体最大利益的情况下将服务签约外包给非政府实体。显然，经济利益激励是签订集体行动协议的主要原因。然而，政府参与集体行动有非经济原因。不参与集体行动可能会受到制裁，例如被排除在可以享受的协议利益主体之外。需要与其他地方政府保持友好关系，领导人需要获得声望，要被视为一个参与者，而不是孤立于大都市区内的其他地方政府，参与这些行为时会面临压力。当然，如果地方政府能够以"搭便车"的方式获得利益，即使不参与也能享受利益，那么就有动机不承担集体行动成本。

　　地方政府参与协作行动的一般条件如下：① 它们必须有一个共同的目标；② 集体行动的交易成本及其他成本必须低于从协议中获得的收益；③ 收益具有排他性，只有集体行动的成员才能获得；④ 收益必须具有非竞争性，一个政府对商品的消费不会减少另一个成员政府的消费。

根据上述定义，协作具有自愿性，即政府自愿参与协作。其中虽没有胁迫行为，但是不合作可能存在重大的不利因素。例如，联邦政府通过其拨款计划促成了协作。参与协作安排的政府保持独立性，但是对服务的生产失去了单独控制权。它们一般对这项职能进行不同程度的监督，如果它们对服务感到不满意，理论上可以退出协作安排。然而，退出服务协作协议并不容易，因为其他成员会对该协议施加压力，而且重新建立内部服务途径或者寻找另一个外部提供者存在困难。

城镇似乎更愿意在某些领域进行合作。例如，地方政府一般愿意通过合作履行系统维护职能，比如基础设施建设的开发和维护。郊区政府则不太愿意通过合作提供生活服务，包括规划、区划、教育和治安保护。事实上，社区兼并是为了获得对这些生活职能的控制权，从而保护街区、居民的社会地位和财产价值不受外界威胁。它们更愿意合作，同时提供排污和供水服务，因为这些职能并不会妨碍居民对生活方式的选择，不会引起争议，而且对于整个区域的公共卫生的维护至关重要。[2]

协作体现在两个层面：政策或治理层面、服务提供或职能层面。政策层面涉及区域治理方面的诸多问题，例如区域性政治问题以及政策性问题。在这个层面上，还涉及服务提供问题，例如在区域基础上提供哪些服务以及关于这些服务提供方式的一般政策。职能层面是指对区域性服务提供的细节做出行政决策。供应与生产的分离保证了服务提供具有较大的灵活性。负责这些服务的地方政府不一定需要自己来提供这些服务。供应与生产的分离在替代性服务提供的概念中得到体现。可以针对某项职能的部分或全部在提供服务方面进行协作。

地方间协作的早期发展

由于大多数大都市区显然不接受联合或统一的政府体制，各国政府在处理区域治理问题上的协作变得极为重要。早在 20 世纪 50 年代末和 20 世纪 60 年代初，有人就提倡将协作作为区域性问题的解决办法。地方政府研究者也很清楚，在提倡地方政府更独立的地方自治运动中，协作是必不可少的因素。区域主义者担心，地方自治将会导致更狭隘的思维方式和行动结果，而牺牲区域性来解决整个地区的问题。他们坚持认为政府不能利用地方自治将自身与其他大都市地区隔离开来，而且他们仍然需要参与区域性问题的研究。早期区域主义者之一、政治学家卢瑟·古利克（Luther Gulick）在关于地方自治的影响的文章中提出了协作的理由。

我们现在认识到，地方政府的每项重大责任之间都具有更广泛的区域联系。在这些情况下，地方自治会变成什么样？答案很清楚了。现在是时候在区域事务上超越地方政治，携手合作。在大都市区实行地方自治的价值是制度和政治上的协作。[3]

阿瑟·布罗默斯（Arthur Bromage）[4]、爱德华·班菲尔德（Edward Banfield）和莫顿·格罗津（Morton Grodzins）也主张协作是协调问题的解决办法。班菲尔德和格罗津提出一种自愿协作的模式，作为解决大都市问题的最佳途径。他们认为，政府采取集体行动是处理公共交通、空气污染、给排水系统和固体废弃物等问题的最佳方式。这一模式的有趣之处在于，它要求中心城区的市长成为协作运动的领导人。在他们的模型中，市长将"超越中心城区的利益，从整个大都市区的角度思考问题"。[5]但是该模型在这个假设下无法实现。大部分中心城区的市长都忙于担心中心城区问题，以至于无暇顾及郊区，应努力让他们携手合作，共同采取行动。那些这样做的市长通常都会被断然拒绝，因为他们没有权力强迫郊区服从他们的领导。此外，在大部分大都市区域，中心城区的市长在这方面的任何尝试，往往被认为是对郊区相关权力的攫取，或是成为大都市政府的先兆，通常都会遭到郊区的抵制。

20世纪60年代到70年代的协作运动主要集中于事务性的服务提供问题，而忽视了更广泛的治理问题。在处理具体服务提供问题的同时，确定了政策的各个方面，但是关于区域性问题的讨论通常不超过自身具体职能。在这种情况下，各城镇都设法保持尽可能多的分离和自治。各政府似乎对彼此的动机持怀疑态度，造成协作障碍，尤其是中心城区与郊区之间的协作障碍。实际上，这一时期的许多协作不是在中心城区与郊区之间，而是在郊区政府之间进行。联邦计划通常要求各个区域实体通力协作，对地方政府提出的联邦政府拨款建议进行审查和评估。

非正式协作和正式协作

与有书面协议或签订合同的正式协作不同，非正式协作是指来自不同司法管辖地区的政治领导人或行政人员之间不成文、非正式的协议。这通常是一种低调且不容易被承认的日常协作形式，在各国政府之间没有具有约束性的法律协议。这可能是行政人员或政治领导人之间的一种理解，即信息、设备、服务等将在可能的情况下共享。它通常是一项"握手"协议，内容包括在警察部门共享犯罪实验室或警方记录，公园地区将学校游泳池纳入夏季娱乐项目，共享监狱，以及消防部门帮助邻近社区进行消防灭火等非正式协作，但很少有文献记载，因此无法确定其普遍性。

地方政府之间非正式协作的一个案例是，加州圣地亚哥与墨西哥蒂华纳政府之间的合作。地方执法机构通常与边境另一边的同行开展非正式合作。这两个社区的官员经常开会协调救灾计划、分享打击犯罪和帮派情报，并推动经济发展。这种国际协作建立在两地之间"握手"协议的基础上。这类协作活动是非正式的，因为正式合约需要国际条约，而这些条约需要由两国政府制定和批准。[6]

在提供服务方面的自愿正式协作方式主要有三种：地方间服务协议、联合执行协议以及与私营或非营利组织签订合同。联合执行协议涉及两个或两个以上地方政府部门，它们同意共同为其公民提供资金支持和相关服务，例如共享设施。联合执行协议的一种变化形式是并行行动，即为了实现双赢，两国或两国以上的政府履行彼此商定的承诺。地方间服务协议是由两个或两个以上的政府签订具有法律约束力的协议，其中一个政府同意以商定的价格向另一个政府提供服务。服务的数量和质量在协议中有明确规定。[7] 私有化是一种地方间服务协议的形式，但是与私营或非营利组织签订合同的除外。地方政府对服务提供负有责任，并对生产服务的合同也负有责任。

服务私有化

城镇多年来一直与垃圾处理和固体废弃物收集等服务外包商签订外包合同。与私营或非营利组织签订外包合同已成为一种非常受欢迎的服务替代形式。一项全国城市联盟的随机抽样调查显示，调查对象为 322 名来自人口为 25 000 人或以上城市的行政人员，93% 的受访者强烈支持政府合同外包制。然而，有 69% 的受访者表示，在可以选择的情况下，他们更希望在企业内部提供服务。他们认为政府外包服务的最大好处是节省成本（35%）、提高服务提供的灵活性（32%）、优化人员配置（14%）和提供更高质量的服务（13%）。47% 的受访者认为合同外包的最大问题是如何让承包机构承担责任，其他问题则包括企业内部专家的流失（24%）和没有实现预期的成本节省（13%）。1/4 的受访者表示，其中一个问题是可供选择的服务供应机构数量太少。虽然 69% 的受访者对提供的服务表示满意，但他们感到不满意的主要方面是服务的回应能力、服务质量、提供服务的及时性和连续性。与提取成本相比，实际成本以及对协议条款和法律规定的遵守情况对履约问题的影响较小。[8]

国际城市郡县管理协会（The International City/County Management Association, ICMA）对地方政府的行政首长进行了一次随机、分层的调查。在 1 600 位受访者中发现市级官员普遍赞成外包，其中约有 50% 的官员研究过服务私有化的可行性。考虑外包定约的主要理由是外部财政压力和希望降低提供服务的成本。据报道，私营化遇到的主要障碍来自民选官员、地方政府雇员和劳动合同的限制。[9] 表 7.1 显示了国际城市郡县管理协会的调查报告中所叙述的内部提供频率最高的十项服务及相关情况。

表 7.1　各种服务提供模式下提供频率最高的十项服务

内部服务	占服务提供总量的比例 /%	部分内部服务	占服务提供总量的比例 /%	地方间服务协议/机关提供的服务	占服务提供总量的比例 /%	私营化服务	占服务提供总量的比例 /%
文书服务	92	街道修整	52	福利引入	59	拖车	65
工资服务	89	树木修剪	47	职业培训	59	固体废弃物收集—商业	56
人事服务	89	老年服务	42	心理健康服务	58	日托设施运营	54
警察巡逻	88	车辆维护	38	儿童福利	53	法律服务	52
交通管理	84	建筑和场地	34	公共卫生	52	电力	48
公共信息/关系	83	文化/艺术计划	34	毒品/酒精控制计划	49	固体废弃物收集—住宅	47
法规执行	82	交通信号灯	33	监狱运营	44	固体废弃物处置	43
数据处理	75	公园维护	25	税收评定	40	医院运营	40
铲雪	74	法律服务	24	公共交通	40	树木修剪	33
公园和休闲设施运营	73	公园和休闲设施运营	22	有害物质处置	38	有害物质处置	32

资料来源：国际城市郡县管理协会，《地方政府服务提供选择简述》（2007 年），http://bookstore.icma.org/data_sets_c42.cfm（2012 年 11 月 24 日访问）。

从表 7.1 可以明显看出，政府雇员仍然是提供服务的主要主体。行政服务由政府雇员提供的比例极高。在其他替代性服务提供模式中，以这些模式提供的服务只有少数比例超过一半，甚至很多通过替代性服务提供模式提供的服务是由政府雇员提供的。例如，尽管树木修剪工作往往外包给私有化机构，但是更多时候是由政府雇员提供部分修剪的。最经常由地方间服务协议或机关提供的服务类型是社会福利服务。虽然固体废弃物收集和处置方面往往实现了私有化，但是私有化程度最高的主要服务是拖车。另一个有趣的现象是，日托设施运营也普遍实现了私有化。根据调查日期、调查对象和调查问题，确定签约发生率的调查结果各不相同。大部分调查是由其成员协会进行的便利调查，因此可能无法揭示服务外包或地方间协作的本质。

地方政府之间的协作

协作通常始于信息共享，之后可能发展到资源共享和正式的协议，每个政府继续提供服务，但是也有专门从事某个领域，并向另一个政府提供这种独特服务的情况。例如，一个政府可以提供救护车服务和消防服务，而另一个政府可以提供火灾调查服务；一个政府可以与另一个政府共享其犯罪实验室和警察学校。另一种形式的协作是共同采购用品或服务，比如联合采购供应合同并集中风险管理，或联合采购健康保险计划。资源共享可以扩展到政府许多不同的职能或职能的某些组成部分。在提供服务方面进行协作和分享的可能性是无限的。例如，以纽约地区为例，纽约市的一个社区解散了一支有 23 人的警察队伍，并将相关服务外包给一个邻近社区。纽约长岛的 2 个社区集中处理垃圾，以便更有效地利用回收工厂。新泽西州的 2 个学校的董事会同意联合雇用一家私营食品服务公司，从而降低了学校的食品服务费用。[10]

批量采购是各城市合作降低成本的一个重要方式。波士顿地区的一座城市与波士顿签订了一份采购协议，购买了新的 LED 路灯。该合同预计将为该城市节省 25 万美元的采购成本和每年 8 万美元的电费。市政官声称，30

年前，与其他城市协作本来不是一种业务模式，但是各城市迫于极大的压力必须想方设法提高效率。[11]一些试图通过将服务外包给其他政府以寻求合作的城镇，并不总是受提供服务的政府的欢迎。密歇根州的一个城市试图与该县政府签订治安服务合同，尽管县政府的部门和机关将通过该市的合同得到大幅度的增长，但是仍然遭到县治安官的抵制。对于这个有争议的城市来说，它将与县政府签订合同视为缩小预算缺口的一种手段，同时仍然能提供令人满意的服务水平。城市官员表示，如果没有与该县签订这份合同，该市将被迫解雇 15 名消防员和 25 名警官。[12]全国城市联盟进行的一项调查发现，在受访城市中，有 50% 人口超过 10 万人的城市和 75% 人口超过 30 万人的城市签订了地方间协议。这项调查让我们看到大城市开始积极寻求合作，与早些时候的大城市展现出的既不需要也不愿意与其他地方政府合作的诉求不同。[13]

在服务有限的城镇，协作似乎非常普遍。有限服务型城镇是指对向本市居民提供的所有服务不具有管辖权的城镇。例如，服务有限的城镇可以有单独的公园、图书馆、乡镇政府、消防区等。在这些情况下，协作往往在城镇与城镇内提供服务的各个特区之间进行。彼此邻近的城镇、人口较少的城镇和人口中等的城镇之间的协作也更为普遍，这些城镇分担了一部分职能，而非全部职能。比如，芝加哥市的一个郊区城镇中的公园、中学和乡村在各种活动和项目中进行了协作。公园和中学共同建造并使用一个游泳池和一座体育馆。乡村和公园共同合作，或开发多用途公园，例如，雨水调蓄池和娱乐休闲项目。该村与多个邻近的城镇一起开发建设了一个共享数据处理中心。[14]

有许多社区参与协作的案例。艾奥瓦州的得梅因大都市区有一份独特的协作协议，涉及包括得梅因在内的 15 个城市和 3 个县。2 个社区任命并共享同一位消防队队长。所有社区都共享培训计划和紧急调遣技术。参与协作协议的各类政府行政人员都受到政治领导人通过的一项决议的指导。该决议要求积极寻找协作机会，认真评价其他政府的协作进展，其目的是使政府协作制度化。[15]

另一个案例是佐治亚州富尔顿县。在那里,邻近司法管辖区关于动物管理的不同法令条例在居民当中造成了困惑甚至是冲突。为了解决这一问题,管辖区与县政府签订了合同,并采纳了县级动物管理法规。为了减少服务提供过程中的政治冲突,该县政府随后与政治中立组织——动物保护协会签订分包合同,以便提供服务。

通过共享低使用率的设备和人员来节省成本的一个案例是洛杉矶县与该县 12 座城市之间的联合执行协议。参与联合执行协议的许多城市偶尔需要用到某些设备和人力,但不足以证明自身有理由购买。该县政府为 12 座城市提供设备和人员,实行交换租赁制。[16]协作范围也可以扩展到建筑行业。例如在加利福尼亚州的萨利纳斯市,市政府与县政府已经达成协议,将共同开发建造一座联合政府中心。官员们认为,这不仅是向该县传达的一个象征性信息,即 2 个政府正在共同努力,而且在提供和协调服务方面更容易进行合作。[17]

正如第 2 章所讨论的,社区之间经常为了经济发展而展开激烈竞争。城镇间相互敌对的局面,本书的相关章节中已经给出了案例。一些地区开始接受这样一个观点——城镇的经济并不止于市政的边界,共同努力推动该区域的经济发展合作可以给所有城镇带来效益。例如,明尼阿波利斯大都市区——明尼托卡湖畔的社区正联合起来促进沿湖区域的发展,增强其对游客的吸引力。通过合作,这些区域可以集中营销资金,以获得更好的效益,同时也能吸引主要的开发人员。合作计划包括连接自行车道、协调节庆活动安排以及修建一条环湖景观公路。所有这些计划都是需要湖畔周边 14 个社区开展协作的。[18]

是什么因素促成了成功协作? 重要因素包括经济因素、政治因素、地理因素和管理因素。以往的成功协作往往会延展出额外的协作计划,而不仅仅是在同样的职能范围内合作。需要大量投资的新技术要求伙伴关系的建立,以分担新技术规模经济的成本或共享收益。共享新技术最终也会带来规模经济效益。地理上的邻近有利于协作的成功。社区的同质化,一方面体现在人口特征方面,另一方面是发展伙伴关系的一个优势。显然,政府官员的积极鼓励和领导对于形成持久的协作事业是非常重要的。如果普遍认为这项职能需要单独控制，那么提供服务就不是一个可行的分享办法。让社会各利益攸关方参与合作企业的规划及其实施，对于合作企业的成功至关重要。从经济方面讲，合作企业应当证明规划具有规模效益，而且其结果对合作双方都是有利的。[19]

地方间协议与服务整合

地方间协议（Interlocal Agreements, ILAs）是一种长期的协作性服务提供形式。但是，最近更加强调地方间协议是在分散的大都市区提供服务的一种途径。它是地方政府自愿签订的协议，利用规模经济的优势，更高效地提供服务，并继续保持地方政府的独立地位。换言之，社区继续负责提供这项服务，但已与一个或多个其他政府联合提供这项服务。地方间协议可以在任何其他政府中签订，但该县政府往往是这些服务的主要合作伙伴。国际城市郡县管理协会对北卡罗来纳州地方政府管理者的一项调查发现，94%的人士已经为地方政府签订了地方间协议，其中涉及最多的服务包括征税、建筑检验、调遣、给排水、休闲和规划。签订地方间协议的理由包括提高潜在的效率、改善服务提供、更好地协调资源以及加强公众问责。[20]

政治学家库尔特·瑟梅尔（Kurt Thurmaier）和柯蒂斯·伍德（Curtis Wood）在堪萨斯城大都市区对地方间协议的一项研究发现，地方间协议的中央资料库并不存在，甚至在社区内部，官员们也不完全了解他们所参与的正式和非正式地方间协议的数量。研究者发现，参与签订地方间协议更多的是一种社会现象，而不是一种试图削减财政支出的公开手段。行政人员通过参与地方会议、政府会议甚至是研究生院的项目来建立社交网络。这些网络往往是开启对话的手段，从而交换意见，并在各部门和政府职能之间形成协作性的工作协议。[21]

当然，更正式的长期协议必须得到相关政府管理机构的批准。这些人际网络，通常称作关系网，会推动地方间协议的形成。根据勒鲁克斯（Leroux）和卡尔（Carr）对密歇根州韦恩县（底特律）行政和选举关系网的研究，这些关系存在与否，与所在管辖区签订维护型服务（道路维护、固体废弃物处理、流域治理和污水处理）地方间协议的可能性正相关。在生活方式服务方面，行政命令不太可能带动经济发展和公共住房领域的地方间协议的签订，但是很可能在公共安全以及公园和娱乐休闲服务方面的签订相关的地方间协议。研究表明，除了公共住房外，民选官员间的工作关系网络对地方间协议的建立有积极影响，所有的生活方式职能都是如此。[22]

　　由于密尔沃基县所有市政府组成的政府间协作委员会以及关注政府效率的民间组织的存在，协作与兼并提议变得更为频繁。一个民间组织提出的一项提议，促使该组织对密尔沃基地区 5 个城镇兼并消防服务带来的潜在效率和成本节省进行研究。该研究预测，每年的运营成本能节省 100 万美元，并在未来 5 年里在车辆更换成本上能节省 400 万美元。节省的经费体现在行政人员的减少上。例如，只有 1 位消防队队长而不是 5 位，机动车的数量从 40 辆减至 25 辆。[23]

　　消防服务是协作的主要内容。消防部门采用区域性合作模式，来自不同机构的消防员通常会达成协议，在重大火灾和工业事故救灾中相互帮助。公共安全消耗了城镇预算的最大一部分，而消防服务又是公共安全预算的重要组成部分。由于预算不足，尤其是在经济衰退时期，消防服务成为最先兼并的服务之一。在应对 2008 年由经济衰退带来的预算短缺和缓慢的复苏时，加利福尼亚州的许多大小城市已经联合起来或正在认真考虑兼并消防部门。它们正在与该县政府、区域性机构签订合同，将它们的服务与其他城市进行兼并。例如，奥兰治县第二大城市圣塔安那已经与奥兰治县消防机关签订合同，委托后者处理该市的火灾救灾和急救呼叫服务。该城市面临着 3 000 万美元的预算缺口，而取消消防部门预计每年可节省 1 000 万美元。[24]作为节省纳税人税负的一个途径，芝加哥大都市区杜佩奇县消防部门和消防区也在考虑兼并。县管理委员会的一位成员抱怨道："政府设置得太多了。如果我们不能找到更好的办法来提供地方、县级和州级服务，那么税收还是会增加。"他指出，兼并消防区是在地方层面上实现资源整合的最佳途径之一。[25]

由商界推动兼并或协调的另一个服务领域是执法。各城市和县通常制定了两套法规，而且设立了单独的部门来执行这些法规。由于大部分开发商在许多不同的管辖区跨界经营，这就使他们不得不遵守许多项建筑法规。这会令开发商感到困惑，延误工程进度。威奇托市和塞奇威克县同意将执法职能兼并到同一个部门，并共同制定一套建筑法规，从而提高执法效率和效能。[26]

迫于大衰退之后缓慢复苏带来的财政压力，一些城镇在服务兼并之外另谋他法。弗吉尼亚州贝德福德市自1968年以来一直是个独立的城市。弗吉尼亚州贝德福德市与县政府达成协议，恢复城镇地位，以便能重新成为该县的一部分。实际上，这个拥有6 000人口的城市会撤销设镇，它的服务将由县政府提供。发起这个过程的城市官员声称，这一变化将会减轻纳税人税负，并带来更高效的服务。[27]

协作与外包的优缺点

通过地方间协议，与私营或非营利组织展开协作提供外包服务，引入了区域主义者所寻求的概念。这些概念包括减少服务提供者的数量、消除行政冗余、在服务生产中实现规模经济效益，以及鼓励地方政府官员从区域而非狭隘的角度思考问题。协作可以作为改善组织或制度安排的一种模式，从而提高服务的效率和质量。它也可以成为该区域内发展其他协作战略的一种模式。另外，协作还具有象征性的优势。政府间协作表明，政府正在改变，从而更具创新性，以便更好地满足居民的需求。它显示出一种新的政治和行政文化，以应对社区的经济挑战和服务需求。此外，协作将服务的生产从政治舞台退出，理论上使其变得更加专业化和商业化，不过，政治领导人仍然保留对政策的决定权。

实现协作是为了节省成本或提高服务质量和效能。将地方政府统一为一个服务提供单位的协议，也保证了服务的一致性，形成了更坚实的财政基础。有了更坚实的财政基础，获得技术更先进的设备成为可能。通过协作协议，地方政府可以获得自身无法生产或只能以高得令人望而却步的成本生产的产品或服务。例如，密苏里州圣路易斯县的 8 个小城镇与县治安部门签订了综合治安服务协议。这 8 个城镇避免了设立单独的市级治安部门所需的大量财政支出，包括建设警察局，购买实体设施、汽车和其他设备。因此，协作协议可以在不改变地方政府体制的基本结构、在不明显限制服务接受方政府的行动自由或自主权的大多数情况下，解决影响几个地方政府的问题。与其他组织签订的协议，在大多数情况下不需要选民的批准，而且通常可以在相对较短的时间内终止。[28] 最后，城镇也能从市场竞争中获益。如果许多组织通过竞标来提供这项服务，那么成本节约幅度可能是相当可观的。

在节省成本和改善服务方面竞争具有如下优势：① 竞争可以带来更高的效率。尽管签订外包合同所节省的费用各不相同，但私营企业提供的服务通常比公共部门所提供的服务更实惠。然而，如果公共部门必须与私营机构相竞争，情况就不一定如此了。在这种情况下，公共部门的成本大致相同。② 竞争迫使公共垄断企业对客户的需求做出回应。在竞争环境中，一个组织必须对客户做出积极回应，否则会失去客户。③ 奖励有创新的竞争。提供服务的旧标准、旧方法不一定是最好的。通过竞争，组织可以不断寻求新的理念和更好的服务方式。④ 竞争增强了公务员的自豪感和士气。在竞争激烈的环境中，当人们知道自己做得很好时，他们似乎会更加努力地工作，并感到更满意。[29]

政府可以通过外部组织提供的服务获益。当一项职能变得过于庞大和复杂，以至于城镇无法有效地进行管理时，组织效益便因之产生。"外包可以让政府机关规避一些官僚行为，让政府将主要精力放在最重要的活动上，并将其余活动外包给机构。"[30] 奥斯本（Osborne）和盖布勒（Gaebler）将它称作掌舵而不是划桨，即将注意力放在私营部门的核心业务上。[31] 组织效益的目的是减少潜在惰性，并让组织更好地回应客户需求。

尽管协作协议具备上述优点，但协作协议可能不是履行每项服务的万全之策。地方政府不应机械地选择协作，而应根据每一种情况来仔细考虑协作的利弊。乔纳斯·普拉格（Jonas Prager）教授指出，只有在内部生产服务无法实现规模经济效益时，公共组织才应当考虑地方间协议或外包。"因此，低犯罪率的小社区不太可能高效地利用一个拥有经验丰富的技术人员和专业知识的中央犯罪实验室。"[32]然而，普拉格提醒道，在政府选择签订服务生产合同之前，必须仔细考虑规模经济带来的效益。当雇员可以通过接受跨岗培训来履行一些职能时，就会产生规模经济效益。他写道，有时，一种活动操作可能因为规模太小，而无法实现高效率，但可以与采用相似资源的另一种活动结合使用。市政街道维护人员可以接受驾驶铲雪车的培训，甚至可以处理很少遇到的救援和急救服务电话。在小型社区里，以医院为驻点的社会工作者的服务对象不局限于驻点医院的病人。他们可以处理不健全家庭、居家老年人、毒瘾青少年、酗酒者等遇到的社会困难。虽然社会工作人员经常扮演"万事通""样样精"的角色，但是，如果人员的"样样精"无法获得财政支持而必须缩减编制时，那么人员的"万事通"就肯定更加划算。[33]

国际城市郡县管理协会最近的一项调查发现，尽管 45% 的受访地方政府代表考虑过签订服务提供的政府间协议，但只有一半的地方政府达成了共享或协调服务提供的协议。有一些障碍使地方间协议的发展有问题。各社区有不同的利益，这给制定集体行动框架带来了困难。制定地方间协议所涉及的交易成本可能超出了政府间协议的预计效益。交易成本包括潜在合作伙伴之间或组织内部的任何关系障碍。一个障碍是对政治家和行政人员的影响，以及协作努力在多大的程度上符合他们的自身利益。另一项交易成本在于寻找可接受的合作伙伴、确定成本和利益、制定议定书以监督和执行协议以及在保护个别合作伙伴的独立性方面获取有用信息。

成功的伙伴关系可以在合作伙伴之间建立一定程度的信任，从而将伙伴关系的交易成本降低到接近于零的水平，并随时为合作伙伴提供便利。通过与其他政府建立嵌入式伙伴关系，可以形成一个广泛的区域治理网络。[34]另一个主要问题是地方控制权的潜在丧失。外包合同是脱离地方政治控制权的一个表现，它降低了政府对公民或民选官员的负责程度。另外，协作协议通常是为单一的职能而制定的。一个城镇可能与不同城镇签订多份协作协议，因此很难协调向城镇提供的所有服务。多职能协作协议可以避免多个市议会之间的职能分散，并减少协调需求。

　　协作协议的另一个缺点是协作可能会因协议中个别当事方的一时兴起而终止，特别是那些非正式协议。这迫使将服务外包的城镇要在很短的时间内做出安排。除了提前终止的威胁以外，协作协议特别是非正式协议，特别容易受到高层人士的变动和个性冲突的影响。这些变化和冲突可能从一开始就很难维持或达成一致意见。无法达成一致意见的一个案例发生在加拿大卡尔加里地区的一个城镇。这个城镇需要为一个新开发区的项目增加供水系统，并希望从相邻的卡尔加里市购买水资源，因为卡尔加里控制着附近河流的用水权。然而，卡尔加里市拒绝合作，因此该城镇被迫将目光投向别处。由于该城镇面临的不是通往卡尔加里市的 3 千米长的输水线路，而是一条 62 千米长的输水线路，造价超过 4 000 万美元。[35] 如果没有来自其他服务提供方的竞争，那么签订合同的城镇有时就会受服务生产主体的摆布。在这种情形下，接受服务外包的政府可能面临大幅增加的成本或质量不佳的服务。或者说，如果城镇已经撤销了对应的内部职能部门，则可能需要以相当大的费用在内部恢复提供相应的服务。

　　提供协作服务的机构有限的管辖权是另一个潜在缺点。例如，如果合作政府设立了一个组织来提供一项只有预先请示权的服务，那么该组织必须达成一致意见才能有效地提供这项服务。由于各城镇都有需要关注的地方事务，要使每个城镇就服务提供的各个方面达成协议也许是不可能的。因此，一个城镇的行动可能会降低对其他城镇的收益。另外，由于大部分协作协议都不强迫各方参与，如果一个或两个较大城镇不参与协作，就会妨碍区域性解决办法发挥效力。尽管人们普遍赞同多数人的意志或利益不应因少数人的抵制而受挫，但是地方政府认为自治具有更高的价值。因此，各政府反对设立对参与社区具有决策权的协作机构。[36]

有能力并愿意竞标合同的组织之间缺乏竞争是一个普遍的问题。如果竞争合同的公司太少，外包的优势就有可能丧失。国际城市郡县管理协会的一项调查发现，供应商服务供应不足的城镇的比例从 1992 年的 25% 上升到 2007 年的 31%。即使存在竞争性的公共服务市场，它们也会随着时间的推移而受到侵蚀。建立公共服务市场需要花费大量交易成本，而且这种努力最终不一定会成功。3 个竞标者是满足竞争标准的最小数量。显然，竞标者越多，市场就会越有效地发挥作用。此外，竞争区位上也存在地域差异。研究发现，与乡村城镇或中心城区相比，郊区城镇的竞争更激烈。[37]

绩效衡量以及合同或地方间协议的监测情况往往不尽如人意。一项研究发现，在接受调查的城镇中，超过一半的城镇没有对合同服务的提供情况进行监测评估。一些人认为，服务外包合同引起了劳动力的空心化，导致监测和评估合同的能力下降。研究还表明，政治对合同授予和管理的影响无处不在。一项信息技术研究发现，服务外包水平越高，地方政府内部管理能力就越弱。[38]

莱克伍德计划

莱克伍德计划是一种地方间协议形式，包括政府外包一系列的服务。莱克伍德计划得名于 1954 年在洛杉矶大都市区内设立的一个社区。它的设立是一种防御性机制，以抵制不久后当地可能被长滩市兼并的局面。在设立城镇辖区前，当地的服务由洛杉矶县提供。设立时与其他城镇一样，莱克伍德预计将向其居民提供市政服务，而城镇政府面临着高昂的启动成本。为了避免启动服务所需的基本建设的资金投入，社区领导试图让洛杉矶县继续为该城市提供服务。该县政府获得了批准，并被授予与新建立的城镇签订服务提供合同的权力。莱克伍德从该县购买了一系列服务，包括治安、消防以及其他各类合计39 项服务。虽然该城市有足够的人口来提供自己所需的服务（建立时拥有超过 5 万的居住人口），但社区领导认为，与县政府签订合同有利于提高社区的税收收益。县级官员担心由于新设立的城镇较多，他们的部门规模正在缩减，因此也愿意向城镇提供服务。[39]

　　莱克伍德计划导致了许多小城市纷纷被划为城镇辖区，而这些小城的大部分服务由县政府提供。这种安排为社区，特别是较小的社区提供了以较低成本获得高质量、专业服务的可能。许多非城镇区域利用该计划单独设镇，以保护它们的区域不被较大的城镇兼并。因此，这些"合同"城市能够提供所需的服务，并保持自身的独立性和自主性。其结果是，兼并城市的市政碎片化程度大幅上升，这些兼并城市利用其市政伙伴的权力，将不受欢迎的居民和开发项目拒之门外。例如，帕洛斯佛迪市颁布了土地利用条例，阻止新的开发项目，以保持社区的排他性和世袭性。

　　其他区域设立城镇辖区是为了避免因兼并带来的高税收。帕洛斯佛迪这座工业之城是被兼并后设立的"免税岛"，目的是保护其境内的铁路站场、工厂和仓库免受被另一个社区兼并可能导致的高税收的影响。为了满足设立城镇辖区最少人口为 500 人的需求，该城市不得不将本地一家精神病院的病人和员工人数纳入统计范围。工业城市对工业住宅不征税。[40]"免税岛"设立城镇辖区引起各种问题的一个案例是加利福尼亚州弗农市。目前，该城市的居民不足 100 人，却拥有 1 800 家企业和 3.34 亿美元的税基。该城市没有公园，只有一所学校和一条居民区街道。市执政官 2009 年的年薪为 78.5 万美元，而其继任者的年薪为 165 万美元。除少数居民外，所有居民都为该城市工作。这里的官员都与雇员有关系，大多数人都居住在市属的房屋或公寓里。目前，州级立法机构正试图撤销在该城市的设镇，并让县提供城市服务。如果依照至少需要 500 名居民的现行法律规定，该城市无法设立城镇辖区。这里曾经有 500 多名居民，但是不断扩张的工业企业收购拆除了大部分住房。[41]

　　莱克伍德计划的一个明显缺点是，社区牺牲了一些对服务数量和质量的控制权。因此，它必须满足更标准化的服务，而不是针对具体需求量身定做的服务。虽然采纳莱克伍德计划的城镇有很强的议价能力来影响服务的提供，并威胁说如果它们的需求得不到满足时就要退出，但是所提供的服务的数量、质量、价格和方式最终是由县政府决定的。这严重限制了采纳莱克伍德计划的社区所享有的独立性。一种常见的做法是，新设的城镇从一开始与该县签订服务外包合同，以获得几乎所有的市政服务。但随着时间的推移，城镇往往会撤出一些服务，因为它认定自己可以比县政府更高效地提供某些服务，或者城镇领导人出于某些非经济原因决定自行履行某项职能，例如，希望社区对服务有更大的控制权。已经与洛杉矶县终止合同的社区表示，它们希望获得更有针对性的服务，这是它们终止合同的一个主要原因。[42]

对于区域主义者而言，莱克伍德计划的另一大缺点是促使政治碎片化。通过允许城镇从县政府那里利用所有的服务，该计划提供了一种在城镇设立后接受服务的便捷方式，从而导致了地方政府的碎片化。寻求兼并来改善服务提供的动机较少。即使是人口较少的区域，也可以设立城镇辖区并以合理的成本获得服务。莱克伍德计划颁布后，设立城镇辖区的次数从 1930 年到 1940 年间的 2 次增加到之后 20 年里的 32 次。[43]

购买的服务数目因镇而异。莱克伍德计划对城镇具有吸引力，因为它在选择、增加或取消服务方面具有灵活性。2010 年，贫穷的拉丁裔社区——梅伍德市因面临不断增加的预算缺口，解雇了该市的所有市政工作人员，与县政府签订了治安服务合同，并与相邻的城镇和几家私营公司签订了其他服务合同。[44] 莱克伍德计划不仅仅是与县政府签订大量的服务外包合同，还将一些重要的职能外包给其他公共、私营或非营利组织。梅伍德市就是这样的案例。

有几个城市将合同外包发展到了极端，它们的大部分服务都不是由自己的工作人员提供的。如伊利诺伊州克莱斯伍德市的一个社区，人口数近 12 000 人，仅拥有 21 位公务员；佛罗里达州韦斯顿市一个拥有 66 000 人的城市，有 9 位公务员；科罗拉多州森特尼尔市是拥有 10 万多人的城市，有 50 多位全职公务员；佐治亚州沙泉市是拥有 93 000 人的城市，有 7 位公务员。这些都是全国市政服务领域公私合作规模最大的几个城市。这些城市都是向纳税人提供低成本服务的典型城市。例如，多年来，克莱斯伍德市每年以支票的形式将很大一部分房地产税退还给居民。返利还包括居民缴纳的学校税和县级税的一部分。在市民满意度调查中，这些城市服务获得了高分。在 2012 年《金钱杂志》（*Money Magazine*）评选的美国最适合居住的城市当中，韦斯顿市排名第 63 位。这些社区实现了无缝式的服务提供，居民甚至可能不知道与他们打交道的人员是否为外市的公务员。[45]

区域议会

区域议会是由县、城镇和特区组成的协作性区域组织。区域议会的目的是加强地方政府之间的沟通、协作与协调，制定规划来解决区域性问题。区域议会的基本特征如下：① 包含一个以上的地方政府，因此跨越不同的管辖区。它们可能位于一个县内，也可能由大都市区内的多个县组成。② 主要目的是实现地方政府跨越法律边界的协作。③ 可能具有多种职能。区域议会不一定仅限于单一职能（例如单一目的特区），可以处理各种广泛的公共问题，例如交通、卫生、公共安全和环境质量。④ 区域议会的性质是咨询机构，除了少数例外，一般情况下缺乏征税、监管和直接运营公共设施的权力。⑤ 成员自愿加入，可以随时退出。[46]

区域议会的传统作用是将整个地区的重点放在土地利用、经济发展、环境和住房等领域的实体规划上。然而，区域议会也提供非规划援助，作为解决跨管辖区问题的工具并向成员政府提供一些直接服务。一项对区域议会的调查发现，3/4 以上的委员会参与了信息服务、经济发展活动、住房与社区发展以及环境规划。与服务较少人口的委员会相比，服务 100 万以上人口的委员会更广泛地参与区域活动。例如，超过 70% 的服务于较多人口的委员会只参与了 9 个规划区域领域中的 6 个，服务中等人口的委员会只参与了 9 个规划区域领域中的 4 个，而服务少数人口的委员会只参与了 9 个规划区域领域中的 5 个。然而，在住房与社区发展、卫生和人力资源等争议较多的领域，小型委员会的参与程度要高于较大型委员会。表 7.2 显示了涉及各计划领域的委员会比例。

表 7.2　区域议会在计划中的参与情况——按委员会规模划分[①]

计划领域	小型[②]	中型[③]	大型[④]	全部
交通规划	55%	36%	39%	51%
土地利用规划	72	67	87	70
卫生与公共服务	60	51	43	50
资源	—	—	—	—
公共安全	36	60	43	37
经济发展	84	80	83	80
环境规划	73	87	96	80
管理／技术	61	60	74	65
服务	—	—	—	—
信息服务	84	89	100	85
住宅、社区发展	78	76	74	78

注：① 1993—1994 年对 357 个区域议会的一项调查。
　　② 服务于不到 30 万的人口。
　　③ 服务于 30 万到 100 万的人口。
　　④ 服务于 100 万以上的人口。
资料来源：改编自全国区域议会协会，"1993—1994 年区域议会调查：计划、活动特征"，《区域议会资料系列》，5 号报告（华盛顿哥伦比亚特区：1995 年 8 月），第 2-7 页。经全国区域议会协会允许重印，1998 年。

区域规划委员会

　　区域议会的两种主要变化形式是政府理事会和区域规划委员会。区域规划委员会是最早成立的区域议会类型。这些地区性机构主要是为了进行综合规划而成立的，规划重点是由一个以上的政府管辖区进行的土地利用或开发以及设施利用计划。第一个区域规划委员会是 1922 年在洛杉矶县成立的。同年，纽约组建了一个委员会，对纽约大都市区进行了广泛调查并编制了综合发展规划。这个开创性团体进行的这项调查和编制的规划报告启发了费城、芝加哥、圣路易斯、华盛顿哥伦比亚特区、波士顿及其他大都市区开展类似的工作。尽管规划取得了成功，但是区域规划委员会发展较为缓慢，因为 1922—1945 年只成立了 18 个大都市规划机构。1945—1955 年又有 22 个大都市规划机构成立，速度有所加快。国会通过了《1954 年住房法》（Housing Act of 1954）之后的 5 年内，根据第 701 条，为大都市区提供城市规划援助，成立了 100 多个大都市规划机构。到 1967 年底，共有 216 个区域规划委员会。然而，由于其他类型的区域议会也在迅速发展，到 1970 年这个数字只增加到 253 个。[47]

大多数区域规划委员会是根据具体的州级法律或一般授权法律正式设立的。该管理机构的代表主要是由地方政府或州长任命的人选担任。区域议会的基本任务是在特定职能领域方面制定规划和生成提议，例如空气污染控制、固体废弃物处理、交通运输、执法、水质、土地利用、人力和经济发展等。区域规划委员会有助于促进地方政府之间的交流，并能成为该区域确定发展目标和重点事项的平台。

区域规划委员会的本质缺陷是它只是一个咨询机构，缺乏一个与之平行的、能够执行其决策的区域政府。这与城市规划委员会形成鲜明的对比。城市规划委员会也是咨询机构，但也是执行政府的一部分。区域规划委员会必须依靠地方政府的执行权来实施其决策。由于地方政府的官员通常不在委员会之中，因此区域规划委员会很难实施它们的规划。此外，由于区域规划委员会并非政治机构，因而其工作重点在争议较少的领域。然而，即使在这些领域，区域规划委员会的提议也往往得不到贯彻实施。[48]

政府理事会

政府理事会是由地方政府组成的志愿性组织，其主要目的如下：① 作为平台让成员政府讨论普遍关注的问题和挑战。② 针对这些问题制定政策并确定重点事项的优先顺序。③ 通过成员政府执行决议。④ 协调具有区域影响的联邦、州级和地方项目。[49]

每个地方政府会指定一位民选官员作为它们在政府理事会中的代表。代表们负责审议区域性政策和计划，而且把重点放在与短期政策相关的实务项目上，例如技术援助、联合采购、治安互助协议、培训计划、固体废弃物处置等。政府理事会做出的决策对成员政府没有约束力。因此，是否加入政府理事会的某项活动由各成员自行决定。由于所有成员通常都不会加入政府理事会的活动，为了保证政府理事会仍然是一个主要的审议机构，任何建立区域性计划的决策通常都会通过那些希望参与该城镇的团体组成的一个独立组织来执行。[50]

政府理事会运动始于 1954 年的底特律地区，当时底特律市议员兼韦恩县管理委员会主席的爱德华·康纳和他邻县的同僚组成了县际管理委员会。在 1965 年修正《1954 年住房法》之前，政府理事会的数量增长缓慢，根据该法案第 701 条，规划援助基金可用于政府理事会及其他区域组织的专业人员配置、行政支出、数据收集以及土地利用、交通、住房、经济发展、资源开发、社区设施和环境改善方面的区域规划研究。几乎一夜之间，政府理事会就成为重要的大都市组织。2年里，政府理事会的数量从 1965 年的 35 个增加到 1967 年的 103 个。[51]

在 1965 年通过对《1954 年住房法》修正案之前，政府理事会的主要财政来源是会费资助。区域规划委员会有多种收入来源，包括地方税、会费、地方间服务协议、使用费、州级和联邦拨款及合同收入。[52] 由于改革后的区域议会能得到联邦资助，因此政府理事会成为主要的区域组织形式。政府理事会占据主导地位的原因是它们在管理机构中有政治代表，而区域规划委员会则由任命公民组成的董事会进行管理。为了在政治上更容易被接受，区域规划委员会开始通过任命地方政府政治领导人担任董事以实现转型。到 20 世纪 60 年代末 70 年代初，大部分区域规划委员会与政府理事会之间总体上没有什么区别。虽然很多大都市区仍然成立了单独的政府理事会和区域规划委员会，但它们的许多职能是重复的。在下文中的讨论中，除非另有说明，否则政府理事会和区域规划委员会统称为区域议会。

区域议会的衰落

联邦与区域议会之间的伙伴关系于 1977 年达到顶峰，当时区域议会参与了多达 40 个联邦拨款计划。联邦计划中的 8 个主要领域包括住房规划援助、公路和公共交通规划、地区性老年服务规划、经济发展规划、空气污染和水污染治理规划、人力开发规划、刑事司法规划以及地方政府拨款提案的 A-95 计划审查和评价流程（参见第 5 章）。到 1977 年，委员会获得的联邦资金援助约为 8 亿美元，占全国委员会获得的资助总额的 75%。[53]

从里根总统执政时期开始，联邦政府参与大都市区的程度发生了重大变化。联邦政府终止了促进协作及区域主义的计划。很多区域性拨款计划逐步被撤销。20 世纪 90 年代初，只有 13 项计划仍在实施。A-95 审查程序被废除，不再对许多持续实施的联邦拨款计划进行区域审查。一些区域性拨款计划被移交给州级政府部门，且不需要继续进行区域审查。随着联邦政府逐渐停止推动区域主义，联邦政府在区域议会的预算份额所占的比例从 1977 年的 75% 下降到 1988 年的 45%。[54]

里根总统执政时期，联邦政府减少了对区域活动的资助，1988 年前有 126 个委员会不复存在，几乎占所有委员会的近 20%。[55] 为了生存，剩下的委员会不得不大幅改革其运作方式。随着联邦政府推动以及资助的传统规划项目的大幅减少，区域议会开辟了其他财政来源，并设立目标以证明其存在的合理性。它们积极响应缴纳会费的会员的需求，而且更多地参与经纪或创业活动。各州开始利用区域议会制定区域基础设施发展或增长计划，并在一些州将它们视为区域计划的实施渠道，例如经济发展援助。[56]

有一个由联邦资助的区域规划委员会幸存下来了，事实上，还大获成功，即大都市规划组织。大都市规划组织是对大都市区联邦公路基金的规划和分配进行监督的指定委员会。随着《1991 年综合运输效率法》的通过，以及随后的公路立法将公路资金分配给各州和大都市区，大都市规划组织成为分配大都市区联邦公路基金的载体。大都市规划组织除了制定和维持本地区的长期交通规划和交通改善计划外，还要考察环境，特别是考察交通对空气质量的影响。虽然通过大都市规划组织分配的大部分基金用于高速公路修缮，但它们还需进行多式联运规划，而且一定比例的基金必须用于公共交通及其他类型的交通发展。

规划职能仍是大多数委员会的主要职能。一项对区域议会的调查发现，在服务 100 万人或以上人口的委员会当中，有 94% 参与了规划，而服务 50 万到 100 万人口的委员会的这一参与率为 88%。服务不到 50 万人口的委员会更多地专注于会员服务，较少参与规划活动。这项调查进一步发现，委员会主任看好区域议会的发展前景，特别是服务较多人口的委员会。他们认为，委员会可以在涉及区域经济、交通、环境和基础设施问题的各项活动中发挥重要作用，但在涉及住房、教育、药物滥用和健康的区域性问题中发挥的作用较小。[57]

联邦财政资金仍是委员会的最大收入来源。委员会第二大收入来源是合同服务、信息服务费、会费、私营部门资助及其他来源的组合。州级财政资金是委员会的第三大收入来源，而其余收入来自其他地方渠道。划拨给区域议会的州级财政资金用于教育、公园和休闲、住房、环境等方面。委员会的主要区域活动包括分配和监督转账资金的使用情况。直接式基金是指不由区域议会使用，而是分配给其他区域组织或地方政府用于特定计划的财政资金。这将包括为私营产业委员会、环境保护署基金和联邦公路基金提供资金的《就业培训协作法案》等联邦项目。最大一部分资金来自联邦政府提供的直接拨款，占总额的近 3/4。[58]

委员会与区域治理

区域议会的支持者认为，委员会的设立是联合政府或大都市政府的替代方案，而且是实现了某种形式大都市区治理的一次有效且顺利的渐进式改革举措。愤世嫉俗者认为，委员会的目的是建立防御性的心理战术，设立政府理事会是为了给人们营造一种错觉，认为正在采取措施解决区域性难题，以防止更激烈或极端的区域政府重组。区域议会的支持者对此寄予厚望。政府间关系咨询委员会是区域议会的早期倡导者，将区域议会描述为"促进政府官员之间进一步协作，增强公众对大都市问题的认识，以及就如何更有效地利用这些问题达成区域性共识的有效途径"。全国区域议会协会将区域议会标榜为"地方官员能够确定和指导解决无法在单一管辖区范围内解决的区域性问题的适当途径"的组织。[59]

除了少数例外,改革者对委员会的高期望并没有得到满足。他们未能在该地区获得州政府或地方政府的强大政治支持。它们仍是咨询和规划机构,无法执行自身规划。随着联邦财政和计划支持的削减,大量政府理事会终止运营,从中可以看出,政府理事会持续依赖联邦政府的资助并缺乏地方政府的支持。宾夕法尼亚州阿勒格尼县政府理事会的一项研究表明,只有在外部诱因或财政问题迫使独立政府通过协作来提供必要服务的情况下,区域议会才能发挥作用。[60]

区域议会的主要职能是用规划促进整个区域的协调,但是这种职能基本上是无效的,主要是因为它们无权执行自身的规划。审查和评价程序通常被联邦机构忽视,仅仅被进行申请的政府机构视为官僚障碍。委员会还规避了有争议的规划问题,以避免与成员政府发生冲突。另一个问题是委员会权力的来源。它们的权力来源于联邦机构。当委员会寻求与地方政府建立工作关系并证明其合法性时,就出现了问题。由于联邦权力和资源已经撤回,委员会建立地方合法性的能力对于其存续至关重要。地方层面的认可和财政支持也非常重要,因为州政府一般很少提供财政或方案资助。最终,出于规划需要,委员会只能创造一种微弱的区域意识,而且几乎没有任何政治或行政区域特征。[61]政府理事会前雇员查尔斯·香农(Charles Shannon)针对委员会在区域治理方面的失败写道:"政府理事会往往倾向于'政府间的'所有事项,在此过程中,处理过多的'小树苗',而模糊了我们对大都市'森林'的期望……政府理事会的失败部分是由它们自己造成的。地方政府希望政府理事会为它们集体发声,而这通常与区域性发声不同。各州政府一直竭力回避大都市区体制改革的基本问题,而联邦政府通过其各项计划,经常通过促进联邦议程而颠覆地方议程。"[62]

针对佛罗里达州区域议会执行理事的一项调查发现,尝试让分散化治理体制具备区域视角的难度很大。为了推进这些活动,他们必须与城镇、县、其他区域机构、州级机构和联邦政府机构合作和互动。在这项调查中,各理事表示，重大困难的出现是因为地方政府不了解区域议会的作用以及没有充分利用区域议会。委员会执行理事认为，如果有更充足而稳定的财政支持、更大的权力，如果委员会成员的观念不那么狭隘，而且地方政府更愿意合作，那么通过委员会可以更有效地进行区域治理。[63]

针对区域议会的一项评估表明，区域议会在拟定土地利用、交通、供排水设施和自然资源保护规划方面发挥了重要的作用。但是有人可能会提出严肃的问题，例如这些规划是否对社会变革的需求敏感、是否同样重视本地区各部分的利益。这些都是具有代表性的主要问题。在 60% 的委员会当中，无论政府规模是大是小，每个政府成员都有平等的投票权。[64]这会让较小管辖区获得不成比例的权力而牺牲较大管辖区的权力，从而有利于解决郊区问题。实际上，一项对 98 个政府理事会的研究发现，人们普遍不认为中心城区问题应当成为他们关注的焦点之一。[65]由于它们的总体郊区定位，批评者抱怨道，大部分区域议会主要考虑在郊区进行实体开发，而忽视了中心城区感兴趣的问题，例如经济适用房和公共交通。[66]克利夫兰市与俄亥俄州东北部地区协调机构（Northeast Ohio Areawide Coordinating Agency, NOACA）之间的竞争尤其激烈。该机构是为了满足联邦 A-95 审查要求和获取联邦拨款而成立的。克利夫兰市在政府理事会中只获得了一票，因此 NOACA 在很大程度上被郊区政府主导。克利夫兰市的关注事项被政府理事会忽视了，因此该城市退出了政府理事会。住房及城市发展部威胁 NOACA，如果它不采纳一人一票的原则，那么它将被剥夺 A-95 审查权，这将是一次沉重的财政打击。NOACA 最终屈服，但即使在委员会中获得了成比例的代表席位，克利夫兰市也仍是委员会的少数成员。郊区对中心城区的长期猜疑很可能意味着 75% 由郊区主导的董事会将继续提防克利夫兰市的提案。[67]

对华盛顿哥伦比亚特区的首要委员会——华盛顿大都市政府理事会（Metropolitan Washington Council of Governments, MWCOG）的一项评估发现，它在区域治理方面的有效性仅达到其成员政府允许的水平。由于它没有正式的政府机关而且依赖联邦和州级拨款、合同及成员捐款，因此它事实上无法处理本地区面临的最严重问题。它是一个志愿性组织，且其成员因为各种问题已经退出或威胁要退出。例如，马里兰州蒙哥马利县于 1963 年退出，在代表权上获得让步之后才重新加入。华盛顿大都市政府理事会由于所代表的政府的多元化，因而无法在争议性问题上坚持立场。哥伦比亚特区提议的严格枪械管制示范法招致马里兰州郊区的强烈反对。同样，由于郊区反对，华盛顿大都市政府理事会一直无法支持哥伦比亚特区征收通勤税，或者采取倾向区域某个地区的举措。[68]

区域议会有效性的另一个问题是它们没有区域选民，也没有区域政治领导层。在委员会任职的政府官员代表的是各自组织的利益，而不是区域性机构的利益。他们主要效力于选举他们的选民。考虑到委员会管理机构的组成和地区性选民的缺乏，区域议会似乎不太可能通过这些组织形成区域领导层。此外，委员会不能被视为进行体制变革和建立大都市政府的一个步骤，因为它们被指责将大部分时间用在组织维系上而不是用在强化权力上，这个目标往往取代了其他计划性目标。它们一方面试图向联邦机关证明投资它们的价值，另一方面试图让地方单位相信它们不会给其带来威胁。它们通常不愿尝试去强化其他地方政府的权力。它们曾因尝试去界定自身角色和管辖范围而失败，由于过于害怕执行受挫而备受指责。[69]

委员会始终缺乏财力和人力，从而严重制约了它们在区域性问题中发挥重大作用。每个区域议会在尝试处理大都市问题时，始终受到成员退出以及由此可能造成的财政捐助和计划性支持减少等问题的困扰。在前文所述的华盛顿大都市政府理事会的案例中，委员会规避了特别有争议的问题，而且在审查成员的联邦拨款申请时往往忽视区域视角。在这类审查中，政府理事会一般持支持态度，因为批评意见和反对之声有可能疏远其他成员。

批评者认为，如果不赋予委员会更多权力并提高它们的独立性，它们就无法发挥有效的区域治理作用。他们提出应当授权委员会否决不符合地区性规划的地方项目并向居民直接提供服务的权力。唐纳德·诺里斯（Donald Norris）教授主张，如果不进行重大变革，委员会就无法在地方或州级政治活动中存续或者进行有效的区域治理，因此它们必须在政府间体制内拥有一定的地位和权力。他建议进行以下变革才能让委员会有效地进行区域治理：① 必须允许并要求它们向地区内的居民直接提供指定服务，从而建立地方政府对公民和官员的认同感。② 它们应当有自身的税基或独立收入来源，而不依赖其他政府来实现财务可行性。③ 它们应当有提供指定服务的专属领地，而且这些服务与其他地方政府提供的服务不重复或不存在竞争关系。[70]

除政府反对强化区域议会的作用之外，区域议会还面临着来自其他区域组织的日益激烈的竞争。其中包括最近确定或发现区域性使命的多种私营部门协会、非营利组织、基金会、环境组织、经济发展机构和商会。随着其他各种组织的参与，如果不进行重组和积极领导，那么区域议会成为区域治理中主导组织的可能性就会大幅下降。[71]

从积极的方面来看，即使区域议会仅仅只是讨论特定区域性问题的中心和论坛，它们也成功地推进了区域主义。一些委员会有助于促成针对特定问题的区域行动。下文所述的西北市政协会就是政府理事会成功对多个区域性问题采取行动的实例。总而言之，我们既不能认为区域议会在区域治理中失败了，也不能认为它们取得了巨大的成功。一位观察家在其著作中肯定了区域议会对区域治理的贡献：我们有理由看好政府理事会及其他区域机关，因为它们是学习型机构，可以让政府官员和整个社区了解地区性问题的性质以及协调解决这些问题的必要性。它们建立了区域共同体的概念，而且提供了以前可能缺乏的多种服务。如果考虑到以前建立区域治理架构的尝试是失败的，那么政府理事会就能算得上是一大成就。这说明联邦和地方政府投入的所有精力和资源都是值得的，但必须以发展的眼光来看待政府理事会，而不是将它们视为最终形态。[72]

区域议会的支持者认为，只要州政府和联邦政府继续通过区域议会进行规划活动和分配拨款，那么区域议会仍然会在区域治理中发挥重要作用。委员会可以通过执行联邦和州级计划发挥区域影响力。覆盖洛杉矶地区的南加利福尼亚州政府协会（The Southern California Association of Governments, SCAG）已成为拥有多种职能的强大区域力量，因为州级和联邦机构授予了它很大的权力。它是分配联邦交通财政资金的指定大都市规划组织，也是根据《1972年联邦水污染防治法》（The Federal Water Pollution Control Act of 1972）和修正后的《1990年清洁空气法》（The Clean Air Act of 1990）拥有污染控制规划权和审查权的区域机构。另外，州政府还指定该协会执行住房、有害废弃物管理、空气质量和环境审查方面的州级政策。[73]

专业协会也认可区域协作的必要性，而且支持加强区域议会的作用。国际城市管理协会旗下的未来/愿景联合会（Futures/Vision Consortium）在1991年的报告中指出，地方政府面临的问题无法由单个管辖区或针对普遍问题的推荐区域性方法来解决。全国区域议会协会发表的关于区域主义未来前景的一份报告称，人们越来越认识到，地区是公共和私营部门博弈的舞台——其原因并非是联邦要求，而是商业活动的实际情况、人们生活和工作的较大地域范围以及对更切合实际的公共决策的需求。[74]

即使区域议会饱受争议，但社会科学家帕特里夏·弗洛雷斯塔诺（Patricia Florestano）和劳拉·威尔逊-詹特里（Laura Wilson-Gentry）在马里兰州的一项调查中发现，区域议会获得了有力的支持，该州拥有强势、独立地方政府的法律和政治传统。受访对象为州级和地方委任官员和民选官员。他们几乎一致支持委员会的传统角色。超过90%的受访者认为委员会应当维持区域论坛的地位且继续审查区域性项目，而超过80%的受访者希望委员会继续争取联邦财政资金并协助设定区域目标。他们不太愿意支持委员会在实施州级计划（63%的人反对）、提供服务（56%的人反对）或记录政府合规性（48%的人反对）方面发挥积极作用。虽然他们认识到区域议会在协助制定区域性解决办法中的价值，但市、州级和地方官员在扩大委员会作用方面存在分歧。然而，调查表明，受访者强烈支持（73%）委员会充当区域规划的综合机构。[75]关于区域议会在马里兰州未来发展中的作用，研究者在得出结论时十分谨慎：首先，对积极作用的支持程度很低，但是，改善目前职能得到了较多支持。其次，在大部分问题上，民选和委任官员之间几乎不存在巨大差异，但民选官员普遍对区域活动的所有方面稍显积极。总体上，与最初相比，我们对于区域主义和区域机构将在解决未来州级和地方问题上发挥重大作用不再乐观。虽然我们不认为这些机构会退出历史舞台，但相关数据也并未表明它们将来会极大地增强它们的作用。[76]

两个大都市区的区域协会

西北市政协会

为了进一步了解区域协会的运转，下面举 2 个例子进行说明。西北市政协会（The Northwest Municipal Conference, NWMC）是芝加哥地区的一个政府理事会，1958 年由 8 个西北郊区成员创建。该协会每月召开一次会议，讨论共同问题（供水、防汛、垃圾处置、治安和消防协调以及非城镇土地区划）、交流观点、制订共同解决方案并力争实现共同目标。多年来，西北市政协会扩大到芝加哥北部和西北部郊区的约 42 个地方政府。每个城镇在会议董事会中都有一位代表。所有城镇无论人口多少都有均等的表决权。西北市政协会并非规划或研究组织，其主要目的是提供会员服务，就成员政府关注的区域性问题进行讨论，有时也会做出决策并采取行动。

协会的有效性完全取决于成员的积极参与。成员通过一个委员会参与会议，这也是协会真正发挥作用的机制。这些委员会对协会的重大计划进行监督。协会的最大一项支出为立法活动，约占其总预算的 25%。协会充当其成员的传声筒，在县、州和国家层面上，维护市政利益并关注相关事项。多年来，它的立法角色也在不断发展。在每次立法会议期间，都会在州议会大厦设立一个人员齐备的办公室，就成员城镇关于市政问题的发言进行安排和协调。协会的游说活动主要针对州政府，即设法让年度立法日程得到州级立法机关的认可。但它们也努力对州级主要立法问题以及成员关注的库克县条例的公众意见施加影响。协会还参加本地区的国会代表团，处理华盛顿哥伦比亚特区内成员城镇关注的行动事项。

　　除游说活动外，协会为成员提供的服务还包括推动区域协作、充当有利于成员政府的区域活动的工具。政府间协作的成果包括：① 对消防员和警官进行初步筛选。协会协调组织身体敏捷性测试和书面考试，并将身体测试和书面考试的结果提供给成员城镇用于招聘流程。② 地方政府官员和雇员的培训与教育计划。协会展开调查、运营信息交流中心并向不需要单独人员或组织的多项协作事业提供人员援助。③ 政府间人员福利协作组织。即成员的集中医疗保险协作组织。④ 消耗品联合采购协作。协会举办拍卖会处置成员的过剩财产（例如轿车、卡车、重型设备以及与小型公共工程有关的一些设备）。⑤ 协会协助组建北库克县固体废弃物处理机构（Solid Waste Agency of Northern Cook County, SWANCC），负责为成员实施回收利用和固体废弃物处理计划。⑥ 西北市政协会作为协作议事平台，在此基础上成立相关组织，使得成员可以通过从密歇根湖引水从而补充井水。⑦ 通过协会制定一部典型的有线电视条例并建立组织，在本地有线电视专营机构、运营、节目制作和费率监管方面保护消费者权益。⑧ 西北市政协会领导的一个联盟为西北郊区提供了额外的通勤铁路服务。[77]

　　作为成员服务组织，协会很少参与联邦计划。但人力和交通是两个例外领域。协会加入了北库克县私营产业委员会成为公共部门的合作伙伴，履行监督职责并编制委员会季度活动报告。虽然它并非联邦政府指定的本地区大都市规划组织，但西北市政协会仍然获得了用于交通规划的联邦财政资金。协会进行技术研究和数据收集，而且充当成员城镇与各个区域和州级交通机构之间的纽带。

密尔沃基政府间协作委员会[78]

　　该委员会由密尔沃基市与密尔沃基县另外 18 个市政府组成。在政府间协作项目的实施中，委员会活动往往超出边界延伸到其他实体。政府间协作的任务是开展区域规划，进行持续、开放、有意义的讨论，以保证本地区作为一个整体做出决策并解决问题，同时共享和分担区域计划的效益和成本。委员会的人员主要来自密尔沃基市。一些政府间协作项目和关注事项如下：① 近日，密尔沃基市与沃瓦托萨市合作将一个旧垃圾填埋场改造成为一个居民区，拥有公园等空间。这次合作产生了环境、休闲和税收方面的效益。② 密尔沃基市和相邻城镇与多家公用事业公司订立了提供服务和基础设施的协议。这些协议包括公共工程服务，例如回收利用。③ 密尔沃基市与相邻社区订立了消防服务互助协议。该市为本地区提供有害物质（HAZMAT）和生物威胁清除服务。④ 密尔沃基县和沃基肖县订立了一份燃料采购协议，显著降低了燃料采购成本。

密尔沃基县政府间协作委员会为县内所有 19 个城市和乡村提供了讨论和解决争议性问题的途径。随着技术的不断进步，共享信息、地图、重要统计数据等过程变得更加简单，从而提高了决策质量。密尔沃基市积极地寻求订立协作协议。该市制订了一项协作计划并列出了希望通过政府间协作实现的多个目标。这项协作计划的目标包括改善城市与政府合作伙伴之间的沟通和工作关系，以更全面而协调的大都市视角进行规划、实施和服务提供，以及与其他政府协作以获得更多收入来源，并提高效率。

要点总结

在分散的大都市区，协作与外包是提供服务的替代手段。这些机制可以更有效地提供服务。协作、地方间服务协议和私营部门签约外包也会更多地采用区域视角。一种独特的地方间协议的形式叫作莱克伍德方案。该方案包括由一个县的政府外包多项服务。在这个概念下，一个政府可以将大部分甚至全部服务外包给另一个政府、私营部门或者公共部门、非营利部门和私营部门的组合。各种形式的签约外包在整个县内日益盛行，成为公共服务提供的一种重要方式。

在目前财政紧缩、预算有限的环境下，服务提供领域的协作越来越受欢迎。然而，在地方政府接受这个概念之前，应当仔细评估与协作及签约外包有关的问题。在签订任何协作协议之前，应当仔细考虑问责、交易成本、地方政权控制力的削弱等问题。

推动区域主义的其他协作机制包括区域议会，分为政府理事会和区域规划委员会。区域议会的有效性取决于财政资金、成员组成和使命。一般而言，只有在所有成员达成共识的情况下，政府理事会才能有效地解决问题。很多政府理事会并未覆盖整个大都市区，或者也未覆盖其地域范围内的主要政府。由于财政上的效益，规模较小、经济表现较差的城镇似乎更倾向于参与政府理事会的计划。富裕的社区通常置身于政府理事会之外，也不常参与区域活动。加入政府理事会的所有社区通常倾向于只在自身利益范围内参与，而不是参与进一步的区域治理。联邦补贴是区域议会发展和运作的一个重要财政来源。区域议会运动的未来前景极度依赖于外部财政资金和外部激励，这促使地方政府携手协作。

注释

[1] Mancur Olson, Jr., *The Logic of Collective Action: Public Goods and the Theory of Groups* (New York: Schocken Books, 1965).

[2] Donald F. Norris, "Killing a COG: The Death and Reincarnation of the Baltimore Regional Council of Governments," *Journal of Urban Affairs*, 16(2) (1994): 157.

[3] Quoted in Frank Smallwood, "A New Approach: Three Alternatives Outlined to Make Our Traditional Home Rule Doctrines Compatible with Modern Needs," *National Civic Review*, 56 (May) (1967): 251.

[4] Ibid.

[5] Quoted in Lawrence S. Leiken, "Governmental Schemes for the Metropolis and the Implementation of Metropolitan Change," *Journal of Urban Law*, 49(1972): 673.

[6] Bernard H. Ross and Myron A. Levine, *Urban Politics: Cities and Suburbs in a Global Age*, 8th ed. (Armonk, NY: M. E. Sharpe, 2012), p. 252.

[7] Ibid., p. 251.

[8] Amanda M. Girth and Jocelyn M. Johnston, *Local government Contracting*, National League of Cities Research Brief on America's Cities, February 2011, http://www.nlc.org/build-skills-and-networks/resources/research-reports [Accessed Nov. 24, 2012].

[9] International City Management Association, *Profile of Local Government Service Delivery Choices*, 2007, http://bookstore.icma.org/data_sets_c42.cfm [Accessed Nov. 24; 2012].

[10] Lasa W. Forderaro, "Towns Sharing Services to Cut Costs," *New York Times*, July 15, 1991,

sec. A, p. 16.

[11] Chuck Rasch, "Recession-Battered Cities Combine Services," *USA Today*, October 18, 2012, www.lusatoday.com/story/news/nation/212/10/18/recession [Accessed October 24, 2012].

[12] Mark Tower, "Saginaw City Official to Return to County Committee Wednesday with Policing Counter-Proposal," December 4, 2012, http://blog.mlive.com/saginawnews_impact/print.html [Accessed Dec. 5, 2012].

[13] "City Fiscal Outlook Better, Infrastructure Top Concern," *PA Times*, Aug. 1, 1995, p. 1.

[14] Melissa Reiser, "Governments Learn to Work Together," *Arlington Heights (Ill.) Daily Herald*, Mar. 1, 1990, sec. 5, p. 1.

[15] Josh Hafner, "Cities and Towns are Collaborating More Often to Provide More and Better Services to Residents," Nov. 12, 2012, www.desmoinesregister.com/article 20121113/news [Accessed Nov. 13, 2012].

[16] National Association of Counties Research Foundation, *Interlocal Service Delivery* (Washington, DC: National Association of Counties, 1982), pp. 10–11.

[17] "Joint City, County Government Center Planning ok'd," *The Californian*, May 1, 2012, www.thecalifonian.com/fdcp/?unique+1336664968078 [Accessed May 5, 2012].

[18] Kelly Smith, "To Boost Tourism, Cities turn to Lake Minnetonka's Liquid Assets," July 15, 2012, www.startribune.com [Accessed July 16, 2012].

[19] Raymond Cox, Service *Sharing: The Akron Experience*, Presentation at the Annual Urban Affairs Association Conference, Pittsburgh, April 19–21, 2012.

[20] Chuck Abernathy, "Practical Strategies for Consolidation," *Public Management*, (October) (2012): 20–22.

[21] Kurt Thurmaier and Curtis Wood, "Interlocal Agreements as Overlapping Social Networks: Picket-Fence Regionalism in Metropolitan Kansas City," *Public Administration Review*, 62(5) (2002): 585–596.

[22] Kelly Leroux and Jered B. Carr, "Prospects for Centralizing Services in an Urban County: Evidence From Eight Self-Organized Networks of Local Public Services," *Journal of Urban Affairs*, 32(4) (2010): 461–465.

[23] Mike Johnson, "Report: Fire Department Consolidation would Save 5 Communities Millions," *Journal Sentinel*, May 30, 2012, www.jsonline.com/news/milwaukee/report [Accessed Jan. 9, 2013].

[24] Abby Sewell, "Santa Ana Disbands Fire Department in Bid to Rescue Budget," *La Times*, March 6, 2012, www.latimes.com/news/local/la-me-fire-dept-cuts-20120306,0,518723

[Accessed March 7, 2012].

[25] Bob Goldsborough, "Consultant: DuPage County Fire Departments should Merge to Save Taxpayer Money," *Chicago Tribune*, May 10, 2012, www.chicagotribune.com/news/local/ct-met-dupage-comm [Accessed May 10, 2012].

[26] Deb Gruver, "City, County to Consolidate Code Enforcement Departments," *The Wichita Eagle*. August 30, 2012, www.kansas.com/2012/08/29/[Accessed Aug. 31, 2012].

[27] Justin Faulconer, "Bedford City unveils potential last city budget," *News Advance*, May 1, 2012, www2.newsadvance.com/news/2012/may/01/Bedford-city-unveils-potential-last-city-budget-ar-1883911 [Accessed May 2, 2012].

[28] National Association of Counties Research Foundation, *Interlocal Service Delivery* (Washington, DC: National Association of Counties, 1982), pp. 11−12.

[29] David Osborne and Ted Gaebler, *Reinventing Government: How the Entrepreneurial Spirit Is Transforming the Public Sector* (Reading, MA: Addison-Wesley, 1992), pp. 80−84.

[30] Ibid., p. 181.

[31] Ibid., pp. 25−48.

[32] Jonas Prager, "Contracting Out Government Services: Lessons from the Private Sector," *Public Administration Review*, 54 (March/April) (1994): 180.

[33] Ibid.

[34] Sung-Wook Kwon and Richard C. Feiock, "Overcoming the Barriers to Cooperation: Intergovernmental Service Agreements," *Public Administration Review*, 70(6) (2010): 876−884.

[35] Matthew J. McKinney and Shawn Johnson, *Working Across Boundaries: People, Nature and Regions* (Cambridge, MA: Lincoln Institute of Land Policy, 2009), p. 5.

[36] National Association of Counties Research Foundation, *Interlocal Service Delivery*, p. 12.

[37] Amanda M. Girth, Amir Hefetz, Jocelyn M. Johnston, and Mildred E. Warner, "Outsourcing Public Service Delivery: Management Responses in Noncompetitive Markets," *2012 Public Administration Review*, 72(6) (2012): 888−889.

[38] M. Ernita Joaquin and Thomas J. Greitens, "Contract Management Capacity Breakdown? An Analysis of U.S. Local Governments," *Public Administration Review*, 72(6) (2012): 808.

[39] John C. Bollens and Henry J. Schmandt, *The Metropolis: Its People, Politics, and Economic Life*, 3rd ed. (New York: Harper and Row, 1975), p. 303.

[40] Ross and Levine, *Urban Politics: Cities and Suburbs in a Global Age*, pp. 252−253.

[41] John Rogers, "California Officials Could Put End to High-Paid Los Angeles Suburb," *Lubbock Avalanche Journal*, December 26, 2010, p. A4.

[42] Bollens and Schmandt, *The Metropolis: Its People, Politics, and Economic Life*, p. 303.

[43] John J. Harrigan, *Political Change in the Metropolis*, 5th ed. (New York: HarperCollins College Publishers, 1993), p. 292.

[44] Ross and Levine, *Urban Politics: Cities and Suburbs in a Global Age*.

[45] http://www.westonfl.org; http://centennialcolorado.com/index.aspx?NID=460 [Accessed Jan 21, 2013].

[46] National Service to Regional Councils, *Regionalism: A New Dimension in Local Government and Intergovernmental Relations* (Washington, DC: 1971), p. 4.

[47] Ibid., pp. 4–5.

[48] Ibid.

[49] Ibid., p. 6.

[50] Ibid.

[51] Ibid.

[52] Florida Advisory Council on Intergovernmental Relations, *Substate Regional Governance: Evolution and Manifestations Throughout the United States and Florida* (Tallahassee, FL: November 1991), p. 53.

[53] Charles P. Shannon, "The Rise and Emerging Fall of Metropolitan Area Regional Associations," in J. Edwin Benton and David R. Morgan, (eds.), *Intergovernmental Relations and Public Policy* (Westport, CT: Greenwood Press, 1986), p. 65.

[54] Norris, "Killing a COG," p. 156.

[55] Florida Advisory Council on Intergovernmental Relations, *Substate Regional Governance*, p. 38.

[56] Patricia Atkins, "From the Mauling to the Malling of Regionalism," *Public Administration Review*, 53 (November/December) (1993): 583–584.

[57] Sherman M. Wyman, "Profiles and Prospects: Regional Councils and Their Executive Directors," *1994 Municipal Year Book* (Washington, DC: International City/County Management Association, 1994), pp. 43–56.

[58] Florida Advisory Council on Intergovernmental Relations, *Substate Regional Governance*, pp. 68–71.

[59] Shannon, "The Rise and Emerging Fall of Metropolitan Area Regional Associations," pp. 64–71.

[60] Joseph A. James and David Young Miller, *An Assessment of the Eight Councils of Governments in Allegheny County* (Pittsburgh, PA: Pennsylvania Economy League, 1994), pp. 1–3.

[61] Shannon, "The Rise and Emerging Fall of Metropolitan Area Regional Associations," pp. 66–68.

[62] Ibid., p. 71.

[63] Florida Advisory Council on Intergovernmental Relations, *Substate Regional Governance*, pp. 173–230.

[64] Wyman, "Profiles and Prospects," p. 50.

[65] John J. Harrigan and Ronald K. Vogel, *Political Change in the Metropolis*, 7th ed. (New York: Longman, 2003), p. 298.

[66] Arthur B. Gunlicks, "Problems, Politics, and Prospects of Local Government Reorganization in the United States," in Arthur B. Gunlicks (ed.), *Local Government Reform and Reorganization: An International Perspective* (Port Washington, NY: Kennikat Press, 1981), p. 20.

[67] Harrigan and Vogel, *Political Change in the Metropolis*, p. 298.

[68] Jeffrey Henig, David Brunori, and Mark Ebert, "Washington, D.C.: Cautious and Constrained Cooperation," in H. V. Savitch and Ronald K. Vogel (eds.), *Regional Politics: America in a Post-City Age* (Thousand Oaks, CA: Sage Publications, 1996), pp. 107–109.

[69] Gunlicks, "Problems, Politics, and Prospects of Local Government Reorganization in the United States," p. 21.

[70] Norris, "Killing a COG," pp. 165–166.

[71] Wyman, "Profiles and Prospects," pp. 43–56.

[72] Gunlicks, "Problems, Politics, and Prospects of Local Government Reorganization in the United States," p. 21.

[73] Scott A. Bollens, "Fragments of Regionalism: The Limits of Southern California Governance," *Journal of Urban Affairs*, 19(1) (1997): 115–116.

[74] Quoted in Patricia S. Florestano and Laura Wilson-Gentry, "The Acceptability of Regionalism in Solving State and Local Problems," *Spectrum: The Journal of State Government*, 67 (Summer) (1994): 27.

[75] Ibid., p. 30.

[76] Ibid., p. 32.

[77] Northwest Municipal Conference, nwmc-cog.org [Accessed Oct. 15, 2011].

[78] The majority of the information for this section is taken from City of Milwaukee, *Intergovernmental Cooperation*, www.cityofmilwaukee/intergov(1)pdf [Accessed Jan. 9, 2013].

第 8 章

县和区域治理

本章考察了县作为区域性公共服务主要提供单位的演化（潜力）。县从州下属行政机构演变为区域性服务提供单位，可以通过全面改组来实现，也可在一次次提供特定公共服务的过程中实现。第 4 章所提到的迈阿密戴德县是对县进行全面重构的最佳案例。县职能的增加大部分是通过职能的逐个转移实现的。区域改革者认为，县是传统的大都市政府或市县合并的合理选择，因为县覆盖的地区范围比市大，而且是一种成型的、公认的地方政府形态。这种区域治理解决办法的主要问题是传统的县和多县大都市区所发挥的作用有限。县的政治领导人有可能与邻县和社区领导人在区域治理问题上形成伙伴或同盟关系。但是，区域主义者认为，必须改革县政府结构，使其成为一个更具代表性的政府，包括使立法与行政职能分离。此外，该县必须从州内获得更大程度的独立。

将县视为区域性公共服务的主要提供方可追溯到 20 世纪 30 年代的县自治运动。但是直到 20 世纪 60 年代末到 70 年代，县才作为传统改革的可行替代方案受到认真对待。本章开篇将论述县在地方政府体制中的传统角色，然后再分析地方自治运动，包括各项县重组提案。接着论述县在区域性服务中发挥的日益重要的作用，并对两个县及其区域角色进行比较分析。最后分析县作为一个区域政府的前景。

地方政府体制中县的角色

县承担州行政分支的传统角色，在非城镇区域内提供州政府规定的特定服务，并且履行有限的地方政府职能。县仅仅提供州政府规定的服务。有时，很多服务都超出了县的政策或财政控制范围，大多是以委托人需求驱动或程序化的，其中就包括贫困者辩护服务和记录保存服务。其他规定的服务允许县在服务提供上拥有一定的自由裁量权，例如道路建设和维护程度。县在非城镇区域内的职责是提供有限的市政服务，包括治安保障、道路、公园和休闲。另外，在很多州内，县可能通过地方间协议与城镇共同（或者为城镇）提供服务。[1]

某个地区被划为城镇辖区时，城镇会接管县有限的市政职能，但是县仍然继续提供州政府规定的服务，比如法律记录保存、司法职能、福利和医疗等服务。例如，治安保障在设立城镇辖区后成为一项市政职能。城镇区域内县的治安职责是按要求提供专门援助并满足司法系统的需求。设立城镇辖区时，城镇也承担了本地区的主要开发职能，例如建造、维护本地街道。县继续负责维护公路系统，但是一般不再负责城镇内部的道路建设工作。

虽然县的服务提供随着县所在州、地区而有所不同，但可以确定的是，县是人文和社会服务（福利、医院、公共卫生和劳动改造）的最大提供方。县在实体开发和维护（公路和街道、排水、供水、公园、休闲、图书馆）中仅发挥着次要作用，因为公共安全、公共卫生、实体开发和维护活动在传统上一直被视为市政职能。县在地方政府中发挥的作用可以是有限的，也可以是广泛的，具体取决于州级政策、是否设立乡镇、乡镇的职责、城镇的规模和设立年限。一项对 50 个较大大都市区的 162 个县的研究发现，西部县总体上提供的服务数量最多，平均每个县提供 16.2 项服务；紧随其后的是纽约州、新泽西州和宾夕法尼亚州的县，平均每个县提供 16.0 项服务；南部县排名第三，平均每个县提供 14.5 项服务；提供服务最少的是中西部和新英格兰地区的县，中西部的县平均提供 12.6 项服务，新英格兰地区的县平均提供 10.3 项服务；南部和西部的县在基础设施和实体开发职能中的参与程度最高，高度参与公路和街道、卫生、排水、公共交通和公用事业等职能，这表明在这些领域中，县比其他地区发挥着更重要的作用。不过与东北部其余地区相比，宾夕法尼亚州、新泽西州和纽约州的县在履行开发职能方面发挥着重要作用，而且重要程度与南部和西部县基本相当。[2]

县政府的早期发展

现代县政府反映了最初在美国留存下来的多民族传统。殖民者带来了当地的政府传统，但是殖民地不同区域有着独特的需求，殖民者须做出相应的调整。新英格兰地区的县主要局限于司法职能，而城镇被赋予了较大的治理权力。这些治理架构满足了集中式社区的经济和安全需求。在纽约州和宾夕法尼亚州，县和城市都拥有极大的政治权力。再往南的弗吉尼亚州，县通过合并成为地方政府的主导势力。[3]

社会学教授罗兰·利伯特（Roland Liebert）认为，对统一司法体系的需求是美国县体系发展的主要动力。在殖民地时期的大部分时间里，工商业主要是市民的个人经营行为，或者是以小型工作坊的形式经营，职工也仅限于当地人。各城镇形成并运用了一个中立、可接受的司法体系，以保障和执行民事协议或商业合同。但是随着殖民地和各企业之间贸易量的增加，适用于地方的法律开始不被接受。一个地方订立的合同有时无法适用于另一个地方，因为每个地方都设法保护自身的经济。随着商业的发展以及殖民地城市相互依赖程度的提高，显然需要一个统一的司法体系来解决合同纠纷。[4]

独立后，新国家建立了涵盖合同及协议的统一司法体系。各城市再也无权制定和实施本地法律。为了管理司法体系、保存法律记录并执行其他次要行政职能，大多数州纷纷设立县作为有明确地域范围的行政区。重要的是，对于这些受州政府监督的职能，拥有殖民地司法自主传统的城市往往保留了其行政责任，即虽然在这些地区设立了县，但是殖民地城市保留了高度自治权，而县则显得无足轻重。与县相比，整个新英格兰地区的城镇都保留了相当大的自治权。费城、新奥尔良和旧金山与其县合并。市县分离是维持城市自治权的另一种方式。这种方式已经在圣路易斯市和巴尔的摩市被采用，而且弗吉尼亚州的城市达到一定规模时必须采用这种方式。前殖民地和西部地区的乡村区域没有设立地方政府的传统。随着新城市的设立和发展，一般来讲，它们始终服从州政府分配给县的行政职能。[5]

县因此在地方政府体制中有着不同的发展路径，这取决于县所在地区。这个传统在 21 世纪仍在继续发生变化并影响着县。县服务提供的变化是体现县在全国各地区重要程度的一项指标。如上所述，新英格兰地区的县提供的服务少于其他地区的县。新英格兰地区的 2 个州（康涅狄格州和罗得岛州）没有设立县。从经济大萧条时期开始到第二次世界大战后郊区运动的加速推进，全国大部分地区的县都承担了新的公共服务或拓展了原有的公共服务，并在地方治理中发挥更重要的作用。

县政府结构改革

在渐进式改革时代，县一般不是改革目标。在区域政府改革的早期，主要关注点是扩展城市边界，先是通过兼并，然后将城市边界扩展并容纳整个县，从而消除了县作为独立实体的属性。在区域改革运动中，县起初并未作为一种可行的替代方案受到关注，因为它仅提供了有限的服务，而且被当作州的行政分支——为实施州级法律之便而随意设立的次州级地理区划。由于县政府改革不受关注，因此早期改革者之一——亨利·S. 吉尔伯森（Henry S. Gilbertson）将县描述为"美国政治的黑暗大陆"。[6]

后来，人们开始关注县，认为其可作为潜在的区域政府。改革者试图重组县政府并授权它们履行更广泛的市政和区域性职能。1929 年，全国城市联盟制定了一部县长章程，其中建议采用与市政府相同的委任管理者制度。[7]为了实现改革者的目标，县必须在更大程度上摆脱州政府的约束。地方自治就可以实现这种自由。如果没有地方自治权，那么县只能提供州政府授权的服务。而有了地方自治权，县就能提供除州政府明确禁止事项外的所有地方政府服务。县地方自治的另一注意事项是县与其中的城镇之间的权力关系。县地方自治不会取代城镇提供某项服务的职权。

改革者指出，县拥有地方自治权后可以通过重组和授权来提供市政和区域性服务。[8]改革者声称，正如实际存在的那样，县政府在结构和职能上无法成为市政服务的有效提供方。主要批评意见如下：

（1）现有县政府结构要求选举产生众多行政官员，但这样分散了政治领导权，从而使县无法实现有效治理。

（2）在一个没有行政长官的非集中化行政体系中解决问题困难重重。

（3）县缺乏提供居民期望的广泛服务的法定机关。

（4）职能紊乱的其他特征包括缺乏公务员制度，缺乏训练有素且有能力的人员，以及征税权受限。[9]

政府间关系咨询委员会在 1962 年针对县重组提案提出了以下建议：

（1）州政府应当制定法律，协调相关管理机构的互动，从而完全授权县内的政府单位将特定政府服务的职责转移到县。

（2）州政府应当制定授权法律，允许县政府单独或共同建立一个体制以履行居民期望和要求的服务职能。

（3）应当允许县通过简单申请或"公投"行政程序设立任意形式的县政府。

（4）应当授予城镇和县州级宪法或普通法未否认的所有剩余政府权力。[10]

县政府现代化改革的大部分提案都将重点放在设立类似于强有力的市长制度的民选行政官，或者类似于市执政官制度的指定管理者，并将大部分县服务的行政权力集中化。虽然设立了有效县政府的 47 个州当中有 37 个州采纳了某种形式的县地方自治权，但是 13 个州将地方自治限制在特定县或者限制地方自治权的授予。只有 24 个州将地方自治权广泛地授予各县，包括广泛的税收权和服务提供权以及制定、通过县级宪章的权力。根据全国郡县协会的研究，在 3 068 个县当中，约 800 个县采纳了委任或选举县长 / 行政官的政府形态。只有 153 个县采纳了"宪章式"政府形态。[11]

改革者重组和强化县政府市政权力的努力取得了什么成果？对于希望地方自治县承担强势区域治理职责的区域改革者而言，地方自治的推行情况令其大失所望，尽管有一部分州比其他州更积极地推行地方自治。纽约州和路易斯安娜州的表现名列前茅，分别有 21 个和 23 个县通过了地方自治宪章。佛罗里达州和加利福尼亚州紧随其后，分别有 19 个和 13 个县通过了宪章。这 4 个州都有 50% 的县实现了地方自治。尽管如此，允许地方自治或授权自治的其他多个州迄今仍未推行自治。[12]

多个县进行了地方自治公投，但是大多未获得选民批准。从 20 世纪 70 年代开始，人们对县地方自治的关注度开始下降，而推行宪章的尝试逐渐减少，关注县地方自治的范围主要局限于几个州。例如，20 世纪 90 年代的地方自治活动主要在科罗拉多州、佛罗里达州、路易斯安娜州、马里兰州和蒙大拿州举行。在这几个州的大部分县当中，所进行的尝试都未能成功。科罗拉多州的选民否决了 6 部提议宪章，马里兰州否决了 8 部提议宪章，而蒙大拿州明确否决了提交选民表决的 12 部宪章当中的 11 部。佛罗里达州和路易斯安娜州提议宪章的通过率最高，其中路易斯安娜州的 7 部提议宪章当中有 6 部获得通过，而佛罗里达州的 9 部提议宪章当中有 5 部获得通过。总体而言，1990—1998 年共有 71 部宪章提交给选民表决，其中有 23 部获得通过，通过率约为 32%。[13]

很多县已经不止一次将自治提案提交给选民表决。例如，俄勒冈州的 4 个县已有 3 次尝试遭遇失败。在其他县，地方自治提案表决要想成功通过往往需要付出巨大的努力。在俄勒冈州成功通过的 8 部宪章当中，有 4 部是在第二次或第三次表决中通过的。蒙大拿州要求县政府每 10 年进行一次结构审查并向选民提出替代形态。在 56 个县当中，选民只批准了 3 项改革：2 项市县合并改革和 1 项县长制度改革。伊利诺伊州选民否决了 11 次建立选举行政官政府体制的尝试（2 个县尝试了 2 次）。[14] 宾夕法尼亚州只有约 1/3 的地方自治宪章或可选方案（21 次尝试当中的 7 次）为选民所接受。宾夕法尼亚州的主要相关活动和成功案例发生在 20 世纪 70 年代。20 世纪 80 年代，宾夕法尼亚州建立政府研究委员会的 6 次尝试中有 5 次被当地选民否决，只有一次例外。这次例外发生在 1982 年的斯古吉尔县，当时选民批准建立县政府研究委员会，但是否决了该委员会制定的地方自治宪章。在宾夕法尼亚州的 7 个地方自治县当中，有 5 个是在 20 世纪 70 年代批准的，阿勒格尼县的地方自治批准于 20 世纪 90 年代，而路泽恩县的选民于 2010 年批准了地方自治的第 3 次提案，之前分别于 1974 年和 2003 年否决了相关提案。[15]

县改革中的政治

县的地方自治充满争议，因为它始终关系到重组和额外的公权力赋予。反对者断言，经过重组摆脱州政府约束的县是获取本地社区控制权的第一步。反对者往往将县地方自治与大都市政府关联起来。由于选民否决了大部分大都市政府或市县合并提案，因此即使县地方自治取得成功，随后的治理仍然存在问题。研究表明，导致县地方自治尝试失败的许多因素也是选民否决全面区域改革尝试的原因。选民往往会将两者画上等号，以试图颠覆市政府以往的传统形象。例如，对俄亥俄州萨米特县一次获取地方自治权尝试失败进行的调研结果显示，总体上居民对县地方自治始终漠不关心。事不关己的选民要么不愿投票，要么赞成维持现状。对选民进行宣传教育并吸引支持的选民参与投票是获取选民支持的重要措施，[16] 而让选民意识到县政府服务提供危机是动员选民支持的重要举措。1979 年，选民最终批准了萨米特县的地方自治宪章。萨米特县仍然是俄亥俄州拥有地方自治宪章的仅有的 2 个县之一，另一个县是凯霍加县。

大多数县重组尝试都未能进入投票表决阶段。在俄亥俄州的一个县内，一个由一小群商业界领导人组成的自行任命的公众委员会，耗时 8 个月制定了一部县地方自治宪章，其中提出建立县级行政官的政府形态并撤销选举产生的县级街道办公室。宪章刚刚推出就遭到了多位县级和地方政府选举官员的反对。他们担心权力"高度"集中在一位行政官的手中，手握县地方自治权会让他们控制其他地方政府并加入大都市区政府。最终，对这个提案持怀疑态度的人表示，无须对运转良好的政府进行改革。这项计划的未来前景尚不明朗，因为没有得到足够的理论支持，甚至无法达到辅助表决所需的签名数量。[17]

一位研究者提出了选民是否采纳宪章改革的 3 个主要变量。最重要的一个变量是传统上参与地方政府决策的群体数量和类型。参与的群体越多，他们对地方政府问题的了解就越深入，他们积极支持地方自治宪章的概率就越大。群体参与扩大了研究委员会审议事项的媒体曝光率，且减少了对建议体制的变更，从而提高了成功的概率。同时，为建议得到认可而奔走的群体越多，建议顺利通过的概率就越大。[18]

上述研究者确定的另外 2 个变量是：① 研究过程产生的冲突程度；② 本地政治家对研究委员会建议所持的立场。如果几乎没有产生冲突，而且地方政治领导人给予支持，那么建议被采纳的可能性就更大。该研究发现，政党归属及政党的社会经济地位是决定是否存在冲突的重要影响因素。在收入较低、教育程度较低、工人阶层比例较大的民主党选民和居民较多的社区，冲突较为普遍。如果地方政府官员反对建议，那么也很可能产生社区冲突。民选官员一般更支持渐进式改革而不是重大激进改革。[19]如果没有政治领导人的积极支持，就很难实现县地方自治。除非政府官员信誉尽失，否则一般可以获得选民的广泛支持，而且可以对选民产生很大的影响力。因此，影响政治支持程度的另一个因素是提议的县地方自治宪章中民选官员的数量。保留的民选官员越多，获得选民批准的机会就越大。[20]

虽然县政府改革仍然受到强烈的反对而且成功率很低，但是一些地区仍继续关注改革。俄亥俄州凯霍加县和密歇根州马科姆县在 2011 年制定了新宪章。这 2 个较大的县的选民批准了新县级宪章。[21]马里兰州弗雷德里克县于 2012

年 11 月以压倒性的 62.6% 的赞成票，获得了多数县级宪章变更的批准，加入了地方自治县的行列。[22]

县谋求地方自治的尝试[23]

宾夕法尼亚州州议会于 1972 年通过了《62 号法案》，即《地方自治宪章和可选计划法》（53 PS 1-201-211、2-203），确定了市政府和县政府实现地方自治的流程。《62 号法案》确定的流程规定通过非党派选举成立一个研究委员会。委员会可以提出地方自治宪章、可选择的政府形态或者决定无须改革。法案通过之后不久，整个州掀起了地方自治运动的风潮。然而，压抑已久的寻求地方自治的渴望很快就消退了。

阿勒格尼县在 20 世纪 70 年代为了实现地方自治进行了 2 次尝试。1972 年和 1977 年的这 2 次尝试最终一败涂地。由于 1977 年的尝试遭到更为惨烈的失败，因此之后的 16 年里无人提及县地方自治问题。1993 年，县管理者发布的一份要求地方自治的报告让阿勒格尼县重返公众视野。由于 20 世纪 70 年代未能依照《62 号法案》的规定实现地方自治，因此 20 世纪 90 年代地方自治的支持者开始寻求其他途径。州级立法机关通过了仅适用于阿勒格尼县的一部新法律，规定成立一个委任而非选举的政府研究委员会。制定宪章制定委员会的规定流程，将保证委员会公正地代表各政党。法案通过之后成立了一个委员会。它的运营方式很像蓝带委员会，而且几乎不存在争议。由于已有的法律规定了基本政府体制，因此困扰其他委员会、围绕基本体制及其他问题的潜在争议就得到了化解。

与 20 世纪 70 年代的地方自治投票活动相比，1998 年宪章得到了领导层的大力支持。积极开展宪章宣讲活动的领导层成员包括 3 位现任县委委员、除一人外的全部前任县委委员、匹兹堡市前市长、半数街道官员以及多位州级立法委员和市级官员。县委委员对地方自治的一致支持在阿勒格尼县所有的改革尝试中是前所未有的。20 世纪 70 年代的另一个案例是政府研究委员会

（Government Study Commission, GSC）全体成员的积极支持。8 位成员在促成投票表决的准备活动中都发挥了积极作用。商业界投入了巨大的精力游说立法机关通过了这个流程的授权法案，而由商业界资助和领导的宾夕法尼亚州经济联盟为 1998 年政府研究委员会提供了人力支持。联盟还在投票活动中投入了大量的资源。由商业界领导的各公众协会，特别是有影响力的阿勒格尼联合会和宾西法尼亚洲经济联盟，为地方自治支持组织——阿勒格尼的 2 000 人公众委员会提供了许多指导。地方自治宪章的支持者在投"赞成"票的活动中投入了 100 万美元以上的资金，而有组织的反对派在投"反对"票的活动中投入了不足 10 万美元的资金。

虽然支持者和反对者投入的资源数量差距极大，而且宪章本身没有争议，但是改革尝试是否成功仍存在疑问。尝试提高新建体育场和一般开发建设的销售税虽然得到了商业界和政治领导人的积极支持，但是短短 6 个月后就被选民轻而易举地否决了。选民对任何改革都保持警惕，特别是商业界和政治领导人大力推动的改革。表决当天——1998 年 5 月 19 日，很多选民选择了弃权。不到 29% 的登记选民参加了投票，13% 以上的投票选民没有对地方自治问题投赞成票。来自民主党主导的城市的选民和萧条老旧郊区的选民反对宪章。然而，拥有宪章的城镇仅以 5 000 票的数量败北。来自新兴高收入郊区的选票弥补了城市的亏空。表决总票数为 210 882 票，其中 105 723 票赞成地方自治，而有 105 159 票反对地方自治。最终，宪章以 564 票的微弱优势获得通过。

阿勒格尼县的选民有 3 次机会对地方自治宪章进行表决。第一届政府研究委员会提出的宪章包含了很多改革要素，但是也包含一些有争议的民粹主义要素——旨在促进妇女和少数族裔的政治参与，增加其参与机会。政治因素在 1977 年政府研究委员会选举中发挥了更为重要的作用。政治领导人积极推销他们的候选人和特定议程。政府研究委员会也卷入了党派之争。最后一届委员会以委任方式产生，其运作方式很像蓝带委员会，在大胆改革和畏手畏脚之间取得了平衡，从而使宪章更易为政治家和选民所接受。商业界负责确定委员会委任流程的授权法律并设计委员会结构。此外，商业界支持的公众协会在宪章制定过程中提供了人员支持，这些人员都深度参与了争取选民支持的活动。

可以明显看出，政府研究委员会的产生方式和宪章制定过程都是阿勒格尼县成功实现地方自治的重要因素。选举产生的政府研究委员会争议太大，因此失去了政治领导人和商业界的支持。的确，政治领导人不仅不支持选举产生的政府研究委员会建议的宪章，而且他们当中的很多人都坚决反对宪章。相反，政治领导人和商业界支持委任产生的委员会提交的宪章。如果研究委员会是选举产生的而不是委任产生的，那么阿勒格尼县很可能不会在 1998 年实现地方自治状态。

城市中的县

县服务可以分为传统服务、市政服务和区域服务。传统服务的内容包括记录保存（包括土地记录和重要统计资料），房地产税评定和征收，公共安全（包括非城镇区域治安保障、法院、检察院和监狱），公共卫生和福利服务，选举，以及非城镇区域的道路维护和建设。市政服务一般在非城镇区域提供，其中县政府作为居民的地方政府。除了在非城镇区域提供的传统法定服务之外，县提供的服务可能包括消防、图书馆、邻里公园和休闲、垃圾收集以及更广泛的地方治安保障，具体需依据县的参与程度而定。在很多情形下，这些服务是由地方特区提供的或者由居民自行安排。在某些情形下，县市政服务可以在城镇区域内提供，但是需要订立地方间协议。区域服务在全县城镇和非城镇区域内都有提供，包括公共交通、机场、专科学院、固体废弃物处理、区域公园、综合土地利用规划、社区发展和住房、文化和休闲服务以及环境治理。在全县范围内提供的市政服务被称为区域服务。[24]

改革者支持的一种县政府改革称作城市县，是全面区域改革的一种替代方案。如果明显满足以下一项或一项以上条件，那么县就是或者正在成为城市县。

（1）县政府在非城镇区域所提供的市政型职能的数量和复杂度增加。

（2）某项职能从城镇转移到县以便在县范围内履行，而且通常是州政府强制规定的。

（3）县政府强化某种存在已久的职能或承担某种新职能，并在全县范围内执行。

（4）县向城镇提供服务的协作协议发生扩展。

（5）全面重组的同时，在城镇与县之间重新分配市政职能。如第 4 章所述，这种情形仅在迈阿密-戴德县实现。[25]

虽然县政府存在体制缺陷而且被州政府限制或控制，但是县提供的服务类型在不断增加。

传统服务内容发生了变化，以满足居民的需求并充分利用各项相关计划。随着人口向非城镇区域流动，县在提供市政服务中的作用不断增强。一位观察人士认为，县提供的区域性服务是发展最快的职能，其中交通、空气质量、水土保持、垃圾填埋场和有毒垃圾场、发展管理和经济发展等职能越来越多地由县负责。这些职能一般涉及处理环境问题或提高生活质量方面的长期问题。随着县增加和扩展所提供的服务，它们不断获得政治权力和相对于州政府而言的自治权，而且作为社区的主要地方政府，县的知名度不断提高。在县的某些区域，服务的扩展使其成为本地区的主导政府，特别是谈到区域性服务提供时更是如此。[26]

城市县是第二次世界大战后兴起的现象。随着城市地区的迅速发展，县需要向非城镇区域内不断增长的人口提供更广泛的服务。区域服务是通过州政府建立的特区提供的，或者是由县政府通过某个部门或主管机关提供的。密尔沃基大都市区的中心县密尔沃基县是 20 世纪县服务提供角色不断丰富的范例。在大萧条之前，密尔沃基市和密尔沃基县都履行提供医疗和福利的职能。城市提供的服务比县提供的服务范围广泛得多，而且服务的人口数量也多得多。大萧条期间，城市无法满足市内人口的医疗和福利需求。联邦政府为各城市制定了一系列计划帮助人们再就业。另外，当城市无法满足这些需求时，县挺身而出，为密尔沃基市提供了福利和医疗服务。[27]

联邦和县提供的服务，满足密尔沃基市居民的需求，影响了传统的城市居民与政府间关系，不仅在大萧条期间如此，之后也是如此。城市更加依赖其他政府，而县开始发展成主要服务提供方，不仅为非城镇区域而且也为城镇区域提供服务。这个时期市县关系的变化及其持久影响在税收变化中得到明显体现。1930年，向密尔沃基市公众征收的税收总额中有72%用于城市支出，只有16%用于县支出。1940年，用于县支出在税收总额中的份额增加到33%。此后，县的份额在30%上下保持相对稳定。除了在医疗和福利中承担更大的职责外，县还承担了城市公园建设的职责。因此，县接手原先仅由城市提供的服务，成为积极的服务提供方，之后保持不变。[28]

不仅县级政府越来越多地参与区域服务的提供，而且城镇政府也明显在向县级政府转移职能。尤其是经济困难的中心城区正在寻求削减职能以减少开支。县级政府可以合理地提供财政支持或负责管理以前由中心城区提供的职能，如体育场馆、动物园、公园、艺术博物馆和其他文化设施，使整个县受益。例如，匹兹堡在20世纪90年代初宣布，将不再资助由郊区居民和城市居民共同使用的文化设施、博物馆和娱乐设施。该市不再继续提供财政支持的决定致使人们建立了一个区域资产区，以资助全县的这些设施。

多项调查表明，部分城镇的职能向县级政府转移受到了越来越多的关注。对佛罗里达州一个大都市区内33个城镇的一项调查表明，30%的受访城镇有意将一项或以上职能转移到县。表8.1列出了另一项对有意将职能转移到县的城镇的调查结果。大多数受访城镇代表表示，当中的原因都与城镇无法充分提供服务有关。几乎同样多的受访城镇代表表明，当地愿意通过实现规模经济效益和消除重复建设来削减财政支出。转移到县的主要职能是专门的公共安全职能，例如治安、消防培训和犯罪实验室。接下来转移最多的职能是特定的公共工程职能。

佛罗里达州县和加利福尼亚州洛杉矶县提供广泛的市政服务。佛罗里达州50%以上的人口居住在非城镇区域，而这部分人口依赖县提供大部分服务。

佛罗里达州的县在这些非城镇区域提供的市政服务包括居住区街道建设和维护、废弃物收集和处置、给排水服务、消防和治安保障。[29] 洛杉矶县不仅满足了县内非城镇人口的市政需求，而且通过契约性外包协议向城镇提供服务。这些服务称作莱克伍德方案（请参见第 7 章中关于该方案的论述）。该县一经授权可向城镇提供 58 种不同服务，包括动物管理、建筑检验、执法、消防、工程、交通信号灯维护、车道标线、工业废弃物管制和分区地图最终检查。很多城市都抓住机会从这些合同中受益。该县共订立了约 1 600 份协议，各城市的协议数量从 7 份到 45 份不等。由于洛杉矶县警察局向非城镇区域提供服务并订立了合同协议，因此它是全国警力规模最大的警察局之一。除市政服务外，县还参与提供特定的区域性服务，包括庞大的公园系统和多样化的大型休闲计划。[30]

表 8.1　各城镇希望将职能转移到县的原因

给出的原因①	占比 /%
实现规模效益	58
消除重复	44
缺乏适当履行职能所需的设施和设备	41
财政约束	29
缺乏人员	26
无法提供充分服务	22
管辖权或地域限制	21
联邦援助要求 / 激励	20

注：① 城镇做出了不止一种政府应对，因此百分比之和并非 100%。
资料来源：苏珊·麦克马努斯（Susan MacManus），"支出和责任的分散化"，引自罗伯特·J. 贝内特（Robert J. Bennett）:《分散化、地方政府和市场：后福利社会日程》（牛津大学出版社，1990 年），第 160 页。

职能从一级政府转移到另一级政府的做法得到了改革者的广泛支持，因为这是实现区域改革的一种途径，也是难得的、选民支持的政府重组的一种替代方案。政府间关系咨询委员会在支持职能转移的过程中发现其优点类似于政府合并或大都市政府。[31]县作为市政服务提供方的作用增强了，但是大都市区的多数县仍未参与市政服务提供。此外，县政府并非从始至终都愿意执行其他职能，因为它们依靠自身而获得的财政收入有限，而且政府间援助服务提供的资金不断减少。另外，州政府制造的障碍时常出现。一些州政府不允许各级政府之间自愿转移职能，而另一些州政府设置了选民批准等条件。[32]

如第 7 章所述，加利福尼亚州各县率先通过莱克伍德计划向城镇提供一系列服务。最近，关于加利福尼亚州县和城镇之间地方间协议（inter local agreements, ILAs）的一项研究表明，现有的城镇和县地方间协议往往会签订额外的合同。换言之，城镇和县认识到一份地方间协议带来的好处之后往往会更愿意开展进一步协作。[33]勒鲁克斯（Leroux）和卡尔（Carr）在密歇根州的一个城市县进行的研究表明，维护型服务是县外包最多的服务类型，而生活服务的地方间协议往往集中化程度较低。他们研究了四项维护职能（道路和桥梁、固体废弃物处理、流域治理以及污水处理）和四项生活职能（经济发展、公共安全、公园和公共住房），发现关于道路、桥梁建设和维护以及固体废弃物处理的地方间协议几乎都是与县签订的。虽然另外两项维护服务也高度集中化，但相比之下，它们的集中化程度略低，因为其他服务提供方的存在，城镇还可能与其他政府订立地方间协议。城镇通常将生活服务外包给其他城镇。[34]

县往往是地方间协议和服务共享协议的主要参与方。县的人口和税基大于城市，因此能够实现规模经济效益，而且与地域范围较为有限的市政府相比，能够承担更大的税负份额。县通常还需要在非城镇区域内，提供市政府在其边界内提供的大部分甚至全部服务。由于两个部门提供的服务相似，因此让这两个部门合并或订立协议共享资源和设备，从而使县及其中的城市同时受益的做法似乎是合情合理的。在预算压力下，越来越多的城市和县开始合并职能或共享服务。多项相关举措的几个实例如下：① 威斯康星州奇珀瓦福尔斯市和奇珀瓦县正在制定协议以合并城市和县的调度中心。[35]② 南卡罗来纳州安德森市和安德森县将通过表决决定是否与县共享服务。市县正在房地产税征收和污水处理方面展开合作。县为城市征收房地产税并从城市那里采购污水处理服务。[36] ③ 新泽西州卡姆登市正将其警力与县级警力合并。[37]

县在资源重新配置中的作用

县为城市提供服务承担的职责越来越多，这对县的资源配置产生了重大影响。县服务的提供点并不是在全县范围内均匀分布的。如上文所述，县在非城镇区域承担的职责大于城镇区域。除非订立了具体的合同协议，否则县通常在其管辖范围内实施统一的县级税率，这样全体居民无论住在哪里都按相同的税率纳税。[38]

因此，这里似乎存在从城镇区域到非城镇区域的资源重新配置问题。此外，较大的中心城区在传统上增强了县的医疗和福利职能，而较小的城镇无法做到这一点。另外，欠发达区域道路建设、公园开发和维护等方面的县支出，往往集中在中心城区之外的地区。因此，传统观点认为县将资源从中心城区重新配置到了偏远地区。[39] 改革者主张，城市地区政府碎片化程度会加深并促使不平等现象长存，这一论点折射出资源重新配置是亟待解决的问题。他们坚持认为，高成本（极度）贫困人口集中在中心城区，远离富裕人口聚居的郊区，而对县的税收进行再分配，提高郊区的税率以支持县政府在非城镇区域提供更广泛的服务。[40] 县在资源配置中的角色问题至少依赖以下变量：① 县地方财政收入的主要来源是中心城区还是郊区；② 县在城镇和非城镇区域提供的服务数量和类型；③ 这些服务接受对象的所在地。

由于县的作用在各城市地区之间甚至在同一个州内各不相同，因此县无法对重新配置问题给出确切的答案。但是在承担了更多职责的城市县——特别是与福利有关的服务，存在着从富裕的郊区向中心城区重新分配的倾向。社会科学家布雷特·霍金斯（Brett Hawkins）和丽贝卡·亨德里克（Rebecca Hendrick）研究了密尔沃基县内郊区与中心城区之间利益的分配情况。他们研究了以房产税作为主要财政来源的 8 项县服务的分布情况：财政债务、惩教机构、心理健康、博物馆、公园、社会服务、残疾人交通和动物园。他们发现，所研究的每一项服务给中心城区带来的效益都超过了其税收贡献。换言之，县将房地产税收从郊区重新分配给了城市。[41]

因此，霍金斯和亨德里克对密尔沃基县的研究结果与县税收重新分配的传统思维恰好相反。如本章前文所述，密尔沃基县多年来承担了多项市政职能且拓展了服务范围，与很多其他县相比，该县更深入地参与了服务提供。因此，这项研究的结果不具有普遍代表性。需要对更多县进行研究并按服务类型进行分组才能普遍推广这个结果。但是提供广泛服务的大都市县似乎有可能将资源从富裕的郊区重新配置到富裕程度较低的中心城区。对密尔沃基的研究支持了改革者的主张：城市县可以成为政治碎片化地区不平等和资源配置失调问题的解决办法。

县发挥更大区域性作用的约束

大部分州的县所提供的服务类型仍然受州政府的严格限制。如前文所述，地方自治县的数量很少。因此，县基本上仍被视为州政府的行政部门，而且它们的大部分服务都是州政府规定的。大多数县未经州级立法机关明确准许，不得承担某项职能。由于县无法灵活地选择提供与居民生活质量直接相关的服务，因此与城市领导人相比，县领导人的知名度较低，且与公众接触甚少。因此，他们对公众的影响力小于城市领导人。县领导人在州级立法机关中的政治影响一般不如对较大城市的领导人的政治影响那么大。毫无疑问，这些都是制约县领导人在区域治理中承担更大职责的因素。

县未能提供更多服务的另一个原因是县税收受到限制。县拥有比城市更大的房地产税税基，因为它们的地域范围更大。但是相较于大部分州，县的自身税收来源仅限于房地产税。考虑到公众反对增加房地产税（除了某些地区限制学校拨款的方案外），通过大幅增加房地产税来筹集额外服务所需的财政资金在政治上不可行。因此，即使获得授权或收到请求，县也可以选择不提供额外服务或者不接受职能转移。

鉴于上文所述的诸多原因，县地方自治也并非县进一步参与地方和区域治理的万全之策。县一般缺乏政治影响力，且仍被视为州政府的行政部门，甚至县政治领导人自身往往也不会合理利用自己的地方自治权。此外，地方自治县一般无权违背地方政府的法令。这项限制使县很难在区域和本地治理问题中发挥重要作用。地方自治县不举行公投也可能无法撤销选举产生的街道办公室，因此改良后的行政结构仍然存在问题。但是这给地方自治县带来的一个好处是税收限制。地方自治县通常会对其他对象征税，这也是选民经常否决地方自治的可能原因之一。

县在实现区域治理的过程中遇到的另一个障碍是多县大都市区。为了在多县大都市区的区域治理中有效发挥政治领导力，多县之间必须结成同盟。如果没有地方自治权或州政府的批准，那么同盟也许无法形成。县领导人也几乎不可能同意与作为经济发展竞争对手的县形成同盟及合作关系，从而共同应对区域治理问题。各县所面临的问题可能各不相同。中心县面临更多与福利和改造有关的问题，而郊区县所面临的问题与福利有关的较少，更主要的是初期发展问题。由于利益的分歧以及自身政治、经济权力的增加，郊区没有动力参与中心县的事务，因为这可能被视为中心县利用郊区资源来解决自身的问题。

考虑到这些限制，需要有进取心、有远见的县领导人克服并破除过往的传统、法律和政治障碍，以参与城市和区域治理工作。将精力放在传统县职能上比参与非传统县职能——即使获得州政府授权——更加容易。县领导人往往只有在州政府发出命令或者外部组织施加很大压力的情况下才会被迫承担额外的职责。

县发挥更大治理作用的前景展望

虽然州政府实施了限制和控制，但是很多县仍然获得了更大的自治权。虽然成功采纳地方自治宪章的案例屈指可数，但是县负责提供越来越多的服务类型是不争的事实，特别是城市地区的县更多地参与了城市和地区性服务的提供或代理。很多县在服务提供中发挥了越来越重要的作用。大多数县政府都迫于压力承担越来越多的职责，特别是当成熟型城市在严格的财政限制下面临着服务提供成本增加的时候。一段时间以来，县支出的增长速度超过城镇支出的增长速度。例如，一项研究表明，早在 20 世纪 70 年代，50 个较大大都市区的县人均支出增长了 143%，而这些县内城镇的人均支出仅增长了 118%。研究还表明，在除新英格兰地区外的全国其他地区，大都市县提供的服务数量多于郊区城镇，且这些县提供的服务数量有所增加。另一项研究发现，在传统上留给城镇的发展性服务中，大都市县平均提供的服务数量从 1.7 项增加到 2.0 项，而郊区城镇平均提供的服务数量从 3.3 项减少到 3.1 项。在再分配服务中（医疗和福利等），大都市县平均提供的服务数量从 2.5 项增加到 2.7 项，而城镇平均提供的服务数量保持不变，仍为 0.8 项。[42]

县在政治上进一步脱离州政府，特别是立法控制中心转移到郊区的各州内的郊区县。政治自主性的增强在全国郡县协会（National Association of Counties, NACO）对县级官员的一项调查中得到了证明。这项调查表明，49% 的受访大都市区县官员认为，他们在很大程度上独立于州政府。[43] 与其他地方单位相比，县在联邦体制中发挥着越发重要的作用。县与州政府的关系密不可分，而州原本对这些项目负有主要的行政职责成为州政府管理联邦项目，特别是社会福利项目的延伸。毫无疑问，县对于地方治理而言更加重要。[44]

虽然存在以上问题和顾虑，但是改革者仍然希望县能在区域治理中发挥更大的作用。他们希望县能够发展成制定区域政策和实施计划的中心。县作为提供大都市区特定服务理所当然的载体，获得了越来越多的关注。有人建议，最新应急服务管理应该尽快转移到县。[45] 但是考虑到县承担更多区域性角色的问题，现有证据并不支持政治学家斯科特·福斯勒（Scott Fosler）的论点："县作为新城市区域治理的第一线代理人，在决定美国城市区域的治理方式中承担了领导者职责。"[46]虽然一些县在增加服务数量和类型上取得了进展，而且获得了相对于州政府而言的一定程度的政治独立，但是大部分大都市县仍须取得更大的进展才能在区域治理中发挥领导者作用。此外，县所处的法律和政治环境在各州和各城市地区之间差别很大。区域治理中的领导人作用是由各城市地区的环境条件和制度安排决定的。[47]

两个县及其参与区域治理情况的比较研究

县能否在区域改革中发挥领导者作用，取决于它们在多大程度上取得了城市县地位，以及是否结成了多县同盟以解决区域性问题。一些县在这条道路上已经遥遥领先。例如，从不参与区域治理到深度参与区域治理的连续体中，芝加哥大都市区的中心县——库克县接近不参与区域治理的一端，而匹兹堡大都市区的中心县——阿勒格尼县接近另一端。本节对库克县和阿勒格尼县进行了深度比较分析。从基本方面来看，阿勒格尼县作为非地方自治县（在 1998 年才取得地方自治地位）已经参与区域治理活动多年，而库克县虽于 1970 年成为地方自治县，但是很少参与区域性活动。

对于愿意将政府形态从传统委员会形态重组为民选行政长官形态的县而言，伊利诺伊州通过 1970 年州宪法授予了地方自治权。作为伊利诺伊州唯一拥有选举行政长官的县，库克县在宪法生效时成为地方自治县。规定县地方自治的目的是希望县在区域性服务提供中发挥重要作用。宪法规定了广泛的地方自治权，而且规定"地方自治单位的权力和职能可以自由地解释"。[48]宪法还规定了地方政府拥有广泛的政府间协作权力，允许县在非城镇区域提供更多服务，以期减少与城镇和特区的重叠服务。[49]

虽然县被授予了广泛的权力，但是其区域自治权仍受到限制。立法机关有权凭 3∶2 的多数票或根据州政府的先占性命令限制或排除某些职能。法院也可能会做出裁决，认为某项职能与地方自治县政府及其事务无关。地方自治县权力受到的一大约束是县地方自治法令不得取代城市法令。如果地方自治县制定的法令与城市法令相抵触，那么管辖区内将以城市法令为准，无论城镇是否为地方自治单位。

获取地方自治权后不久，库克县的领导人开始行使这项摆脱州政府约束的新权力。这项权力首先运用于税收和财政领域，确定了对汽车、酒精饮料和汽油征收的销售税，还在没有进行公投的情况下发行了债券，而且在非城镇区域开始征收车辆费（轮胎税）用于支付治安保障费用，并对房车征税。一些观察人士认为，在早期大范围地利用地方自治权征收新税种是其他县地方自治尝试失败的主要原因，因为这个州的其他县都未能因此取得地方自治地位。[50]

该县还利用地方自治权对政府结构进行了几项变更，例如废除了选举产生验尸官制度，建立了由受过专业培训的人员组成的法医办公室；授权县审计官，让其负责审计县管理委员会辖下所有特区的账目；废除了选举监理官并以委任监理官代之。此外，该县还额外准许了委员会审议地方自治权。委员会提出了多项有争议的建议，包括合并县和城镇同时履行的重复职能，如环境保护和公共卫生等职能。另外，委员会建议县政府在区域性政策问题中发挥重要作用，并逐渐承担特区的职能。[51]经过最初针对财政事务采取了一项地方自治行动，对结构进行了几项变更并考虑新权力行使方法之后，库克县开始进一步精简县结构、整合服务或者更多地参与区域治理，但是并未寻求县与城镇之间的协作。

为什么库克县没有利用地方自治权来精简政府结构并更多地参与区域治理？法院裁决并不支持拓展县的职责。在以往的案例中，法院对城镇取代县级法令的权力做出了宽泛的解释，授予城镇治外法权，可以否决部分仅适用于非城镇区域的库克县区划法令。[52]另一个原因是芝加哥市与郊区之间的政治分界以及芝加哥市对县的长期主导。任何政党都没有在政治上支持利用县地方自治权来精简县政府，或者让县在现有范围之外参与服务提供和治理问题。县政府由民主党主导，而芝加哥市是民主党的行动标杆。自从库克县取得地方自治地位以来，虽然任期只持续短短四年，但是委员会主席一直是芝加哥市的民主党人。芝加哥市的民主党人对县发挥更大的治理作用兴趣不大，因为这样可能会削弱芝加哥市在县政府和州级立法机关中的政治主导地位。此外，城市外的委员会成员一般都是共和党人，他们对于民主党人主导县政府和芝加哥市更多参与郊区治理的前景并不看好。

由于城市与郊区之间的政治分界，区域性服务通常是通过州政府建立的较为中立、政治色彩较淡的特区来提供的。例如，1974 年成立的区域交通管理机关，对本地区公共交通系统的财政资金使用进行监督。即使该管理机关涵盖一个以上的县，而且遭到了郊区县和部分库克县郊区县委委员的反对，但是它仍得到了芝加哥市的积极响应并由州政府促成建立。芝加哥市需要更大的地域范围才能为芝加哥交通管理机关（Chicago Transit Authority, CTA）提供财政资金。[53] 没有迹象表明县积极参与了该机关的建立过程。

县的税收结构阻止了县政府提供额外服务。县政府对房地产税收的强烈依赖，公众对县政府效率低下、挥霍税收的印象，以及担心纳税人强烈抵制增税的情绪，阻止了县政府提供额外服务。建设、运营库克县新医院给县政府带来了财政负担。

私营部门也很少与县政府接触，其主要的联系对象是芝加哥市。除少数非城镇区域外，县政府没有参与讨论私营部门关注的经济和社区发展问题的权力。大多数居民并未将县政府视为地方服务连续体的一部分，而是将它视为记录保管和收税的机构。居民首先希望城镇提供本地服务，对于城镇不提供的服务则寻求州政府或特区的帮助。

库克县的经验与匹兹堡大都市区的中心县阿勒格尼县形成了鲜明对比。库克县直到 1998 年才实现地方自治。在地方自治之前，这里有一个三成员县委会和广泛民选官员制度。由于整个县都有单独设镇，因此这个委员会不具备在非城镇区域履行有限市政职能的传统角色。它唯一的作用是在规定职能中充当州政府的行政部门，包括为穷人提供援助、维护县内道路、执行刑事司法制度、执行房地产税评定和征收制度以及记录保存。

早在 1951 年，就有研究委员会建议县政府将多项职能从城镇（主要是匹兹堡）转移到县，从而更多地参与地方政府服务的提供。另外，该委员会建议县政府改变委员会制结构，建立地方自治县。这份报告被城市政治领导人视为县攫取权力的尝试并加以批评，最终遭到了否决。但是多年来在州政府的庇护下，多项市政职能已逐渐转移到县，因此县实质性地承担了市政和区域性职能。这个目标得以实现是因为城镇存在财政约束，而且县级领导人愿意提供这些服务。

县从 20 世纪 50 年代初提供有限服务发展到区域和市政服务的主要提供方。阿勒格尼县参与的市政和区域性职能迅速增加，其中包括县立公共交通管理机关、经济发展规划、社区学院体系、环境计划、图书馆和文化活动的财政支持、污染防治计划、固体废弃物处理、区域公园体系和休闲计划、一个国际机场以及公共住房计划。1992 年政府间关系咨询委员会的一项研究发现，阿勒格尼县在让该地区高度碎片化的地方政府体制有效提供服务方面发挥了重要的区域性作用。这项研究对这个县区域性作用的描述如下：

（1）提供特定的全县服务，例如干线公路网络和县公园体系。

（2）提供具有规模经济效益或可以广泛协调的特定职能，例如治安、消防培训、严重犯罪调查以及警方法医分析。

（3）针对超越城市边界的问题进行规划、信息收集、协调和解决。

（4）为具有地方间特征的创新市政计划和举措提供资金。[54]

在阿勒格尼县，积极主动的领导人及其扩大县作用的意愿对于县进一步承担非传统县职能至关重要。除接管职能外，县还参与了政策问题的处理。县和城市领导人与私营部门领导人合作，从州政府及其他来源处获取资金对会议中心进行翻新、为专业运动队建设新场馆并对匹兹堡文化中心进行改造。[55] 县开展区域性活动的另一个成果是建立了区域性公私发展合作组织，其中包括匹兹堡大都市统计区的所有县。阿勒格尼县领导人与私营部门领导人一同发展这个合作组织。这个多县合作组织成功地进行了游说，最终获取了有利的州级法律、项目资助和对联邦环境法规的有利解释。[56]

表 8.2 列出了县政府或县政府控制主管机关提供、大幅补贴或控制的区域

性服务，并将库克县和阿勒格尼县进行了比较。与库克县政府相比，阿勒格尼县政府对区域性职能的参与程度和控制程度高得多。两个县的主管机关都提供了大部分的区域性服务。区别在于阿勒格尼县的主管机关是县立或县政府控制的主管机关，而库克县的主管机关是州立主管机关。库克县主管机关的董事会是选举产生的，有时其任命权与州政府或芝加哥市政府共享并由后者掌握主要控制权。

表 8.2　县政府直接提供、县政府控制主管机关补贴或提供的特定区域性服务比较

区域性职能	阿勒格尼县履行或控制的职能	库克县履行或控制的职能
公共交通	有	无
公园和休闲	有	有
社区学院系统	有	无
机场	有	无
公共住房和补贴住房	有	有
文化和体育设施	有	无
经济发展	有	有
卫生（污水处理）	有	无
环境保护	有	有
应急管理和治安	有	有

资料来源：笔者根据相关资料整理。

对库克县和阿勒格尼县的比较研究表明，与政治传统和县领导人的进取心相比，州政府的约束对县发挥更大的区域性作用的阻碍较小。虽然阿勒格尼县是一个非地方自治县，而且受到州政府的约束大于库克县，但是其政治领导人在区域治理活动中的参与程度高得多。虽然库克县只是一个地方自治县，但是它仍然以提供传统服务为主，而且几乎没有尝试发挥区域领导人的作用或参与区域性服务的提供。

要点总结

多年来，县在地方治理中的作用发生了显著变化。其作用的发挥取决于多个因素，包括州政府对县的授权以及县追求权力的积极性。将传统委员会政府形态转变为强势行政官形态并实现县地方自治的尝试收效甚微。但是通过地方间协议、城镇到县的职能转移以及传统县职能需求的增长和复杂度的提高，县在城市地区地方治理中的作用得到了强化。无论州政府的授权情况如何，政治参与度都是衡量县参与区域性服务提供程度的一个重要因素。

县作为提供大都市区特定服务理所当然的提供载体获得了越来越多的关注。考虑到县在发挥更大的区域作用过程中遇到的问题以及更多的大都市区发展成多县单位，现有证据并不支持政治学家斯科特·福斯勒的论点，即"县作为新城市区域治理的第一线代理人，在决定美国城市区域的治理方式中承担了领导者职责"。[57] 虽然一些县在增加服务数量和类型上取得了进展，而且获得了相对于州政府的一定程度的政治独立，但是大部分大都市县仍须取得更大的进展，才能在区域治理中发挥领导者作用。

注释

[1] Tanis J. Salant, "County Governments: An Overview," *Intergovernmental Perspective*, 17 (Winter) (1991): 7.

[2] Mark Schneider and Kee Ok Park, "Metropolitan Counties as Service Delivery Agents: The Still Forgotten Governments," *Public Administration Review*, 49 (July/August) (1989): 345−352.

[3] Blake R. Jeffery, Tanis J. Salant, and Alan L. Boroshok, *County Government Structure: A State by State Report* (Washington, DC: National Association of Counties, July 1989), pp. 3−4.

[4] Roland J. Liebert, *Disintegration and Political Action: The Changing Functions of City Governments in America* (New York: Academic Press, 1976), p. 43.

[5] Ibid., pp. 43−44.

[6] Henry S. Gilbertson, *The County, the Dark Continent of American Politics* (New York: National Short Ballot Association, 1917), quoted in Herbert Sydney Duncombe, *County Government in America* (Washington, DC: National Association of Counties Research

Foundation, 1966), p. 27.

[7] Roger H. Wells, *American Local Government* (New York: McGraw-Hill, 1939), p. 81.

[8] Ibid., pp. 120−121.

[9] Ibid.

[10] Advisory Commission on Intergovernmental Relations, *State Constitutional and Statutory Restrictions Upon the Structural, Functional, and Personal Powers of Local Government* (Washington, DC: U.S. Government Printing Office, 1962), pp. 63−78.

[11] Kathryn Murphy, *County Government Structure: A State by State Report* (Washington, DC: National Association of Counties, March 2009).

[12] Ibid.

[13] Ibid.

[14] Salant, *County Home Rule: Perspectives for Decision-Making in Arizona*, (Tucson AZ: Office of Community and Public Service, University of Arizona, 1988) pp. 23, 63, 76.

[15] Pennsylvania Economy League, *Background Materials for the Ad Hoc Working Group Studying Home Rule Options for Allegheny County* (Pittsburgh, PA: Pennsylvania Economy League, April 1994), sec. 4, p. 3. and Michael P. Buffer, "Voters say 'yes' to home rule," Standardspeaker.com, November 3, 2010, http://standardspeaker.com/news/voters-say-yes-to-home-rule-1.1058604 [Accessed Feb. 1, 2013].

[16] John H. Bowden and Howard D. Hamilton, "Some Notes on Metropolitics in Ohio," in John J. Gargan and James G. Coke, (eds.), *Political Behavior and Public Issues in Ohio* (Kent, OH: Kent State University Press, 1972), pp. 285−292.

[17] Morgan Delp, "Group Works to Change County's Government Structure," *Toledo Free Press*, June 22, 2012, www.toledofreepress.com 2012/06/22/ [Accessed June 25, 2012].

[18] Larry Gamm, *Community Dynamics of Local Government Change*, Pennsylvania Policy Analysis Service (State College: Pennsylvania State University, 1976), pp. 30−31.

[19] Ibid., pp. 30−33.

[20] Thomas P. Murphy, *Metropolitics and the Urban County* (Washington, DC: Washington National Press, 1970), pp. 239−246; Vincent L. Marando and Carl Reggie Whitley, "City-County Consolidation: An Overview of Voter Response," *Urban Affairs Quarterly*, 8 (December) (1972): 191.

[21] Charles Taylor, "New Year Brings New Governance to Two Counties," *County News*, 43(2) Jan 31, 2011.

[22] Ryan Marshall, "Frederick County Could Abandon Commissioner-based Government," July

11, 2012, www.Gazette.net/apps/pbcs.dll/article?AID=20100711/NE [Accessed July 12, 2012]; Frederick County, Maryland website. http://msa.maryland.gov/msa/mdmanual/36loc/fr/html/fr.html [Accessed Jan. 17, 2012].

[23] The following is taken from David Hamilton, "Government Study Commissions and County Home Rule," *International Journal of Public Administration*, 27(10) (2004): 737-765.

[24] Advisory Commission on Intergovernmental Relations, *The Challenge of Local Government Organization* (Washington, DC: U.S. Government Printing Office, 1974), p. 61.

[25] John C. Bollens and Henry J. Schmandt, *The Metropolis: Its People, Politics, and Economic Life*, 3rd ed. (New York: Harper and Row, 1975), p. 299.

[26] Salant, "County Governments," p. 7.

[27] Anthony M. Orum, *City-Building in America* (Boulder, CO: Westview Press, 1995), pp. 107-109.

[28] Ibid.

[29] Robert D. Thomas, "Counties in Transition: Issues and Challenges," *Intergovernmental Perspective*, 17 (Winter) (1991): 12.

[30] Bollens and Schmandt, *The Metropolis*, pp. 299-301.

[31] MacManus, "Decentralizing Expenditures and Responsibilities," p. 159.

[32] Ibid, pp. 158-164.

[33] Eric S. Zeemering, "California County Administrators as Sellers and Brokers of Interlocal Cooperation," *State and Local Government Review*, 41(3) (2009): 174-177.

[34] Kelly Leroux and Jered B. Carr, "Prospects for Centralizing Services in an Urban County: Evidence From Eight Self-Organized Networks of Local Public Services," *Journal of Urban Affairs*, 32(4) (2010): 455-459.

[35] "City, County to talk about Merging Dispatch Centers," *The Chippewa Herald*, September, 4, 2012, http://chippewa.com/news/local [Accessed Sept. 9, 2012].

[36] Charmaine Smith-Miles, "Anderson City Council to Vote on Whether to Study Sharing Services with County," May 8, 20112, http://independentmail.com/news/2012/may/08/ [Accessed May 9, 2012].

[37] James Osborne and Darran Simon, "With New County-run Force Camden Police Layoffs Loom," August 8, 2012, http://articles.philly.com/2012/08/08/news/33101357 [Accessed Aug. 9, 2012].

[38] In many unincorporated areas of counties, residents often request a higher level of county service, for example, additional police patrols for which they pay an additional amount.

[39] Some counties, particularly some involved in consolidations, have instituted a differential tax system for different levels of service. This is mainly to ensure that the more rural areas receiving fewer services in a consolidated city-county government do not subsidize those residents receiving higher-level urban services.

[40] This image is not completely accurate as the federal government and some state governments redistribute tax revenue from taxpayers in the affluent suburbs to support central city welfare recipients and to meet other central city expenditures.

[41] Brett W. Hawkins and Rebecca M. Hendrick, "Do County Governments Reinforce City-Suburban Inequalities? A Study of City and Suburban Service Allocations," *Social Science Quarterly*, 75 (December) (1994): 755–771.

[42] Schneider and Park, "Metropolitan Counties as Service Delivery Agents," pp. 347–350.

[43] R. Scott Fosler, "The Suburban County: Governing Mainstream Diversity," *Intergovernmental Perspective*, 17 (Winter) (1991): 36–37.

[44] Robert D. Thomas and Suphapong Boonyapratuang, "Local Government Complexity: Consequences for County Property-Tax and Debt Policies," *Publius: The Journal of Federalism*, 23 (Winter) (1993): 17.

[45] See William L. Waugh Jr., "Regionalizing Emergency Management: Counties as State and Local Government," *Public Administration Review*, 54 (May/June) (1994): 255.

[46] Fosler, "The Suburban County," p. 37.

[47] Thomas and Boonyapratuang, "Local Government Complexity," pp. 17–18.

[48] Illinois Constitution. Article VII Section 6 Subsection (a and m).

[49] Diana Smith Canfield, *Illinois Home Rule and American Democracy: A Study of Anticipations, Consequences, and Prospects for the Future*, PhD dissertation, 1979, Northern Illinois University, pp. 143–146.

[50] James Banovetz and Thomas W. Kelty, "Home Rule in Illinois: Image and Reality," *Illinois Issues*, 1989, p. 9.

[51] Cook County Home Rule Study Commission, Report: *Summary of Recommendations*, July 19, 1976 (Chicago, IL: Cook County Board of Commissioners).

[52] Canfield, *Illinois Home Rule and American Democracy*, p. 198.

[53] R. Pearson, "Chicago Now 2nd City to its Suburbs," in "Chicago: A work in progress," *Chicago Tribune Special Reprint*, published originally February 7–14, 1999.

[54] Advisory Commission on Intergovernmental Relations, *Metropolitan Organization: The Allegheny County Case* (Washington, DC: U.S. Government Printing Office, 1992), p. 83.

[55] Pennsylvania Economy League, *1999 Annual Report* (Pittsburgh).

[56] R. Stafford, Executive Director of the Allegheny Conference on Community Development, personal interview, March, 2001, Pittsburgh; Allegheny Conference on Community Development, *Remaking our Region: Building New Partnerships for Change Creating a New Vision for Growth* (Pittsburgh: 1993).

[57] Fosler, "The Suburban County, pp. 36-37.

第 9 章

独特的区域治理方式和财政区域主义

特区和政府合作提供服务是前面章节的主题。第 6 章论述了在权力分散化区域通过特区提供区域性服务，第 7 章论述了以政府议会和区域规划委员会作为政府协作解决区域政策和服务问题的途径。对这些治理方式的主要批评意见是引入特区增加了政府的碎片化程度，而志愿组织缺乏实施其决策的权力。本章阐述了对区域治理产生更大影响的区域机构，是大都市区尝试解决这两个问题的一种混合型治理方式，采取特区或政府议会的方式来实现区域治理。与前文所述方式的主要差异在于这些组织有权提供一项以上的服务，有权协调其他提供区域性服务的特区，或者有权命令其他政府部门实施其计划和政策。

将这种方式与其他可能具有一项以上职能的区域性有限功能区进行区分是合理的。一个典型例子是，港口管理机关和发展管理机关。实际上，港口管理机关和发展管理机关有时会合二为一。第 6 章所述的纽约与新泽西港口事务管理机关就是一个例子。它不仅运营公共交通和公路交通系统，也运营港口和机场设施，而且深度参与经济发展活动。另一个例子是圣路易斯地区的两州发展管理机关。这个管理机关负责运营公共交通站及其他设施附近的公共交通系统和经济发展活动。无论这些行政区的区域影响力有多大，其影响和协调大多数区域性活动的能力仍然是有限的。不能认为它们可以履行与本章所述方式相似的总体区域治理职能。

本章论述的另一种区域治理形态是财政型区域主义。虽然备受争议，但为特定目的进行的税收分成正在获得更多关注。目前仍在实施的第一项地方税收分成计划是在明尼阿波利斯圣保罗地区发起的，旨在缩小区域差距。其他地方也制订了税收分成计划，其目的包括促进经济发展、更加公平地为位于一个管辖区但由整个地区的居民使用的特定区域设施提供资助。

虽然这些区域治理方式较为新颖，但它们受到了观察家和从业者越来越多的关注。本章包含的区域性特区治理案例研究的对象为俄勒冈州波特兰，明尼苏达州明尼阿波利斯、圣保罗和加拿大不列颠哥伦比亚省温哥华。接着，对俄亥俄州蒙哥马利县、新泽西州梅多兰兹、丹佛、匹兹堡和双城地区的区域性税收分成计划进行了分析。最后评估了这些区域治理形态的未来可行性。

地方行政区治理的优势和劣势

这些方式的总体优势在于它们可以对多种区域性服务进行区域性协调及整合，让大都市区普遍关注区域事务，而且拥有制定和实施区域规划的法定权力。这种大都市安排有一定的灵活性，这是区域治理问题的结构化解决办法无法做到的。这些类型的政府通常一开始权力有限，一旦取得成功就会继续发展以满足本地区的额外需求，但很难创建并发展这些类型的政府。为这些区域机构建立坚实的政治基础有一定的问题，尤其是在委员会成员并非直接选举且其职能类型无法获得公众普遍关注的情况下。虽然这些地方行政区可以履行或协调多种职能，但它们无法履行所有区域性职能，而且协调权力受到限制。它们的影响和潜力受到职能数量、管理这些职能的权力和争取政治支持的能力的限制。

区域主义者仍然将这种形式的大都市政府视为非常可取的区域治理问题的解决办法。土地利用领域的法律专家理查德·巴布科克（Richard Babcock）提出，对整个大都市区基础设施的基本职能，例如给排水、交通和固体废弃物处理进行区域控制是控制土地利用、减少城市蔓延、引导发展的最佳方式，因为"现成的基础设施是发展的基础"。[1]他认为，与传统市县合并的形态相比，这是更可取的区域治理形态，因为大多数大都市区都包含一个以上的县。巴布科克引用了纳什维尔大都市区的实例。它的发展超出了市县合并的范畴，而且因为缺乏区域级政府来协调和指导基础设施开发而饱受困扰。巴布科克写道："纳什维尔大都市区周围有 7 个周边县，它们都遭遇了发展不受控制和缺乏规划的后果。1970—1980 年，戴维森县纳什维尔的人口仅增长了 6.7%。相比之下，周围县的人口增长率从 27.2% 到 68.8% 不等。中心县的劳动力增长与人口增长的情况恰恰相反。1970 年，周围县 24% 的劳动力在戴维森县工作，而到 1980 年这个数字增加到 46%。1970 年，周围县的税率比纳什维尔低 25%；1980 年，周围县的税率略高于纳什维尔……供水是多个周边县面临的严重问题……排水、固体废弃物处理和公共交通方面也存在类似的问题。"[2]

波特兰区域治理

为了应对公众对波特兰地区大量小型单一功能区成本高、服务差的日益担忧，州级立法机关授权设立了大都市服务区（Metropolitan Services District, MSD）。这是通过居民投票设立的一个大都市多功能区，它的课税基础和职能数量取决于选民的选择。

选民于 1970 年批准了大都市服务区但没有授予它独立的征税权。大都市服务区包含由 3 个县组成的大都市区，而且拥有提供区域性服务的广泛权力。它的董事会由地方政府民选官员当中委任的 7 位成员组成：3 个县委会各一位，另有 1 位来自波特兰，3 个县政府各有 1 位市政官员代表该市政府。[3]

虽然拥有广泛的权力，但大都市服务区在行使权力时十分谨慎，也许是因为它缺乏独立的征税权。前几年，它唯一的职能是对区域固体废弃物处置系统进行规划，资金来源是针对旧汽车轮胎处置征收的小额区域税。1976年，大都市服务区承担了运营波特兰动物园的职能，而这个设施的参观者更多地来自大都市区而不是波特兰。其协议的成功取决于选民批准使用区域房地产税资助动物园的运营。[4]

20世纪70年代初出现的其他问题和事项增进了对区域事务的关注。一个主要问题是城市蔓延造成的不利影响。农业利益集团、环保人士和商业团体联合起来大力支持区域发展管理举措。农业利益集团担心威拉米特河谷基本农田的流失，环保人士（包括州长本人）担心环境污染和保护，而依赖农业经济的商业团体支持发展管理。[5]

这场运动的结果是1973年通过了俄勒冈州100号参议院议案，要求各城市和县制定符合州委员会设定目标的综合规划。其中的一个目标要求所有城镇划定的城市发展边界应当足以适应未来20年的发展预测。法律规定每5年按需要对边界进行审查和调整。州委员会经法律授权抢先取得了地方土地使用权，并在地方规划与州级目标不符时暂停州级拨款。波特兰地区城市发展边界的权力划定最初分配给哥伦比亚区域政府协会（Columbia Regional Association of Governments, CRAG）。[6]这个协会是本地区指定的区域规划机构。哥伦比亚区域政府协会遇到了与其他政府理事会（Councils of Governments, COGs）相同的问题。由于它依赖各成员的财政和政治支持，因此它让城市发展边界获得批准的能力受到了限制。1978年，选民批准哥伦比亚区域政府协会合并为重新组建的大都市服务区。服务区管理委员会的组成从7位委任成员改为12位选举成员加上1位选举行政官。重新组建的组织称作大都市区政府，拥有2个前身机构的组合权力。成立后的第一年，即1979年，州政府批准了本地区的城市发展边界。这是哥伦比亚区域政府协会未能取得的重大成就。

大都市区政府包含波特兰大都市区内3个县组成的俄勒冈州部分，其中有25个城市和150万人（波特兰地区的华盛顿州部分还有60万人）。多年来，大都市区政府不断扩展。1980年，当大都市区政府接管一座公共区域垃圾填埋场时，它承担了区域固体废弃物处置的职责。1986 年，选民批准大都市区政府发行一般责任债券以建设和运营俄勒冈州会议中心。1995 年和 2006 年，选民 2 次批准通过债券筹资建设区域公园系统。1990 年，大都市区政府承担了波特兰表演艺术中心、波特兰市政体育场和波特兰纪念体育馆的管理职责。后来，体育馆的运营权移交给俄勒冈竞技场公司。虽然大都市区政府没有控制公共交通系统，但它是本地区的指定大都市规划组织，因此深度参与了交通规划。不在其权限范围之内的其他区域性服务包括给排水服务和机场。[7]

1992 年发生了一次重大变革，选民批准了大都市区政府的地方自治宪章，让大都市区政府在增加服务项目时无须获得州级立法机关的批准。宪章还将管理委员会的规模从 12 位成员减少到 7 位各服务区选举的成员，而且保留了选举产生行政官的规定。宪章的序言对大都市区政府的主要职责规定如下："通过规划和政策制定维护并改善我们和后代的生活质量和环境；高效地提供市民需要和期望的区域性服务。"为此，大都市区政府负责确定本地区的"未来愿景"并制定框架规划来指导发展。它还有权要求本地区的城市和县修改政策，以保证地方政府规划与区域框架规划一致。大都市区政府在履行规划职责中取得了重大进展。1995 年通过的《2040 年区域增长概念》设定了以下目标：① 鼓励交通线路附近的紧凑型发展，以减少土地消耗；② 维持现有街区；③ 确定不纳入城市发展边界的乡村保护区；④ 根据城市发展边界为永久性公共空间设定目标；⑤ 承认与城市发展边界之外的相邻城市协作是解决公共问题的必要举措。

在以上概念的基础上，《2040 年区域框架规划》综合了土地利用、交通运输、绿地及大都市层面的其他问题，以实现协调一致的发展。虽然地方自治宪章规定区域土地利用规划是大都市区政府的主要职责，但也让大都市区政府在区域性服务供给中继续发挥重要作用。大都市区政府继续提供宪章通过前已经负责的区域性服务。地方自治宪章授权大都市区政府提供额外的区域性服务并与地方政府合作解决区域性问题。大都市区政府的大部分预算来自使用费（占比为 46%），房地产税收也是一个重要来源（占比为 19%）。另外，销售税占比为 7%，拨款占比为 9%，而政府间收入占比为 5%。[8]

对波特兰大都市区政府的评价

观察家总体上高度评价了波特兰地区遏制城市蔓延、减少环境问题和维持有活力中心城区的努力。城市发展边界成功地实现了减少城市蔓延和促进填充式发展的目标，从而巩固了波特兰的街区和本地区的老郊区。城市发展边界是大都市区周围 28 000 英亩的地带。与其他规模相似区域的居民相比，波特兰大都市统计区的居民较少开车并享受洁净空气。虽然其他区域经历了大幅城市蔓延式发展，但波特兰地区的扩张较为缓慢且有序。1979—1997 年，波特兰城区面积只增加了 4 平方英里多一点，1997 年增加了 7 平方英里，而 2010 年又增加了 1 985 英亩，这是为了适应未来 20 年的发展。[9]

大都市区政府的一个强大工具是州政府规定的城市发展边界。基础设施扩展仅限于发展边界之内。这是大都市区政府控制发展范围并保证基础设施有序开发的有力武器。随着更多土地被分配用于建造多户住宅，而且减小单户住宅用地以便更集约地利用土地，最初对该计划表示怀疑的开发商逐渐转变为支持者。区域规划要求也保证了公共基础设施的更高效利用。[10]

区域发展管理控制措施有效地保持了中心城区的活力。建筑和区域规划法规规定，市中心区建筑物的临街面至少应当有 50% 作为零售空间，从而保证了商务办公楼关闭后市中心区的购物和其他活动。区域规划引导沿公共交通线路进行零售和商业开发。混合型区划鼓励在同一个新开发区内建设兼有单户和多户住宅的项目，而且都在购物设施、工作场所和公共设施的合理步行距离以内。当地将指定用于建造一条新高速公路的资金转向轻轨系统和改善公交服务，从而使公共交通发展得到强化。高峰期的交通堵塞现象仍然存在，但 40% 的市中心区职工使用了公共交通。

发展管理对环境产生了有利影响。波特兰从 1991 年开始从未违反过联邦空气质量标准，但在发展边界建立之前平均每年有 100 天不达此标准。[11] 发展管理边界也对遏制城市蔓延产生了有利影响。1970—2000 年，城市土地的增长速度实际上慢于人口的增长速度。1979—2007 年，边界内的城区面积增加了不到 20%，而人口增长了 46% 以上。考虑到本地区的政治碎片化程度，这比预期增长速度低了 30% 左右。与其他大型大都市区相比，波特兰在遏制城市蔓延方面成绩骄人。[12]

波特兰仍然面临带状开发、衰退和住房价格问题，这些问题反映了经济的变化，而且与其他西部城市没有什么区别。很难做出城市发展边界会对住房价格产生不利影响的预测。波特兰地区住房价格上涨的同时，整个西部的住房价格也在上涨。在没有发展边界的丹佛和盐湖城这 2 个城市，住房价格经历了相似的上涨。例如，几乎同一时期内，丹佛的住房价格上涨了 44%，而波特兰的住房价格上涨了 26%。但由于城市发展边界对建筑商的约束，也许波特兰的住房不那么宽敞。建筑商建造的联排房屋和小型住宅集中在小片土地上。这些住宅往往后院较小，而且没有侧院。[13]

波特兰地区在区域性服务提供方面与其他大都市区没有太大的差别。大部分区域性服务都是由单一功能区提供的。大都市区政府不提供供水、排水、治安、公共交通、公共住房、经济发展和大部分其他区域性服务，因此并非综合性两级政府。大都市区政府之所以能够取得成功是因为它有权协调各项职能并解决区域规划问题。作为选举产生的区域协调组织，它将地方和区域利益团体召集起来共同处理区域性问题。本地区其他已有政府的权力和资源并未减少。它充当了区域政策的讨论和行动平台，为分权化的政府体制提供了有效的区域治理架构和流程。[14]

温哥华区域治理[15]

大温哥华区域局（The Greater Vancouver Regional District, GVRD）的城镇认识到在区域层面提供某些服务的优势，因此支持设立地方行政区以实现规模效益或联合生产。省政府也支持区域治理，但希望以更统一的方式推进。经过一番努力，各城镇同意设立大温哥华区域局。城镇支持的一项条件是选择退出条款。根据选择的退出条款，要求城镇成为地区的一部分，但可以选择参与哪些职能。如果城镇选择退出某项职能，则须自行履行这项职能。在区域性多功能机构的概念提出后的 1970 年，省政府根据地方行政区董事会的建议废除了这个选择退出条款。[16]

1967 年大温哥华区域局设立时，设立公立医院是法律直接规定的唯一法定职能。设立地方行政区的法律，授权省政府设立一个行政区、为其划定边界、分配职能并命名，但不要求省政府采取进一步的立法行动。这让省领导能够灵活地设立行政区以满足省内不同区域的需求，同时允许省政府的执行机构进行监督并保持控制权。由于行政区没有获得直接征税权，因此其主要收入来自公用事业使用费和向城镇征收的其他服务费。虽然行政区不能直接征税，但可以通过城镇代为征税。不过，它的收入只有不到 10% 来自房地产税。

大温哥华区域局包含了温哥华大都市区的很大一部分，包括 22 个城镇、1 个"第一民族"社区和 1 个非城镇区域。董事会由各城镇任命的选举市长和议会成员组成。董事会目前有 37 位成员。每个城镇每 2 万居民拥有 1 票，而且任何成员都不得拥有 5 票以上。因此，小型城镇只有 1 位董事和 1 票，而最大的城镇温哥华有 6 位董事和 27 票。少数有说服力的成员能影响整个董事会。例如，来自一个小型自治市的一位成员是艺术界的知名人士，该成员成功地说服董事会通过了一项文化规划，而这项规划在这位成员入会之前曾被董事会否决。董事会从委任制改为选举制，现在又改回委任制。直接选举只持续了 4 年——从 1974 年到 1978 年，之后委员仍由成员城镇从选举官员当中委任。董事会的选举被各城镇视为向大都市政府转变的步骤，因而遭到了强烈抵制。[17]

1968 年董事会承担的第一项职能是对市政项目进行债务融资。这项职能获得了普遍的支持，因为基于整个地区综合评估价值的融资项目降低了城镇的总借款费用。在这项职能成功落地的基础上，董事会开始承担其他区域性职能而且发展成多功能行政区。[18]大温哥华区域局既直接提供服务，也对其他行政区提供的服务进行监督。它目前履行的职能包括：① 给排水、固体废弃物处置和循环利用。这些职能是由城镇履行的，因此大温哥华区域局不与城镇居民直接打交道。② 21 个区域公园。③ 可供 1 万人居住的低收入者住房。④ 空气质量管理。⑤ 区域发展管理规划。⑥ 为成员城镇提供的选择性服务，包括劳资关系、紧急通信和区域规划。

温哥华区域规划

在地方控制权与区域重点和问题之间取得平衡存在极大的争议。大温哥华区域局设立后不久就尝试制订区域发展管理规划。为了保证区域规划的有效性，地方规划必须符合区域准则。很多郊区抵制这种侵犯地方特权的行为，而且由于争议太大，省政府于 1983 年撤销了大温哥华区域局的区域规划权。随着 20 世纪 90 年代初不列颠哥伦比亚省的迅猛发展，无疑需要一项规划来引导发展。当时兼任大温哥华区域局董事会主席的温哥华市市长劝说委员会认真规划。最终各方在此基础上实现了协作，而且规划成果被各城镇所接受。这项规划于 1996 年由大温哥华区域局批准，被省级立法机关确定为官方发展规划。这项区域规划不要求城镇向区域性机构让渡权力，因此大温哥华区域局无权实施这项规划。从该地区一直以来无序的发展中可以明显看出这个过程没什么效果。本地区没有进一步分散和外展，是因为省政府颁布的一项法案禁止农业用地的开发。

面对改变大都市区面貌的持续性无序发展，省政府经游说之后规定任何区域规划都须获得所有城镇的认可，从而恢复了董事会的规划权。如果某个城镇反对多数城镇同意的规划，那么须通过相关争议解决流程来达成一致意见。一旦规划得到认可，那么每个城镇都必须编制一份区域文本声明，说明其规划与区域规划的一致性或者打算怎样使其规划符合区域规划要求。这些声明都必须获得大温哥华区域局董事会的批准。

温哥华大都市区于 2001 年开始尝试制订区域规划以取代第一项规划。这是为了制定一项绿色可持续发展规划。公众也大力支持通过可持续发展规划来保护区域环境资产。虽然省级官员审查并批准了大温哥华区域局的其他规划，例如供水和废弃物管理规划，但对发展规划采取了不干预的态度，既未施加任何压力，也未制定规划准则。要求所有城镇批准区域发展规划意味着规划过程十分冗长。大温哥华区域局无法让各城镇遵守或同意区域目标或准则。所有规划活动都建立在一致同意的基础上——每个城镇分别确定区域规划是否符合其最佳利益。虽然省政府对这项发展规划采取了宽容的态度，但由于避免了将农业用地用于城市发展，因此仍然有效地确定了城市发展边界。城镇必须获得批准才能在省政府指定的农业用地上推进开发活动。大温哥华区域局正是当地农业用地开发的批准机构。

温哥华区域性公共服务的提供

温哥华大都市区区域协调和碎片化问题的一个例子是公共交通。1998 年，省政府成立了大温哥华区域局交通管理机关，其董事会成员由大温哥华区域局委任并遵守其政策规定。管理机关有权管理本地区的所有公共交通、道路和区域交通职能。公共交通系统过去是由一个省级机构管理的，只不过其资金来自地方税费。[19] 董事会成员从大温哥华区域局的董事会成员当中遴选。因此，大温哥华区域局可以在履行发展管理和空气质量控制职责的过程中对公共交通系统进行协调。由于大温哥华区域局与省政府之间在轨道交通发展重点和主要公路建设方面存在分歧，省政府改变了董事会的组成，以撤销大温哥华区域局的控制权。董事会目前采取委任制，主要由商界代表组成，主要由大温哥华区域局董事会成员组成的市长委员会成为董事会的咨询机构，但委员会除否决增加房地产税外几乎没什么权力。

另一个有争议的问题是公共住房。大温哥华区域局从 20 世纪 70 年代开始一直参与住房提供，参与的原因是国家政府提供低收入者住房建设资金，而且大温哥华区域局承认这是本地区一项未被满足的需求。大部分住房都是在这个时期建造的而且散布于整个大都市区，其中综合住宅楼都不超过 100 套住房：大温哥华区域局 70% 的住房按市价销售，而住房收入的 80% 来自租金。虽然一些住房位于温哥华市，但大部分位于郊区，而市场需求主要集中在城市经济适用房方面。大温哥华区域局内等待购买温哥华市内住房的人非常多，但郊区住房很难找到买方。大温哥华区域局并不是补贴住房的唯一提供方，因为温哥华市也有公共住房，但它是郊区住房的唯一提供方。实际上，一些郊区城镇的市长抱怨大温哥华区域局没有在当地建造住房。

对大温哥华区域局区域规划区的评价

大温哥华区域局这样的志愿性组织有利有弊。让 22 个城镇达成一致并不容易，因为每个自治市都有自身的地方议程，而且担心将地方特权出让给一个无法充分控制的组织。有争议的问题要么被规避，要么需要经过多年讨论才能相互妥协。也许大温哥华区域局处理过的最有争议的问题就是区域发展规划。

要求各县达成一致意见但在地方享有特权，此种区域治理体制模式既有优点也有缺点。其中一个缺点是由地方进行选择。要想保证区域性职能的有效履行，那么一些职能不得由城镇自行选择。例如，城镇无法选择是否参与区域规划过程。如果区域规划机构无权迫使各城镇同意通过区域规划，那么区域规划的执行就会遇到很大的困难。作为区域规划关键组成部分的交通规划，并不在大温哥华区域局的管辖范围内，从而进一步提高了规划的难度。另外，一旦区域性机构承担了某项职能而城镇同意参与该职能，那么这对于向选择退出的成员提供服务是极为不利的。

阿蒂比斯（Artibise）、卡梅伦（Cameron）和西利格（Seelig）[20] 指出，大温哥华区域局证明了在不强迫各城镇加入的情况下，只要各城镇感受到了区域联动的好处，而且有足够的时间对提案进行改善和审议，往往就能达成一致意见。各城镇认为大温哥华区域局拥有关于本地区的最完整知识库，而且被视为本地区客观、公正、专业的规划机构。各城镇还认为，只要有足够的时间，好的思路就会战胜不好的思路，而且可以通过对问题审慎而透彻的讨论获得最大化的区域利益。虽然这个过程可能比较缓慢且不顺畅，而且可能会将有争议的问题搁置起来，但大温哥华区域局确实在很多方面取得了成功，而且被视为温哥华地区强有力的区域治理机构。

双城大都市理事会

双城大都市理事会诞生于 20 世纪 60 年代公民联盟的一次尝试。公民联盟是由一群有生意头脑且热心公益的公民组成的，他们组织了学习小组、早餐会和研讨会，以探讨区域性问题和可能的区域治理架构。1967 年，针对建立对区域性服务有运营控制权的选举制，大都市理事会成员达成了一致意见。州级立法机关产生了一个对区域性服务有一定协调权的"弱化版"大都市理事会。理事会由 14 位成员和 1 位主席组成，这位主席由州长从州参议员中任命，且经参议院批准。由于参议院选区重新划分，理事会成员的数量后来增加到 16人。虽然不如公民联盟建议的理事会那么强势，但大都市理事会与其他州立区域委员会在权力上有所区别。与很多其他州立委员会不同，它的管辖权包含了由 7 个县组成的整个大都市区。它负责编制报告并向立法机关提出建议，内容涵盖空气污染和水污染治理、公园和公共空间管理、污水处理、税收、估税方法、雨水排放及本地服务整合。理事会在公共交通方面的权威受到限制，因为立法机关成立了一个单独的机构来规划、建设和运营大都市区的新公共交通系统。[21] 虽然很多大都市区域委员会是咨询性的，而且只能审查和评价地方政府的联邦拨款提案（A-95 审查流程），但大都市理事会有权审查大都市辖区规划，并在规划与委员会的区域发展政策不符时加以否决。

虽然理事会成员是委任的，但参议院选区代表方式意味着城市和郊区都不会获得过多的代表席位。此外，须经参议院批准的州长委任制让理事会在州级立法机关中拥有了多数其他区域委员会都没有的政治基础。理事会行使权力的积极性还取决于理事会任命成员的立场。最早委任的理事会成员都是强力区域治理的支持者。因此，理事会很快采取行动巩固了自身的地位，并被定位为区域治理机构。它采取了区域发展导向，并开始否决与区域发展导向相抵触的发展项目——即使地方政府支持这些项目。[22]

理事会解决了本地区最紧迫的问题——污水处理不当导致供水系统受污染，而且制订了一项计划——建立多个半自主性污水排放区，并由一个大都市级委员会进行管理。立法机关于 1969 年批准了这项计划。污水排放计划的实施取得了成功，但并非没有争议。理事会涉足社会规划领域并成为区域刑事司法和医疗规划机构。1971 年，理事会经授权成立了一个新的区域委员会，负责公园和其他公共空间的管理，但它的很多其他提案没有被州级立法机关接受。实际上，随着理事会寻求扩大对区域机构的控制权，例如大都市机场委员会，它卷入了争议之中。另外，在试图将领导权扩展到其他区域性机构的过程中，它遇到了越来越大的阻力。例如，理事会建立区域住房管理机关的尝试遭到了市级官员的强烈反对。[23]

虽然遭到反对和立法挫折，但理事会的持续努力产生了很多重大区域创新成果。其中一大成果是制订了一项财政差异计划来平衡本地区税收。这项计划于 1971 年被州级立法机关批准（财政差异计划将在本章下文论述）。另一项巨大成果是批准了一项计划，要求各地方政府单位制订符合大都市理事会的区域规划和政策的综合规划。理事会成立后第一个十年内的其他重大成果包括为固体废弃物处置提出了一种区域性解决方法。它还迫使黄金谷的富裕郊区制定了一项中低收入者住房计划。理事会针对基本建设项目运用了否决权，叫停了第二座机场和快速轨道交通系统的规划。另外，它还发行债券并将资金交给县购买土地和开发公园，从而建立了一个区域公园系统。[24]

20 世纪 80 年代，理事会似乎失去了对区域政策的影响力，演变为一个官僚机构。这可能是因为它在 20 世纪 70 年代成功扩大了它的监督范围，还因为理事会成员的委任存在争议。1984 年 6 月 15 日，《明尼阿波利斯明星论坛报》（*Minneapolis Star Tribune*）的一篇社论总结了理事会的状况：随着大都市服务和城市发展控制措施基本就位，理事会的使命不再明确。它的下属委员会陷入了琐事之中。它在一位有争议的主席的治下刚刚经历了为期一年半的动荡。当

"健忘的"立法机关和"妒忌的"地方政府开始侵蚀它的权威和效力时，它似乎越来越脆弱。[25]

虽然理事会在 20 世纪 70 年代处于区域性活动的中心，但这种情形并未持续到 20 世纪 80 年代。世界贸易中心、赛马场、一座新职业运动场和美国摩尔购物中心等重要区域设施的选址决策绕过了它。它不仅在重大土地利用决策中被忽视，还有其他迹象表明它失去了活力。随着交通委员会开始接手管理公交车系统、制定交通政策和发展轻轨交通，理事会发现自己陷入了长期的争议之中。它还因允许大都市服务区扩展而遭到批评。《明尼阿波利斯明星论坛报》指责理事会成为"被唯利是图的开发商和急于扩大课税基础的外围郊区轻易利用的工具"。[26]

20 世纪 90 年代，理事会部分恢复了失去的声望。由于委任的成员更加支持区域主义，因此它得以重新振作起来。理事会重新强调了区域规划——这一重点在 20 世纪 80 年代的很大一部分时间里由于对日常运营的官僚式监督而迷失。另外，随着 1994 年大都市交通委员会的撤销，理事会获得了公共交通的直接运营权。同样，立法机关撤销了大都市废弃物管理委员会，并将其运营权转移给理事会。获得直接运营权是理事会角色的一大转变，因为它之前完全是一个规划和协调机构。

理事会现已成为本地区的主要区域治理机构，对提供区域性服务和设施的大都市城市服务区进行监督。它是双城地区的指定大都市规划组织，也充当着本地区公共住房管理机构的角色。其规划职能包括供水、区域公园和各种交通方式。理事会的最大收入来源是使用费（占 39%），第二收入来源是房地产税和一部分机动车消费税（占 28%），还有 24% 的收入来自州政府和联邦政府。[27]

随着理事会开展更多活动并取得更多区域权力，它控制城市蔓延的尝试逐渐减少。在成立后的最初几年内，它试图对现有基础设施进行改造而不是重新开发。从 20 世纪 90 年代中期开始，它越来越难以控制城市的发展。虽然它的未来规划——《2030 年蓝图》包含了智慧发展建议，并提倡强化本地区的土地利用控制措施，但增加密度和填充式发展并非十分紧迫的任务。它制定的乡村区划法规限制较少，而且对大地块远郊的发展更加宽容。[28]

对双城大都市理事会的评价

大都市理事会是作为规划、政策制定和协调机构而设立的，具体实施交给其他组织操作。在成立后的第一个十年内，理事会发展成拥有广泛区域权力的组织。它有权任命大多数大都市委员会的成员，批准它们的基本建设预算并制定各行政区的发展政策。20 世纪 80 年代，当它不再关注区域政策而是陷入官僚琐事之后，它在州级立法机关中失去了信誉。由于州政府只授予特定权力，它要变更或扩大权力范围必须获得立法机关的批准。另外，由于理事会的政治基础取决于州政府的支持，因此只要立法机关和州长给予支持，理事会的很多提案就会获得批准。但在大多数情形下，理事会的提案存在争议，以至于只有极少数提案原封不动地获得了批准。20 世纪 60 年代到 70 年代，与同一时期紧迫的社会问题相比，理事会更有效地解决了紧迫的实体问题。事实证明，它的政治支持基础不足以有效地解决有争议的社会问题。实际上，作为委任制而非选举制机构，它无法形成独立的政治基础，无法实现区域政治领导，同时也无法抵挡州级和地方政治家狭隘利益的冲击。[29]

从大都市理事会的成立和早期成功时起，本地区对区域主义的支持就有所削弱。作为理事会主要支持者的商界领袖已经退休。20 世纪 60 年代本地人拥有和控股的大公司，例如品食乐和代顿哈德森为区域主义提供了财务和领导支持。这些公司不再由本地人控股，其高级职员在地方问题中的参与和投入力度有所下降。如果大都市理事会并未成立，那么极有可能不会在当前的环境下成立。[30]

虽然本地区面临重大问题，但仍在不断进步。虽然城市蔓延的问题仍然存在，但 1970—2000 年，与根据地方政府数量预计的水平相比，本地区的城市蔓延现象减少了 15%（政府碎片化与城市蔓延之间有一定的关系）。工作地点继续分散化。将双城与波特兰的城市发展边界进行比较可以发现，1990—2006年，两地就业机会增长比例分别为 14% 和 31%，显然波特兰地区集群开发区内就业机会的增长比例更高。由于波特兰采取集群发展模式，而且其公共交通系统利用率更高，因此交通拥堵问题在波特兰得到很好地缓解。1993 年到 2003 年间，双城出行者人均延误时间增加了 43%，而波特兰只增加了 12%。[31]

大都市理事会的一个问题是城区发展超出了它的边界。它对明尼苏达州和威斯康星州的 2 个城市化县没有管辖权，因为这些县不属于双城大都市区。这意味着开发商、居民和企业可以设法限制理事会开展积极管理活动的能力。另外，由于董事会成员是州长委任的，因此整个董事会的组成可以在一次选举后从 100% 的民主党人转变为 100% 的共和党人。这会影响董事会的稳定性和政策导向的一致性。

总的来说，与其他大都市区的区域委员会相比，双城理事会确实成功地解决了区域性问题。双城为什么成功地形成了区域治理架构而其他大都市区没有做到？渐进式区域主义之中似乎有几个因素使大都市理事会的创立成为可能。

（1）人口结构缺乏种族多样性和民族多样性，且在总体上保持同质性。1970 年，黑人仅占双城人口的 4%。即使到了 2011 年，黑人和拉丁裔美国人也仅占双城人口的 7.5%，这个比例比其他主要大都市区低得多。即使整个地区不像种族多样化的大都市区那么富裕，但同质性很可能推动了有凝聚力的社区的发展。[32]

（2）双城地区的经济类型。本地区从未经历过其他较老大都市区曾经历过的工业化。在该地区发展的企业是属于当地的，因此双城的人均公司总部数量多于除波士顿外的其他大都市。约有一半制造业员工在本地公司工作，这个比例在全国是最高的。总部设在其他地区的公司有 90% 的员工是在最初由本地企业家创建、后来出售给外部公司的公司工作。本地区劳动力的教育水平也高于其他地区。在一项研究中，在 25 个最大的大都市区当中，双城的高中毕业生的比例排名第一。受过良好教育的劳动力和不受外部控制这两个因素促进了本地区自力更生，并促进公众进一步参与工作之外的社区问题的解决。

（3）商业和公共部门在公共事务中的参与。公民联盟是大都市理事会创立的催化剂。富裕家庭和商界领袖的长期投入是形成和维持强大区域治理影响力的关键。他们不仅为区域主义提供资助，而且积极加入公民联盟及其他区域主义推广论坛。[33]

强化理事会作用的尝试只取得了有限的成功。例如，州长在1993—1994年否决了公平分配经济适用房议案，而这些议案原本会强化理事会在整个地区经济适用房分配中的作用。20世纪90年代初，理事会已经到了被州级立法机关撤销的边缘，旨在撤销理事会的拨款议案年度修正案获得了支持。州长于1991年公开责令理事会进行改善，否则就会被撤销。1994年提出的让理事会成为选举制而非委任制机构的议案以微弱的优势被否决了。但会上批准对理事会进行重大重组，以便让它获得对区域排水和交通系统的运营权。重组后，理事会从每年有4 000万美元经费、对区域机构有松散监督权的区域规划机构，转变为每年有6亿美元经费、有运营权的机构。虽然未能成为选举制机构以获得独立的支持基础是一次挫折，但这次重组被视为理事会复兴的一个重要环节。[34]

随着理事会开展更多活动并取得更多区域权力，它控制城市蔓延的尝试逐渐减少。成立后的最初几年内，它试图对现有基础设施进行改造而不是重新开发。从20世纪90年代中期开始，它越来越难以控制城市的发展。虽然它的未来规划——《2030年蓝图》包含了智慧发展建议，并提倡强化本地区的土地利用控制措施，但增加密度和填充式发展并非十分紧迫的任务。它制定的乡村区划法规限制较少，而且对大地块远郊的发展更加宽容。[35]

财政型区域主义

税收分成是指将各成员政府贡献的地方自筹收入资金池产生的收益分配给各城镇。税收分成可以来自房地产税课税基础的一部分、销售税的一个专门部分，也可能只是根据社区课税基础确定的各城镇的核定分配额。资金池的缴付款和分配款通常是按照预定的公式确定的，其中考虑了每个城镇的富裕程度和相对需求。在这种情形下，与税收能力较高的城镇相比，税收能力较低的城镇向资金池贡献的缴付款较少，而从资金池中获得的分配款较多。税收分成的目的是：① 减少各自治市之间为了扩大课税基础对商业和工业房地产的竞争。② 更公平地分配周边社区的房地产产生的税收利益。③ 缩小课税基础差距。④ 减少财政因素对公路、交通设施、机场运营地点和居民区发展的影响，推动城市发展、区域规划和智慧增长的有序进行。[36]

在没有税收分成的大都市区，各社区将所有发展税收保留在边界范围之内。随着本地区各社区展开发展竞争以扩大课税基础，如果企业在引诱下迁移，那么这种竞争会削弱相邻管辖区的经济基础。本地区的总体状况会恶化，因为企业迁移会导致迁出地社区经济衰退和税率升高，而迁入地城镇为了吸引企业而提供的税收优惠及其他激励措施会导致它数年内无法获得额外税收。迁入地城镇向新企业提供市政服务也会发生额外的费用。[37] 有了税收分成计划，本地区各城镇开展经济发展竞争的动力会变弱，因为增加的一部分税收会被贡献到与其他城镇共享的资金池中。在税收分成制度下，经济发展仍然极为重要，相关城镇也仍然保留了很大一部分新增税收，但整个地区会从经济发展中获益。因此，经济发展更多的是一种全区域行为，而不是区域内竞争。本地区内的社区不会通过退税方案试图吸引企业在本地区的城镇之间迁移，而是共同努力从本地区外部寻求发展并帮助现有企业壮大。

一个城镇的经济发展对本地区的其他城镇有涟漪效应。相邻的政府会产生治安和道路维护等费用，但不会分享收益。税收分成是对城镇边界外发展产生的外溢成本的一种补偿。另外，研究表明，自治市促进经济发展的能力与其相邻自治市的财政状况和吸引力有关。[38] 如果经济发展不能与其他城镇协调一致，就会助长城市蔓延并加重交通堵塞和环境污染。如果经济发展不能与本地区的土地利用规划协调一致，最终就会给本地区的生活质量带来不利影响。[39] 只要税收分成能减少区域内经济发展之间的竞争，就会促进土地的有序利用。

另一个问题是位于一个城镇但由整个地区的居民使用的设施的相关费用

是否公平地分摊。这些区域资产包括公园、图书馆以及文化和体育设施。与提高生活质量的很多公共服务一样，很多设施无法通过收取入场费来抵消资产建设和维护费用。虽然一些费用可以通过资金筹集来抵消，但政府一般都会发放大量补贴来维持这些设施的运转。很大一部分政府支出一向是由设施所在的城镇——通常是中心城区——接收的。公平、公正的制度会将这些费用分摊给处于这些区域较短通勤距离之内的本地区城镇。

双城课税基础分成

只有少数大都市区制订了相关计划来解决课税基础和区域资源的不公平分配中涉及的财政问题。全国第一项税收分成计划是明尼苏达州立法机关为双城大都市区通过的《1971 年财政差异法》——目前仍是最广泛的一项计划。这部有争议的法律在明尼苏达州参议院的第二次表决中仅以一票之差的优势获得通过。虽然 75% 的郊区参议员投票反对议案，但在来自乡村、明尼阿波利斯和圣保罗的参议员的共同支持下，这项议案仍然获得通过。这部法案之所以能在众议院轻松通过，是因为中心城区和贫穷郊区的代表结为同盟，而且乡村代表给予了大力支持。虽然中心城区和郊区的支持是为了自身的利益，但乡村的支持很大一部分源于个人关系和对公平感的诉求。这项议案的主要发起人是一位代表贫穷郊区的共和党人，这也有助于他赢得其他郊区和乡村共和党人的支持。来自明尼阿波利斯、圣保罗和低税率郊区的民主党立法委员也支持这部法案。这部法案于 1975 年在明尼苏达州最高法院受理后正式实施。[40]

这部法案确立了双城大都市区城镇之间的课税基础分成方案。从基准年 1971 年开始，每个城镇都需要将商业和工业房地产评估价值升值部分的 40% 缴付到资金池中。住宅房地产以及商业和工业房地产评估价值升值部分的剩余 60% 根据地方税收机关的规定纳税。资金池根据财政能力分配，其中财政能力是指人均均衡化市场价值。这意味着：① 如果城镇的财政能力与大都市区的平均水平相当，那么它在资金池中的份额与其在本地区人口中的份额相同。

② 如果城镇的财政能力高于大都市区的平均水平，那么它的份额就会减小。

③ 如果城镇的财政能力低于大都市区的平均水平，那么它的份额就会增大。

1991 年，资金池增加到本地区商业和工业房地产总评估价值的 31%；157 个社区是净接收方，而 31 个社区是净贡献方。1980 年最大的净接收方是明尼阿波利斯市，它后来成为贡献方[41]，但最近又重新成为接收方。它在 2002 年到 2010 年间是净获益方，而在 2011 年成为净受损方。圣保罗市过去一直是最大的获益方。目前，区域课税基础资金池约有 5 亿美元，约占本地区商业和工业总课税基础的 39%，约占本地区整个课税基础（包括住宅房地产）的 12%。

税收分成方案对消除城镇之间的差异产生了重大的影响。在同一地区内，人口 1 万人以上的社区之间的课税基础差异（以人均商业和工业房地产价值衡量）目前为 3∶1。如果没有这部法律，那么差异会达到 10∶1。[42]差异正在持续缩小，2000 年该比率约为 12∶1，人口超过 9 000 人的城市当时该比率为 5∶1，在这部法律生效之前，人口超过 9 000 人的城镇该比率为 12∶1。[43]与其他大都市区相比，这个方案发挥了很好的作用。虽然本地区在 50 个较大的大都市区当中政府碎片化程度较高，排在第 5 位，但比根据碎片化程度预测的财政差异水平低了 35%。[44]对芝加哥地区内学区的一项研究发现，最富裕学区与最贫穷学区之比为 28∶1，比双城地区的水平高了 7 倍。[45]

然而，差异仍然存在，而且财政区划和课税基础竞争十分激烈。批评者称，这人为地为小镇提供了支持，即从日益贫困的郊区获取大量资金，又将这些资金花费在城市边缘的富裕社区。这个竞争中的赢家往往是税收收入较高、社会问题较少且税率较低的发展中区域，而输家往往是税收收入较低、有不少社会问题且税率较高的充分发展区域。另外，税收分成制度存在分配不均现象。商业基础超过平均水平但住宅价格较低且社会需求不断增长的城市（例如明尼阿波利斯），直到最近才向资金池缴付资金。同时，拥有快速发展的住宅区并且通常位于避开商业化发展的高收入社区的城镇，会从方案中获得资金，因为其房地产总市场价值低于很多经历了商业化和工业化发展的低收入社区。[46]

存在税收分成法律问题的城市有伯明顿、伯恩斯维尔和彼略湖城。这部法律制定后的几十年内，曾经安逸的净贡献郊区（例如伯明顿和伯恩斯维尔）面临着住房、道路和下水道老化以及贫困移民人口流入的压力，而远郊城镇和偏远郊区以前的麦田现已发展成富裕的社区——至少以居民收入衡量是如此。以精美湖畔住宅著称的净接收郊区——彼略湖城一直拥有斯科特县内最低的税率，同时增添了很多公共设施：华丽的市政厅、美轮美奂的消防局、一座水处理厂以及很多新的公共绿地。彼略湖城只有很少的工业或商业房地产，而且没有主动引导商业和工业发展。[47]

新泽西州梅多兰兹税收分成计划

新泽西州梅多兰兹委员会（The New Jersey Meadowlands Commission，NJMC）是为了保护一个脆弱生态区而成立的。它是 1969 年设立的区划和规划机构，为梅多兰兹区 30.4 平方英里的土地服务。梅多兰兹区包含 14 个城镇和 2 个县的一部分，面积为 45 000 英亩，包括 19 500 英亩土地。它的使命是保护和改善环境、保证有序的经济发展，提供和推广共享型区域性服务，例如固体废弃物管理。为了履行这个使命，它采取了区划和土地利用措施，允许一些社区发展经济而限制其他社区的发展。为了补偿不允许发展的社区，它制订了一项税收分成计划。[48]

新泽西州实施税收分成并不是为了缩小财政差异，而是为了减少土地利用管制的财政影响。1972 年通过的《哈肯萨克市梅多兰兹总体规划》确定了区域性区划方法。随着规划的制定，立法委员发现有必要制定一项税收分成计划来共享发展成果，为此划分了工业、商业和住宅区域，还有公园、公路、公共空间及其他非课税用途的区域。允许发展的城镇与划分为非课税区——例如垃圾填埋场和保护湿地——的相邻城镇共享一部分应税收入。税收分成计划的宗旨是消除差异，其中每个社区会从"新开发"活动（1970 年之后，无论发生地点）产生的房地产税当中按比例获得一定的份额。[49]

每个社区都将 1970 年之后建造房地产的 40% 的税额上缴到统筹账户，即

"市际账户"，并从中获得与本社区内小学生教育费用相当的补贴，以及与社区在梅多兰兹区的房地产比例相当的补贴。一些社区获得的补贴超过了缴付额，另一些社区则相反。州政府建立了税收分成稳定基金，使净贡献和净接收城镇的调节款项达到平衡。为此，州政府为净贡献城镇设定了不超过上一年负担额 5% 的限额。为净接收城镇设定的限额，保证了它至少获得上一年收入的95%。[50]

区划和税收分成对梅多兰兹区产生了很大的影响。例如，卡尼镇 36% 的土地面积位于该区，但区内土地价值仅占卡尼镇总评估价值的 6.9%。要想让区内土地达到非区内土地的相同估值水平，每年需要 4 590 万美元的额外税收。因此，与允许土地开发的情形下可以获得的潜在税收相比，卡尼镇 2012 年收到的 3 863 134 美元税收分成款项简直微不足道。在区内土地限制开发的 40 年内，卡尼镇其余土地得到了开发。开发限制给非区内房地产开发带来了不成比例的财政负担，因为这些房地产需要为区内市政服务和设施改造提供资金。例如，卡尼镇消防局接到了很多电话，水务局对区内供水系统进行了多次修理，并且维护、更换和修理了很多消防栓。公用事业局投资改造了区内的排水系统。[51] 1973 年到 2005 年间，卡尼镇从区内土地获得的税收只有 9 200 万美元，而从税收分成资金池中获得了 6 000 万美元。对税收分成资金池贡献最大的卡库斯镇从 6.555 亿美元的同期区内税收中支付了 5 560 万美元。根据各城镇 2010 年的人口及最近的均衡化房地产估值，2 个镇之间的经济发展差异变得更加明显：卡库斯镇居民的人均房地产评估价值为 143 540 美元，而卡尼镇居民的人均房地产评估价值只有 59 155 美元。与此相应，2011 年卡库斯镇人均房地产税纳税额为 6 338 美元，而卡尼镇人均房地产税纳税额为 8 960 美元。[52]

保守地说，并非所有社区都对这项计划感到满意。资金池的净贡献社区对这项计划不满，净接收社区则支持这项计划。净贡献社区试图降低缴付比例或者完全废除这项计划。他们抱怨道，税收分成计划目前的形式已经过时，而且在财政上损害了其他社区的利益。净接收社区并未明确表示这些缴付额对它们的预算非常重要，但区划确实妨碍了它们寻求经济发展。[53]

俄亥俄州蒙哥马利县的税收分成

与双城和新泽西州州政府指定的税收分成计划相反，蒙哥马利县的税收分成计划是自愿性的，而且同时应对了地方间财政差异和适得其反的竞争行为。该计划是蒙哥马利县县委委员在 1992 年制定的，旨在吸引就业机会并维持县的课税基础，减小地方间发展竞争，让县在国内和国际市场中有效地参与竞争，并分享整个县经济发展的成果。这项计划最初设定的实施期为 10 年。

县的资金池缴付额为每年 500 万美元，10 年共缴付 5 000 万美元。这些款项将分配给参加这项计划的城镇和乡镇用于经济发展。各城镇也必须按照与房地产升值和所得税收入有关的公式进行缴付，最高缴付额为管辖区内房地产升值和所得税收入的 13%。32 个地方政府当中有 29 个（包括代顿——该地区的最大城市）同意参与这项计划。[54] 计划开始后，各城镇在 10 年实施期内不得加入或选择退出这项计划。资金由参与管辖区的官员和商界领袖组成的评选委员会进行分配，用于对本地区经济影响最大的项目，其中首选地方间协作项目。易引起地方间经济发展竞争的提案不会获得资助。[55]

资金池分成模式产生了积极的效果，推动了地方间协作，且让整个地区获益。资金也对缩小富裕与贫穷地区之间的财政差异产生了一定的影响。[56] 小地方从经济发展合作策略和工业园开发中获益明显。代顿市也利用资金吸引了新企业落户于贫困的城市西区，从而从这项计划中获益。这项计划支持的协作成果包括让大部分参与城镇联合起来成立了区域消防联盟，以推动协作消防服务。这项计划是促进区域治理和减少区域内经济发展竞争的一个温和步骤。在成功实施 19 年之后的 2011 年，这项计划又延续了 9 年。

区域资产保护区

税收分成的另一种创新方式是通过地方税收分成保护区域资产。丹佛地区是这个领域的先行者，而宾夕法尼亚州阿勒格尼县也采取了这种方式。区域资产保护区是资金筹集区而非运营区。设立保护区的目的是扩大课税基础，为整个地区的居民使用的设施提供财政支持。而这类设施一向是由设施所在的城镇提供财政支持的。区域资产大部分位于中心城市，包括博物馆、体育设施、文化设施和休闲设施。获得郊区居民的同意向他们征税以保护区域资产——无论设施所在地位于何处——是实现区域主义的一个主要步骤。

丹佛市的很多重要文化和科学设施，包括丹佛动物园、自然历史博物馆、丹佛植物园和丹佛艺术博物馆，多年来，凭借其对整个州的意义获得了州运营补贴。实际上，一项调查发现，资助者大部分是郊区和州内其他地区的居民。1982 年，丹佛市立法机关不再发放每年 200 万美元的补贴；城市对这些设施的支持也显著减少。面对失去这些区域资产的可能性，1988 年举行的一次公投中选民支持要求这个六县大都市区设立科学和文化设施区（Scientific and Cultural Facilities District, SCFD）的提案。设施区将征收 0.1% 的销售税以保护这些资产，并支持整个地区内约 200 个其他的艺术和文化组织。公投以 3∶1 的比例获得通过。丹佛地区复制了这种区域资金筹集方式，建立了另一个区，为科罗拉多洛基山篮球队篮球场的建设和运营筹集资金。同样，郊区选民认为位于丹佛的一处设施具有区域意义，因此同意缴纳特别附加费给予支持。[57]

宾夕法尼亚州阿勒格尼县对丹佛模式进行了调整，设立了一个区域资产保护区，但并未获得选民批准。宾夕法尼亚州立法机关于 1993 年 12 月批准了授权法律，后来经阿勒格尼县县委委员投票付诸实施。区域资产保护区仅包含县而不是整个匹兹堡地区，而且可以将保护范围扩大到更多设施，但大部分被保护设施都位于匹兹堡。保护区的一半收入来自全县征收的 1% 销售税，另一半由县政府和市政府分摊，其中主要部分必须用于降低房地产税。[58]

保护区由 7 位成员组成的公民委员会管理。委员会成员不能是民选官员、公务员或民选官员的亲属。在 7 位成员中，有 4 位成员由阿勒格尼县委员会委任，2 位由匹兹堡市长委任，最后 1 位由其余 6 位成员从本地区区域机构提供的提名名单中选择。州长也可以委任第 8 位无投票权的成员。委员会成员决定哪些区域资产可以获得资助。虽然少数资产被明确排除——例如学校、医疗设施和面积小于 200 英亩的公园，但除此之外任何其他资产都可以获得资助。资助必须由 7 位成员当中的 6 位批准才能提供给相关机构。保护区每年可分配的资助金约有 8 500 万美元来自税收。图书馆（31%）和公园（29%）是这项计划的主要受益对象。获得保护区销售税资助的其他特殊设施包括匹兹堡动物园、三河体育场、鸟类博物馆、菲普斯温室植物园以及卡内基学院的博物馆和科学中心。另外，各种文化组织可以获得大量小额年度拨款。从 1995 年起，保护区共获得 14 亿美元以上运营拨款，其中 5 400 万美元用于通行、重要基础设施和设备等基本建设项目。[59]

匹兹堡地区实现区域主义的方式与它历史上抵制具有大都市主义特征的计划这一做法形成了强烈对比。在这种情形下，匹兹堡不能或不愿继续利用地方税收补贴和运营重要的文化和休闲设施。公民、政界和商界领袖认识到本地区必须协作实施全县资金筹集计划，否则可能会失去提高整个地区生活质量的这些设施。这是通过立法活动而非投票实现的，因为公投需要花费长得多的时间，而成功的概率微乎其微。

这些治理形态的未来可行性

如上文所述的地方行政区和税收分成方案在美国很少见。但区域治理的支持者越来越关注它们，因为它们可以建立解决区域性问题的框架。少数大都市区考虑将单一功能区合并为多功能机关。这些地区的政界和商界领袖开始认识到，要实现有效的区域治理，需要将单一功能区合并为多功能区，或者建立对地方行政区拥有强大协调和规划权力的机构。例如，弗吉尼亚州里士满地区提出设立一个多功能区，将给排水、固体废弃物和交通服务合并到一个机构，还建议丹佛地区成立一个综合区域规划和服务机构。丹佛方案将规划职能与特定单一功能区的区域性服务协调职责和实际服务提供职责相结合。这个机构有权创造财政资源并保证区域政策和规划的实施。它负责协调或履行的职能包括所有供水、交通、医疗、污染控制、固体废弃物处理和公共空间管理等。[60]

区域性税收分成是一个日益流行的概念。这种区域治理形式比多功能特区（例如波特兰、温哥华或双城模式）更容易被接受，可能是因为税收分成协议仅涉及城镇税收的一小部分，而且通常集中于一部分新税收或新开发带来的额外收入。更多的城镇似乎是净接收方，而不是净贡献方。虽然有可能给本地区带来好处，但对区域治理体制现状的任何变更都遭到了强烈抵制，因为它侵犯了政府的自治权和独立性。因此，这类区域治理体制通过州级立法行为获得批准的可能性大于被选民批准的可能性。区域主义者积极支持这些方式，因为它们建立的框架可以协调区域服务的提供，缩小各城镇之间的差异，推动区域治理文化的形成。

很多观察家指出，波特兰、温哥华和双城地区的案例是独一无二的，其他地方无法运用他们的区域治理架构。每个大都市区都是独一无二的，一个大都市区的条件不太容易复制到另一个大都市区。迄今为止，北美洲的其他大都市区都没有采取如上文所述相似的区域治理形式。影响区域治理体制类型的因素因地区而异。本章案例研究中的任何两个体制都不是完全相同的。这些体制都是基本模式的变化形式，其他大都市区可以借鉴这种模式在分权化政府体制下实现区域治理职能。

要点总结

考虑到大部分大都市区不太可能进行政府重组，因此仍有很多区域性问题必须解决。少数大都市区建立了有权提供或监督区域性服务的独特区域机构来尝试解决这些问题。少数大都市区的区域规划机构获得了一定的权力支配地方政府，以保证区域规划被执行，从而强化了区域规划的权威性。虽然所有大都市区都拥有某一种区域规划委员会或机构，但它们大多只有权进行规划和提出建议。只有少数大都市区尝试了财政型区域主义。对于需要贡献自身资源的社区而言，对地方税收进行分成或让出一部分课税基础，以消除整个地区的财政差异是不可行的。如果分成税收用于给整个地区带来总体效益的特定服务或设施，那么它们更有可能被公众接受。

本章所述的区域主义类型具有永久性的法律架构和效力，而且在很多方面优于自愿协作及合作（cooperation and collaboration）。自愿协作及合作的可行性和持续时间，取决于参与方加入和继续参与协议的意愿。虽然少数地区目前设立或制定了与上文所述相似的多功能地方行政区或税收分成计划，但一些大都市区对这些概念越来越关注。这些方式似乎可以合理地作为解决困扰大都市区的区域治理问题而不严重破坏现有分散化政府体制的典范。

注释

［1］ Richard F. Babcock, "Organizational Approaches I: Implementing Metropolitan Regional Planning," in Joseph F DiMento and LeRoy Graymer, (eds.), *Confronting Regional Challenges: Approaches to LULUs, Growth, and Other Vexing Governance Problems* (Cambridge, MA: Lincoln Institute of Land Policy, 1991), p. 82.

［2］ Ibid., pp. 84–85.

［3］ Arthur C. Nelson, "Portland: The Metropolitan Umbrella," in H. V. Savitch and Ronald K. Vogel, (eds.), *Regional Politics: America in a Post-City Age* (Thousand Oaks, CA: Sage Publications, 1996), p. 259.

［4］ Henry G. Cisneros, *Regionalism: The New Geography of Opportunity* (Washington, DC: U.S. Department of Housing and Urban Development, March 1995), pp. 21–22.

［5］ Christopher Leo, "Is Urban Sprawl Back on the Political Agenda? Local Growth Control, Regional Growth Management, and Politics," paper presented at the annual meeting of the Urban Affairs Association, Toronto, April 18, 1997.

［6］ Christopher Leo, "Regional Growth Management Regime: The Case of Portland, Oregon," paper in possession of the author, n. d.

［7］ Myron Orfield and Thomas F. Luce, Jr., "Governing American Metropolitan Areas: Spatial Policy and Regional Governance," in Catherine L. Ross, (ed.), *Mega Regions: Planning for Global Competitiveness* (Washington, D.C.: Island Press, 2009), p. 257.

［8］ Ibid.

［9］ Bernard Ross and Myron A. Levine, *Urban Politics: Cities and Suburbs in a Global Age*, 8th ed. (Armonk, NY: M. E. Sharpe, 2012), p. 260; Nick Christensen, "State Commission Unanimously approves UGB Expansion," *Metro News*, June 14, 2012, http://news.

oregonmetro.gov/1/post.cfm/state-commission-unanimously-approves-ugb-expansion [Accessed Feb. 19, 2013].

[10] Lincoln Institute of Land Policy, *Alternatives to Sprawl* (Cambridge, MA: 1995), p. 20.

[11] Bob Ortega, "Growth Controls Haven't Curbed All Ills in Portland Area," *Chicago Tribune*, Jan. 28, 1996, sec. 16, pp. 1, 6.

[12] Orfield and Luce, Jr., "*Governing American Metropolitan Areas*," pp. 255–257.

[13] Ross and Levine, *Urban Politics*, p. 225.

[14] Nelson, "Portland: The Metropolitan Umbrella," pp. 268–269.

[15] Substantial portions of this section are taken from David K. Hamilton, *Measuring the Effectiveness of Regional Governing Systems: A Comparative Study of City Regions in North America* (New York: Springer, 2013), pp. 98–106.

[16] P. Tennant and D. Zirnhelt, "Metropolitan Government in Vancouver: The Strategy of Gentle Imposition," *Canadian Public Administration*, 16(1973): 124–138.

[17] A. Artibise, K. Cameron, and J. H. Seelig, "Metropolitan Organization in Greater Vancouver: 'Do it Yourself' Regional Government," in D. Phares, (ed.), *Metropolitan Governance without Metropolitan Government?* (Burlington, VT: Ashgate Publishing, 2004), p. 206.

[18] Tennant and Zirnhelt, "Metropolitan Government in Vancouver," pp. 124–128.

[19] P. H. Wichern, "Metropolitan Government in Canada: The 1990s," in D. Phares, (ed.), *Metropolitan Governance without Metropolitan Government?*, p. 49.

[20] Artibise, Cameron, and Seelig, "Metropolitan Organization in Greater Vancouver: 'Do it Yourself' Regional Government," p. 210.

[21] Barbara C. Crosby and John M. Bryson, "The Twin Cities Metropolitan Council," in L. J. Sharpe, (ed.), *The Government of World Cities: The Future of the Metro Model* (Chichester, England: John Wiley and Sons, 1995), pp. 91–94.

[22] Ibid., pp. 94–95.

[23] Ibid., pp. 96–97.

[24] John J. Harrigan, "Minneapolis-St. Paul: Structuring Metropolitan Government," in H. V. Savitch and Ronald K. Vogel, (eds.), *Regional Politics: America in a Post-City Age* (Thousand Oaks, CA: Sage Publications, 1996), p. 219.

[25] Quoted in Crosby and Bryson, "The Twin Cities Metropolitan Council," p. 99.

[26] Quoted in Harrigan, "Minneapolis-St. Paul: Structuring Metropolitan Government," p. 219.

[27] Orfield and Luce, Jr., "*Governing American Metropolitan Areas*," pp. 252–256.

[28] Ibid.

[29] Harrigan, "Minneapolis-St. Paul: Structuring Metropolitan Government," pp. 214–223.

[30] Ibid., pp. 220–223.

[31] Orfield and. Luce, Jr., "*Governing American Metropolitan Areas*," pp. 259–270.

[32] U. S. Census Bureau, "Selected Population Profile in the United States 2011," *American Community Survey 1-year Estimates*. http://factfinder2.census.gov/faces/tableservices/jsf/pages/productview.xhtml?pid=ACS_11_1YR_S0201&prodType=table [Accessed March 23, 2011].

[33] John Brand and Ronnie Brooks, "Public-Private Cooperation for Urban Revitalization: The Minneapolis and Saint Paul Experience," in R. Scott Fosler and Renee A. Berger, (eds.), *Public-Private Partnership in American Cities: Seven Case Studies* (Lexington, MA: D. C. Heath, 1982), pp. 164–165; C. James Owen and York Willbern, *Governing Metropolitan Indianapolis: The Politics of Unigov* (Berkeley, CA: University of California Press, 1985), pp. 188–191.

[34] Myron Orfield, *Metro Politics: A Regional Agenda for Community and Stability* (Washington, DC and Cambridge, MA: Brookings Institution and Lincoln Institute of Land Policy, 1997), pp. 114–131.

[35] Orfield and. Luce, Jr., "*Governing American Metropolitan Areas*," pp. 252–256.

[36] Tax Base Sharing, www.nyslocalgov.org/pdf/Tax_Base_Sharing.pdf [Accessed March 14, 2013].

[37] William J. Pammer Jr. and Jack L. Dustin, "Fostering Economic Development Through County Tax Sharing," *State and Local Government*, 25 (Winter) (1993): 58.

[38] See the studies by Larry C. Ledebur and William R. Barnes, *City Distress, Metropolitan Disparities, and Economic Growth* (Washington, DC: National League of Cities, 1992); and H. V. Savitch, D. Collins, D. Sanders, J. P. Markham, "Ties That Bind: Central Cities, Suburbs, and the New Metropolitan Region," *Economic Development Quarterly*, 7 (November) (1993): 341–357.

[39] Pammer Jr.and Dustin, "Fostering Economic Development Through County Tax Sharing," p. 59.

[40] Orfield, *Metro Politics*, pp. 143–144.

[41] Worcester Municipal Research Bureau, *Considering Regional Government for Worcester– Part II: Proposals for Comprehensive Regional Governance*, Report No. 95–2 (Worcester, MA: Apr. 3, 1995), p. 12.

[42] Steven Dornfeld, "Tax-base sharing law gets a closer look in Twin Cities," *MinnPost*, Feb. 9, 2012, http://www.minnpost.com/cityscape/2012/02/tax-base-sharing-law-gets-closer-look-

twin-cities [Accessed March 13, 2013].

[43] Tax Base Sharing, www.nyslocalgov.org/pdf/Tax_Base_Sharing.pdf [Accessed March 14, 2013].

[44] Orfield and Luce, Jr., "*Governing American Metropolitan Areas,*" pp. 273–275.

[45] Orfield, *Metro Politics*, p. 163.

[46] Ibid., p. 87.

[47] David Peterson, Katie Humphrey and Laurie Blake, "Twin Cities Tax-share Program Receives Scrutiny," *Star Tribune*, January 31, 2012, http://www.startribune.com/local/138366989.html?refer=y [Accessed March 14, 2013].

[48] "Mayor Santos Defends Tax Sharing in the Meadowlands District," News Release, April 16, 2012. http://www.kearnynj.org/node/1112 [Accessed March 13, 2013].

[49] Tax Base Sharing, www.nyslocalgov.org/pdf/Tax_Base_Sharing.pdf [Accessed March 14, 2013].

[50] Ibid.

[51] "Mayor Santos Defends Tax Sharing in the Meadowlands District".

[52] Ibid.

[53] Michael Copley, "Outside Study Proposed in Meadowlands Tax-sharing Dispute," NorthJersey.com January 13, 2013, http://www.northjersey.com/news/186658851_outside_study_proposed_in_meadowlands_tax-sharing_dispute_dispute_may_get_legal_aid.html?c=y&page=3 [Accessed March 13, 2013].

[54] Eileen Shanahan, "Going It Jointly: Regional Solutions for Local Problems," *Governing: The Magazine of States and Localities*, (August) (1991): 72–73.

[55] William R. Dodge, *Regional Excellence: Governing Together to Compete Globally and Flourish Locally* (Washington, DC: National League of Cities, 1996), p. 164.

[56] Pammer and Dustin, "Fostering Economic Development Through County Tax Sharing," pp. 67–68.

[57] Allan D. Wallis, "The Third Wave: Current Trends in Regional Governance," *National Civic Review*, 83 (Summer/Fall) (1994): 290, 305–306.

[58] Cisneros, *Regionalism: The New Geography of Opportunity*, p. 24.

[59] "RAD Works Here," http://www.radworkshere.org/interior.php?pageID=16 [Accessed March 20, 2013].

[60] Dodge, *Regional Excellence*, pp. 303, 331–332.

第 10 章

合作式区域治理

合作式区域治理超越了第 7 章所述的协作治理的范畴，其中有非政府实体的参与。研究发现，在分散化大都市区内，有效治理需要私营和非营利部门的共同参与。大约从 20 世纪 90 年代开始，一种区域主义的新方式开始形成。众多地方政府的区域化改革倡导者改变了传统政府结构。他们不再提倡区域政府结构，而是将重点放在分散化地区的治理途径上；不再采用规范的方法重组地方政府以减少其数量，而是将重点放在区域治理方式的可行性预测上。先前关注的是地方政府结构，而现在的思路是只要能使地方政府的结构合理化，就能解决区域治理问题。

区域主义的新方式基于一种假设，即治理不是在真空中进行的。除了对地方政府公共政策及其实施有重大影响的政治领导人和公共管理者之外，还有其他重要推动力。这种方式的理论基础来自社区权力研究。引发这场运动的开创性研究是弗洛伊德·亨特（Floyd Hunter）在 1953 年发表的关于亚特兰大公共政策实控人的研究。他认为，一小群商业界精英在决定政策的过程中发挥了重大影响力。[1] 罗伯特·达尔（Robert Dahl）随后对纽黑文进行了一项研究，他认为，商业精英并非影响治理的主要因素。他的研究结果指出，城市决策较为多元化，根据具体政策问题，会有不同行动者和群体的参与。[2]这些理论引起了争论，并在此基础上提出了其他理论，以便进一步完善这些理论或提出新的理论。这里的重点是，这些研究表明非政府行动者对城市治理有重大影响。

其他研究主要考察城市经济的影响以及经济决策对城市政策的影响。城市规划师已经花费了一段时间研究政府与非政府部门在城市治理中的关系。政治经济学方法假设政治与经济之间存在相互依赖的关系，而且地方治理源于经济与政府角色之间的互动。[3]政治经济学家的主要研究重点是城市决策中政治与经济之间关系的性质。城市政权理论尝试解释这种关系。该理论反驳了一些政治经济学家提出的关于经济决定论的主张，并接受了城市政策制定源于经济与政治行动者之间复杂关系的概念。城市学家克拉伦斯·斯通（Clarence Stone）是城市政权理论的主要推动者。他提出城市政权理论的深层概念是控制政治进程的力量与控制经济的力量之间关系的中心地位。斯通写道："城市政权理论假设，地方政府的效能在很大程度上取决于非政府行动者间的协作以及州级能力与非政府资源的结合……实际情况是政府与商业活动是紧密关联的，政府与非营利组织的活动也是如此。"[4]

城市政权理论的支持者声称，城市政权是公共利益和私人利益共同制定和执行治理决策的非正式联盟。因此，城市地区的治理是公共与私营行动者之间非正式伙伴关系的一个合作过程。虽然有许多种其他政治经济学理论声称可以解释城市决策中政治与经济之间的关系，但城市政权理论是城市研究者提出的最完善、获得最广泛认同的理论之一。[5]

城市政权理论与区域治理

城市政权理论作为碎片化大都市区内区域政府的一种替代方案得到了认可和支持。区域合作是政体理论概念向区域治理的延伸。区域合作的主要基础概念与城市政权理论相似。这种区域治理形态被称作"新区域主义"①。新区域主义涉及的两个主要概念是公共政策制定和实施中的政府间协作以及与私营部门合作。基础的区域治理不需要私营部门参与。区域性服务的提供和政府自身的合作都不需要非政府部门的参与。但是，新区域主义不仅仅涉及地方政府间的协作，还涉及非政府组织与政府合作解决公共政策问题。

城市治理与区域治理之间存在一定的差异，在政体理论概念延伸到区域合作时引起了一些问题。实际上，政体理论在区域层面运用的主要缺点是缺乏有区域权力的传统政治制度，而这些制度是非政府部门结成同盟所需要的。此外，私营部门仍然将治理重点放在中心城区。[6]然而，有证据表明，随着企业继续向郊区分散，以中心城区为重点的情况正在转变。商业教授罗萨贝斯·莫斯·坎特（Rosabeth Moss Kanter）的研究发现，过去20年内，商业群体参与解决区域性问题的程度显著提高。另外，虽然私营部门与政界在城市治理方面的合作是过去几十年来的惯例，但是在大多数地区，这仍然是一个新概念。即使对于拥有公私合营历史的社区而言，也有证据表明合作并非贯穿始终。[7]

实际上，大企业定位于中心城区的传统已经被多个因素改变，包括企业总部和制造设施向郊区分散。虽然它们仍将重点放在中心城区的中心区上，但两者的关系已经不如以前那样紧密。汉森（Hanson）及其同事在研究了拥有《财富》500强公司总部的19个大都市区的企业公众参与情况后发现，主要企业的首席执行官对中心城区的承诺已经减弱。同样，这些企业高层管理者赖以工作或参与城市治理问题的公众组织也不如以前那么有影响力了。他们的结论如下：

（1）土生土长的大企业首席执行官越来越少，因此他们对城市的认同感较低。企业高层管理者没有太多的自主权和时间，无法单方面地参与公众活动。首席执行官越来越多地面临为董事会和股东创造业绩的压力。

---

① 本书下文将使用"新区域主义"和"区域合作"这两个可互换的术语。

（2）更多关注解决区域性问题，因为总部和设施分散在整个地区。临时高层管理者通常不居住在中心城区，因此与中心城区的特定问题相比，他们更关注和熟悉与其企业有关的区域性问题。他们的焦点可能更多地放在州和联邦问题上，而不在地方问题上。

（3）越来越依赖民间协会拟定议程、调动企业资源并为项目配置人员，强化了谨慎行动的倾向。协会的高层管理者都是雇员，因此不能像早年间本地企业的首席执行官那样掌握经济权力。公众协会的高层管理者必须依赖自身技能为自己的计划赢得支持，而且依赖于董事会和资助人的协议和行动才能取得业绩。

（4）首席执行官领导下的公众组织与区域组织的合并，增加了人们对区域主义的关注。区域组织的规模往往大于早年间企业巨头组成的小组织。这些组织的凝聚力较弱，但决策过程较为正式，因此行事较为谨慎。由于难以实施行动，因此许多首席执行官纷纷退出，并指派低一层级的管理者作为本企业在社团董事会和委员会中的代表，从而削弱了公众社团的权力。[8]

很多来自私营部门和非营利部门的社区领导人正在寻求经济和社会问题的区域性解决办法。因此，区域性解决办法的压力更有可能来自非政府领导阶层。由于商业界为合作式治理贡献了资源，因此新区域主义通常以经济为重点：通过一种综合性、功能性途径，强化本地区经济的有序发展。这种发展的主要关注点并非怎样提供需要采取区域性办法的服务，而是怎样为了整个区域的经济利益提供各种职能和服务。以经济为重点的新区域主义促进了基础设施问题的解决，例如，交通和社会问题、经济适用房和教育等。在某些情形下，可能仅为了解决一个问题而成立合作联盟，但同一批核心成员可能会参与多个单一目的的联盟，由此形成了相互关联的人际网络。这些成员会在一段时间内参与多个区域性问题的解决，这样即使是单一问题也会获得广泛的关注。

新区域主义的特征

如上所述，新区域主义同时涉及协作及合作。协作问题已经在第 7 章探讨过，协作要求各政府共同努力提供某项服务或解决某些区域性问题。如第 7 章所述，协作多年来成为很多州替代性服务的提供方式。然而，在过去几年里，由于地方政府面临进一步财政紧张，以及公众抵制增税，这类问题的发生概率显著提高了。

新区域主义不仅仅是协作，公私合作也是其中的一个主要组成部分。合作是指多个部门独立行动者的共同参与。合作概念适用的前提是公共与私营部门的行动者为了共同利益一起努力，同时，任何一个行动者一般都无法独自实现目标。展开合作是自愿行为，而且任何一个行动者都不完全对合作负责，也无法获得全部利益。合作治理的一种定义是在以共识为导向的集体性审慎决策过程中，涉及一个或一个以上机构与一个或一个以上非政府实体合作，以制定或实施公共政策、管理公共计划或资产的治理安排。[9]

约翰·多纳休（John Donahue）教授将合作描述为"公共与私营行动者的共同努力，其中每个行动者都拥有一定的自由裁量权，从而实现在传统上被视为政府的目标"。根据多纳休的说法，合作是公私合伙制度的一部分，但合作的含义更加准确，因为后者"从城市垃圾运输合同到全球扶贫协定"无所不包。[10]戴维·温（David Warm）教授认为，虽然协作涉及两方或多方相关者以互惠互利的方式进行，但合作涉及共有责任和奖励、协同努力，从而实现无法独立实现的目标。[11]

在地方政府的背景下，合作往往与社交、协调及协作等概念混淆或互换使用。其实合作的含义更广，它涉及跨越制度边界的合作，以一种密切关联的方式让外部个人和实体参与进来，从本质上改变了决策或服务提供的过程。协作涉及相关的两方或多方以互惠互利的方式一起努力，而合作实际上需要在共同努力的过程中将创意、专长、知识及其他资源结合起来。合作本身并非目标，而是实现无法独立实现的目标的一种手段。[12]新区域主义中的协作与合作是相辅相成的。合作实现了协作，进一步又实现了更深层次的协作与合作。因此，合作不仅解决了更广泛的区域政策问题，而且通过行政手段共同实施了相关政策。虽然协作及合作分别对应不同的过程，但都应存在于新区域主义中。

艾伦·沃利斯（Allan Wallis）对合作治理或新区域主义的主要特征描述如下。

（1）治理与政府。如今，区域主义的倡导者往往采用治理而非政府这个术语。术语的变化反映了治理重点从正式的结构安排转变为设定目标和发起行动的非正式结构与流程安排。在某种程度上，不再强调政府，即承认公众反对会实际上产生新一级政府的改革。

（2）跨部门与单部门参与。有效承担区域主义的责任不再被视为主要属于公共部门的职责。正如术语从政府改为治理所示的那样，它需要营利和非营利部门的积极参与，而且它们要经常与公共部门合作。每个部门都有独特的能力和特定的正当行动领域。跨部门安排可以让它们组合起来更有效地开展工作。

（3）合作与协调。区域主义过去的一个主要目标是提高公共部门规划和行动的协调程度。如今，区域治理的跨部门特征更强调合作而不是协调。其目的不仅是知道其他方在做什么，还包括做出适当的安排来调动各部门的独特能力和正当行动，从而完成具体的区域性任务。

（4）过程与结构。鉴于合作的重要性，应将新的重点放在过程而不是正式的结构安排上。虽然以往的过程对应的目标是数据分析和规划，但目前推进的过程的重点是制定区域远景和目标，在关键利益相关者之间形成协商一致的意见，并最终利用资源实现目标。

（5）网络与正式结构。对合作和过程的进一步重视也表明了这样一个事实——区域主义是通过网络式组织而不是正式结构运转的。任何时候网络中的组织都反映了所实施的具体任务或项目。不过，这样的网络往往拥有稳定的核心相关方，他们都非常关注特定战略领域。[13]

那些主张通过一种新区域主义方式来解决分散化大都市区治理问题的人士更加注重过程而不是结构。他们通过包含一切的过程寻求区域治理解决方案，其中包括私营和非营利部门通过与政府合作来解决区域性问题。通过涉及具有广泛代表性的本地区领导人的问题导向过程，他们希望就区域性问题达成一致意见，并采取行动。新区域主义者承认合并地方政府或设立一个广泛的新大都市政府的传统改革建议已不再合适，原因有以下两点：① 对大规模政府的弊端有了进一步的认识；② 地方抵制新政府机构的设立。

新区域主义运动的目标不一定是建立永久性结构或将权力集中在一个结构中。相反，其目的是建立一个流程，以便对区域性问题进行决策、协商本区域各政府之间的协作安排，并在必要时引入州级立法，以实施区域性解决办法。这个过程并非一次性努力就可以，而是持续性的，并将重点放在区域治理问题上。这种改革的支持者希望，随着时间的推移向本地区灌输区域主义及协作文化，而且政府领导人和居民能够认识到建立相应区域结构的智慧。

与过往区域治理的一个主要区别是，私营部门直接与政府合作以推动区域治理。一直以来，私营部门通过多种组织，例如经济发展委员会和改善政府协会，支持区域政府改革。然而，这些组织通常在改革问题上与政府保持不过度亲密的正常关系。这是因为他们支持撤销大多数地方政府，而这一立场显然不受地方政府大部分政治家的欢迎。在新区域主义运动中，商业界领导人正努力在区域治理问题上与政府密切合作。这种合作通常建立在强化本地区经济发展要求的基础上。其重点并非服务提供的效率、效果和公平性，而在于解决阻碍本地区经济活力的区域性问题，例如环境、交通、就业机会和住房问题。正如第 2 章所探讨的，这些问题越来越多地被视为必须在区域层面上加以解决的紧迫性问题。经济发展问题也是如此。同样，非营利组织从社会服务的角度关注区域治理问题。他们关注的是促进整个大都市区的社会公平和平等参与。[14]

基本的区域治理不需要私营部门参与。区域性服务的提供和政府自身的合作都不需要非政府部门的参与。但是新区域主义不仅仅涉及服务提供。除了服务提供以外，合作式区域主义还涉及区域政策问题的解决。治理问题涉及区域发展问题和政策的制定与实施，但如果没有非政府部门的参与就无法妥善解决。于是，公私同盟成为新区域主义的一个重要组成部分。这是一个无等级结构的合作过程，涉及公共和私营部门的参与者。参与者承诺在解决问题的过程中建立共识，并实现共同领导。参与者始终有其自身利益，但通常会通过群体协同来共享自身缺乏的影响范围、专长领域和正当行动。因此，合作努力的过程是由每个参与者通过相互参与而感知到的优点维系的。[15]

政府领导人的关注决定了方方面面的运行，从推动社区经济发展、提供适当的服务到维持或提高居民生活质量。政府领导人日益认识到，需要相互合作，并与私营和非营利部门合作，才能有效实现其目标。因此，每个部门在区域治理协作中都有自身特定的利益。为了实现这些利益，他们必须心甘情愿地共享权力和资源。

合作和区域治理

如前文所述，区域合作式治理建立在这个认识的基础上：分权化、多中心体制中的任何一个政府都不能有效地应对区域挑战。要想顺利解决区域性问题，所有相关方的参与至关重要，而且积极的协作行动很可能比自上而下的消极命令更有效、更持久。此外，这场区域主义运动领导者认识到，创造性方式与充分授权优于高压的科层式手段。只有将重点放在实质性问题而不是结构或过程上，才更有可能真正解决区域性问题。[16]

新兴的区域治理不同于 20 世纪 60 年代到 70 年代的区域委员会运动。20世纪 60 年代到 70 年代的委员会并非协助解决区域性问题的组织，而是通常被本地区地方政府视为联邦政府的延伸，是联邦拨款计划的经办者和把关者，在某种程度上也被其视为对手。虽然这些看法仍然存在，但是已不那么普遍。区域机构如今越来越多地被视为解决区域治理问题的工具。20 世纪 60 年代到 70年代的一大重点是通过区域委员会获得联邦拨款，而不是解决区域治理问题。主要由地方政府代表组成的委员会遇到了权力影响范围的问题，各成员国政府经常担心协作会导致自身权力的损失。当前的合作及协作更多地涉及问题的解决，其中的参与者设法实现积极合作。由于各国政府面临着提供良好服务但不增加资源消耗的压力，因此新区域主义运动更多的是满足迫在眉睫的需求，而不是领地守成的需求。[17]

对大都市区之间相互依赖及合作必要性的深入认识，促进了与私营和非营利部门的合作，强化了地方政府间的协作精神。这一点在经济发展中表现得尤为明显。一度占据主导地位的重工业及广泛的设施投资，正在被流动性较强的服务企业和高科技企业所取代。在工业化时代，一家企业对某个区域的承诺往往通过资金的获取、总部的选址以及对固定设备设施的大量投入得到强化。现在，一家企业的厂房设施、资本和总部很可能位于另一个大都市区甚至不同国家。厂房和设备投资也不像以前那样庞大而固定了。企业要想在日益流动和全球化的经济环境中保持竞争力，整个区域内公共服务的充分性和质量是吸引和保持发展的重要考量因素。支持发展的服务提供和区域设施的选址也需要合作及协作。[18]

关系对于合作至关重要。在合作环境中，协商、迁就和妥协至关重要，只有建立信任才能取得成功。如果各方相互信任，那么合作参与方担心其他组织真正动机的可能性就会小得多。相关方之间的信任也会让他们更容易达成一致意见和相关行动方案。由于合作绝不是一件轻松的事情，因此团队成员需要很强的相互信任感，才能让事情顺利推进。此外，发生危机时可能没有时间就领头人的人选问题达成一致意见。如果已经建立了关系，那么更及时地解决棘手的问题就会容易得多。[19]

合作是一个非分层过程，其中各方作为相对平等的决策参与者进行协商。由于所有参与者享有同等的地位，只有致力于建立共识才能取得成功。成功开展合作，除了出于整体利益摒弃狭隘利益的宗旨之外，没有其他秘诀。在没有分层结构和总体机关的新区域主义下，需要一种新的领导形态和一种不同的政策制定方式。这些人并非传统意义上拥有高于他人的职位权力的领导人，而且不应当从特定解决方案中获益，需要在协作与合作的环境中做出决策。协调人不能与可从拟议解决方案中获益的特定政府或私营或非营利企业存在关联。换言之，他们的议程只能是推动合作过程，以达成双方相互认可的解决方案。达成共识并克服独立成员的反对，对于采取符合整体最大利益的行动至关重要。在无人负责的环境中，企业需要通过有进取心的领导阶层来实现有效的治理。戴维·克里斯里普（David Chrislip）和卡尔·拉森（Carl Larson）在合作式领导人的研究中确定了成功的区域合作所需要的环境：参与者来自公共和私营部门以及广泛的社区。他们并不是某个组织的成员，而是来自许多不同的组织和机构。他们的培训、经验和价值观差异显著。他们代表了许多不同的价值观。在需要合作的情形下取得成果的策略并不明确；对于问题本身、可能的解决方案，甚至怎样推进并没有统一的认识；领导人依赖群体来处理问题的实质。他们的任务是保证这一过程是富有建设性的，且能取得成果，而不是将他们自身对集体问题的回答强加给别人。他们面临的问题只有经过群体商定才能得到解答；答案必须来源于相关方之间的互动。[20]

怎样才能成为一位成功的合作式领导人？在一项研究中，确定为成功合作者的人士，被问到他们认为成为成功的合作式领导人需要具备哪些特质，他们首先表示，合作式领导人必须具备必要的个人特质，其中主要特质是思想开明，然后是耐心。其他重要但较少被提及的特质包括自信、愿意承担风险、处事灵活、大公无私和持之以恒。除了个人特质之外，还包括人际交往技能，包括善于沟通、善于聆听和善于与人相处、合作。群体过程技能排名第三，包括有效谈判、促进和通过合作群体解决问题。战略领导能力也很重要，包括在制定目标、结构、投入和行动的过程中阐明远景和进行战略性思考以达到合作目的。[21]

合作式领导人与非合作式领导人相比较的一个典型案例是卡特里娜飓风灾害事件的处理。卡特里娜飓风席卷新奥尔良时，联邦应急管理机关（Federal Emergency Management Agency, FEMA）的局长是迈克尔·布朗。联邦应急管理机关在他的领导下表现不佳，于是萨德·艾伦取代了他来收拾残局。布朗辩称，他无法控制不在他正式控制范围内的其他机构。没有明确的权力边界，而且各级政府未能对其活动进行协调。相反，只有零散的政府应对，受繁文缛节、相互推诿和权力斗争的束缚。由于没有提前制定规划，因此没有人负责总体的协调应对。

布朗控制了最多的资源，但是无权指挥其他救援机构的牵头机构，他忽略了在有多个利益相关方参与的情况下成功解决问题的关键要求。他需要带头与多个其他机构结成伙伴关系，并开展合作以应对这场灾难。他没有以合作的方式进行领导，而是以一种分层的孤岛思维进行回应。相比之下，萨德·艾伦采取了一种非政治的合作方式来处理卡特里娜飓风的余波。他没有卷入与州长或新奥尔良市长的相互指责中，而是安静地与他们建立了工作关系，并让他们参与了清理计划。他与利益相关方召开了规划会议，并对各组织的行动进行协调，以获取清理计划所需的资源。合作和充分沟通成为他在卡特里娜飓风清理工作中取得成功的关键。布朗和艾伦领导风格的鲜明对比，反映了官僚等级式与合作式之间的主要差别。[22]

除了巧妙地推动成功区域合作以外，合作过程还必须取得成果。如果相关群体的行动无法取得成果，那么他们很快就会失去兴趣和动力。对于希望在过程中获得发言权的参与者而言，行动导向型群体会降低他们的参与程度。合作过程必须包含所有相关方才能取得成功。过程参与必须拥有广泛的基础和包容性，而不是排他性。虽然包容可能引入偏离正常轨道的议程，但如果将成功合作所需的群体排除在外，那么合作失败的可能性就更大。[23]

战略性合作取得成功的机会最大。通常情况下，一群善意的参与者开始合作时往往对合作的目的、结构、流程或结果事先考虑不足。这反映了他们试图"胡乱应付"就想取得良好结果的心态。这样的合作偶尔也会产生良好的结果，但结果往往不可持续。协作应当是有明确目标以及一致规则和程序的。参与者应是经过仔细选择的，应当全心投入这个过程，应就问题达成基本一致的意见，并努力寻求解决方案。参与者应当愿意开展跨界协作，而且领导者善于达成共识。[24]

合作中的问题

对公私合作的一种主要批评意见是，公私部门在合作中是不平等的。泰斯曼（Teisman）和克利因（Klijn）声称，虽然公私合作伙伴之间的互动增强了，但是很少共同做出决策，而且协作的连续性不足。实际上，虽然各方进行了很多对话，但这种伙伴关系并不真正平等，而且不同于私营部门中共同决策的合资企业。这种公私组合仅限于参与者来自两个不同方向。公共部门是政治性、分层的运营体制，而私营体制是由市场驱动的。虽然可能会有一定程度的共同决策，但政策的最终决策和实施方法是由公共部门决定的，因此这种伙伴关系都是不平等的。另一个担忧是搭便车问题。在某些情况下，政府置身于协作及合作安排之外时，仍然可以获得利益。[25]

新区域主义的另一个问题是，它主要关注经济发展，而其他问题可能无法得到充分重视。虽然促进经济发展的活动会在一定程度上影响社会问题，例如经济适用房、新的就业中心或适合通勤或货物运输的交通系统，但重点并未放在社会问题上。社会问题可能无法获得全面关注，因而无法有效地被解决。此外，社区组织的目标往往与商业界主导的经济发展活动不一致，例如增长管理和环境保护。这个问题仍然存在。比如，有重大商业影响力的新区域主义在筹划怎样有效地将其影响力扩展到经济发展之外的社会问题解决中。罗斯（Ross）和莱文（Levine）提出，新区域主义在经济发展领域之外的成果微乎其微。[26]

合作计划产生的最重要的公共利益是就业机会的增加，但是就业机会总体上要么是临时的、低薪的，要么是无法提供给本地区内最需要的人。[27]合作活动中私营部门的目标是让公共部门推动私有部门的发展。批评者认为，如果居民能从就业机会增加、低税率或服务改善中获益，那么这也许是一个值得努力的目标。然而有证据表明，整个区域并未均等地享受这些利益。市中心发展创造的大部分就业机会通常需要很高的教育程度或技术水平。这类就业机会大量被无须政府补助即可就业的郊区或城市居民占有，对总体繁荣程度的贡献很小，因为发展活动在贫困的汪洋中形成了繁荣的孤岛。[28]

城市再开发有利于市中心而不是普通社区，更有利于高教育程度者而不是技能缺乏者。[29]对城市改造集中在市中心的一种主要批评是本地区的其他需求往往无法得到充分满足。例如，研究克利夫兰大力宣传的复兴运动的学者批评道，公私合作没有充分解决制造业的衰退，这给未来发展蒙上阴影，也未能充分解决贫困和种族歧视抬头的问题。[30]此外，批评人士指责道，公共部门的参与可能会扭曲私人市场，从而有利于一些私营企业，但不利于另一些企业。还有人担心，政府有可能承担被质疑的风险，而这些风险可能最终由纳税人买单。最后，为了急切地推动私营部门发展，以实现某种公共目标，可能会牺牲公共卫生、安全和福利目标。与私营部门的任何合作活动都不应妨碍政府保障公众福利的义务。政府不应不恰当地侵占私人资源，或者以牺牲其他私营组织的利益为代价给予特定私营组织不必要的利益。[31]

私营部门的参与及其在公私合营企业中的主导作用，引出了关于民主和问责制的重要问题。究竟这些决策机构中谁的利益得到了代表，而谁的没有？①私人开发商、商业界领导人和商业界主导的民间组织往往主导了特区和新区域主义计划。邻里组织较为松散，与政治制度的联系不太紧密，而且它掌握的资源较少。与商业界相比，邻里组织在影响公共政策时有着明显的劣势。拉丁裔和非裔美国活动家在是否支持新区域主义的问题上犹豫不决，因为他们担心新区域主义可能对少数族裔社区的很多需关注事项都不敏感。[32]

总之，合作面临很多制度和政治障碍，包括合作者目标和使命的冲突、僵化的行政和法律程序以及有限的财政资源。不完整的合作法律基础引出了关于权力、透明度和问责的问题。合作式治理的背景未必能很好地平衡私人利益与公共权力。关键利益集团可能缺乏代表，而合作过程可能会使决策偏向资源最多的参与者。合作可以成为推动自利性目标实现的途径。[33]作为对批评者的回应，法学教授朱迪思·韦格纳（Judith Wegner）认为，州级法律和判例法的法律框架可以阻止政府在推动私营部门发展的过程中越界。政府涉足私营部门必须有明确的公共目的。另外，政府在公私合营项目中提供税收优惠或资源支出的权力，受正当程序要求的严格监管。选民公投往往为公众批准对公益事业有潜在影响的公私合营项目提供了机会。[34]

虽然可以通过这些法律法规来保障公私合作中的公共利益，但关于根本性利益冲突的担忧仍然存在。政府利益不同于私人利益，而政府的监管角色与促

---

① 针对大都市级别的特区也可以提出几乎相同的问题。

进发展的角色存在冲突。[35] 显然，政府需要由商业界提供投资、就业机会和税收，而商业界也需要政府提供公共服务并建立发展标准。然而，目标与需求之间存在偏差。社区会遇到信息不对称，因为它对企业目标和需求的了解程度低于企业对社区事务的了解程度。因此，合营企业中私营部门有信息优势。同时，大企业可以通过公私合作扩大影响力，从而获得或维持相对于小企业的优势。[36] 无论如何，公共部门的激励措施给合作企业带来利益，其公共服务成本会转嫁给没有参与协作项目的消费者和企业。

但是在一些案例中，公众组织有效地建立了伙伴关系和区域联盟，以实现与经济发展无关的目标。例如，俄亥俄州的一个区域联盟，自称为"第一郊区联盟"，与农民一起支持《农业保护法》，旨在通过限制城市蔓延和保持旧社区的活力来保护农田。再如，教会组织和非营利组织组成了一个联盟，迫使明尼苏达州政府通过了一部关于区域公平份额住房和社会正义的立法。在俄勒冈州，环保人士、农民、市中心商业利益集团和社区活动家组成了一个联盟，以支持保护波特兰大都市区绿地空间和农业用地的增长管理措施。[37]

促进成功合作的要素

合作可以由公共或私营部门发起。合作成功的关键是公共和非政府领导人愿意合作、有适当的公众基础结构来推动这个过程，而且其中一方的领导人主动发起这个过程。公众基础是支持和维系区域协作的必要体系。即使有了强大的公众基础，双方还必须有领导人来推动公私区域的合作。如果公共部门领导人不准备协作，那么公众社区开展合作的意愿将化为泡影。[38]

对于商业企业来说，在关系网环境中似乎也能有更好的表现。对分别在封闭环境和关系网环境中的相似企业的一项研究，为区域合作和网络化关联在推动发展中的价值提供了支撑证据。研究的地区为波士顿128号环城公路地区和加利福尼亚州的硅谷。这两个地区当下的就业率与1975年几乎相同，在战后军费支出和大学研究方面有着共同的渊源，而且深度参与了计算机相关行业。虽然它们在 20 世纪 80 年代都经历了衰退，但硅谷很快复苏，而波士顿 128 号环城公路地区仍在继续努力以扭转衰退趋势。安娜-李·萨克斯尼恩（AnnaLee Saxenian）教授提出，这两个地区的不同经历源于当地企业的不同经营环境。她指出：硅谷拥有网络化的区域工业体系，促进了多个相关技术领域专业生产商之间的相互学习和相互调适。本地区密集的社会网络和开放的劳动力市场鼓励创业和其他实践。各企业在激烈竞争的同时，通过非正式的沟通和合作渠道相互了解市场和技术变化。松散型团队结构有助于促进企业各部门之间以及与外部供应商和客户之间的横向沟通。在网络化体系中，企业内部的职能边界较为松散，各企业之间以及企业与本地机构（例如行业协会和大学）之间的边界也是如此。相比之下，波士顿 128 号环城公路地区的企业大多为自给自足型，实现了广泛生产活动的内部化。保密和企业忠诚计划规范着企业与其客户、供应商和竞争对手之间的关系，从而强化了促进稳定和自立的地区文化。企业层级体系保证了权力的集中化，而信息往往垂直流动。在这个独立的企业体系中，社会和技术网络主要局限于企业内部，而各企业之间以及企业与本地机构之间的边界则清晰得多。[39]

有活力的公共部门

为了实现商业界与政界之间的成功合作，商业部门必须组织有序。在政体理论中，有活力的公共部门是非政府行动者影响公共政策的一个重要工具。[40]这也是新区域主义的一个要素。政治学家罗伯特·帕特南（Robert Putnam）在对意大利区域政府的研究中发现，公众网络对于区域治理非常重要，因为它们可以促进不同群体之间的沟通和互动。公众参与克服了相互怀疑和不信任的障碍，在解决社区问题过程中改善了与社区有关的行为及协作。共同利益基础上的公众参与超越了狭隘的自身利益，并推动了有利于整体的合作行为。[41]例如，正因为如此，保护组织在满足成员特定需求的同时，也在湿地保护方面服务于更广泛的社区。但相互竞争的利益集团组成的网络会平衡保护组织与经济发展推动组织的各自利益。因此，良好的公众参与将讨论提高到超越各政府边界的更高水平，而且平衡了各组织的狭隘利益。

其他研究[42]表明了公共部门作为政府与商业界之间中立地带的重要性，人们可以在这里讨论问题并建立关系，而不受政治边界和直接商业议程的干扰。公众机构的领导者往往曾经是成功的政治家或企业高层管理者，在商业界和政治领导人当中拥有公信力。他们能够将各个相关方召集起来推动决策的讨论和实施。公众机构还能作为中立的第三方提供人员支持并开展研究，使问题提上公共议事日程。文献资料中有很多实例，表明许多棘手的区域公共政策问题能在中立公众机构的斡旋下得到成功解决。[43]

经济发展委员会对公私协作的一项研究得出的结论是："公众领导人——那些关心所在城市并愿意且能够采取行动的人——是公私协作的推动力，可以成为战胜强大破坏性力量的工具。"这项研究认为，有活力的公众基础结构具备如下要素：① 积极的公众文化，根植于对整个社区的现实关怀，并鼓励公众参与；② 切合实际且普遍认同的社区愿景，在考虑社区未来前景时考虑了优劣势；③ 作为组成部分的有效民间组织，将其成员的自身利益与社区的广泛利益结合，并将双重利益转化为有效的行动；④ 重要群体之间的网络，促进了每个重要部门领导人之间的沟通，而且有助于调解相互竞争的利益集团之间的分歧；⑤ 培养公众企业家的意愿，这些公众企业家能够将自身的知识、想象力和精力投入企业中，从而造福社区；⑥ 保持政策连续性，包括适应不断变化的环境，从而大大降低不确定性，增强对单个企业和集团企业的信心。[44]

私营部门领导

在城市政权研究中，商业部门发挥了重要甚至是主导性作用，而建立有效的区域政权也必须有商业界的领导。商业界发起和支持的合作式区域主义要想取得成功，私营部门的领导者需要持续参与以推动公共政策问题为目标的伙伴关系以及公众机构的发展。商业界领导人一般通过公众机构提供财政支持，并积极加入机构董事会和委员会来施加自身影响。公众机构必须被视为中立的，不偏向这个过程中涉及的个人利益，而且不能与可从拟议解决方案中直接获益的特定政府或私营或非营利企业存在关联。它们的任务只是推动合作过程，从而针对公共政策问题达成可以相互接受的解决方案。

凯瑟琳·福斯特（Kathryn Foster）和戴维·亨顿（David Henton）及其合著者主张，私营部门领导者的利益往往是区域治理合作的推动力。由于他们确定了议程，因此他们的问题反映了私营和非营利部门的利益，包括经济发展、服务成本和质量以及地区间差异。福斯特提出，公共部门领导者对本地区关注较少，而企业、公众和学术领导者对本地区关注较多。他们一般将自身利益视为地区性利益而不受政治边界的约束。[45]哈佛大学的罗萨贝斯·莫斯·坎特教授主张，商业群体越来越多地被公认为支持采用区域性方法解决经济发展问题的主要力量。她将这些商业群体称作"影子政府"，并写道：很多地方理所当然地认为没有商业界的参与就无法解决大都市区问题，而且很多非正式或非官方公共领导角色已经转移到私营部门，印证了经济凌驾于政治之上的这个假设。[46]

危机还是机遇

关于政体的实证研究表明，往往需要危机或机遇才能激励私营部门参与公共政策的制定。明确的危机会动员商业界以及本地区政治领导人和居民共同寻求可接受的解决方案。如果没有发生危机或未出现诱人的机遇，新区域主义计划取得成功的可能性就会大大降低。实际上，危机或机遇只有吸引了社区领导人的注意，才能让他们投入时间和精力寻求解决方案。文献资料中的实例通常是社区领导人如何应对经济发展危机。[47]但商业界偶尔也会对机遇做出回应，例如亚特兰大和盐湖城的城市和郊区商业界及政府领导者合作举办奥运会。由于需要合作才能成功地举办奥运会，因此领导者建立了关系网络来解决本地区面临的区域性问题。

广泛的社区参与

如果采取有广泛基础的同盟形式，那么区域公私合作就会更加成功。实证研究中有很多案例证明了广泛的社区支持对于区域治理计划的成功实施具有重要作用。在匹兹堡，作为商业组织的阿勒根尼社区发展会议召集了社区各部门领导人组成广泛专门小组，研究公共问题、提出建议并推动建议被采纳。在印第安纳波利斯的体制改革中，女性选民联盟和商会在将改革问题提上公共议事日程的过程中发挥了重要作用。大印第安纳波利斯进步委员会，代表社区各界的两党公众组织，也许是政府支持的众多研究组织当中最成功的一个。这个组织已经正式成为公众社区的一个重要组成部分。[48]

拥有强大公众基础结构并在建立区域治理机制上取得巨大成功的另一个地区是双子城地区。双子城拥有众所周知的民间组织，例如城市联盟、美国大学妇女联合会、城市发展联盟、联合基金和女性选民联盟，但也有几家独特的组织，它们能让商业界领导人频繁而持续地参与公共事务。公众联盟是全国最成功的商业导向型私营公众研究组织之一。

公众联盟成立于1952年，是热心公益的双子城商人对公共问题经过多年非正式讨论的成果。从20世纪60年代初开始，公众联盟的主要任务一直是确定和研究重要问题、评估可能的应对措施并推荐首选的解决方案。愿意缴纳象征性年费的任何人都可以加入公众联盟——目前约有3 000位个人成员以及600家支持企业和基金会。[49]

公共部门在区域合作中的参与和支持

如果没有政界的参与和支持，商业界就无法成功地实施区域议程。但如果没有商业界的支持和压力，那么政界很少会关注区域导向。显然，商业界要想尽可能地扩大对区域治理问题的影响力，必须有一些公共部门领导者愿意与私营部门合作，而且能够影响公共政策。然而，主要问题是区域层面普遍缺乏对地域范围有管辖权、与市政府相似的政府结构。如果没有这个结构和建立区域选区的必要性，政治领导人对区域性问题的投入就会减少，从而加大了建立同盟的难度。由于缺乏区域政治支持者，商业部门在发起新区域主义行动过程中的重要性也得到大大提升。

政治领导人越来越多地认识到发展和治理问题已转向区域层面，而且他们的权力在边界之外受到限制，除非他们能统一起来共同行动。另外，商业界领导人急于让政治领导人加入伙伴关系，因为他们认识到，自己的企业只有在一个关注生活品质和发展问题并且治理良好的地区中，才能更好地参与全球竞争。公共部门与非政府组织合作的案例有很多，例如伊利诺伊州皮奥里亚地区，这是一个有活力、富有前瞻性、治理良好的地区，但不为人所知。这里建立了一个公私合作组织，对本地区的未来发展进行规划。一家大企业——卡特彼勒的副总裁与皮奥里亚市市长和公共学区负责人共同担任联合主席。皮奥里亚公众联盟由本地区的大企业组成。这一合作组织拥有广泛的基础，并通过专门小组对地方政府服务、公共教育、文化和旅游、经济发展和交通运输进行研究并提出建议。[50]

一般来说，政府领导人关注区域性问题，因为这些问题影响到他们所在的城镇。有可能需要全地区参与的区域性问题包括为社区引入经济发展动力、提供适当服务以及保障或提高居民生活质量。虽然一些联邦和州级政策有可能推动区域规划落地及地方政府间协作，但各级政治家一般会规避区域治理问题，除非公众支持特定问题。[51] 几乎没有诱因促使联邦、州级或地方政治领导人参与区域治理问题，因为缺乏区域选民的支持。实际上，区域性治理方式的支持者往往因自身行为而遭到攻击。例如，迈伦·奥菲尔德（Myron Orfield）在推动双子城区域治理的过程中受到言语攻击和多次威胁。[52]

实际上，政治领导人参与区域同盟的必要性往往超越了地方政治领导阶层。重大发展计划往往要求私营部门领导者与州级和州立特区的政治领导人进行合作。对芝加哥三个重大经济发展项目——芝加哥申办 1992 年世界博览会、芝加哥白袜队新体育场建设和海军码头改造的分析中，詹姆斯·史密斯（James Smith）教授证明了重要公共机构对于每个项目成功的重要性。实际上，他在分析中发现，私营部门领导者在建立同盟的过程中不仅仅与城市政治领导阶层合作。州长、州政府其他领导者和行政人员以及特殊功能机关的领导者在这些项目中发挥了关键作用。[53] 州级和区域特殊机关，在一些情形下还包括县级机关（请参见第 8 章和第 9 章），越来越多地加入了区域治理同盟。拥有区域权力的政府的参与，会提高区域治理的有效性和持续性。这些政府为区域治理计划提供了政治正当性、资源和持续关注，而且提高了本地区区域主义问题治理的透明度和重要性。最后，如果州政府成立了负责区域治理的综合性政府机构，那么这个机构就能形成区域远景和认同，并使区域性问题解决过程制度化。

有效的区域治理最终需要政府参与。独立组织的区域同盟是暂时性的，依赖于行动者的合作意愿。著名区域主义者戴维·腊斯克（David Rusk）和尼尔·皮尔斯（Neal Peirce）主张，有效的区域治理最终需要某种正式结构。腊斯克认为区域政府有多种实现路径。虽然他认为大都市区最直接而高效的路径是充分授权县政府并撤销城镇，但这并不是唯一的路径。此外，腊斯克指出，未设立县政府的新英格兰地区各州没有这个方案。皮尔斯强调，有必要让所有区域参与者，包括商业群体、非营利组织、公众组织、大学、基金会等，参与地区性问题的解决，而且他们通过与政府的群体性合作形成本地区的治理结构。但他也提出了一个问题，有没有一条不需要某种总体结构就能实现区域治理利益的中间道路？我们反复地被迫接受这样的结论：一个地区必须建立某种形式的综合性区域治理结构。

对他而言，没有其他途径能让一个地区实现"清晰的共同治理，并具备进行战略规划和整体行动的能力"。[54] 总之，以下要素推动了区域合作以实现有效区域治理。

（1）必须出现机遇或危机。但机遇或危机本身不会使持续的区域主义计划永久化或持续下去。

（2）商业界最高领导阶层必须发起行动或在行动发起后积极投入其中。商业界领导阶层必须投入大量的时间和资源保证行动的成功。

（3）必须有活跃的公共部门来推动网络建立和共享。

（4）必须有一个公众机构在行动中带头。公众机构应当得到商业界领导阶层的全力支持，而且机构领导者必须与地方和州级政治领导人建立良好的工作关系。公众机构应当拥有足够的人力资源，引导和推动行动过程，以行动为导向而不只是编制报告，监督行动计划的实施。作为行动过程的推动者，这个机构必须保持客观而不是倾向于特定的解决方案。行动过程不能被视为由商业界或中心城区主导。

（5）本地区其他领导者和公众的广泛参与，对于区域主义计划的成功实施至关重要。社区内受这些问题影响的所有地理区域和部门都应当参与提出解决方案的协商过程。

（6）整个地区的政治领导人必须积极参与这个过程，以获得政府的支持。

政府间协作及合作的增加

作为区域治理的新方向，政府间协作以及与私营部门合作解决区域性问题在很多大都市区赢得了一席之地。虽然地方政府以前彼此疏远，只有被危机、州政府命令所迫或者为了获得联邦或州政府拨款时才会合作，但是政治界和公众领导人现已开始主动发起协作行动，并更多地与非政府部门接触。提倡用区域性方法来解决城市问题的顾问（例如戴维·腊斯克和尼尔·皮尔斯）、学术界人士和其他人的著作，以及中心城区与郊区状况的恶化（参见第 2 章），都成功地吸引了对区域合作及协作的重新关注。[55]大都市区成功合作的案例也有助于让人们关注这个治理形态。下文列举了几个实例。

以前持敌对或谨慎态度的国内大都市区表现出协作精神。例如，波士顿市市长成功游说州政府建立了大波士顿市政协作委员会，以促进地方政府间的协作。在圣路易斯县郊区，销售税分成计划正式被纳入法律。北卡罗来纳州夏洛特在合并市县政府职能的过程中取得了巨大的成功。[56]协作精神引发了独特的尝试。一个城市向非城镇区域提供消防服务，并在此基础上与县政府订立了动物管理服务协议。[57]虽然这类举措已非新鲜事物，但有证据表明它们在美国的发生频率显著增加了，发生范围也显著扩大了。

虽然区域主义者付出了努力，但是协作仍然遭到了强烈的抵制。传统的服务提供方式、城镇之间的历史障碍和城镇独立概念只会缓慢消亡。实际上，在高度独立的匹兹堡郊区，一些贫困郊区宁可不要服务也不愿放弃控制权。例如，宾夕法尼亚州政府建议莫农加希拉谷的几个贫困社区考虑合并成本最高的服务之一——警察局，但是它们拒绝了。克莱尔顿市在很长时间内没有治安保障，但是并未放弃对这项职能的地方控制权。还有人建议在匹兹堡地区阿勒格尼县建立区域应急"911"服务，以便向郊区提供低成本的电子应急调度服务。郊区政治领导人成功地抵制了这项提案，因为他们更关心怎样维持对应急调度服务的地方控制权，而不是提高服务质量。[58]如上所述，民间组织的角色通常是新区域主义中的一个要素。政府间区域协作在中立第三方（例如民间组织）的推动下实现的可能性更大。这些组织超越了政治边界，能够以最有利的方式发展和支持私营、非营利及政府组织网络，以解决区域治理问题。公众机构还能作为中立的第三方提供人员支持并开展研究，使相关问题被提上公共议事日程。

公众机构可以作为中立的第三方对相互竞争的利益集团进行调解。第三方调解的优点从为丹佛地区不断增长的人口新建供水系统的案例中可以看出。丹佛水务局、郊区供水企业、开发商与环保人士对这个问题争议较大。由于水源位于大陆分水岭以西，因此这个问题变得更加复杂。西坡地区利益集团强烈反对向丹佛地区引水。一个非营利组织被指定作为中立调解人与相关方一同寻求解决方案。通过一系列的会议、小型研讨会、提案和反提案，只用了上一次提高本地区供水能力不到一半的时间就达成了基本协议。此外，之前存在多年的供水有滞涩感的问题这次已经不明显了。[59]

社区一般只会在涉及自身利益或州级或联邦政府要求的情况下开展合作。社区的自身利益是通过服务成本的显著降低或服务质量的提高来实现的。市民要求提供或升级某项服务的压力和降低税率的压力也会促使各政府寻求合作。在一些大都市区，曾经相互对抗和竞争的中心城区和郊区认识到了在共同关注的问题上进行合作的好处。迈伦·奥菲尔德描述了双子城地区中心城区和低税收的近郊在税收分成计划及其他共同关注的区域计划中的结盟情况。明尼苏达州立法机构让贫穷社区与富有社区相互较量，有效地改善了双子城的区域治理。[60]奥菲尔德认为，对于其他大都市区而言，让有共同关注问题的中心城区与郊区结盟，可以作为实现税收共享及落实其他区域治理政策的有效途径。只要有更多郊区受益而非受损，那么税收分享计划及其他区域计划就会在州级立法机构中获得支持。讽刺的是，忠实的区域主义者奥菲尔德认为只有冲突才能实现区域治理，而其他人认为这种治理应当建立在相互协作、共同价值观和信任的基础上。

奥菲尔德冲突模型的可行性还未在明尼苏达州之外得到证明。实际上，20世纪90年代，奥菲尔德在明尼苏达州州级立法机构利用该模型来推进区域议程并不算很成功。但是有证据表明，中心城区和许多郊区开始认识到他们有很多共同的问题，进而开始合作以获取州政府的支持。1997年初，芝加哥市聘请了一个郊区政府理事会的前执行理事担任郊区事务的市长特别助理。他不仅要向市长提出郊区问题的解决建议，还要充当与郊区接触的渠道。从那时起，城市开始将郊区纳入各项活动中。例如，市长邀请郊区政治领导人出席交通问题会议，从而让会议从城市层面上升到区域层面。

随着这些举措的实施，最终成立了大都市区市长会议组织。市长会议组织约由30位市长组成，他们共同处理相关问题，以提高当地生活质量并让本地区更好地吸引和挽留企业。虽然城市与郊区之间仍然存在分歧，例如，郊区反对扩建芝加哥奥黑尔机场，但是城市和郊区面临着诸多共同的问题。成立市长会议组织是为了在州级立法机构中形成统一战线，并在降低房地产税、加大州政府对学校的扶持、提高劳动力技能以及解决共同的环境和社会问题等方面开展合作。[61]

协作与职能整合案例研究

独立政府之间在服务提供上的小规模成功协作可以实现区域治理问题上的合作。这些小规模的成功可以累积成更大规模的协作与职能整合。实际上，有长期自治传统甚至竞争关系的独立政府之间的重大职能整合，通常都是从商业部门支持下的行政协作尝试开始的。随着越来越多的城市地区采取合作式区域治理方式，由此形成了越来越多的案例研究。本节只给出了少数区域合作式治理案例，这些合作式治理案例可以成为其他地区进一步形成相互依赖关系的榜样。

盐湖城的合作式智慧发展：自愿性、非约束性方式[62]

20 世纪 80 年代末到 20 世纪 90 年代初，盐湖城大都市区房地产市场开始繁荣，其中很大一部分发展源于城市蔓延。其经济增长速度是全国平均水平的 2 倍。公众开始讨论城市经济迅速增长对本地区生活质量和户外休闲设施形成的威胁，而这些设施对于旅游业至关重要。一群商业界领导人与民选政府官员和非营利组织一同建立了犹他州未来同盟。这个组织发起的一项调查将增长压力确定为公众的主要关注事项。同盟希望州长制定一项州级土地利用规划。州长拒绝了这个请求，但鼓励同盟为区域发展规划争取公众支持。同盟建立了"展望犹他"的研究组织，其第一任主席罗伯特·格罗在舆论领导人和公众社区当中拥有广泛的声望。格罗招募了一个成员来源广泛的小组，包括开发商、环保人士、公众活动家和地方政府官员。

第一步是鼓励公众讨论发展问题和智慧发展规划。为此，"展望犹他"发起了一项公众生活质量观念调查，随后举办了关于规划方案的专题讲座和讨论会，探索怎样在增长型经济中实现或保持这些观念。根据发展预测，"展望犹他"按照不同的发展模式（当前高度碎片化的发展模式、碎片化程度略低的发展模式、适度紧凑型发展模式和高度紧凑型发展模式）制订并发布了 4 种长期发展方案。这些方案得到了广泛的讨论，也引起了较大的争议。举办方要求公众对首选方案进行投票。在约 3% 的被调查公众当中，56% 的被调查者首选适度紧凑型发展方案。"展望犹他"随后开始争取实施规划。它为地方政府和规划者开发了规划工具，同时开始实施示范项目，其中包括县级发展规划以及适宜步行的混合型住宅、社区和商业街区开发项目。"展望犹他"同时坚定地支持开展公众意识培养活动，而且继续举办涵盖发展规划各个方面的社区专题讲座。

在"展望犹他"行动的刺激下，州级立法机关还参与并通过了优质发展战略。这个战略要求建立一个委员会研究州内发展状况，并向愿意实施高度紧凑型发展方案的地方政府提出州级激励措施的建议。这次行动取得了成功，选民批准了之前曾被否决的轻轨公共交通系统的建设。正如"展望犹他"推动的区域规划概念所表明的那样，犹他州的几个县吸收了优质发展战略的核心要素，包括在长期规划中预留保护用地，拨出交通预算建设三条轻轨线路和一条通勤铁路线。紧凑型发展概念仍然存在争议，但大部分公众接受了智慧发展的概念。

"展望犹他"行动表明，即使公众传统上反对任何形式的区域规划，但公私合作行动仍能在分散化的地方政府体制下有效地实现区域治理。这个组织已经运营了 15 年以上，而它在犹他州不顾广泛反对开展试点的合作式治理过程中得到了认可，甚至还获得了外部观察家的高度评价。例如，美国商会交通和基础设施执行理事珍妮特·卡维诺基（Janet Kavinoky）写道："合作，即人们团结起来致力于实现共同目标的过程，似乎是开展经营的默认方式……我认为，犹他例外论的基础正是我反复听到的论调——为了社区、全州和未来的利益而专注于做好一件事。"[63]

佛罗里达州棕榈滩县的合作式学校规划：自愿约束性方式[64]

随着佛罗里达州城市地区的迅猛发展，州级立法机关大幅修订了相关发展管理法律。这次法律修订的一个部分是要求州内学区制定县级合作式学校规划（Collaborative school planning, CSP），以满足在校学生数的快速增长。合作式学校规划的目的是鼓励地方政府订立地方间协议（ILA），并制订财务上可行的解决方案，从而保证入学名额能够满足新住房开发产生的需求。棕榈滩县是佛罗里达州内唯一通过制订合作式学校规划来实现地方间协议的县。

佛罗里达州在解决学校拥挤问题的过程中提出了城市蔓延的三个解决方案。一个极端解决方案是限制新开发活动而不建设新学校。这个解决方案没有得到开发商的支持。另一个极端解决方案是实施庞大的学校建设计划以跟上发展步伐。这个解决方案需要投入大量资源。合作式学校规划作为最佳解决方案，是在实施积极学校建设计划的同时，将城市和县级规划与学校设施规划相结合，其中需要各相关方参与合作过程。合作式学校规划的主要支持方是学区和县政府，而城市政府和房地产开发商总体上持反对态度。市民对合作式学校规划没有明确的立场，只是希望解决学校过度拥挤的问题，但作为纳税人不得不批准发行税收债券为学校筹集资金。他们施加压力是为了解决问题和降低成本。

合作式学校规划遭到了强烈的反对。开发商反对这项规划是因为该规划给开发商增加了一级他们必须面对的官僚机构。学区可以对新开发活动施加一定的影响。城市政府认为这个过程会削弱它们的发展自主性和权力。此外，还存在一个不信任的因素。学区在市民以及县级和城市官员当中口碑不佳。这些官员被认为不合格，因为他们未能按时建造新学校。县政府和学区在地理上服务于整个县，而城市仅服务县的一部分。另外，他们的支持群体也有所区别。与正在发生城市蔓延的社区相比，人口平均年龄较大或拥有老牌学校的社区不太愿意支持学校建设计划。

经过整整 9 年的不懈努力，克服了重重阻碍，学区才同意让利益相关方参与学校建设计划。州政府支持这个过程，但繁重的任务是由地方一级具体执行的。这个过程的关键成功要素是学校董事会主席和县委会主席的领导和坚持。1993—1995 年间的第一次尝试并未成功，因为缺乏学校建设资金。但委员会成员仍然每 2 周会晤一次交换意见。1996 年到 1998 年间，州政府宣布延期实施这个计划。1998 年禁令解除后，县政府重新开始实施这个计划。2001 年 1 月，学校董事会、县政府、32 个城镇、5 个特区和 1 个机场管理机关签署了地方间协议。消除对学区的不信任是成功合作的主要因素。合作过程本身证明了若学区由称职的人员领导，是可以履行其承诺的。

相关方深信自己会从合作式学校规划中获益。开发商支持这项规划是因为规划并不试图限制开发，而是与开发保持同步。城市可以从中获益是因为学校建设和现代化改造计划切实可行，而且城市愿意批准在学区内进行新住房开发。相关方一致同意，如果学区未能履行学校建设和现代化改造的承诺，那么学区就无权颁发新住房开发许可证。因为建设和改造可以让房地产升值，所以居民支持征收专门用于学校建设和现代化改造的销售附加税。

匹兹堡同盟的建立

与大多数其他大都市区相比，区域主义成为匹兹堡地区议程事项的时间长得多。其中一个原因是 20 世纪早期该地区人口基本上已经从城市高度分散出去。早在 1920 年，匹兹堡市的人口仅占全县人口的一半。2011 年，这个比例已经下降到 25% 左右。该地区的经济也从 20 世纪中期开始从匹兹堡其独立出来。1950 年，这座城市的税收估值仅占全县的 46%，之后市中心区经过改造，这个比例降低到 1990 年的 25% 和 2010 年的 23%。[65]

在 20 世纪的很大一部分时间里，该地区是美国境内拥有《财富》500 强企业总部第三多的地区。它的经济发展给匹兹堡地区创造了巨大的财富。这里的商业界人士实力雄厚、凝聚力强、热心公益，而且有大量资源可以投入公众活动。匹兹堡拥有悠久的公众行动主义历史。城市政界与商业界之间的关系总体上是积极的。匹兹堡的公众组织深度参与了公共政策议题，而且很多着眼于地区层面。政府领导人普遍依赖公共部门在公共政策议题上提供援助。从1944 年阿勒根尼社区发展联合会（参与匹兹堡公共问题的精英商业组织，简称联合会）成立时起，匹兹堡商业界就明确以地区和城市为导向。它的董事会由本地区商业界和社区高层领导人组成，对商业界支持的所有其他重要公众机构进行协调。联合会的高层管理者和大部分委员会成员都与地方政府和州政府有联系。从历史上来看，联合会促成了公共与私营部门领导人共同解决政策问题。联合会与匹兹堡市长建立了工作关系，而且共同发起了著名的战后匹兹堡复兴运动。20 世纪 70 年代中期，联合会开始与该市政府领导人合作，一起发起了另一次市中心区复兴运动。[66]

尽管该联合会在历史上推动了区域政府改革议程，但是从未尝试在该地区推行大都市政府。任何此类尝试都会损害它与政治团体之间的关系。相反，它与政府领导人建立了工作关系，而且提倡威胁性较小的区域主义形式，其中包括将职能从城市转移到县，以及扩大县政府的权力。它还推动地方自治，以改善县政府结构并强化县政府的权力，以处理市政和区域性问题。[67]

联合会促成了有广泛基础、旨在研究和支持公共政策的同盟。它召集了由社区各部门领导人组成的专门小组，研究公共问题、提出建议并推动建议被采纳。虽然联合会召集了专门小组，但是并未强迫专门小组成员接受特定议程。专门小组在运营中拥有高度的独立性。例如，联合会成立了一个专门小组提出关于县地方自治的建议。委员会主席可以全权选择成员，获得成员支持而且能在完全不受联合会约束的情况下工作。委员会主席从包括商业界在内的社会各界选择委员会成员。主席不仅对委员会负责，还是推动社区地方自治的带头人。作为一个组织，联合会始终在幕后活动。县政治界和商业界领导人的一次联合游说行动说服了州级立法机关通过了预期的法律。此前两次争取县地方自治未果之后，商业界和社区领导人在公共部门的支持下发挥了主导作用，为成功举行地方自治公投提供资金和其他支持。

如果专门小组或委员会确定有必要成立新组织以保证政策的持续实施，那么联合会将成立符合需求的组织。例如，1957年成立了住房行动机构以改善住房条件并促进社区复兴；1955年成立了地区工业发展企业，以开发和销售商业房地产。[68]

匹兹堡地区结成公私同盟以应对机遇或危机的一个案例是当地职业篮球队面临的威胁——如果当地不提供新体育馆，当地职业篮球队就要被迫迁出本地区。另外，当地会议中心需要投入资源进行翻新和扩建，以保持自身竞争力，而衰退的文化区需要投入资金进行改造。联合会成立的一个专门小组与政治领导人试图让选民批准征收区域销售税以提供必要的资金，但是这一尝试未能成功。虽然遇到挫折，但是联合会的领导人以及城市和县政治领导人仍然继续合作，从州政府及其他来源处获得了额外资金，保证了所有项目的顺利实施。[69]

匹兹堡地区伙伴关系有效发挥作用的另一个案例是联合会对一次区域治理改善机会做出的应对。它根据阿勒格尼县专员委员会主席的建议采取了行动，成立了一个涉及区域发展的公私合作组织，其中包含匹兹堡大都市统计区的所有县。联合会在这次行动中发挥了带头人的作用，因为它有很高的知名度，而且被其他县视为中立机构。合作组织通过游说成功地为大都市统计区的项目争取了有利的州级法律和资金支持。他们还共同争取了对联邦环境法规的有利解释。[70]

联合会还对另一场公共政策危机做出了积极的回应，这场危机涉及对位于匹兹堡市的文化、休闲和体育设施的资助。由于非本地居民也广泛地使用这些设施，因此，匹兹堡市决定不再提供重大资金支持。联合会与县政府领导人合作，一同说服州级立法机构允许县政府设立区域资产保护区，并提高销售税，为整个县的区域资产提供资助。[71]

丹佛地区的合作[72]

丹佛大都市区采用的区域治理方式，通过经济发展计划将这个城市蔓延的分权化地区统一起来，但这种合作的范围超出了经济发展领域，并扩展到大部分公共政策领域。最初，各企业联合起来，成立了丹佛大都市经济发展企业（丹佛大都市商会的附属机构，简称丹佛大都市 EDC）。2003 年，受"9·11"事件后高科技没落的影响，丹佛大都市区陷入了经济萧条。

本地区的部分商业界领导人决定亲自出马共同想办法迅速推动经济发展。他们与其他公共、私营和非营利性组织联合成立了一个区域经济发展合作组织，其成员包括丹佛七县大都市区和北科罗拉多两县地区的 70 个城市、县和经济发展组织等。合作组织的合作式经济发展方式，包括支持艺术发展和本地区不同党派市长间的对话，以及积极吸引重大体育赛事落户。该合作组织已从私营部门那里筹集了 1 330 万美元的资金，用于一项 5 年期积极的金融计划，旨在促进本地区经济发展，并为丹佛大都市区建立企业、创业家和雇员可持续发展中心的品牌。

1993 年，地区政治领导人成立了大都市市长核心会议，作为针对影响整个地区的问题交换意见的中立平台。大都市市长核心会议由来自本地区地方政府的 40 位成员组成。这种独特的合作项目为本地区最棘手的问题提供了领导性和创意性的解决方案。市长核心会议与其他 11 个公众和政府组织一同发起了"丹佛生活街道倡议"计划，以支持多元的、可持续的综合交通方式，同时与相邻开发区的街道进行整合，不仅仅是为了交通，更是为了给居民创造良好的居住环境。本地区的市长还着手解决增长管理、供水、住房和居民健康问题。各社区已经同意在经济发展方面开展合作，而且签署了协议，其中规定不为企业提供在本地区内不同区域之间迁移的鼓励措施。

丹佛大都市区为体育、文化和艺术产业的发展提供了强有力的区域支持。1988 年，选民批准将征收的每 10 美元中的 1 美分作为销售税，以支持丹佛七县大都市区的艺术、历史和科学组织的发展。该地区设立了科学和文化设施机构（SCFD），对销售税的收益进行分配。这一机构每年向整个大都市区的 300 多家组织分配 4 000 万美元左右的资金。丹佛大都市体育委员会（Denver Sports Commission）是一个区域性组织，通过体育活动创造经济和社会效益。该委员会的成员包括当地企业、地区高等院校、地方和州政府机构、民间组织和职业运动队。

在丹佛大都市体育委员会的努力下，丹佛举办了诸如 NCAA 男篮锦标赛和 2008 年 NCAA 冰球锦标赛等赛事。2009 年，丹佛成为北美洲第一个举办世界体育大会（Sport Accord）的城市。世界体育大会是一场有超过 1 200 名体育界决策者参加的国际性会议。2011 年，丹佛举办了丹佛滑雪空中技巧世界杯滑板滑雪赛事。该委员会还为丹佛成功申办了 2012 年 NCAA 女子篮球四强赛和 2014 年国际无舵雪橇联合会男子曲棍球世界锦标赛。

夏洛特市的合作与协作

北卡罗来纳州的夏洛特市与梅克伦堡县多年来一直开展密切的职能协作。这种协作关系导致了两地大多数职能部门的合并。虽然 1971 年以前双方的协作就已开始，但是 1971 年市县合并尝试失败成为部门合并的主要推动力。尽管合并提案得到了公众领导阶层和两家日报的支持，但仍然惨败。[73] 尝试失败后发生了 2 起事件。明特希尔镇设立城镇辖区之后，夏洛特市很难在后续兼并或市县合并活动中将它吞并，而改革者开始对市县服务职能进行合并。虽然城市和县开始协作，并尝试合并提供服务，但是在 20 世纪 90 年代，进行结构合并的另外 2 次尝试也以失败告终。

明特希尔镇被划为城镇辖区后，县内除夏洛特市外，共有 6 个城镇。夏洛特市和郊区城镇将县内的非城镇区域划分为多个势力范围，为未来发展做准备，加大了进一步设立城镇辖区的难度。这意味着政府之间在兼并非城镇区域的过程中不会产生冲突。随着县内非城镇区域的发展，这些地区可能会被该区域的城镇兼并。夏洛特市的这个安排和积极兼并行为阻止了县内进一步设立城镇辖区。

这个城市的面积从 1970 年的 75 平方英里增加到 2012 年的 297.5 平方英里；从 1970 年到 2012 年间，该市人口增长了 2 倍以上。根据势力范围协议，夏洛特市在县内的总土地面积被限制在 346 平方英里，占全县土地总面积的 66%。夏洛特市的人口占全县人口的 78%。因此，夏洛特市以巨大的优势主导着郊区。[74]

从 1971 年开始，职能合并取得了长足的进展。实际上，大多数部门已被合并，包括一些县级部门和一些市级部门。夏洛特市及其所在县的行政合并程度相当于一些正式的市县合并。夏洛特市和梅克伦堡县同时提供的服务很少，只有雨水排放、计算机服务、特许、通信和市县政府中心。梅克伦堡县只负责公园和休闲、建筑检验、选举和税收管理。夏洛特市提供其余服务：规划和区划、治安、固体废弃物处理、公共交通、给排水、动物管理、社区关系、历史地标和街区、有线电视管理和采购。[75]

然而，在县职能合并中并非所有的都一帆风顺。公园和治安职能是部门合并中规模最大也是最有争议的。合并并未按照最初的计划进行，它所引起的损害至今仍未消除。高级行政人员之间的摩擦比以前更加明显。因为他们对职能的管理方式有不同的认识。现在看来，在公园和治安职能合并时所达成的协议并未得到履行，市县行政人员之间也缺乏持续的沟通。由于该城市的行政人员认为县行政人员对发展事务不够上心，在没有与县行政人员协商的情况下宣布城市打算接管建筑检验职能，因此，这项职能在 1983 年与县合并，引起后者的反感。

其他问题涉及协议的解释。县希望城市在治安职能中将公园治安纳入管理。但是，该城市认为最初协议规定由县负责对公园治安维持进行监管，并希望县为此额外付费才愿意满足县的要求。县通过削减公园巡护人员强行解决了这个问题，从而要求城市处理大部分治安问题。一些县行政人员还认为目前由县政府管辖的城市公园系统极为破败，要求投入大量县资源以达到县标准。县行政人员认为，与并入县的城市职能相比，县并入城市的职能总体上管理和运营得更好。县行政人员还认为县政府是服务合并的适当层级，因为县政府对县全体居民负责。

似乎政治考量有削弱协作的倾向。有迹象表明，城市与县之间开始形成党派分歧。在服务提供上，市与县发生冲突时，政治家往往会支持其管理部门。最新发展成果是市长为了研究市县完全合并而成立专门小组。市长向非政府部门领导人而不是县委委员寻求支持。他在信中要求非政府部门领导人向县委委员提交申请，以支持成立政府研究委员会。为了成立研究委员会，县需要给予批准。县委员会成员认为他们被市长打了个措手不及，而市长本应直接来找他们。县委员会的部分成员声称，这次行动破坏了市与县之间的进一步协作及合作。[76]

夏洛特市与梅克伦堡县之间职能协作的原因

夏洛特市和梅克伦堡县能够开展协作及合并职能的可能原因是政治和合作环境。政治领导人并非职业政治家。许多政治领导人来自商业界或者与商业界有紧密的联系。这里并没有政府扩张或过度资助的悠久传统。在经济快速发展的情况下，提供政府工作岗位并不是太大的问题。联合主义也不是社区的一个重要因素。与许多其他地区相比，人们往往更加独立，而且对就业保障不那么担心。城市和县也都有专业管理的历史和期望。政治家依赖专业人员提供政策制定建议，尤其是在行政领域。商业界也非常积极地支持提高政府的效率和效能。政治领导人与商业界领导人之间有着广泛的联系。此外，该地区总体上有着重商的氛围，从而有力地保证了商业界在地方政府政策制定中的投入。

　　夏洛特地区的情况说明了与私营部门协作及合作可能带来的好处。南北卡罗来纳合作组织，由来自 13 县大都市区的公共和私营部门的成员组成，旨在推动相关地区的经济发展。这些县级政府也作为南北卡罗来纳同盟的成员定期召开会议，而夏洛特市及其他城市成立了南北卡罗来纳城市联盟和大都市区交通合作组织。合作式经济发展活动取得了一定的成效。例如，一家日本企业在当地为新工厂选址。夏洛特商会提供了该地区 2 个地点的数据，都在梅克伦堡县之外。这家企业选择了其中一个地点，从而为该地区引入了一个投资额达2.5 亿美元的建设项目和约 700 个就业岗位，其中许多岗位都提供给了梅克伦堡县居民。[77]

　　尽管政府与私营部门开展了协作与合作，但夏洛特地区也不是没有问题。尼尔·皮尔斯对本地区进行了评估，将规划不当确定为本地区的主要问题。土地利用决策是由私人开发商在几乎没有公共规划的情况下做出的。本地区的一些主要拥堵路段都位于最近开发的区域内。根据皮尔斯的评估，如果没有综合性区域规划，那么各开发商单独决策的总体结果就是空气质量恶化、交通拥堵、污染严重、社区解体和城市无效蔓延。[78]

要点总结

　　一些大都市区比其他地区更好地奉行了合作式区域主义。上述案例研究展示了共同合作带给本地区的好处。在公共部门和非政府部门的领导人之间建立稳定的工作关系是一个漫长而艰难的过程。其成功与否在很大程度上取决于相关方能否开展合作。只有不断获得支持并取得成功，长期治理联盟才能克服政界和私营部门领导阶层的自身利益和变动所造成的问题。这些个案研究表明，在提供服务方面，独立政府之间的协作，以及与私营部门之间的合作，在服务规模上虽然较小，但正在不断发展。案例研究显示了新区域主义两个方面之间的相互关系：与私营部门合作及政府间的协作。每一项案例研究的多样性表明，不同政府之间的协作可以在国家的任何地区、任何规模的城市地区或区域发展的任何阶段发生。似乎没有哪一个类型的大都市区更倾向于参与协作及合作。然而，我们可以从协作关系形成的重要案例中找到某些共同点和其他要素。

一个共同点是公众基础结构的重要性。公共和私营部门的支持和参与的重要性在案例研究中得到了明显体现。公共部门或商业界的领导阶层深度参与，通常是在发起过程中提供或获取资金，并提供人员支持以推动合作活动的发展。城市和县的政治领导人、最高行政官员的支持和积极参与对于成功协作至关重要。协作方面的一次次小的成功通常可以实现在区域政策问题上的进一步合作。要使合作超越单个项目周期或不受领导阶层变更的影响，务必形成"治理是一种合作活动"的共识和期望。这可以通过使过程制度化和定期召开会议来实现。合作式治理是一个长期过程，虽然会有波折，但总体上是向前发展的。

对政治领导人和行政官员来说，合作式治理需要额外协调和努力，选择不参与无疑更省事。如果没有政界和商业界领导者的支持和积极参与，繁忙的政府行政人员就不会主动开展合作。由于更重视过程、更包容而不是排他，因此这里的重点是治理（governance），而不是政府（government）。它包括将非政府相关方纳入公共政策决策中，而且通常让非政府行动者参与政策的实施。虽然一般不要求政府协作，但是政府领导者仍然会选择协作，因为他们意识到了协作给社区带来的好处。

对合作持批评态度的人认为，这让大企业获得了更多的优势，而且过于注重市中心区的发展。他们进一步指出，地方政府是一个不平等的合作伙伴，它们从公共利益中得到的好处要多于付出。但是，碎片化大都市区的合作式区域治理最终仍然成为实现区域治理的一种路径。

注释

[1] Floyd Hunter, *Community Power Structure* (Chapel Hill, NC: University of North Carolina Press, 1953).

[2] Robert Dahl, *Who Governs?* (New Haven, CT: Yale University Press, 1961).

[3] Ronald. K. Vogel, *Urban Political Economy* (Gainesville, FL: University Press of Florida, 1992).

[4] Clarence. N. Stone, "Urban Regimes and the Capacity to Govern: A Political Economy Approach," *Journal of Urban Affairs*, 15(1) (1993): 7.

[5] Harvey Molotch, "The City as Growth Machine: Toward a Political Economy of Place," *American Journal of Sociology*, 82(1976): 309–332; Harvey Molotch, "The Political Economy of Growth Machines," *Journal of Urban Affairs*, 15(1) (1993): 29–53.

[6] A. E. G. Jones, "Regulating Suburban Politics: Suburban-Defense Transition, Institutional Capacities, and Territorial Reorganization in Southern California," in M. Lauria, (ed.), *Reconstructing Urban Regime Theory* (Thousand Oaks, CA: Sage Publications, 1997), pp. 203–223.

[7] Rosabeth Moss Kanter, "Business Coalitions as a Force for Regionalism," in Bruce Katz, (ed.), *Reflections on Regionalism* (Washington, DC: Brookings Institution, 2000), pp. 154–180.

[8] R. Hanson, H. Wolman, D. Connolly, K. Pearson, and R. McMannon, "Corporate Citizenship and Urban Problem Solving: The Changing Civic Role of Business Leaders in American Cities," *Journal of Urban Affairs*, 32(1) (2010): 1–23.

[9] Keith G. Proven and Robin H. Lemaire, "Core Concepts and Key Ideas for Understanding Public Sector Organizational Networks: Using Research to Inform Scholarship and Practice," *Public Administration Review*, 72(5) (2012): 639.

[10] John D. Donahue, "The Race: Can Collaboration Outrun Rivalry between American Business and Government?" *Public Administration Review*, 70 (supplement) (2010): s151.

[11] David Warm, "Local Government Collaboration for a New Decade: Risk, Trust, and Effectiveness," *State and Local Government Review*, 43(1) (2011): 61.

[12] Ibid.

[13] Allan D. Wallis, "The Third Wave: Current Trends in Regional Governance," *National Civic Review*, 83 (Summer/Fall) (1994): 292–293.

[14] David. K. Hamilton, "Organizing Government Structure and Governance Functions in Metropolitan Areas in Response to Growth and Change: A Critical Overview," *Journal of Urban Affairs*, 22(1) (2000): 65–84.

[15] Wallis, "The Third Wave: Current Trends in Regional Governance," p. 294.

[16] Ed Councill, "State-Local Partnership Policies: The Next Wave of Policy Making,"

SIAM Intergovernmental News, ASPA Section on Intergovernmental Administration and Management Newsletter 18 (Fall 1995): 3.

[17] Howard J. Grossman, "The Future Is Now: The Case for a National Sub-State Regional Policy," *National Civic Review*, 83 (Winter/Spring) (1994): 86–89.

[18] Allan D. Wallis, "Governance and the Civic Infrastructure of Metropolitan Regions," *National Civic Review*, 82 (Spring) (1993): 12.

[19] Russell Matthew Linden, *Leading Across Boundaries: Creating Collaborative Agencies in a Networked World* (San Francisco, CA: Jossey-Bass, 2010), p. 56.

[20] David D. Chrislip and Carl E. Larson, *Collaborative Leadership – How Citizens and Civic Leaders Can Make a Difference* (San Francisco, CA: Jossey-Bass Publishers, 1994), pp. 129–30.

[21] Rosemary O'Leary, Yujin Choi, and Catherine M. Gerard, "The Skill Set of the Successful Collaborator," *Public Administration Review*, 72 (Special Issue) (2012): 570–582.

[22] Russell Matthew Linden, *Leading Across Boundaries*, pp. 9–13. There are jurisdictional issues that will arise in any regional governance collaboration.

[23] Ibid., p. 140.

[24] Dorothy Norris-Tirrell and Joy A. Clay, *Strategic Collaboration in Public Administration: A Practice-Based Approach to Solving Shared Problems* (Boca Raton, FL: CRC Press, 2010), pp. 5–6.

[25] G. R. Teisman, and E. H. Klijn, "Partnership Arrangements: Government Rhetoric or Governance Scheme?" *Public Administration Review*, 62(2) (2002): 197–206.

[26] Bernard Ross and Myron A. Levine, *Urban Politics: Cities and Suburbs in a Global Age*, 8th ed. (Armonk, NY: M. E. Sharpe, 2012), p. 260.

[27] Gregory D. Squires, "Public-Private Partnerships: Who Gets What and Why," in Gregory D. Squires, (ed.), *Unequal Partnerships: The Political Economy of Urban Redevelopment in Postwar America* (New Brunswick, NJ: Rutgers University Press, 1989), pp. 2–4; Marc Levine, "The Politics of Partnership: Urban Redevelopment Since 1945," in Gregory D. Squires, (ed.), *Unequal Partnerships: The Political Economy of Urban Redevelopment in Postwar America* (New Brunswick, NJ: Rutgers University Press, 1989), p. 25.

[28] Levine, "The Politics of Partnership," pp. 19–26.

[29] Alberta Sbragia, "The Pittsburgh Model of Economic Development: Partnership, Responsiveness, and Indifference," in Gregory D. Squires, (ed.), *Unequal Partnerships: The Political Economy of Urban Redevelopment in Postwar America* (New Brunswick, NJ: Rutgers University Press, 1989), p. 103.

[30] W. Dennis Keating, Norman Krumholz, and John Metzger, "Postpopulist Public-Private Partnerships," in W. Dennis Keating, Norman Krumholz, and David C. Perry, (eds.), *Cleveland: A Metropolitan Reader* (Kent, OH: Kent State University Press, 1995), p. 335.

[31] Judith Welch Wegner, "Utopian Visions: Cooperation Without Conflicts in Public/Private Ventures," *Santa Clara Law Review*, 31(2) (1991): 328−332.

[32] Ross and Levine, *Urban Politics*, p. 260.

[33] Jill M. Purdy, "A Framework for Assessing Power in Collaborative Governance Processes," *Public Administration Review*, 72(3) (2012): 409.

[34] Wegner, "Utopian Visions: Cooperation Without Conflicts in Public/Private Ventures," pp. 332−335.

[35] For more on conflict of interest, see Richard Babcock, "The City as Entrepreneur: Fiscal Wisdom or Regulatory Folly?" *Santa Clara Law Review*, 29(4) (1989): 931.

[36] Michael Keating, *Comparative Urban Politics: Power and the City in the United States, Canada, Britain, and France* (Aldershot, England: Edward Elgar Publishing, 1991), pp. 167−168.

[37] Ross and Levine, *Urban Politics*, p. 260.

[38] R. Scott Fosler and Renee A. Berger, "Public-Private Partnership: An Over-view," in R. Scott Fosler and Renee A. Berger, (eds.), *Public-Private Partnership in American Cities: Seven Case Studies* (Lexington, MA: D. C. Heath, 1982), pp. 9−10.

[39] AnnaLee Saxenian, "Inside-Out: Regional Networks and Industrial Adaptation in Silicon Valley and Route 128," *Cityscape: A Journal of Policy Development and Research*, 2 (May) (1996): 41−45.

[40] Clarence N. Stone, *Urban Regime Politics: Governing Atlanta* (Lawrence, KS: University Press of Kansas, 1989).

[41] Robert D. Putnam, *Making Democracy Work: Civic Traditions in Modern Italy* (Princeton, NJ: Princeton University Press, 1993), pp. 91−99, 173−175. Other writers and researchers are starting to focus on civic regardingness and civic infrastructure. See, for example, Amitai Etzioni, *The Spirit of Community: Rights, Responsibilities, and the Communitarian Agenda* (New York: Crown Publishers, 1993); and William R. Dodge, *Regional Excellence: Governing Together to Compete Globally and Flourish Locally* (Washington, DC: National League of Cities, 1996).

[42] D. Henton, J. Melville, and K. Walesh, *Grassroots Leaders for a New Economy: How Civic Entrepreneurs are Building Prosperous Communities* (San Francisco, CA: Jossey-Bass Publishers, 1997); M. Pastor Jr., P. Dreier, J. E. Grigsby III, and M. López-Garza, *Regions*

that Work: How Cities and Suburbs can Grow Together (Minneapolis, MN: University of Minnesota Press, 2000).

[43] See, for example, R. Scott Fosler and Renee A. Berger, "Public-Private Partnership: An Overview," in R. Scott Fosler and Renee A. Berger, (eds.), Public-Private Partnership in American Cities: Seven Case Studies (Lexington, MA: D. C. Heath, 1982) and Daniel Mazmanian and Michael Stanley-Jones, "Strategies II: Reconceiving LULUs: Changing the Nature and Scope of Locally Unwanted Land Uses," in Joseph F. DiMento and LeRoy Graymer, (eds.), Confronting Regional Challenges: Approaches to LULUs, Growth, and Other Vexing Governance Problems (Cambridge, MA: Lincoln Institute of Land Policy, 1991), pp. 63−66.

[44] Katharine Lyall, "A Bicycle Built-for-Two: Public-Private Partnership in Baltimore," in R. Scott Fosler and Renee A. Berger, (eds.), Public-Private Partnership in American Cities: Seven Case Studies (Lexington, MA: D. C. Heath, 1982), pp. 18−25.

[45] Kathryn A. Foster, "The Privatization of Regionalism," paper presented at the annual meeting of the Urban Affairs Association. New York, March 1996, and Henton, Melville, and Walesh, Grassroots Leaders for a New Economy.

[46] Rosabeth Moss Kanter, "Business Coalitions as a Force for Regionalism," in Bruce Katz, (ed.), Reflections on Regionalism (Washington, DC: Brookings Institution Press, 2000), p. 160.

[47] Henton Melville, and Walesh, Grassroots Leaders for a New Economy, and Keating; Krumholz, and Metzger, "Postpopulist Public-Private Partnerships."

[48] C. James Owen and York Willbern, Governing Metropolitan Indianapolis: The Politics of Unigov (Berkeley and Los Angeles, CA: University of California Press, 1985), pp. 41−42.

[49] John Brandl and Ronnie Brooks, "Public-Private Cooperation for Urban Revitalization: The Minneapolis and Saint Paul Experience," in R. Scott Fosler and Renee A. Berger, (eds.), Public-Private Partnership in American Cities: Seven Case Studies (Lexington, MA: D. C. Heath, 1982), pp. 193−194.

[50] Sonya Klopfenstein, "Civic Leaders Team to Better the Peoria Area" Journal Star, May 16, 2002.

[51] Hamilton, "Organizing Government Structure and Governance Functions in Metropolitan Areas in Response to Growth and Change," pp. 65−84.

[52] Myron Orfield, Metro Politics: A Regional Agenda for Community and Stability (Washington, DC and Cambridge, MA: The Brookings Institution and Lincoln Institute of

Land Policy, 1997).

[53] James M. Smith, "Re-Stating Theories of Urban Development: The Politics of Authority Creation and Intergovernmental Triads in Postindustrial Chicago," *Journal of Urban Affairs*, 32(4) (2010): 425−448.

[54] Quoted in Worcester Municipal Research Bureau, *Considering Regional Government for Worcester—Part II: Proposals for Comprehensive Regional Governance*, Report No. 95−2 (Worcester, MA: Apr. 3, 1995), p. 17.

[55] See, among others, the writings of the following: Henry G. Cisneros, (ed.), *Interwoven Destinies: Cities and the Nation* (New York: W. W. Norton, 1993); Anthony Downs, *New Visions for Metropolitan America* (Washington, DC: Brookings Institution, 1994); Neal R. Peirce, *Citistates: How Urban America Can Prosper in a Competitive World* (Washington, DC: Seven Locks Press, 1993); David Rusk, *Cities Without Suburbs* (Washington, DC: Woodrow Wilson Center Press, 1993); Larry C. Ledebur and William R. Barnes, *City Distress, Metropolitan Disparities, and Economic Growth* (Washington, DC: National League of Cities, 1992); H. V. Savitch, D. Collins, D. Sanders, J. P. Markham, "Ties That Bind: Central Cities, Suburbs, and the New Metropolitan Region," *Economic Development Quarterly*, 7 (November) (1993): 341−357.

[56] Alan Ehrenhalt, "Cooperate or Die," *Governing: The Magazine of States and Localities*, September (1995): 29−30.

[57] William J. Pammer Jr. and John L. Daly, "Reengineering in Counties and Cities: Truth and Consequences: Conversations with Managers and Department Heads," paper presented at the annual meeting of the Urban Affairs Association, Toronto, April 17−19, 1997.

[58] Ehrenhalt, "Cooperate or Die," p. 32.

[59] Daniel Mazmanian and Michael Stanley-Jones, "Strategies II: Reconceiving LULUs: Changing the Nature and Scope of Locally Unwanted Land Uses", in Joseph F. DiMento and LeRoy Graymer, (eds.), *Confronting Regional Challenges: Approaches to LULUs, Growth, and Other Vexing Governance Problems* (Cambridge, MA: Lincoln Institute of Land Policy, 1991), pp. 63−66.

[60] See Chapter 3 for a discussion on the annexation battles that helped to create the antagonism between central cities and the inner suburbs. Myron Orfield, *Metro Politics: A Regional Agenda for Community and Stability* (Washington, DC and Cambridge, MA: The Brookings Institution and Lincoln Institute of Land Policy, 1997).

[61] Gary Washburn, "Daley, Suburban Mayors to Form Caucus," *Chicago Tribune*, Dec. 3, 1997,

sec. 2, p. 1.

[62] Much of the following is taken from Xavier De Souza Briggs, *Democracy as Problem Solving: Civic Capacity in Communities across the Globe* (Cambridge, MA: The MIT Press, 2008), pp. 63−89.

[63] Quoted in Ron Clegg, "My View: Utah's Secret Sauce is Cooperation," *Deseret News*, October 10, 2012, http://www.deseretnews.com/article/765610419/Utahs-secret-sauce-is-cooperation.html [Accessed Jan 3, 2013].

[64] Much of the following is taken from Esteban Dalehite, "Running Out of Classrooms! Solving Overcrowding through Collaborative School Planning," in Dorothy Norris-Tirrell and Joy A Clay, (eds.), *Strategic Collaboration in Public and Nonprofit Administration: A Practice-Based Approach to Solving Shared Problems* (Boca Raton, FL: CRC Press, 2010), pp. 123−148.

[65] Allegheny Conference on Community Development, *The Greater Pittsburgh Region: Working Together to Compete Globally* (Pittsburgh: 1994); United States Census Bureau, *City, State and County Quickfacts*, http://quickfacts.census.gov/qfd/states/42/42003.html [Accessed March 23, 2013].

[66] Roy Lubove, (ed.), *Pittsburgh* (New York: New Viewpoints, 1976).

[67] David W. Lonich, *Metropolitics in Allegheny County: The Evolution of a Regional Government*, unpublished PhD Dissertation, Carnegie Mellon University, 1991. See also David K. Hamilton, *Areawide Government Reform: A Case Study Emphasizing the Charter Writing Process*, unpublished Ph.D. Dissertation, University of Pittsburgh, 1978.

[68] Lubove, *Pittsburgh*.

[69] Pennsylvania Economy League, *Annual Report* (Pittsburgh, PA: 1999).

[70] R. Stafford, Executive Director, Allegheny Conference on Community Development, personal communication, March 2001. See also Allegheny Conference on Community Development, Annual Report.

[71] See Chapter 9 for a discussion of the Allegheny County Regional Asset District.

[72] Most of this is taken from the website http://www.metrodenver.org/ [Accessed Jan. 26, 2013].

[73] Timothy D. Mead, "The Daily Newspaper as Political Agenda Setter: The *Charlotte Observer* and Metropolitan Reform," *State and Local Government Review*, 26 (Winter) (1994): 30.

[74] Henry G. *Cisneros, Regionalism: The New Geography of Opportunity* (Washington, DC:

U.S. Department of Housing and Urban Development, March 1995), p. 6; U. S. Census Bureau. *City, State and County Quickfacts*, http://quickfacts.census.gov/qfd/states/37/37119. html [Accessed March 27, 2012].

[75] Sammis White, *Cooperation not Consolidation: The Answer for Milwaukee Governance*, Wisconsin Policy Research Institute Report, November 2002, p. 12.

[76] Linzi Shelton, "Mayor Foxx makes Pitch to Revamp City County," July 31, 2012, www. wsoltv.com/news [Accessed Aug. 2, 2012].

[77] Harvey Lipman and Richard P. Nathan, "Working Together in the Capital Region," materials for Conference on Regionalization, Albany, New York, Oct. 26–28, 1992.

[78] Neal Peirce and Curtis Johnson, "Shaping a Shared Future," *The Charlotte Observer*, Reprint, Sept. 17–Oct. 8, 1995, p. 4.

第 11 章

其他国家大都市区的区域治理

城区治理不仅在美国引起了关注，在大都市区的人口和经济边界与随意划分的政治边界不能很好重合的其他国家，也出现了与美国同样的治理问题。本章简要考察了美国以外的特定大都市区怎样应对当地所面临的治理问题。本章主要关注欧洲国家，因为这些国家在殖民地时期对世界其他地区的地方治理产生了重要的影响。了解其他国家怎样调整和改变管理机构，以适应本国的文化是一件有趣的事情。同时，许多国家的地方治理制度可以追溯到数千年前，但是它们必须适应 20 世纪的快速城市化，并满足国民日益增长的对加强地方政府控制的需求。在 21 世纪的全球化经济中，全球的大都市区为发展而相互竞争，这点是显而易见的。现有的证据表明，在其他条件相同的情况下，那些政府携手、公共部门和私营部门合作密切的大都市区似乎能更成功地促进自身的发展。[1] 通过研究其他国家及其寻求的区域治理解决方案，我们不仅可以认识到区域治理问题的全球性，而且能为大都市区治理提供新的思路和方案。其他国家在寻求区域治理解决方案的过程中也尝试了许多相同的方法，这些方法在前文中已经做了说明和分析。

政治和文化传统与区域治理

地方政府体制和权力高度依赖于国家的文化。例如，美国的文化传统是建立强大而独立的地方政府。集权化行为一般会受到抵制，而且改革只能是渐进式的，除非是州政府授权。即使是来自州政府的授权也很少取得成功。无论是使地方治理集权还是分权，对现状的改革总是会受到抵制。例如，日本尝试将国家政府的权力下放到都道府县和地方政府，但受到了全国官僚机构的强烈抵制，似乎也没有得到国内政治家的有力支持。由于不为人知的因素，这次尝试也在一定程度上受到了地方官员的抵制，改革总是困难重重。

当然，任何两个大都市区在地方和区域治理体系上都有差异，而且任何两个国家在区域政府的定位上也不相同。然而，研究者尝试判别一个国家是倾向于建立保证专业性和行政效率的强有力集权治理体系，还是倾向于建立注重多边政治、以面向地方回应为导向的分权治理体系。文化遗产和传统构成了这些差异的基础。库布勒（Kübler）和海纳特（Heinelt）[2]是研究欧洲国家及其殖民影响的专家，他们对地方治理体系的分类如下：

（1）法系治理体系高度强调民主。采用法系治理体系的国家尤其抵制政府集权改革。地方政府的本质是政治性而非职能性。公民期望公职人员，尤其是高层政府代表社区的利益。采用法系治理体系的国家主要是南欧国家，它们重点关注小型民主地方政府。法国拥有大量的地方政府，而且对减少地方政府数量的尝试均以失败告终。这一事实就是对这一点的例证。

（2）英系治理体系被包括美国在内的英语国家所采用。这种文化看重效率，而且将地方政府的首要任务设想为高效经济地提供地方政府服务。在寻求高效提供服务的过程中，这些国家尝试了不同形态的区域政府，其中往往涉及对地方政府进行合并。

（3）德系治理体系被德国和北欧国家所采用。这种文化同样重视地方民主和公共服务的高效提供。该体系是三大体系中形式上分权程度最高的。该体系的地方政府一般拥有很高的宪法地位、高度的政策制定自主性和职能独立性。

比如德国地方政府在德国宪法中得到了认可，这使得地方政府获得了实质性的独立。

因此，国家的地方政府传统在决定投入（途径）和产出（服务提供）之间的关系中发挥了重要作用。法系治理体系中的社区反映出的政治地方主义将重点放在途径（民主）上。英系治理体系则强调职能性能力，以服务效率和效能（产出）为导向，而非以途径（民主）为导向。北欧或中欧模式试图同时强调途径与服务的效率和有效性。在此基础上，预计法系治理体系会抵制大都市区治理。相比之下，预计最看重地方政府职能性能力的英系治理体系更重视服务的效益与效率。换言之，相比于投入，英系治理体系更重视产出。而中北欧的地方政府可能会选择其中的任何一种。在中欧和北欧的治理体系中，新大都市区治理结构对地方政府的影响会打破投入与产出之间的平衡，从而会遭到地方政府的抵制。[3]

根据这些分类，如果需要做出改善服务的承诺，英系治理体系似乎是唯一支持集权化政府的治理体系。德系治理体系可能会支持某种形式的大都市政府，但是会抵制地方权力的压缩。法系治理体系会强烈抵制集权化行为。

宽泛的分类充满了问题，因为各类别总会有例外。随着时间的推移，各国甚至各城市地区会形成自身的地方政府传统。例如，属于法系治理体系的巴塞罗那和马德里已经采取了与德系治理体系更相似的效率模式，而不是政治模式。最明显的例外是美国。尽管美国隶属于英系治理体系，而且地方政府体制的法律地位较低，但是它遵循了高度分权的政治模式。实际上，大多数欧洲国家似乎都比美国更注重服务提供的效率，并且增设了区域级政府。正如前文阐述的那样，即使在美国内部，不同地区的区域治理方式上也存在较大的差异。例如，与东北部和中西部相比，美国南部更乐于接受集权（高效）的区域治理体制。

关键是，每个国家以及每个国家内部的各大都市区，都形成了传统的地方和区域治理体制。此外，每个国家采取不同的方式对地方政府进行重组以应对区域治理压力。一些国家要求在不进行地方公民投票的情况下，强制地方政府体制进行结构性重组。其他国家允许公民对政府改革提案进行投票。强制改革显然比获得公民对政府改革的批准容易得多。文化传统并不能决定各国建立区域政府结构的方式。[4]

除少数例外，外国州级或国家政府对地方政府的参与程度高于美国。多个其他国家建立了单一型政府体制，其中，地方政府的管辖权属于国家级。在这些国家，国家政府向地方政府传达政策。美国等国家采取了联邦主义的形态，权力在国家一级与州级或省级之间共享。除了德系治理体系的一些例外，在大部分权力共享型国家，联邦体制并未延伸到地方政府。换言之，除了德系治理体系的一些例外，地方政府是不被国家宪法认可的，因此在治理体制中不享受独立的地位，而且受高层政府控制，所谓高层政府通常是州政府或省政府。如下案例研究表明，一些国家非常积极地参与了地方政府的重组。在其他一些国家，国家政府或省政府与美国的州较为相似，体现了地方政府被赋予更多的自由。根据观察，美国是赋予地方政府最大自治权的另类国家。

其他国家城市地区治理方式的案例

其他国家在处理区域治理问题的过程中面临着与美国大都市区同样的政策问题。一个问题是区域治理应当采取集权还是分权的方式？大都市区应当由一个或少数政府管理，还是代之以碎片化的治理体制？到底是集权还是分权的治理结构可以更高效地提供服务和处理区域政策问题？过去的回答一般是某种形态的集权体制，要么对各政府进行合并，要么建立对地方政府有很大控制权的高一层级政府。国家政府或省政府不顾当地居民的反对建立了这种结构①。最近，国家政府和省级政府似乎不太倾向于进行结构性改革，以免破坏地方政府体制或权力。

在全球化的世界中，大都市区乃至国家之间的政治边界的重要性有所下降。例如，随着全球经济的发展、信息社会的兴起、新的生产和配送概念的诞

---

① 请参见第4章中关于政府结构性改革的讨论。

生以及人口、商品和企业的流动性日益增强，欧洲的大都市区在全世界展开发展竞争。大都市区的政府官员意识到，他们需要共同努力、开展合作，才能在全球市场中参与竞争。政府领导人也意识到，他们无法通过改变和重组政治边界跟上日新月异的经济变化。然而，随着以大都市区为中心的经济越来越彼此依存，各城市地区需要某种形态的大都市区治理，只有这样才能在与其他城市地区的发展竞争中占据有利地位。

有各自文化传统的不同国家是怎样进行大都市区治理的？不存在一种普遍适用的体制。其他国家已经尝试了与北美洲相似但不完全相同的方式。许多国家尝试了不止一种方式，而且通常放弃一种方式来尝试另一种方式。这些国家普遍发现每种方式都有各自的优点和缺点。许多较大型的城市地区，尤其是英系治理体系的大城市地区，都曾经尝试了一种分级式区域政府，但大多放弃了这种形态，而转向更加统一或集权的政府形态。另一些较大的城市地区，尤其是德系治理体系覆盖的地区，采取了一种新区域主义或合作式治理方法。随着城市区域的发展和壮大，它们通过地方政府将偏远社区纳入自身的势力范围。真正统一的政府体制始终要求将这些偏远地区并入中心城区，从而产生了政治问题。如上所述，即使在同一个国家内部，也明显存在着不同的方式。西班牙是2个主要大都市区在实现区域治理过程中采取不同途径的很好案例。马德里于1983年建立了分级式区域政府，当时世界大部分国家都迷恋于分级式区域政府的解决方案。巴塞罗那在尝试这种方式之后放弃了，转而采取了合作型或新区域主义方式。

其他国家也有相似的经历。直到20世纪90年代，除美国外，普遍遵循的区域主义类型仍然是进行地方政府体制的结构性改革，其目的是对政府进行合并，或者在众多地方政府之上建立另一级政府。在美国以外的大多数国家，改革是在中央政府或省级政府的授权下强制进行的，地方政府的重组一般不需要选民批准。分级式体制是首选的改革途径，因为它提供了一种不受地方抵制且不因地方政府撤销而引发动荡的区域治理体制。许多国家曾试图采用大都市或分级方式，但最终放弃了上述举措，转而采取程度不同的集权治理体系。目前的区域治理采取了很多不同的形态和方式。

欧洲一些大都市区已经从结构改革体制转向一种合作式或新区域主义形态，其中涉及广泛的公共与私营部门。赫尔辛基和巴塞罗那都是采取这种治理体系的案例。一些欧洲大都市区采取了混合式区域治理。这种形态涉及分级式政府体制，其中一般有直接选举的总统和议会，而且大都市政府与私营部门相关方开展合作以提高本地区的经济竞争力。这种混合形态在德国汉诺威大都市区十分明显，其中公共和私营部门达成合作伙伴关系，地区级政府、汉诺威市和本地区的大公司都参与了经济发展活动。除了强大而可行的网络式或合作式治理体制以外，还有一些国家几乎不开展协作或合作。法国大都市区是采取这种治理体系的最好案例。它们拥有深厚的地方分权传统，而且不涉及私营部门和公众。这种浓厚的地方自治的城市传统在德国的一些大都市区也十分显著。[5]

欧洲国家建立区域政府和进行治理方面的经验清楚地表明，不存在实现区域治理的最佳途径，也不存在任何一种首选方式。这在很大程度上取决于城市的增长发展模式、文化、传统、机遇和领导能力。探讨区域治理政策的制定和实施方式也具有极为重要的意义。如果允许就区域治理改革进行投票，现状支持者就可以组织起来抵制任何体制改革。如果高级政府强制要求进行改革，那么就很难获得地方领导人的认可。此外，如果没有大多数利益相关方和地方领导人的参与和批准，高层政府将越来越难以强制要求地方或地区政府进行改革。

德国的区域主义

德国的联邦政府体制与美国有些相似，但也有区别。一个区别是地方政府体制在国家宪法中得到认可，从而赋予地方政府很大的权力。然而，美国各州对地方政府拥有很大的控制权。德国地方政府体制由县和城镇组成。有 10 万以上居民的大城镇通常是独立城市。有 116 个独立的城市可以在其边界内提供所有地方政府服务。柏林、汉堡和不莱梅拥有城邦市州的特殊地位。人口不足 10 万的城市与其县共享服务。在这些城市中，一些服务是由县提供的，而另一些服务是由城市提供的。区域治理是自愿行为，由本区域内的城镇联合起来，形成一个区域联盟。它更多地采取一种自下而上的方式，而不是自上而下的命令方式。州政府通常不会主动参与区域治理。它们可能为区域治理方式的建立提供一些激励措施，但是鉴于地方政府自治的浓厚文化传统和宪法地位，区域结构并不牢固，而且往往较为短暂。任何权力从市级向区级的永久性转移都遭到了地方城镇的强烈抵制。[6]

根据前文阐述的模式，德国采用的是分权和集权模式的组合。这通常会导致一种不稳定的平衡。政治家和行政人员着眼于政府结构而不是合作，因为后者不会形成有约束力的决策。但他们对区域结构持有谨慎的态度，因为区域结构有可能削弱自主性和独立性。与美国大都市区一样，德国的区域治理也面临同样的协作及合作问题。区域治理缺乏强有力的州政府监督或鼓励。土地利用规划是地方政府小心翼翼维护的一项职能。任何尝试改变土地利用规划的行为或表明土地利用规划职能削弱的迹象都会遭到强烈抵制，从而让区域治理产生很多问题。另外，德国许多城市的公众组织，要么不够完善，要么不愿与政府就区域性问题进行协作。因此，各政府间的协作以及与非政府组织的合作是极不稳定的，只能在特殊条件下蓬勃发展。此外，为纳入经济区，整个区域的边界的定义一般非常宽泛，往往包含大量的曾处在竞争关系下的市政府和大城市。

考虑到与全球其他地区竞争的必要性以及通过共同行动以提高经济竞争力的优势，地方政府倾向于从区域层面进行思考。主要的区域性举措是培养经济认同感、促成政府间协作，并与私营部门和公众组织建立伙伴关系，以增强与欧洲和全球其他地区的竞争力。在这个目标的指引下，一些大都市区设立了拥有有限职能或很小权力的地区级政府或特区，或者开展经济发展合作和协作的志愿性组织。通常转移到区域性机构的职能类型包括规划职能、区域推广、区域交通运输以及固体和液体废弃物处理等。这种转移往往是逐渐进行的，发生的条件是地方政府认识到特定职能在更大、更包容的层面以联合方式提供更节省成本。在少数情形下，上级政府可能是当选大都市政府，对本区域内的市政府具有很大控制权。[7]

美因河畔的法兰克福地区是个典范。这个经济区的边界范围非常广泛，包含 445 个地方政府，包括法兰克福、威斯巴登、美因茨和达姆施塔特的县、城镇、城市县、独立市与大城市。该地区的城市有着独立和自治的悠久传统，更多的是相互竞争而不是合作。达成区域性合作的另一个障碍是该地区的经济边界涵盖了不止一个州，政治边界与经济区域的边界完全不同。该地区的许多地方政府缺乏区域认同感，生活在该区域的居民自然也是如此。考虑到该区域的许多地方政府有独立的传统与州政府的参与，任何区域治理尝试都是自愿性的协作与合作，且一般都是以自下而上，而非自上而下的方式进行的。地方政府领导人最近尝试建立推动区域经济发展的自愿性团体，从而克服这种地方狭隘主义。这些尝试性举措未能成功地维持长期经济发展协作，只有一个区域团体在联合区域推广方面取得了一定的成功。[8]

政治领导人一直担心独立性和自主性的丧失。至少从 20 世纪 70 年代开始，该地区提出了旨在重组政府结构的多项改革提议，其中包括建立两级政府结构、对政府进行一定程度的合并或转移到城市县政府形态。该地区不仅在地方政府一级，也在州一级土地层面出现了碎片化的趋势，从而导致缺乏区域认同感，也导致了该地区政府之间形成竞争关系。一个州采取的行动在另一个州是无效的。此外，如上所述，地方政府不愿将权力让渡给区域性机构，因为这样会降低其独立性。1975 年，州政府成立了一个规划机构，负责对该区域 43 个城镇进行区域规划。这个机构是通过直接选举产生的，拥有包括土地利用、交通和公用事业在内的广泛的规划权力。该机构拥有协调权力，但是没有执行权力。委员会成员在区域议程与地方议程上存在分歧，而且该机构难以与同城镇和服务提供方达成一致意见。该机构于 2000 年被撤销，并于 2001 年被一个没有权力的区域性协会所取代。[9]

虽然为了实现经济增长而对某地区进行了合作推广，但这种合作是自愿性的，包括法兰克福在内的许多城市都保留了自己的推广机构。尽管最初的区域推广概念遭到了反对，但各城市已开始认识到参与区域推广的好处。达姆施塔特最近表示有意加入区域推广活动。难以进行合作式区域推广表明了各政府之间的竞争关系和缺乏信任的现状。其他的合作活动也在开展，其中一些更加成功。例如，一项关于区域文化的倡议本着促进和推广该区域文化和艺术的目的而展开。同样，这种合作也是自愿性的。内莱斯（Nelles）在她对该地区的一项研究中表示，虽然该地区包含 22 个成员，但该区域的大城市威斯巴登并非其中一员。此外，她在报告中称，交通运输领域是该地区区域协作的最佳案例之一。这种伙伴关系不仅涉及地方政府，还涉及州政府和联邦政府。欧盟通过的立法也规定了区域交通运输系统的治理结构。由于所有相关方都参与进来，因此很少有政治作秀的成分，而且开展合作活动的效果十分令人满意。上级政府及其必须遵守的法规发挥了适当的作用，避免了冲突。[10]

正如第 10 章所述，民间资本是合作式治理的重要组成部分。民间资本发展水平较低的地区在区域治理行动中的有效性也较低。法兰克福地区没有一个以本地区为导向、联系紧密的领导人团体作为强大基础，因此无法推动合作伙伴共同合作。政治领导人一直不愿建立伙伴关系，因为在这种关系中，他们需要将权力让渡给区域机构。几乎所有区域治理都是由政治领导人发起的，这也是分歧和敏感问题普遍得以规避的原因之一。私营和非营利部门缺乏以本地区为重、支持集体行动的领导者，这是缺乏区域认同感和导致区域治理薄弱的主要原因。虽然少数民间组织以本地区为重，但是大部分民间组织都未能长久运营。到目前为止，有一个组织依然还在运营，这是由一个商业界、文化界和教育界的代表组成的协会，其宗旨是对该区域进行推广并建立关系网络。虽然它只是偶尔召开会议，开展行动，但它实施了一些行动计划来建立区域认同感和凝聚力，包括召开论坛讨论区域性问题。该地区要想建立一个充满活力和积极参与区域治理问题的第三部门，还有很长的路要走。[11]

斯图加特和汉诺威地区是目前仅有的 2 个直接选举产生区域委员会的地区。汉诺威议会对这种分级式政府体制具有指导意义。它拥有强大的区域权力，这在拥有强势、独立的地方政府传统的德国来说是十分罕见的。该议会取代了区域规划协会，涵盖了汉诺威市及其周边的县。行政长官也是选举产生的并负责议会管理，这与强势的市长议会制度十分相似。这两级政府之间存在权力划分。与经济发展、环境政策、大规模基础设施和社会援助资金筹集有关的大部分职能都是在区域一级履行的，而与个体家庭密切相关的职能则分配给地方政府。在汉诺威地区，独立选举的分级式政府体制带来的问题是显而易见的。该区域的主席与汉诺威市市长之间存在潜在的竞争关系，因为他们都是直接选举产生的，都代表着这个城市，而且都扮演着强大的政治角色。另外，商业界人士并不参与合作活动，部分原因是商业界人士有不参政的传统，而且他们认为不需要积极参与，自身的利益诉求就能得到满足。另外，该地区的大部分大公司都是分支机构，从而进一步削减了相关公司对该地区的投入。该地区的地方政府并不相信区域政府能充分代表自己的利益，因此仍然为了各自的发展而相互竞争。最后，由于采取了分级式政府体制，决策过程变得更加复杂而烦琐。[12]

综上所述，德国展示了混合区域治理体制，其中一些大都市区比其他区域更热衷于参与区域主义活动。鉴于地方政府自治的浓厚文化传统，大部分区域主义倡议都是政府之间的自愿性协作，商业部门很少介入。值得注意的是，在美国由地方政府控制的多种服务，在德国却不属于地方政府的管辖范围，例如医疗和教育。不提供这些服务也许对区域协作是有利的。无论如何，大部分区域计划都是以经济发展为导向的。地方政府对区域性举措和地方权力的潜在损失都持谨慎态度。

法国的区域主义

德国采取了分权的联邦政府体制，而法国采取了国家政府密切介入地方政府的单一型政府体制。然而，由于地方自治权得到高度重视，且地方一级具有很大的独立性，因此几乎不可能实现地方政府区域治理。[13] 法国拥有欧洲数量最多的地方政府，有将近 37 000 个，市镇（城镇）面积中位数不到 6 平方英里。80% 以上的市镇只有不到 1 000 位居民。法国地方政府辖区面积的中位数小于大多数欧洲国家。1999 年，法国市镇的人口中位数为 380 人，其地方政府人口中位数是欧洲的最小值。相比之下，2001 年意大利地方政府的人口中位数为 2 348 人。这种情况促使政府鼓励小市镇合并形成城市社区，或共同加入几个市镇组成的团体。此外，1992 年 2 月 6 日议会通过的一项法律建议各城镇考虑合并与新形式的协作，通过考虑共同利益使城市治理合理化。这项法律对城镇的影响微乎其微。虽然在一定程度上实现了服务提供的集权，但是合并的数量极少，因为居民和地方政府领导者都对市镇社区保持着强烈的认同感。[14]

具有讽刺意味的是，虽然法国人有着强烈的地方自治意识，但单一体制把地方政府的控制权授予国家政府。因此，一方面地方政府受制于中央集权，另一方面地方一级施加压力要求维持地方自治。1982 年，国家政府将权力基本上大幅下放到地方和区域层级，因此区域层级已成为更加重要的治理要素。在地方政府的选择下，区域层级获得了对经济发展、城市规划、社会住房平等问题，以及职业培训和教育的控制权。决策机构是区域委员会，其成员通过选举产生，任期为 6 年；还成立了由商业界、行业协会、工会及其他的工人组织、区域志愿组织等代表组成的咨询委员会。[15]

分权允许上级政府按地方政府的选择承担某项职能，而且必须至少获得 2/3 或 50% 的城镇的同意，相当于该地区人口的 2/3。虽然政治权力仍然掌握在市级，但是区域级政府在更大程度上越来越像一个政治机构，因为它承担了更多的职能。[16]虽然国家政府鼓励合并及区域治理，建立了区域性机构并赋予其一定的权力，但由于政治和文化传统，治理体制仍然高度分权。即使在这些区域机构中，真正的权力仍然属于地方一级。这与法系治理体系对地方级民主的强调是一致的。

西班牙的区域主义

巴塞罗那大都市区由 32 个城镇组成，其中包括巴塞罗那市。该地区没有设立特定的大都市政府。从 1979 年起，自治社区阻碍了区域政府的发展。地方政府十分戒备地维护着它们的自治权。实际上，在巴塞罗那地区，一种已经存在的大都市政府形态于 1979 年不复存在。1987 年成立了 2 个自愿性社团，分别负责交通和给排水以及污水处理，还设立了一个政府理事会以鼓励协作。1997 年，成立了另一个大都市级公共交通管理机关。虽然巴塞罗那采取了碎片化体制，但包括企业、工会、金融部门和民间组织在内的机构参与促进了区域治理。公共与私营部门行动者就很多区域政策问题达成了一致意见，因为有一些活动需要公共和私营部门的参与。例如 1992 年巴塞罗那奥运会。公共和私营部门的参与对政治领导人产生了一定的影响。[17]

与巴塞罗那不同，马德里的政府层级涵盖了该区域的大部分地区。马德里的整个区域政府设立于 1983 年。区域政府与马德里市政府之间始终存在政治分歧，但是它们合作得相当好，因为两级政府由同一个政党控制。然而，不同的观点、选民的差异与制度碎片化导致的政治分歧，成为建立大都市区统一远景的障碍。[18]

西班牙更强调机会而非大都市区治理，因此被视为属于法系治理体系，但其 2 个主要大都市区都采取了某些形态的区域主义。有趣的是，这 2 个大都市区在各种区域主义形态上出现了分歧。它们一开始都采取了分级式区域政府体制，然后分道扬镳。也许巴塞罗那的分权化程度高于马德里，公共和商业部门在巴塞罗那治理中的参与程度可能高于马德里，而且巴塞罗那的公共和商业部门也许认识到，如果没有它们的参与，那么区域治理取得成功的可能微乎其微。相比之下，马德里的公共和商业部门认为，现有的制度结构决定了它们不需要参与其中。

英国的区域主义

在英国的单一型政府体制中，国家政府可以设立、撤销和变更地方政府。伦敦于 1889 年成立了伦敦郡议会，从而引入了区域政府。这个二级政府是一个多功能选举制机构，取代了多个单一功能的地区性管理机关。尽管多项职能已经转移到区域一级，但是伦敦和多个地方政府仍然保留了原先的身份。1965 年，伦敦的边界大大扩展，以吸收发展中的城市地区；设立了新的行政区和有权提供住房、教育、财政资源配置与区域规划等区域性服务的更强大的上级政府。[19]

自设立以来，英国政府显著地扩大了伦敦郡议会，将其更名为大伦敦市议会（Greater London Council, GLC），并在 6 个其他大都市区设立了区域政府。对于支持英国长期传统区域政府形态的学术界人士和实践者而言，这些上级政府是他们的首选体制，但在 1985 年被撒切尔政府撤销了。区域政府的设立和撤销是在未经居民投票赞成的情况下进行的。撤销这些政府等级体制有政治的考虑，因为它们都不受撒切尔政府的控制，但是也希望缩减地方政府的势力范围和自治权，并使权力进一步集中。这些区域政府获得的支持很少，组成区域政府的成员政府也并未对区域政府的撤销提出异议。[20]

伦敦地区的上级政府被伦敦协调委员会所取代。曾经分配给上级政府的职能由地方政府联合接管，其中一个行政区作为主管机关划入国家政府的权力范围。没有移交给各行政区的协调职能和问题已上升到国家政府一级。实际上，中央政府最终委派了一位部长负责伦敦事务。1986—2000 年，伦敦只有一级地方政府。2000 年 5 月，在与先前的大伦敦市议会相同的边界范围内，设立了新的大伦敦机关（Greater London Authority, GLA）。这个变化保证了一位弱势市长和一个由 25 位成员组成的理事会由直接选举产生。这是伦敦的第一任通过选举产生的市长。伦敦的行政区保持了很大的独立性。市长对整个伦敦的工作进行协调的权力有限。[21]

大伦敦市政府就像一个由市长履行行政权的议会制政府。议会的作用是对市长的活动进行监督，对永久性行政职位和一些其他职位进行任命，批准预算和市长的提议，并就各种议题进行调查。大伦敦市市长不像其他国家大城市的市长那样拥有全面的权力和大批下属。由于权力有限，大伦敦市市长必须依赖自身的影响力、说服力与合作伙伴的支持。大伦敦市政府在伦敦地区的复杂治理体系中又增加了一级政府。伦敦仍然拥有不同规模、层级复杂的公共和私营机构。商业界在地区、区域和社区层面的治理中发挥了重要作用。中央政府保留了否决与国家政府利益相抵触的事项的权力，而且可以最终控制城市预算。

所有其他变更都有政治关联，而且提案的调整旨在最大限度地维护中央政府执政党的利益。

欧洲区域治理的未来前景

与大多数国家一样，政治对大都市区治理的结构和效果都发挥着重要作用。此外，欧洲的一些地区受政治的影响更大。例如，意识形态差异在南欧比在北欧和西欧更明显。这意味着，在政党和政治分隔较少的国家，城镇更有可能进行合作。[22]

对区域整合与协作施加重大影响力的一个机构是欧盟。根据成员国政治主权原则和附属原则，欧盟不得干涉成员国的内政。附属原则是一项分权原则。该原则规定，治理决策应当在具有有效执行能力的最低一级政府执行。然而，欧洲的一体化推动了大都市区的发展，并导致了大都市区之间为经济发展展开的竞争。此外，各成员国将推动经济一体化的相关职能和政策移交给欧盟委员会，同时一般将权力下放给区域和地方层级。因此，随着地区和欧盟委员会获得越来越多的权力，各国政府的权力和影响力正在被削弱。欧盟鼓励区域一级的治理，其中涉及的政策或是推动了区域治理，或（在交通等特定领域）要求采用区域性治理的方式。欧盟还对经济落后的大都市区进行补贴。这种补贴是针对区域而非特定的城市，从而促进地方政府之间的协作以获得财政支持。[23]

最近针对欧洲 8 个城市地区的一项调查得出的结论是，不像效率运动席卷欧洲的 20 世纪 60 年代到 70 年代（请参见第 1 章），地方政府通过重大重组对城镇进行合并或建立有实质性权力的上一级政府的做法，在当今的欧洲不太可能实现。考虑到城市地区规模的扩大和复杂性的增加，重大的重组如果由高层政府强制执行，则会遭到强烈抵制，可能无法取得成效。研究者发现，目前极少有运行良好的大都市区治理模式的案例。他们指出，各城镇高度的自主性和认同感是结构改革遭到抵制，且区域治理体制缺乏效能的主要原因。他们得出的结论是，大都市区治理只能在乐于参与的地方政府行动者之间以协作与合作方式推进。研究者写道："已经可以很清楚地看到，各城镇愿意合作实现大都市的中心地位是任何形式的大都市政府运转良好的必要条件。如果有关地方政府不能认识到设立大都市政府的必要性，它们将不愿协助建立这个政府，也不愿实施该政府希望采取的政策。"[24]

东亚的区域治理

东亚多数发达国家都建立了单一型政府体制，因此所有权力都来自中央政府。大多数发达国家的中央政府可以在不需要地方选民或领导人批准的情况下，建立城市和地区体系并分配职能。然而，中央政府进行了将权力和决策下放到区域或地方一级的尝试。例如，日本的区域治理结构因城市规模而异。日本尝试将一些权力从中央政府分散到都道府县和地方政府，但受到了全国官僚机构的强烈抵制，似乎也没有得到地方政治家的有力支持。然而，由于人口接近或超过 100 万的城市能够承担通常由国家承担的部分职责，因此也有一定程度的分权。例如，这些城市有权控制一定地域范围内，而不仅是城市内的基础设施开发和交通政策。在韩国，大城市也存在分权现象，因此获得了不受高层政府监管的更大自主权。大型大都市区域的中心城区也获得了为该地区及地区内其他城镇制定规划和开发基础设施的权力。

在中国，大城市可以被设为直辖市，因此获得更大的发展决策权。中国区域治理的一个案例是上海。上海是长江三角洲地区的主要城市。长三角地区包含 3 个省和 1 个市。在中央政府的支持下，长三角地区合作提高地区竞争力并协调行动。各市级政府参与了由上海市发起的区域协作。长三角地区的城市仍然存在发展竞争，但也与其他地区的城市开展协作。[25]

加拿大的区域治理

虽然美国通常遵循分权的决策过程，允许通过地方公投决定关于重组的提案，但加拿大遵循上文所述的强调集权和服务提供效率的英系治理体系。重组提案并没有提交给选民批准，而是根据省政府授权实施。然而，省级政府的重组决策在很大程度上受地方政治的影响。通常情况下，选举产生的省级政府执政党根据党内有影响力成员的意愿，做出地方政府重组的决定。

1954 年，根据安大略省政府的要求设立了大都市政府。其设立的主要背景是，为那些在不增加税收的情况下难以提供重要服务（主要是教育、供水和污水处理）的郊区城镇提供基本保障服务。新政府的费用按各城镇在整个区域政府边界内财产总额的分摊价值的比例，来分配给各城镇。多伦多拥有新政府总评估价值的 62%。课税基础方案的成果是利用城市资源为郊区的新基础设施提供资金。

省级立法机构通过的联邦规划设立了一个包含多伦多和 12 个相邻城镇在内的区域政府（大都市区政府）。多伦多和各城镇保持了独立的地位，区域政府负责履行区域性职能，把地方职能留给城镇。管理机构理事会由 12 个郊区城镇各派 1 位代表和 12 位多伦多市官员组成，主席由省级政府委任。[26]

在 20 世纪 50 年代到 20 世纪 60 年代，多伦多地区经历了郊区爆炸性增长。这种增长不限于大都市区政府边界内的郊区，还超出了边界。实际上，1953—1963 年，边缘城镇内的人口增长了 96%，而大都市区的人口只增长了40%。到 1963 年，也就是大都市区政府设立 9 年之后，多伦多人口占大都市区的比例从此前的 57% 下降到 38%，而在评估应纳税财产中所占的份额下降到 44%。1966 年的一项重组活动，决定不扩大大都市区的边界以促进更多的增长，这为多伦多地区的未来发展埋下了隐患。相反，这些地区的政府是按照类似于大都市区政府两级原则确定的。最终，除了多伦多大都市政府外，还设立了 4 个区域政府。[27]

如表 11.1 所示，1981 年以后，延续了相似的发展增长模式，只有多伦多的人口有所恢复，但是再也未达到 1971 年人口普查时的峰值。大都市区内其他城镇的人口增长速度也明显放缓，到 1996 年只增加了 20 万多一点。然而，除了大都市区政府以外，郊区的爆炸性增长仍在持续，从 1981 年开始的 20 年

内增长了 250%。郊区在多伦多大都市区人口中所占的比例从 1981 年的 29%
增加到 2001 年的 47%。到 2006 年人口普查时，这一比例已经超过了 50%。
在多伦多地区进行的各种重组的目的之一是在以多伦多市为主的边界内争取大
部分人口。到 2006 年，多伦多不再拥有大多数的大都市区人口。

表 11.1　多伦多地区的人口

指　标	1951 年	1961 年	1971 年	1981 年	1991 年	1996 年	2001 年	2006 年
多伦多市 / 千人①	667.5	672.4	712.8	599.2	635.4	653.7	2 481.5	2 503.3
大都市区 / 千人	1 117.5	1 618.8	2 086.0	2 137.4	2 275.8	2 395.4	—	—
多伦多 CMA / 千人②	—	1 824.5	2 628.0	2 999.0	3 893.1	4 263.8	4 682.9	5 113.1
多伦多市占大都市区的比例 /%	59.7	41.5	34.2	28.0	27.9	27.4	—	—
大都市区占大都市普查区的比例 /%②	—	88.7	79.4	71.3	58.5	56.0	—	—
多伦多占大都市普查区的比例 /%②	—	36.9	27.1	20.0	16.3	15.3	53.0	49.0

注：① 本地区随着人口的增加发生了多次变更。这里给出的是普查时的人口数。
　　② 大都市普查区包括大都市区及其外部的郊区。
资料来源：加拿大统计局。《普查公报》，第 71 期，1963 年；《1974 年人口地理分布》，卷 97：101；
各年度《加拿大统计年鉴》。渥太华：工业部。

从设立时开始，大都市政府边界内的管理机构和城镇发生了变化，但是没
有为了顺应新的发展状况而扩展边界。1966 年，12 个郊区城镇重组为 5 个自
治城镇，而多伦多的范围也扩大了，其管理机构扩大到有 32～33 名成员，成
员人数取决于主席是否从管理机构全体成员之外选任。多伦多保留了 12 名成
员，而每个自治城镇根据人口分配 2～6 名代表。除主席外，该机构成员必须
是地方参与单位的选举成员。[28] 1988 年，另一项改变是设立了一个直接选举
产生的议会，其中多伦多市市长和 5 个联邦自治镇镇长保留了他们在议会中的
席位，这也是两级管理机构原始概念的最后残留痕迹。[29]

财政安排仍然体现了多伦多与大都市政府内其他城镇之间的不平衡。由于

大都市政府没有独立的课税权，因此每个城镇都根据其评估的价值，为大都市政府职能分摊费用，而资金必须用于必要的地方。评估价值最高的多伦多为大都市政府分摊的费用最多。例如，1986 年，在多伦多的人口比例不足大都市总人口 30% 的情况下，仍然贡献给大都市政府 40% 以上的收入。职能分配情况是由省政府决定的。大部分职能都由区域与地方一级共同承担。大都市政府负责重大基本基础设施的建设，例如，给排水管道、主干道和废弃物处理，而城镇负责供水、当地污水收集、当地街道维护和垃圾收集。规划本身也是一项需要共同承担的职责。大部分社会服务都由地区一级提供区域管理，只有多伦多实施的是自身的住房计划。教育、治安和公共交通都属于由单独的区域机构履行的区域性职责。[30] 消防服务和公共卫生服务仍然由城镇负责。

当时，多伦多重组为大都市分级式体制，成为其他城市地区争相效仿的成功典范。这是使整个区域内的服务均等化，并在规模效益的基础上将服务提供配置到适当的政府层级的一种方式。通过大都市政府，税收可以从课税基础较强的社区重新分配给课税基础较弱的社区。无论涉及哪个城镇，该区域能够为当地发展提供资金并从发展中获益。大都市政府的所有社区都能从多伦多高度发达的、旨在为其他城镇的发展提供资金的商业课税中获益。然而，这种均等化主要源于多伦多将其课税基础与居住在拥有小型工商业课税基础的较小城镇的较富裕郊区居民共享。因此，大都市政府可以让郊区利用多伦多的课税基础提供的税收更方便地发展和提供公共服务。

尽管均等化被视为一种积极的发展成果，但讽刺的是，存在诸多中心城区问题的多伦多是课税基础资金池的净贡献方。除了税收均等化外，大都市政府还促使城市和郊区居民培养了区域认同感。这让城市和郊区形成了共同纽带，减少了城市与郊区之间的明显分隔。根据新闻记者尼尔·皮尔斯（Neal Peirce）的说法，这种做法"形成了有活力、多样化的市中心区和社区，甚至建立了令大部分大城市羡慕的公共交通系统"。[31]

所谓的大都市区治理最佳解决方案也有它的问题。多级政府将有不同需求和愿望的富裕社区和贫困社区、乡村社区和城市社区聚集起来，而资源分配方式不可避免地会引起冲突。多伦多市政府相关人士抱怨道，它的资源都被用来发展郊区了。另外，乡村区域坚持认为大都市政府主要被多伦多代表主导，而他们的需求没有得到充分的满足。较为富裕的郊区的代表抱怨道，他们需要为满足主要居住在多伦多的居民的高成本社会服务需求提供补贴。最初的两级政府与其他 4 个两级区域政府并存，而这 4 个乡村政府总共拥有大都市政府 10 倍的土地面积和约 2 倍的人口，使大都市政府相形见绌。

大都市内部和外部地区的各政府在经济发展方面的竞争愈演愈烈。多伦多是这场竞争中的输家。一份报告指出，1989—2004 年，多伦多有 10 万多个就业机会流向郊区，占全部就业机会的 7%。中心城区的传统经济优势之一是相互紧邻的多层建筑所体现的集聚经济效益。随着办公空间从中心城区分散到郊区，这种传统的集聚经济优势在很多美国大都市区逐渐削弱。同样的现象在多伦多也得到了印证。虽然多伦多仍然拥有本地区超过 50% 的办公空间，但是从 1995 年到 2005 年的 10 年间，它只吸引了 21% 的新办公室在此落地，因此其主导地位不断下降。[32] 随着城镇之间的发展竞争越来越激烈，大都市政府难以联合其他城镇获取优势，以实现经济发展合作。除了大都市政府之外的其他区域政府并未实现联合，但似乎在对抗大都市政府时团结一致。由于大都市政府内部各政府之间存在冲突和竞争关系，因此无法在与其他郊区和区域政府打交道时表现出强有力的统一立场。

1994 年，多伦多进行了一次旨在支持撤销上一级政府的非约束性公投。这次公投中，大都市政府内部各社区之间的冲突达到了顶点。大都市政府周围的城镇也对多伦多的两级政府不满，批评要求其缴款资助大都市政府内部地区性服务和社会服务的做法。这些城镇认为自己的缴款额度超过了应分担的份额。大都市区内更多的乡村社区不愿缴款支持城市服务。因此，到 20 世纪 90 年代中期，越来越多的声音支持改革该地区的治理体制。上一级政府的批评人士强调，一些服务存在重叠，而且与下一级政府的协调不佳。批评人士还进一步争辩说，下一级政府没有建立适当的机制来制定统一的发展战略。[33]

加拿大从大都市体制转向统一体制的主要运动始于 1993 年。当时安大略省的伦敦市与其郊区合并。随后，新斯科舍省的 8 个政府于 1995 年合并成了布雷顿角城镇政府。这次合并的规模较小，只涉及约 12 万人口。1996 年，3个城镇和 1 个主要负责公共交通的区域机关合并为哈利法克斯市。这次合并涉及 354 000 万人。[34]

1998 年 1 月 1 日，前大都市级政府与其下级城镇政府（多伦多、怡陶碧谷、北约克、斯卡布罗、约克和东约克）合并成立了新多伦多市。虽然大都市政府受到了批评，并在多伦多进行了支持撤销大都市政府的非约束性投票，但社区的合并并未获得支持，甚至遭到了当地居民和地方政治领导人的强烈反对。然而，大多数地方政治领导人并不属于省级政府执政党。该省政府要求撤销上一级政府，并将各成员政府并入多伦多市，从而给多伦多大都市政府画上了句号。

除了多伦多外，加拿大其他城市也尝试了各种地方政府改革。1960 年，曼尼托巴省温尼伯市按照多伦多的联盟模式重组为两级政府，包括 19 个成员城镇和 1 个区域政府。其代表从 10 个同时包含城市和郊区的选区中直接选举产生。其职能由区域政府与城镇分摊。这个体制遭到了温尼伯市市长的强烈反对，再加上缺乏对城市与区域政府之间发展职责的明确划分，由此产生的摩擦导致区域政府于 1972 年解散，并被统一的城市政府取代。其中 19 个成员城镇合并为一个城市。[35] 随着合并的推进，郊区代表主导了老城市，其结果是以损害老城市的利益为代价促进郊区发展。安德鲁·桑克顿（Andrew Sancton）在 20 年后对合并后的城市的影响进行了评估。他认为，这座城市的增长模式与其他碎片化区域相似。尽管这座城市仍然拥有该地区 90% 以上的人口，但是其发展范围已超出了城市原有的边界。城市以外的人口增长速度快得多。这种增长模式促使该省政府设立了一个区域委员会来处理区域性问题，实际上又恢复了分级式治理体制。[36]

魁北克也在 1969 年建立了仅包含蒙特利尔岛内蒙特利尔和 28 个其他城镇的两级体制。大都市区的其余部分被排除在外。该地区遇到的治理问题与多伦多相似，即发展主要发生在岛外郊区，而且存在协作及发展竞争问题。在 20 世纪 90 年代席卷加拿大的重组浪潮中，多项提案被提出，以解决蒙特利尔大都市区 100 多个城镇的问题。其中一项提议是设立 1 个大都市政府和 4 个中间政府，承担由下级成员城镇委托的职能。在 20 世纪 90 年代，这个三级结构连同其他提议一同被否决了。[37] 最终在 2002 年，尽管广泛的反对是导致政府在随后的选举中遭到失败的一个因素，但是该省政府还是撤销了上一级政府，并将 29 个城镇与蒙特利尔市合并。

蒙特利尔表现出进行合并的新动向。由于合并不得人心，因此省政府允许合并后的城镇通过投票表决是否留在合并后的城市中。要进行分拆表决必须满足某些条件。并入城市的 28 个城镇当中有 22 个进行了分拆投票表决。28 个城镇中有 15 个投了赞成票，因此可以撤出合并。在蒙特利尔的另外 7 个进行表决的城镇当中，大多数投票者赞成分拆，但没有达到 35% 合格选民的规定比例，分拆于 2006 年 1 月 1 日进行。[38]

加拿大的分级式政府体制在存续期间无法获得合法地位，也未能争取到支持者为其存续而抗争。没有人为它的消亡感到悲伤。实际上，有许多人长期以来一直支持它的撤销。詹姆斯·莱特-宝迪（James Light-Body）是加拿大政治和政府的积极观察家，[39] 他给出了 3 个导致加拿大大都市体制消亡的原因：

（1）无法为公民、城镇政府或省政府提供支持。城镇将它们视为对其市政权力的威胁。省级行政官员将它们视为潜在且多余的竞争对手。管理委员会上层的代表通常都不是直接选举产生的，而是那些将区域政府视作威胁的、来自城镇的市长和议员。不进行直接选举，选民就无法形成对区域政府的认同感，同时区域政府也无法与选民建立联系。即使在进行了直接选举的地方，例如在温尼伯，大都市政府仍然无法正常运转，源于直接选举议员与成员城镇市长之间在发展议程上的分歧导致的冲突。公众对区域政策或政治的争论很少。由于区域政府政治利益的匮乏，权力集中到官僚机构。没有任何选民支持或争取区域政府的存续。

（2）区域政府最初的职能是提供基础设施和服务，并协调维护型服务的提供。社会服务和公平问题留待其他各级政府解决。多年来，这个初衷并未发生实质性的改变。公众的争议或利益集团的一般活动与这一级别的政府无关。它在公众视线之外运作，市民或公共事业支持团体几乎不关注它。

（3）导致了成员城镇与区域政府之间的冲突。城镇可能会对需要地方参与的大部分地区性职能产生消极影响。例如，区域交通规划可能因邻域缓冲区和交通限制而受阻；区域规划可能因区划限制、建筑法规或建筑许可证的签发而受阻；城镇通过零售方式向居民供水，可能会阻碍下水道给排水服务的高效提供；而规划和发展干线道路可能会因连接线不足和停车受限而受阻。

不列颠哥伦比亚省大都市区的政府与美国的情况较为相似。它并未经历自上而下式的重组。不列颠哥伦比亚省的大温哥华区域局并非新一级的政府，而是将提供区域性服务的特区组合成一个单位，也是鼓励城镇之间未来协作的工具。特区由选举产生的市级代表组成的董事会进行管理。每个代表的票数是基于其所代表的城镇的人口的。很少有服务是省政府要求由地区一级提供的，这一级提供的服务由市级代表决定。温哥华地方行政区提供的区域性服务包括公共交通、供排水服务和污水处理、垃圾处理和区域公园。[40]

地方政府不强迫参与，它们可以决定是否加入特区的计划。特区在协商一致的基础上开展活动。温哥华地区的政府开始意识到在特定问题上开展合作的好处，并自愿让渡部分自治权，以换取联合行动给它们带来的好处。成员之间并不是始终协调一致，而是经常进行激烈的争论。通常，需要很长的时间才能做出决策，例如一项区域发展规划经过十年才得到认可。但事实证明，这个体制已被证明有适应力，能解决区域政策问题，并提供或协调区域性服务。温哥华地区以宜居著称（关于温哥华的更详细论述，请参见第 9 章。）。

要点总结

美国以外的国家采取了不同的区域治理类型。区域治理方式因国家而异，甚至在同一个国家内部也有差别。总体上，最流行的形态最初是分级式结构。除了一些例外的情况，这种结构在一些国家被统一体制或协作及合作治理形态所取代。这证明了这样一个论点，即考虑到国家的政治和文化传统，实现区域治理有许多不同的途径。本章简要概述的一个观点是，某种形态的区域治理存在于美国之外的大多数大城市。大部分区域治理体制主要关注的也是经济发展。最后，民众对任何形态的区域政府都普遍缺乏区域认同感，而且总体上持抵制态度。

虽然各国将继续尝试结构改革，但是这些改革将不会像过去那样普遍。高层政府仍将鼓励地方政府的协作及合并，但是不太可能强制要求进行结构改革。相反，各国政府会设立特区，根据需要专门提供区域性服务，并鼓励协作。随着脱离州级和国家控制的程度越来越高，区域治理将由地方选择。

随着国内和国际竞争的日益激烈，大都市区地方政府开始认识到相互合作的好处，并与同一区域内的私营部门和非营利部门开展合作。区域治理的方式是由经济发展的需求来推动的，将更多地采取自下而上的方式，而非过去自上而下的方式。许多其他国家的区域治理正采取协作与合作方式，正如美国那样。[41]

一位观察家认为，在全球化时代，能够在经济发展竞争中制胜的地区是联合程度最高的地区。最成功的地区将对政府、商业、公民、劳动及其他非政府组织（non-governmental organizations, NGOs）进行统一领导，从而集中各种不同的力量解决区域治理问题，并提出统一的经济发展议程。这些地区既不是最大的城市地区，也不是拥有集权化政府的地区，而是能够以统一方式将政府和非政府组织结合在同一治理体制中，从而解决区域性政策问题并实施发展政策的地区。拥有分权决策过程，而且倾向于竞争而非合作的多中心地方政府体制"在全球化社会中似乎明显不合时宜"。[42]

注释

[1] David Hamilton, David Miller, and Jerry Paytas, "Exploring the Horizontal and Vertical Dimensions of the Governing of Metropolitan regions," *Urban Affairs Review*, 40(2) (2004): 147–182; Jen Nelles, *Comparative Metropolitan Policy: Governing Beyond Local Boundaries in the Imagined Metropolis* (London and New York: Routledge, 2012). Also, see

Chapter 10 of this book.

[2] Hubert Kübler and Daniel Heinelt, "Introduction," in Hubert Kübler and Daniel Heinelt, (eds.), *Metropolitan Governance: Capacity, Democracy and the Dynamics of Place* (London and New York: Routledge, 2005), pp. 1−9.

[3] David Hamilton, *Measuring the Effectiveness of Regional Governing Systems* (New York: Springer, 2013), pp. 1−9; Heinelt and Kübler, "Introduction," in *Metropolitan Governance*, pp. 19−20.

[4] Hamilton, *Measuring the Effectiveness of Regional Governing Systems*, pp. 1−9.

[5] Heinelt and Kübler, "Conclusion," in *Metropolitan Governance*, pp. 189−190.

[6] Martin Burgi, "Federal Republic of Germany," in Nico Steytler, (ed.), *Local Government and Metropolitan Regions in Federal Systems* (Montreal: McGill-Queens University Press, 2009), pp. 136−166.

[7] Dietrich Fürst, "Metropolitan Governance in Germany," in Kübler and Heinelt, (eds.), *Metropolitan Governance: Capacity, Democracy and the Dynamics of Place*, pp. 155−156.

[8] Jen Nelles, *Comparative Metropolitan Policy: Governing Beyond Local Boundaries in the Imagined Metropolis* (New York: Routledge, 2012), pp. 50−53.

[9] Ibid.; Dietrich Fürst, "Metropolitan Governance in Germany," in Kübler and Heinelt (eds.), *Metropolitan Governance*, pp. 155−156.

[10] Nelles, Comparative Metropolitan Policy, pp. 56−59.

[11] Ibid., pp. 70−75.

[12] Dietrich Fürst, "Metropolitan Governance in Germany," pp. 160−163.

[13] Leo Van Den Berg, H. Arjen Van Klink, and Jan Van Der Meer, "A Survey of Metropolitan Government in Europe," in Donald Phares, (ed.), *Metropolitan Governance without Metropolitan Government?* (London: Ashgate Publishing Company, 2004), p. 83.

[14] Nick Swift and Guy Kervella, *A Complex System Aims to Bring French Local Government Closer to the People*, http://www.citymayors.com/france/france_gov.html [Accessed April 22, 2013]; Heinelt and Kübler, "Conclusion," in *Metropolitan Governance*, pp. 189−190.

[15] Swift and Kervella. *A Complex System Aims to Bring French Local Government Closer to the People* [Accessed April, 22, 2013].

[16] Heinelt and Kübler, *"Conclusion,"* in *Metropolitan Governance*, pp. 189−190.

[17] Francisco Velasco Caballero, "Kingdom of Spain," in *Local Government and Metropolitan Regions in Federal Systems*, pp. 298−329.

[18] Ibid., pp. 298−329; Heinelt and Kübler, *"Conclusion,"* in Steytler, (ed.), *Metropolitan*

Governance, pp. 189−190.

[19] Michael Goldsmith, "Metropolitan Government in England," in Kübler and Heinelt, (eds.), *Metropolitan Governance: Capacity, Democracy and the Dynamics of Place*, pp. 82−91.

[20] Donald F. Norris, "Whither Metropolitan Governance?" *Urban Affairs Review*, 36(4) (2001): 532−550.

[21] Goldsmith, "Metropolitan Government in England," pp. 82−91; Peter Newman and Andy Thornley, "London: The Mayor, Partnership and World City Business," in Philip Booth and Bernard Jouve, (eds.), *Metropolitan Democracies*: *Transformations of the State and Urban Policy in Canada, France and Great Britain* (London: Ashgate Publishing Company, 2005), pp. 68−70.

[22] Berg, Van Klink, and Van Der Meer, "A Survey of Metropolitan Government in Europe," p. 84.

[23] Ibid.

[24] Ibid., pp. 78−102.

[25] Jiawen Yang, "Spatial Planning in Asia: Planning and Developing Megacities and Mega Regions," in Catherine Ross, (ed.), *Megaregions: Planning for Global Competitiveness* (Washington, DC: Island Press, 2009), pp. 35−49.

[26] Andrew Sancton, *Governing Canada's City-Regions: Adapting Form to Function* (Montreal: Institute for Research on Public Policy, 1994), p. 77. See also, John J. Harrigan and Ronald K. Vogel, *Political Change in the Metropolis,* 7th ed. (New York: Longman, 2003) pp. 269−271; and Michael Keating, *Comparative Urban Politics: Power and the City in the United States, Canada, Britain, and France* (Aldershot, England: Edward Elgar Publishing, 1991), p. 125.

[27] Sancton, *Governing Canada's City-Regions,* pp. 77−78.

[28] John C. Bollens and Henry J. Schmandt, *The Metropolis: Its People, Politics, and Economic Life*, 3rd ed. (New York: Harper and Row, 1975), p. 285.

[29] Michael Keating, *Comparative Urban Politics: Power and the City in the United States, Canada, Britain, and France* (Aldershot, England: Edward Elgar Publishing,1991), p. 125; Harrison and Vogel, *Political Change in the Metropolis*, p. 270.

[30] Francis Frisken, "Planning and Servicing the Greater Toronto Area: The Interplay of Provincial and Municipal Interests," in Donald. N. Rothblatt and Andrew Sancton (eds.), *Metropolitan governance: American and Canadian Intergovernmental Perspectives* (Berkeley, CA: Institute of Governmental Studies Press, University of California, 1993),

p. 166.

[31] Neal Peirce, "Cities Need to Update Formula for Success," *Arlington Heights (Ill.) Daily Herald*, November 25, 1996, sec. 1, p. 12.

[32] City of Toronto, Report of the Governing Toronto Advisory Panel, *The City We Want—the Government We Need* (Toronto: November 2, 2005).

[33] G. Williams, "Institutional Capacity and Metropolitan Governance: The Greater Toronto Area," *Cities*, 16(3) (1999): 171–180.

[34] Andrew Sancton, *Merger Mania* (Montreal: McGill-Queen's University Press, 2000).

[35] Lionel D. Feldman and Katherine A. Graham, "Local Government Reform in Canada," in Arthur B. Gunlicks, (ed.), *Local Government Reform and Reorganization: An International Perspective* (Port Washington, NY: Kennikat Press, 1981), pp. 158–159.

[36] Sancton, *Governing Canada's City-Regions,* pp. 24–27.

[37] R. C. Tindal, and S. N. Tindal, *Local Government in Canada,* 6th ed. (Toronto: Nelson, 2004), pp. 122–124.

[38] *Local Government Bulletin* No. 47, May 2004 and No. 48, June 2004, http://www.localgovernment.ca/show_libary.cfm?id=125 [Accessed April 10, 2006].

[39] James Lightbody, *City Politics: Canada* (Peterborough, ON: Broadview Press, 2006), pp. 460–462.

[40] Andrew Sancton, "Metropolitan Areas in Canada," *Public Administration and Development*, 25(4) (2005): 317–329.

[41] Steytler, "Comparative Conclusions" in Nico Steytler, (ed.), pp. 400–405.

[42] Lightbody, *City Politics*, p. 520.

第 12 章

全球社会中区域治理的未来方向

随着社会日益全球化和大都市区日益复杂化，问题转移到区域层面，需要采取区域性解决办法，因此不可避免地涉及某种形态的区域治理。本书前述章节介绍并分析了各种区域治理方式。第 1 章阐述了本书的框架，其中包括一个过程模型，描述了面对发展和区域治理压力的政府应对。这些应对分为集权化应对和分权化应对，也可以分为政府结构的改变和区域治理的改变。集权化应对是指政府结构的变化或治理方式的变化，例如将职能或权力转移到区域一级。分权化应对是指设立更多的政府，或者加强市政府自由裁量权的治理应对。本书其他部分介绍并分析了区域治理的各种政府应对和受到的主要影响。

随着 19 世纪美国的发展和城市化进程的加快，无论是否承认，城市周围通常都会在不经意间成为城市的一部分。为中心城区提供优质服务是 19 世纪采取集权化应对的主要原因。到 19 世纪下半叶，人们能通过特殊功能区获得更加普遍的服务，城郊社区能够在获得市政服务的同时保持独立性。在郊区居民选择是否保持独立时，如果都能获得地方政府服务，那么他们一般会选择保持相对独立的中心城区。

在 19 世纪很长的一段时间里，集权化政府的结构性应对处于主导地位，主要方式是兼并及合并。但从 19 世纪下半叶开始直到 20 世纪，集权化结构性应对遭到了强烈的抵制，致使分权化应对成为主导。一开始的关注焦点是结构性政府应对，比如一般职能政府的新形态、宽松的设立城镇辖区的法律和有利的地方居民投票要求。分权化结构性应对具有规模效益，在不降低地方认同感的前提下实现了区域治理，这类回应包括区域单一功能区、私有化和地方间协议等。从 20 世纪 90 年代开始直到 21 世纪，集权和分权治理应对都受到关注，其中分权化应对处于主导地位。分权化应对更加常见，因为在解决区域治理问题时不需要对大都市区中的地方政府的权力或自主性做出很大的改变。

大都市区表现出不同程度的政府碎片化形态。非城镇区域的兼并是政府结构集中化最成功的形态（请参见第 3 章）。美国南部的发展中地区和西部的一些地区通过这种集权化应对取得了成功。一旦中心城区被城镇环绕，那一般就不再考虑兼并。集权化政府应对的其他形态，比如市县合并及联邦制政府形态，通常会被选民否决，即使通过也往往只会进行部分合并。即便某些地区成功地实现了某种形态的集权化政府，但它们在不断发展和扩大的过程中，也会表现出碎片化的政府模式。如第 4 章所述，大型大都市区的重大政府重组问题重重，集权不太可能发生。尽管如此，集权化政府应对仍然是一种选择，且更可能在邻近非城镇区域、多样性较弱的小城区发生，在南部和西部发生的可能性更大。

20 世纪 90 年代，集权化应对的支持者不再倡导政府重组，而是提倡集权治理解决方案。这些支持者提出的大型大都市区区域治理方案分为：税收共享计划和某种具有实权的上级地方行政区。1996 年，区域规划协会（Regional Plan Association, RPA）对纽约地区的建议很有代表性，体现了区域性方法的支持者目前和未来可能会提出的建议。区域规划协会效仿波特兰和明尼阿波利斯-圣保罗的体制提出了建议，即设立大都市服务委员会以承担以下部分或全部职责：① 确定区域城市发展边界并监督区域土地利用规划体制，其中市政规划应与区域目标保持一致；② 如该区域拥有公路、桥梁和铁路走廊，则要承担相关责任，整合交通规划和资本预算编制，将这些系统的运营和维护外包给现有公共机关或私营运营商；③ 负责为拟建保护区内的土地收购提供资金的职责，并对州级和区域公园、林荫道和绿道进行管理；④ 将环保、土地利用及其他监管职责和税收权力从州级转移出来；⑤ 负责环境规划、监管，还有固体废弃物、污水处理和公共供水系统的运营。[1]

分权地区治理的未来前景

美国大都市区不断发展并改变形态。在该过程中，大都市区不再维持强大的核心，而是逐渐分权，形成较大城市地区内一个碎片化的城市和城镇网络。实际上，20 世纪中叶之后，城区发展集中在核心区域之外。随着中心的逐渐转移，发展的地点变为"边缘城市"。如第 2 章所述，很多地方政策问题都转移到区域一级，而且需要采取区域性方法来解决。人口和商业从核心城市分散到郊区，而治理问题的解决方案更多地需要集权化应对。

很多大都市区解决区域性问题采取的总体方向是治理。采取集权化政府方式对多样化的大型大都市区进行治理，似乎不切实际，甚至无法实现。集权治理方式很难实现，例如建立某种有一定权力的上级地方行政区，在美国，这种方式仅在波特兰和双子城地区取得了成功。虽然这种区域治理形态在美国之外取得了一定的成功，但没有证据表明其他国家会效仿（请参见第 11 章）。城市县的发展也存在问题，而且仅在少数大都市区取得了成功。虽然税收共享在少数地区成功实施，但也遭到了需要缴款的郊区的抵制。这类集权化治理应对将继续得到支持并在一些地区实施。但分权化治理应对或者集权化和分权化相结合的应对似乎接受程度更高，而且运用范围更广。最有希望被接受的最新分权治理趋势是第 10 章所述的合作及协作方式。[2]

从大都市区治理到巨型都市治理

随着大都市区的发展，管理的要点是如何促进经济发展。由于大都市区的经济发展不局限于行政边界内，因此经济发展成为主要区域性问题。促进或限制发展的政策都会成为区域性问题。地区的政府与私营和非营利部门合作以获取经济优势的做法已在第 10 章阐述。随着大都市区的发展，可以明显看出，将相邻大都市区联合起来，利用各地区的长处可以带来发展优势。

大都市区合作及协作获得共同利益的做法可以运用于多个地区。比如奥兰多和坦帕地区的合并，合并后的地区对旅游业的依赖程度很高，但奥兰多国际机场与坦帕的港口设施和物流的结合，有助于增强经济的多元化程度。另一个案例是凤凰城和图森。这些大都市区共享的资产可以让彼此在经济发展中获益。这两个核心城市过去从未建立合作关系，但如果它们能共同推广和开发各自区域，那么它们的资产就能发挥协同效应。图森有一所在航天科学和光学领域研究能力很强的研究型大学，还有一所医学院，而凤凰城有可以吸引各企业的国际机场和职业运动项目。[3]

然而，要使这些巨型都市地区形成治理协同效应，一大问题是缺乏地方认同感。城市区域几乎都没有公众可以识别的统一标志。要培养巨型都市的认同感可以将这些大都市区统一起来并形成一种区域协作及合作文化。培养这种地方认同感，首先需要公共和私营部门的合作。巨型都市的认同感是一个关键要素，没有它就很难建立持续的伙伴关系并开展持续的合作。成功培养地方认同感的案例是沃斯堡和达拉斯大都市区的共同发展。这两个支柱城市在很长一段时间内相互敌视。当它们不得不合作建设一座地区机场时，诞生了"大都会区"这个名称来表示联合大都市区。公众接受了这个名称及两个核心城市的合并。这个巨型都市地区围绕机场实现了统一，而该地区内的各个城市开始与私营部门合作实施其他区域计划。[4]

区域治理能力与区域治理需求之间存在脱节现象。治理能力仍然集中在众多地方政府的管辖区内，而治理需求越来越多地集中在区域一级。随着整个地区内大都市区和经济活动的继续扩张，一个区域可以与其他相邻地区产生协同效应。核心城市作为集权中心的作用逐渐弱化。政府与非政府行动者的协作及合作对于该地区的经济发展愈发重要。为了整体利益，在网络和伙伴关系上进行跨边界合作也变得更加重要。有效应对巨型都市地区的治理问题，需要地方领导者之间广泛地建立信任关系、进行协商、开展地方间互动并建立关系网络。

退休前曾在美国城市联盟长期任职的威廉·巴恩斯（William Barnes）认为，跨越管辖区边界对于有效治理大都市区非常关键。一些网络关系将在区域一级建立，而另一些网络关系将在较小规模的区域建立，但各级城市和非政府领导者的参与是至关重要的。[5]巴恩斯认为，单一中央政府管理整个大都市区的概念已经走到尽头。大都市区在经济、政治和地域上的碎片化程度已经很高了，以至于无法从一个中心地点进行治理。讨论的重点已不再是哪一种集权治理体制是最好的，而是怎样对有多个地方政府的大型多元化地区进行管理。政府和非政府领导人必须相互合作才能有效地解决区域政策问题并在日益全球化的经济中开展竞争。对于成功的区域治理体制而言，重点不应放在怎样最有效地治理本地区这个内部问题上，而是本地区应当怎样有效地与相邻的大都市区产生协同效应，从而在全球化经济中有效地开展竞争。

全球主义和区域主义

全球主义对区域主义有什么影响？在日益全球化的社会中，区域治理将呈现什么形态？随着社会相互关联程度日益提高，地方政府的关联度也被迫提高。这意味着区域治理将发挥更重要的作用。随着经济持续全球化，国家边界的重要性将不断降低。市场将继续对治理产生很大的影响，而且随着市场的日益区域化和全球化，大都市区作为治理组织层级的作用将更重要。大都市区在美国和国际开展经济发展竞争的过程中将会出现这种情况。在这个竞争激烈的全球社会中，地方政府领导者必须越发关注本地区才能让各城镇获益。想要成功地展开竞争，传统地方政府自主、分隔和独立的状态必须被相互依赖及伙伴关系所取代。

随着城镇开始通过私有化和地方间协议提供多项服务，各地方政府自行提供服务的传统模式已日渐式微。寻找替代性的服务提供方式还将面临持续的压力。米尔德丽德·华纳（Mildred Warner）教授认为，20 世纪 90 年代快速私有化的趋势有时导致服务提供中的地方政府垄断被私营机构垄断所取代，因为地方政府提供服务在市场中缺乏竞争。但她认为私有化压力仍然很大，政府在安排和管理服务提供方面更加精明。[6] 无论是通过私有化、地方间协议还是其他安排，传统的内部提供服务的方式将逐渐让步于其他服务提供方式。

与私营和市政部门合作也将面临越来越大的压力。能够以公私合作及同盟形式协作的地区将在经济发展中获得优势。区域合作型治理并不是未来事物，而是已经存在的，并在经济发展竞争中发挥越来越重要的作用。改革者提出的重组政府机构的老建议已被新区域主义计划所取代，比如协作及合作。

因为跨政府边界的问题越来越明显，政府领导者不得不关注区域性解决办法。政府在控制服务提供成本的压力下，开始寻找替代途径和新方式来满足居民需求。这对地方政府来说并不寻常。如上文所述，治理回应通常起因于危机或机遇。只有在领导者感受到治理危机或重大机遇，而且只能通过某种区域性方法实现治理时，区域主义才会被接受。区域治理体制所解决的问题和获得的权力取决于危机或机遇的性质，以及公众和社区领导人对它的认识。

过去，地方政府往往对区域性问题逐一做出回应。政府会通过拼凑而成的解决办法来应对区域性挑战，例如通过区域性特区提供某项服务，或设立政府理事会作为满足特定联邦要求的讨论和规划平台。但这些方式和解决办法一般具有针对性，而且是由关注内部事务的地方政府领导者提出。州级或联邦计划提出要求时，他们在协作项目中的总体态度是不愿放弃地方特权，当且仅当协作项目会给城镇带来明显的利益，且无法高效地自行完成时，地方政府才会进行跨边界协作。在日益全球化的社会中，这种传统思维必然会发生变化。

区域顾问威廉·道奇（William Dodge）声称，越来越多的政府领导者和公众领导人着眼于地区，进行思考和行动。他认为这些地区领导人有助于提高区域治理能力。[7] 密歇根州大急流城的前市长是能够认识到区域性治理方法优点的城市领导者之一。他同意将本市对公共交通系统和就业机会的控制权让渡给一个地区团体以提高服务质量，并获得坚实的资金基础。他还推动成立了一个地区合作组织来管理本市的给排水系统，从而在合同的基础上向城市和大部分郊区提供服务。成立这个合作组织的一个目的是要求每个社区确定公用事业边界从而控制城市蔓延。市长还设法制定州级法律以鼓励城镇就服务进行合并提供。[8]

在我们的全球化世界中，传统治理正在让步于新的治理形态和方式。公共商品和服务越来越多地由政府和非政府实体共同提供。公共商品和服务的提供更多地偏向市场机制。由国际组织领导的财团纷纷争夺大都市区的公共服务合同。大都市服务国际化的一个案例是芝加哥天际公路（Chicago Skyway）项目。这条公路是连接芝加哥市中心区与印第安纳州的一条收费公路，也是实行大都市服务国际化的一条道路。芝加哥市建造并先期运营的这条公路已出租给高架公路特许企业（Skyway Concession Company）99 年了。这是一家澳大利亚企业和一家西班牙企业合资建立的企业。芝加哥还将停车收费表出租给摩根士丹利公司领衔的一个私营国际财团。新成立的芝加哥停车收费表有限公司的主要投资人都来自卢森堡和阿布扎比。[9]

努力实现有效的区域治理

有效的区域治理体制应当拥有一定的土地利用控制权。区域主义者大卫·拉斯克（David Rusk）在《没有郊区的城市》一书的最新版中主张，区域主义要想取得成功，必须利用土地以实现本地区的有序发展，并融合整个地区内的低收入者所在社区，从而减少种族隔离和经济隔离。[10]区域土地利用规划应当是综合性的，而地区性治理体制应当有权要求城镇遵守其规划。地方政府规划必须符合区域土地利用规划，而且区域政府在不同规划存在分歧时拥有最终决定权。此外，应当避免各地通过土地利用及其他监管权力获取相对于其他大都市社区的竞争优势。区域规划应当确保大都市区内所有政府的法规有助于各地区的均衡、理性发展。区域主义者彼得·萨利斯（Peter Salins）曾有力地证明了土地利用控制措施中区域权力的必要性，他写道："如果这些社区保留大部分居住区，建造占地 2 英亩的大型住房，禁止多户住房或商业活动，设定不切实际的环境标准，或者阻止新开发活动，那么它们无疑走了极端。"[11]

如第 9 章所述，波特兰凭借强大的区域规划权力控制城市蔓延并形成有利的发展模式。将土地利用控制权转移到区域一级存在很大的争议。在尝试将强大的土地利用规划权力交给区域政府的大部分地区，这些尝试都遭到了强烈的抵制，最终未能成功，或者是它们的规划权力不断变小，要么未能实行，要么实行之后遭到废除。但随着政治领导人和市民明显地发现区域规划的效益，尤其是在交通、基础设施和环境方面，这种抵制会逐渐减弱。

为了执行决策并培养居民的区域认同感，区域治理体制应当有独立的政治基础，应当有一个政治机构来建立和培养区域认同感及选民群体。发展政治基础的最适当方式是设立一个单独选举的机构直接对本地区的选民负责。通过直接选举，选民会参与区域治理过程，而且能形成对区域一级的认同感，而这是委任制管理机构无法做到的。有了政治基础，区域治理机构就能更好地解决有争议的区域性问题。选举制度无法培养出地区性选民群体，因为政治领导人主要忠于选举他们的选民群体。波特兰选举产生的区域性机构乐意处理有争议的土地利用决策，而双子城的委任制区域性机构在这个方面不太成功。

与区域规划建议一样，选举制区域治理机构也是一项有较大争议的建议。区域政府的支持者认识到任何形态的区域治理体制获得选民批准的机会都十分渺茫。因此，他们指望州级立法机关通过有利于区域主义的法律。[12]通过协商和迎合立法委员自身的政治利益，区域计划的支持者认为他们有更大的机会让立法机关相信他们观点的价值，尤其是在本地区的地方政治领导人支持区域计划的时候。过去，各州应对区域危机的方式一般是强制执行解决方案来应对特定危机，而不是解决更广泛的区域治理问题。但如第 5 章所述，如今各州通过发展管理法、边界审查委员会、经济适用房规划和较严格的设立程序，更多地参与更广泛的区域治理问题。虽然地方政府合作更加紧密，但州政府的参与才是实现有效区域治理的关键。

县在新合作型治理模式中的作用存在问题。区域主义者一度将县视为实现区域治理的热门候选区。但在大部分州，县没有获得地方自治权，因此无法提供相关服务或进行领导以承担区域治理职能。县治理的重要性高于政府。另外，大部分城市区域都包含一个以上的县。区域治理必须从各县扩展到整个城区。区域主义仍能从强势的地方自治县中获益；它们可以像匹兹堡地区的阿勒格尼县一样，成为政府参与合作型区域主义的焦点。

未来，联邦政府在大都市区中起到的作用可能不会进一步增强。实际上，随着联邦计划回归州级，且联邦政府在州级和地方一级财政参与程度的下降，其作用很可能会因此而削弱。但保留下来的联邦计划很可能是为了促进区域协调及整合。这些计划将灵活地解决区域性问题，而且需要更全面的视角。其中联邦交通和国土安全计划就是最佳案例，它很可能成为其他联邦拨款计划的典范，促进区域合作及协作。

区域主义将继续以争议最少的方式缓慢发展。地方服务提供中的危机将导致集权化应对的增加。集权化应对可能会以几乎无法察觉的方式进行，也可能会大张旗鼓地进行。每个大都市区都是不同的，而且应对区域主义压力的方式也不同。随着协作及合作尝试次数的增加，以及私营和非营利部门更多地参与各种合作项目，各方需就区域性解决办法达成一致意见，并且各项工作也需进行协调。

要想取得成功，区域计划必须满足政府和利益集团共同的利益。迈伦·奥菲尔德（Myron Orfield）建议，有共同利益的中心城区和郊区建立同盟并争取在州级立法机关形成自身的议程。他认为更多的郊区会从区域治理战略中获益而非受损，例如税收共享计划和发展管理方案。这个同盟可以获得整个州内致力于减小大都市区差异的其他立法委员的支持。只要共同努力，同盟就会取得成功。[13] 克里斯托弗·利奥（Christopher Leo）坚持认为，波特兰的区域治理是成功的，因为它满足了强势利益集团（例如农民和环保人士）的利益诉求。这些集团能够说服以农业企业为主导的郊区商会支持这项运动。开发商也会相信在整个地区内建立更一致的规范是发展管控的一种合理折中方案。[14]

区域治理要想取得成功，必须有出色的政治领导阶层。协作及合作型区域主义需要专注而积极的领导阶层让各城镇共同支持区域计划。在一些大都市区中，这些领导阶层的代表可能是中心城区市长，在其他大都市区可能是县政府政治领导人，而在另一些大都市区可能是对本地区问题尤其关注的州级立法委员。这个政治领导人必须愿意克服城市与郊区之间的文化差异，消除敌意，而且必须能让政治和社区领导人团结起来共同解决区域治理问题。某些地区的主要政治领导人尝试了区域主义。例如，阿勒格尼县县委委员的董事会主席对匹兹堡大都市统计区的区域治理工作进行了政治领导。芝加哥前市长戴利开始实施一项区域计划时，聘请了一个有影响力的郊区政府理事会的前任执行理事担任他与郊区代表之间的联络人。[15]

商界和公共部门解决区域性问题的紧迫性似乎比过去更甚。如第 10 章所述，有证据表明区域主义获得了商界和公共部门的更多关注，因为这些部门的领导者正在积极地寻求区域主义的发展途径。他们通过与政府及其他组织的合作令大都市区关注区域一级。商界支持的市民社团研究和报告越来越重视通过区域治理方式来解决问题。这些问题曾经一度被视为应当由中心城区、州政府或联邦政府来解决。例如，芝加哥有 3 个不同的组织在积极推动区域协作：① 约翰·D（John D.）和凯瑟琳·麦克阿瑟（Catherine T. MacArthur）基金会为推动区域主义及政府间协作的多个项目提供资助。该基金会资助建立了库克县–芝加哥福利改革专门小组，资助了区域主义者迈伦·奥菲尔德来芝加哥对本地区地方政府之间的差异进行研究，还资助了一个区域保护项目，其中包括围绕区域性问题的多项研究和一份新闻通讯。② 商业俱乐部参与了"芝加哥大都市区面向 21 世纪的规划"，该项目关注区域性问题及其解决办法。③ 大都市区规划委员会编撰了多份报告，包括《创建地区共同体：区域协作案例》《有竞争力的地区住房》《消除监管障碍》等，均阐述了本地区为低收入者供应住房的情况。[16]

政府理事会和区域规划委员会等自愿性社团被视为联邦政府过去在城区强制实行区域主义的遗留物。如果这些社团进行了彻底改造并消除了过去的印记，那么它们只能在合作型治理模式中发挥作用。因为很多社区领导人对它们的认识是负面的，所以只能发挥有限的作用。但在少数大都市区，区域委员会在区域主义中发挥了有限但重要的作用（请参见第 7 章）。区域委员会必须积极地解决区域性问题，否则就会被其他社团抛弃，因为其他社团会更快采取行动，将政府和私营部门领导人团结起来找到地区性解决方案。地方行政区对服务提供有很大的影响，而且必须与其他区域性服务协调。如果不对区域性服务提供进行某种形式的协调，那么就无法进行有效的总体区域治理。

保证地方收入达到一定的公平性需要依赖一些策略。拉斯克（Rusk）主张，税收共享计划是有效区域治理体制的一个要素，它可以缩小因发展和社会经济不均衡导致的城镇之间的财政不平等。[17] 虽然这仅在少数大都市区实施，但对通过税收共享支持区域计划的关注不断增多。如果共享税收用于特定目的而不是政府的一般运营，且不会减少目前各级政府贡献的税收，那么税收共享就很可能会更广泛地实施。城镇不愿放弃税收资源，除非它们发现能获得更大的收益。共享税收资源以实现经济发展是实现共同利益的一个可能方面，尤其是对于规模太小而无法自行开展经济发展活动的行政区而言。实施税收共享的一个诱因是允许地方政府建立新税种并扩展现有税种，而且将一部分新增税收缴付到税收资金池中。较高级的政府（例如县政府或州政府）缴付的种子资金也可以作为吸引城镇加入的因素。

要点总结

这项研究的要点是什么？首先，制度安排影响重大。制度很重要，对区域治理中措施的具体选择有重要影响。制度结构使区域治理的落实时难时易。地方政府的自主性和独立性也很重要，而人口的多样性和城镇的数量也是重要因素。大都市区的文化传统和历史在区域治理中也非常重要。在没有上级政府且权力高度分散的碎片化大都市区，非政府部门是实现有效区域治理的关键。实际上，即使该地区采取了对区域性服务有控制权的某种上级治理体制，与非政

府行动者合作及与其他政府协作也是实现有效区域治理的一大途径。这是因为
商界做出的经济决策对区域经济有重大影响。如果本地区的主要目的是与其他
地区开展经济竞争，从而促进本地区的进一步发展，那么让商界的领导者参与
决策过程就显得至关重要了。通过平衡经济部门与非营利部门领导者的影响力
来实现均衡的区域治理的意识也很重要。

　　如上所述，合作及协作在区域治理中的作用日益重要。实际上，可以认
为分权化区域治理应对将继续主导区域主义，尤其是将自愿性伙伴关系及与非
政府组织间的合作作为调整正式化制度的替代方案。协作及合作让政府的参与
方式更加灵活，而且推动了公私合作。公私合作及政府间协作是各方经济利益
的中间地带，既考虑到本地区集权公共政策的影响，又考虑到政治碎片化治理
体制的现实。这是一种有吸引力的区域治理问题解决方案，可能是某些情形下
的最佳应对方案，但有些时候不适用，或者需与其他方式组合使用才能发挥效
用，因为它将公共、私营和非营利相关部门结合起来完成共同的事业，而无须
尝试变更政府结构，变更政府结构是个几乎不可能完成的任务。[18]

　　如前文所述，民间资本和私营部门参与在区域治理中越来越普遍和重要。
不仅高度分散化的美国如此，那些采取单一政府体制且高层政府建立了区域治
理制度的国家也是如此。世界上有很多不同的区域治理体制，每个大都市区的
政治和文化传统都是独一无二的，因此不存在一种普遍适用的区域治理解决方
案。最佳治理体制取决于本地区的独特需求和传统。但可以确定的是，无论大
都市区的制度如何安排，政府以某种形态与非政府部门进行合作及协作是有效
区域治理的要素之一，而且民间资本也是推动合作及协作的重要因素。内勒
斯（Nelles）通过研究加拿大和德国 4 个城区的案例，得出结论：民间资本是
加强政府间协作的催化剂，同时也提高了非政府行动者在治理过程中的参与程
度。民间资本高度发达的地区具备更高的合作及协作水平。[19]

　　推动或阻碍合作型伙伴关系形成的一大因素是成本和效益及其在合作伙
伴之间的分配方式。如果效益公平分配，那么各方建立伙伴关系的意愿就会更
强烈；如果合作成本高、效益不明确，那么部分城镇便不乐于合作。例如联合

推广这种低成本且效益明确的协作更容易开展。区域敏感度对于非政府行动者
参与区域合作活动的强度和范围也有很大影响。内勒斯在研究中发现，较小地
区参与者的关系网络较小，这里的参与者彼此之间十分熟悉，小规模的参与者
和关系网减少了协调和沟通障碍。因此，一般行动者更容易建立并推动政府与
非政府参与者间的合作及协作。[20] 有了强大的基层领导力，地区规模会成为
一项优势，因为与较小地区相比，较大地区的基层会获得更多资源。

政府间协作的另一个障碍是本地区主要城市的相对规模及其与周围城镇
的历史关系。大部分大都市区都有较大的中心城区，它们不仅主导本地区的发
展方向，而且曾经尝试兼并或压制周围城区。如前文所述，这些都是实现协作
的过程中必须克服的重大障碍。小型郊区政府在与中心城区的协作中只能屈居
次要地位。中心城区及其主导地位一定程度上阻碍了区域协作。

这项区域性治理方法研究的基本论点如下：

（1）制度安排对区域治理有重大影响。与集权地区相比，分权程度较高
的地区需要付出更多努力才能解决区域性政策问题。若该地区拥有大量独立的
地方政府，与地方政府数量较少的地区相比，该区域政策实施取得一致意见的
难度更大。但无论该地区碎片化程度如何，即使是同一个地方政府也会阻挠统
一政策的实施。统一区域性的最佳方法是将制度设立在本地区有管辖权的政府
中。但单一区域政府治理路径有官僚主义和脱离群众的问题，也难以成为大部
分大都市区的选择。

（2）与制度安排一样，地方政府的权力和独立性也很重要。与地方政府
独立程度较低的地区相比，如果大都市区设立了独立自主的地方政府并对边界
内的土地利用进行管理，那么进行区域治理的难度就会增加。与独立程度较低
的政府相比，有独立传统的自治地方政府不太同意将任何特权让与区域治理
机构。

（3）如上所述，人口规模和多样性在实现区域治理的过程中十分重要。区
域人口的规模和多样性导致了治理的难度增加了，就区域治理问题达成一致意
见的难度随之增加。同质性较高、人口规模较小的区域更容易就区域治理政策

达成一致意见。

（4）民间资本同样有着重大影响。公民能力普遍较强的地区往往能提供更多资源并解决难题。在有强大民间资本的地区内，相关方相互信任的程度更高，因为它们一般在其他民间组织中开展合作。公共部门还是一个中立机构，政府和非政府领导者可以在此讨论超越政治边界的公共政策问题。在没有上级政府的情况下，民间组织可以作为纽带将各相关方联系起来并平等对待各方。

（5）文化传统和历史因素非常重要。有长期合作及协作文化和传统的地区，能够利用这种文化和传统来制订区域治理解决方案。没有上述文化的地区很难开展合作型治理。此外，有合作及协作传统的地区，更有能力解决困扰本地区的争议性社会问题。

（6）中心城区的作用及其在本地区经济和人口方面的主导地位也至关重要。如果中心城区有过兼并周围区域或压制、无视郊区的传统，那么郊区就会对城市保持警惕，而且不太可能在任何区域治理计划中接受城市的领导。中心城区及其主导地位在很大程度上阻碍了区域协作的发展。但从另一方面看，没有中心城区的参与就无法实现有效的区域治理。

（7）领导阶层很重要。公共和私营部门的领导阶层必须致力于区域治理。他们需要持续支持区域治理方案。他们必须愿意利用自己的威信和资源推动区域治理解决方案的实施。

最后，本研究需重申的一点是没有任何一种区域治理模式是普遍适用的。每个大都市区都有自己的区域性政策问题，必须以各自的方式来解决。但是，全球大都市区也面临着一些紧迫问题：一是经济发展的压力越来越大；二是全球经济中与其他大都市区的竞争越来越激烈。为了应对这些压力，大都市区地方政府要想开展竞争就必须超越政治边界，更多地在区域层面进行治理。

区域主义者认为，碎片化的地方政府体制并不能有效应对解决方案中的挑战。这些支持者坚持认为，要实现大都市区的治理，从而创造机会让所有人经济独立并达到最低限度的生活质量，必须认识到本地区及其居民是相互依赖的。区域主义者坚称，富裕社区不会继续对整个大都市区面临的问题无动于衰，居民再也不会对地区问题不闻不问。封闭式社区无法解决本地区的问题。本地区居民必须共同参与，集体行动。本地区内部必须形成统一战线才能最大限度地发挥自身影响力以获取资源，在国内和国际舞台上参与经济发展竞争，并争取联邦政府和州政府的有利立法。经济发展竞争必须成为一种区域性合作及协作活动。大城市再也无法忽视郊区，而郊区也不能继续无视中心城区的问题。大都市区如今面临的问题不仅是中心城区的问题，也是影响整个地区的问题。无意识的无视无法解决大都市的问题，只有通过区域治理体制、动用公共与私营资源才能解决大都市的问题。

注释

[1] Robert D. Yaro and Tony Hiss, *A Region at Risk: The Third Regional Plan for the New York-New Jersey-Connecticut Metropolitan Area* (Washington, DC: Island Press, 1996), p. 210.

[2] This approach is also being advocated by a number of observers and researchers. See for example, Robert E. Lang and Arthur C. Nelson, "Megapolitan America. The Design Observer Group," http://places.designnobserver.com [Accessed Nov. 14, 2011].

[3] Ibid.

[4] Ibid

[5] William R. Barnes, "Governing Cities in the Coming Decade: The Democratic and Regional Disconnects," *Public Administration Review*, 70, (special issue) (2010): s138–139.

[6] Mildred E. Warner, "The Future of Local Government: Twenty-First Century Chal lenges," *Public Administration Review*, 70 (special issue) (2010): s145–147.

[7] William R. Dodge, "Practitioner's Perspective–Regional Charters: The Future of Local Government," *Public Administration Review*, 70 (special issue) (2010): s148–150.

[8] J. H. Logie, "Think Regionally, Act Locally," *Community News and Views* (Grand Rapids: Center For Urban Affairs Michigan State University, 2002), 14(2).

[9] Max Fisher, "Why Does Abu Dhabi Own all of Chicago's Parking Meters? *Atlantic Wire*, October 19, 2010, http://www.theatlanticwire.com/business/2010/10/why-does-abu-dhabi-own-all-of-chicago-s-parking-meters/18627 [Accessed Jan. 24, 2013].

[10] David Rusk, *Cities without Suburbs: A Census 2010 Perspective*, 4th ed. (Washington, DC:

Woodrow Wilson Center Press, 2013), particularly chap. 3. Most regionalists agree with Rusk that some form of area-wide land use powers is critical to the success of a regional governance system. See, for example, Anthony Downs, *New Visions for Metropolitan America* (Washington, DC: Brookings Institution, 1994); Neal R. Peirce, *Citistates: How Urban America Can Prosper in a Competitive World* (Washington, DC: Seven Locks Press, 1993), particularly pp. 308−310.

[11] Peter Salins, "Metropolitan Areas: Cities, Suburbs, and the Ties That Bind," in Henry G. Cisneros, (ed.), *Interwoven Destinies* (New York: W. W. Norton, 1993), pp. 164−166.

[12] One unsuccessful effort to create a multipurpose regional agency in the San Francisco area never made it through the state legislature because the bill's sponsor would not accept a referendum requirement. Stanley Scott and Victor Jones, "Foreword," in C. James Owen and York Willbern, *Governing Metropolitan Indianapolis: The Politics of Unigov* (Berkeley and Los Angeles, CA: University of California Press, 1985), pp. xx−xv.

[13] Myron Orfield, *Metro Politics: A Regional Agenda for Community and Stability* (Washington, DC and Cambridge, MA: Brookings Institution and Lincoln Institute of Land Policy, 1997), pp. 156−172.

[14] Christopher Leo, "Regional Growth Management Regime: The Case of Portland, Oregon," paper in possession of the author, n. d.

[15] "Regionalism the Right Way to Solve Problems," editorial, *Chicago Sun Times*, Jan. 13, 1997.

[16] Edwin Eisendraft, "Voice of the People," *Chicago Tribune*, Sept. 20, 1997, sec. 1, p. 18. Eisendraft is regional director of the U.S. Department of Housing and Urban Development.

[17] Rusk, *Cities without Suburbs*, p. 124.

[18] Jen Nelles, *Comparative Metropolitan Policy: Governing Beyond Local Boundaries in the Imagined Metropolis* (New York: Routledge, 2012), p. 167.

[19] Ibid., pp. 168−169.

[20] Ibid., pp. 171−172.

译 后 记

我曾在美国学习、工作近 10 年，深谙典型大都市区，尤其是芝加哥。然而，由于美国地方治理权力的极度分散与不统一，甚至绝大多数本土美国人都很难辨析不同大都市区、不同等级政府间的治理结构。这一极端情况固然导致治理上的弊端，但同时也为天然的治理方式试验提供了样本：在各种治理结构中，各级政府在财政、公共服务方面的效能究竟如何？

本书原著作者，得克萨斯州理工大学教授大卫·汉密尔顿（David K. Hamilton），通过地区比较与案例的深入阐释，详尽呈现了不同大都市区治理结构所引发的结果。在对不同治理结构的分析中，汉密尔顿教授引用了 2 个核心理论："网络化治理"（networked governance）与"区域主义"（regionalism）。尽管"协同治理""多中心治理"等理论对于公共管理领域的学者与学生来说更为熟悉，但网络化治理在这里体现出与其他概念的关键区别："网络化"描述的是治理中不同主体之间的"关系"，而非仅为实现某一共同目标而形成的"合作"关系。这种关系可能是合作与协作，但在同一个大都市区中也可能存在竞争与对抗。在城市行政区划变迁以及对周边镇的兼并过程中，我们可以多次观察到这种竞争与对抗的关系。

"区域主义"是 21 世纪兴起的概念，在公共管理学科之外，在城市规划和城市地理学中具有重要地位。尽管美国地方政府结构实际上存在高度分散的权力，但许多学者坚信通过区域集权促进合作，可以解决气候、环境、公共服务均等化等一系列公共问题。近年来，中国学者在"粤港澳大湾区""长三角一体化"等研究中越来越强调"城市—区域"（city-region）的治理方式。在美国大都市区各级地方政府尝试进行区域治理与协作的过程中，已经面对几乎所有种类的困难与失败，这些经验与教训在本书中都有详尽的记载与分析，为全球关心区域治理的学者与实践者提供了宝贵的参考。

潘浩之

2024 年 1 月 22 日于上海

译者简介

潘浩之

上海交通大学国际与公共事务学院教授，入选国家高层次青年人才（2022）。主要研究领域为城市与区域经济、城市与土地政策、全球可持续治理、空间数据科学。主持国家自然科学基金青年、面上项目，瑞典研究理事会 Formas 项目等。以第一／通讯作者发表全前 1%、0.1% 引用论文超过 10 篇。曾参与编制美国芝加哥商业活动指数（CBAI）、芝加哥计量投入产出模型（CREIM），评估亚马逊第二总部、芝加哥马拉松等大型项目。对芝加哥大都市空间结构进行深入分析，相关研究论文在城市经济学国际权威 SSCI 期刊 *Regional Science and Urban Economics* 的 2017—2018 年所有论文中获 SCI/SSCI 引用次数第一。此外，在交叉学科顶级期刊 *Nature Climate Change* 等发表研究论文，受到瑞典皇家科学院 2020 年报头条报道。担任上海交通大学高水平国际期刊 *Urban Governance* 管理主编、土地资源管理顶级期刊 *Land Use Policy* 助理主编。